La Tragédie des Templiers

Michael Haag

La Tragédie des Templiers

L'ascension et la chute

Ixelles éditions

Traduction : Christophe Billon
Un ouvrage réalisé sous la direction de Sophie Descours

Titre original : *The Tragedy of the Templars*

ISBN 978-2-87515-211-4
D/2014/11.948/211
Dépôt légal : 1er trimestre 2014

E-mail : contact@ixelles-editions.com
Site Internet : www.ixelles-editions.com
Ixelles Éditions est une division de Ixelles Publishing SA

Prologue

Jérusalem 1187

Le vendredi 2 octobre 1187, après douze jours de siège, et moins d'un siècle après l'apogée d'une première croisade victorieuse, les habitants de Jérusalem abandonnent la ville selon les conditions imposées par Saladin. Ceux qui ont les moyens de payer leur rançon sont libres de marcher vers la côte, tandis que les autres sont emmenés comme esclaves. Quelques chevaliers hospitaliers sont autorisés à rester pour faire fonctionner leur hôpital, destiné aux pèlerins et situé en plein cœur de la ville, puisqu'il est même adjacent à l'église du Saint-Sépulcre. Les Pauvres Chevaliers du Christ sont carrément chassés – ils avaient leur quartier général dans la mosquée al-Aqsa du Mont du Temple. Les Francs sont persuadés que la mosquée al-Aqsa a été bâtie sur le site même du Templum Solomonis, comme ils l'appellent en latin, et c'est peu de temps avant que les chevaliers soient connus sous le nom de Pauvres Chevaliers du Christ et du Temple de Salomon ou Templiers.

L'exécution de l'ordre de purification de Jérusalem « de l'ordure des Francs immondes »[1], donné par Saladin, selon les mots de son secrétaire Imad al-Din, démarre à la mosquée al-Aqsa, car les Templiers auraient accumulé les immondices de sorte que toute négligence dans les opérations de purification leur est interdite[2]. Les murs et les sols de la mosquée al-Aqsa et du dôme du Rocher voisin sont nettoyés à l'eau de rose et à l'encens. Puis, les soldats de Saladin parcourent la ville, démolissant les églises ou arrachant leurs décorations, avant de les transformer en mosquées et madrasas, « pour la [Jérusalem] purifier des salissures de leur race, des ordures de cette humanité inférieure, pour réduire leur esprit au silence en rendant muets leurs clochers »[3]. Seule l'église du Saint-Sépulcre est épargnée, Saladin soulignant qu'en imposant aux pèlerins un droit d'entrée exorbitant, cela couvrirait les frais[4].

Pour les Francs d'Outremer (nom donné aux résidents des États croisés), la chute de Jérusalem est vue comme le jugement impitoyable de Dieu. La capture de la ville par Saladin a conduit certains à penser que le christianisme est une religion inférieure à l'islam. « Notre peuple a tenu la ville de Jérusalem pendant quelque quatre-vingt-neuf ans », écrit l'auteur anonyme de *De Expugnatione Terrae Sanctae per Saladinum*. « En très peu de temps, Saladin a conquis presque tout le royaume de Jérusalem. Il a exalté la grandeur de la loi de Mahomet et montré par là même qu'elle pourrait bien surpasser celle de la religion chrétienne. »[5]

La misère franque n'est pas moins intense que la jubilation musulmane. Pour Imad al-Din, la victoire de l'islam est nette, tout comme la fin des incrédules, comme si le christianisme était détruit.

1 Imad al-Din, *in* Francesco Gabrieli, *Chroniques arabes des croisades*, traduit par Viviana Pâques, Sindbad-Actes Sud, 2001, p. 189.

2 Imad al-Din, *in* Abu Shama, *Recueil des historiens des croisades, Historiens orientaux*, traduit par A.-C. Barbier de Meynard, Paris, 1898.

3 Imad al-Din, *in* Francesco Gabrieli, *Chroniques arabes des croisades*, p. 173.

4 L'église du Saint-Sépulcre fut fermée aux pèlerins pendant cinq ans, pour ne rouvrir qu'en 1192, avec l'instauration d'un droit d'entrée de 10 besants.

5 L'auteur de *De Expugnatione* est anonyme, mais on estime qu'il s'agissait d'un Anglais au service de Raymond de Tripoli.

Pour amplifier l'effet au maximum, Saladin a attendu le vendredi 27 Rajab du calendrier musulman, anniversaire du voyage nocturne de Mahomet au paradis depuis Jérusalem, pour s'emparer de la ville. « Quelle merveilleuse coïncidence ! », s'est exclamé le biographe et ami de Saladin[6]. En entrant dans la ville, Saladin irradie de bonheur face au triomphe du *djihad*, prend place sur un trône comme entouré d'un halo lunaire et donne audience pour recevoir les félicitations. On embrasse son tapis, son visage rayonne, son parfum est doux, son affection totale, son autorité intimidante. Saladin prend soin de présenter la capture de Jérusalem comme l'immense victoire du *djihad* car, à l'instar de « l'attitude propagandiste »[7] qui avait consisté à purifier la mosquée al-Aqsa et le dôme du Rocher, il délivre le message selon lequel lui et sa famille, les Ayyubides (de son père Ayyub), sont les véritables souverains et les protecteurs de l'islam, et non le calife de Bagdad. Pour insister sur ce point, Saladin ordonne que l'on frappe des pièces d'or à son effigie le présentant comme « le sultan de l'islam et des musulmans »[8].

Cependant, depuis 1174, année qui a vu Saladin devenir sultan d'Égypte et qui a marqué le début de sa carrière indépendante, s'il est théoriquement assujetti au calife abbasside de Bagdad, il a fait campagne contre les Francs pendant à peine plus d'un an. Ses autres campagnes visaient d'autres musulmans, qu'il diffamait en les traitant d'hérétiques et d'hypocrites et qui le considéraient en retour comme « un souverain qui s'est servi de l'islam pour son propre dessein »[9]. C'est ainsi que jusqu'en 1187, aux yeux des musulmans, la réputation de Saladin n'est rien d'autre qu'« une suite de projets et campagnes sans scrupules destinés à agrandir sa famille »[10]. On comprend aisé-

---

6 Ibn Shaddad, *in* Carole Hillenbrand, *The Crusades: Islamic Perspectives*, Edinburgh University Press, Édimbourg, 1999, p. 189.

7 Christopher Tyerman, *God's War: A New History of the Crusades*, Allen Lane, Londres, 2006, p. 353.

8 Carole Hillenbrand, *The Crusades*, p. 180.

9 Malcolm Cameron Lyons et D. E. P. Jackson, *Saladin: The Politics of Holy War*, Cambridge University Press, Cambridge, 1982, p. 240.

10 Andrew S. Ehrenkreutz, *Saladin*, State University of New York Press, Albany, NY, 1972, p. 237.

ment que, lorsque la nouvelle de la capture de Jérusalem par Saladin parvient à Bagdad, le calife n'est pas du tout ravi car il comptait sur les Francs pour mettre un frein aux ambitions de Saladin. Il fait donc savoir par l'intermédiaire de ses conseillers que « cet homme [Saladin] pense qu'il va renverser la dynastie abbasside »[11]. Aux yeux du calife, Saladin a remporté, grâce à sa conquête de Jérusalem, certes sans valeur stratégique, ce dont il a le plus besoin pour accroître ses ambitions dynastiques, à savoir l'assentiment des musulmans. Comme l'écrit Al-Qadi al-Fadil, conseiller de Saladin, il « est devenu mon maître et le maître de tous les musulmans »[12].

Saladin se sert de la propagande du *djihad* pour soumettre ses rivaux musulmans à son autorité ou carrément les éliminer, mais également comme prétexte pour imposer l'autorité musulmane aux chrétiens, qui sont, même à l'époque, encore majoritaires en Syrie, en Palestine et en Égypte[13]. Le *djihad* prend ses origines dans le Coran, qui « annonce un châtiment douloureux à ceux qui ne croient pas »[14] et ordonne aux musulmans : « Combattez-les. Allah, par vos mains, les châtiera, les couvrira d'ignominie. »[15] Défini comme une « guerre d'institution divine », le *djihad* a pour but d'étendre l'islam à la *dar al-Harb* – la maison de la guerre – terre des non-croyants, par opposition à la *dar al-Islam* (la maison de la paix), dans laquelle prévalent l'islam et la charia. Le *djihad* ne prend fin que lorsque les incroyants acceptent l'islam ou un statut protégé au sein de l'islam[16].

---

11 Malcolm Cameron Lyons et D. E. P. Jackson, *ibid*, p. 280.

12 *Ibid*, p. 275-276.

13 Voir par exemple Christopher Tyerman, *God's War: A New History of the Crusades*, p. 52 : « La question de l'ampleur de l'arabisation et de l'islamisation des territoires conquis demeure obscure et épineuse, mais il semble que le processus était à l'époque lent, inégal et encore inachevé au XIe siècle. Il n'est pas certain qu'il y ait eu une majorité musulmane en Syrie ou Palestine à l'arrivée des croisés en 1097. » Comme nous le verrons plus loin, l'existence d'une majorité chrétienne est bien plus solidement prouvée que ne le dit Tyerman.

14 Sourate 9, verset 3 du Coran. Les citations du Coran mentionnées dans cet ouvrage sont tirées de la traduction de Mouhammad Hamidullah intitulée *Le Saint Coran et la traduction en langue française du sens de ses versets.* (NdT)

15 Sourate 9, verset 14.

16 Cyril Glassé, *Dictionnaire encyclopédique de l'islam*, Bordas, Paris, 1991.

On se livre également au *djihad* quand l'islam est en danger. Par conséquent, lorsque les chrétiens réclament un territoire occupé par les musulmans, c'est un motif valable pour déclencher le *djihad*. Ce concept sied parfaitement aux ambitions de Saladin, offrant là une justification religieuse à sa guerre impérialiste contre l'Outremer.

Saladin et son armée conquièrent Jérusalem et font la guerre au Moyen-Orient en tant que puissance étrangère – étrangère sur le plan religieux face à la majorité religieuse chrétienne, et étrangère ethniquement et culturellement par rapport à la population indigène qui parle grec, arménien, syriaque (c'est-à-dire araméen) et arabe. Saladin est lui-même un Kurde turquifié qui a débuté sa carrière en servant les Turcs seldjoukides, envahisseurs en provenance d'Asie centrale et, à Jérusalem, son armée est turque, bien que comptant quelques Kurdes[17]. Les Turcs méprisent les Arabes auxquels ils ont succédé au Moyen-Orient et ces derniers le leur rendent bien. Il n'est pas prouvé que « les chevaliers arabes ont appris le turc, langue de leurs seigneurs militaires, ni que les Turcs ont appris l'arabe »[18]. Être étranger signifie également être indifférent. Par conséquent, après la capture de la ville, Saladin admet que les Francs ont « transformé Jérusalem en jardin du paradis »[19]. Pourtant, il néglige Jérusalem et cause son déclin[20], comme il détruit tout ce qu'il peut sur le littoral, sans tenir compte du bien-être des autochtones. Ce n'est pas une guerre de libération, ni de revendication de territoires perdus, mais la continuité de la précédente agression, de l'impérialisme islamique porté par les ambitions dynastiques de Saladin.

Le chroniqueur franc Guillaume de Tyr, mort en 1186, soit l'année précédant la chute de Jérusalem, avait prévu le désastre. Mais, en racontant comment Saladin avait commencé à resserrer l'étau autour du royaume de Jérusalem en s'emparant de Damas en 1174, il a analysé les raisons pour lesquelles les Francs semblaient incapables de se révolter contre la menace grandissante, se demandant pourquoi leurs

---

17 Carole Hillenbrand, *The Crusades*, p. 444.

18 *Ibid.* p. 333.

19 Malcolm Cameron Lyons et D. E. P. Jackson, *Saladin*, p. 276.

20 *Ibid*, p. 361.

prédécesseurs s'opposaient si courageusement sur le champ de bataille à un ennemi bien plus nombreux, alors que les hommes de son époque ont souvent été battus par des forces inférieures en nombre. Guillaume de Tyr donne trois raisons à cela. Premièrement, tandis que les aïeux étaient croyants et avaient peur de Dieu, une génération décadente leur a succédé. La deuxième raison est que, jusqu'à l'avènement de Saladin, les Francs d'Outremer ont joui d'une longue période de paix avec leurs voisins musulmans, de sorte qu'ils ne sont pas habitués à l'art de la guerre, aux règles des batailles et ont savouré leur inactivité. Mais, ce n'est qu'avec la troisième raison que Guillaume de Tyr met le doigt sur le problème principal. Dans l'ancien temps, chaque ville, ou presque, avait son propre souverain alors que désormais, tous les royaumes obéissent à un seul souverain, se plient à la volonté et exécutent les ordres d'un seul homme. Ils sont prêts, certes à contrecœur, à prendre les armes et à causer du tort. Parmi eux, aucun ne répond à ses propres envies ou n'est capable d'observer les ordres de son chef suprême.

Mais, à l'automne 1187, après la chute de Jérusalem, ni la foi ni l'esprit combattif des Francs ne sont complètement mis à mal. Le royaume de Jérusalem a essuyé une cuisante défaite dont aucune monarchie féodale n'aurait pu se relever avec des pouvoirs intacts, mais les ordres militaires survivent et deviennent même plus importants qu'auparavant. C'est particulièrement vrai pour les Templiers, dont la politique et l'objectif empreints d'une solide résolution sont de préserver, défendre et désormais reprendre Jérusalem et l'Outremer aux forces turques.

Territoire des croisés en Terre sainte.

La Méditerranée à la veille des Croisades

dapest
Belgrade
Danube
Sofia
Mer Noire
Bosphore
Ani
Manzikert
Lac de Van
EMPIRE BYZANTIN
Constantinople
Chalcédoine
Asie Mineure
Nicée
Thessalonique
Mer de Marmara
Dorylée
Mélitène
Tigre
Myriokophalon
Mer Égée
Édesse
Mossoul
Smyrne
Iconium
SELDJOUKIDES
Ayas
Athènes
Éphèse
Alep
Attaleia
Antioche
Hama
Syrie
Tartous
Homs
Bagdad
Euphrate
Tripoli
Chypre
Crète
Damas
Saint-Jean-d'Acre
Lac de Tibériade
Jérusalem
Ascalon
Gaza
Mer Morte
E
Damiette
Alexandrie
Bilbéis
Le Caire
T FATIMIDE
Égypte
Nil
Mer Rouge
Médine
Assouan
La Mecque

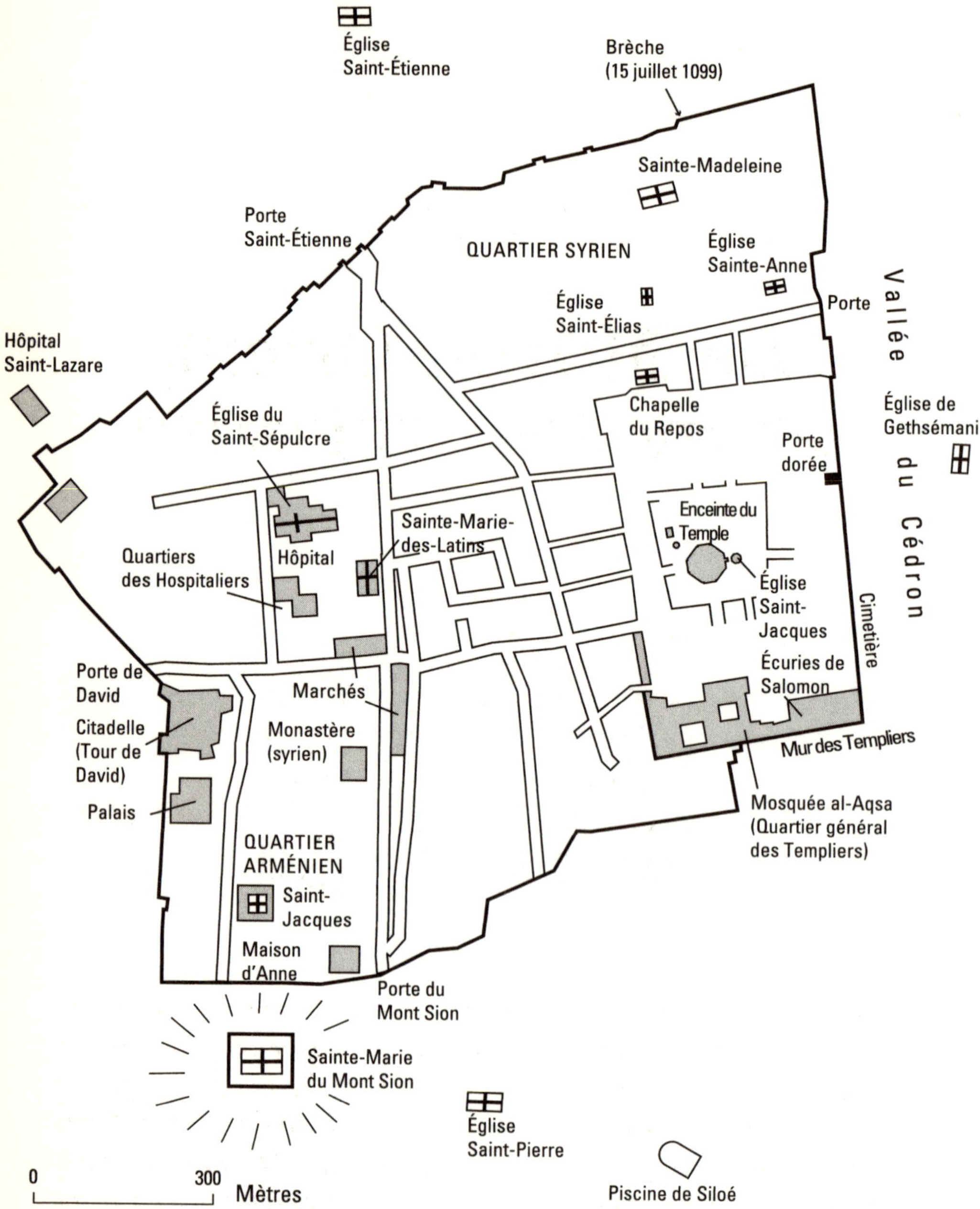

Carte de Jérusalem du temps des croisés.

Partie 1

Le Moyen-Orient avant les croisades

Lorsque les Turcs sortent des steppes d'Asie centrale et s'emparent de Bagdad, ils deviennent les maîtres de ce qui était un empire arabe. Ils se muent également en nouveaux défenseurs de l'islam, religion apportée par les Arabes lorsqu'ils ont débarqué en force et massivement des déserts d'Arabie pour envahir et occuper les terres fertiles du Moyen-Orient au VII*e* *siècle apr. J.-C., terres ayant fait partie de l'univers gréco-romain pendant un millénaire et, dans le cas de la Palestine, ayant abrité les juifs pendant deux fois plus longtemps.*

Depuis le second millénaire av. J.-C., le Moyen-Orient avait déjà connu le règne de divers empires successifs, tels que les Égyptiens, les Hittites, les Assyriens et les Persans. Au début du ve siècle av. J.-C., lorsque les Perses ont également tenté d'étendre leur empire en Europe, ils ont été repoussés par les Grecs lors des célèbres batailles de Marathon, Salamine et Platées et, un siècle et demi plus tard, en 333 av. J.-C., quand Alexandre le Grand transporte la guerre en Asie et bat le roi de Perse Darius III lors de la bataille d'Issos, près de la frontière actuelle entre la Turquie et la Syrie, tout le Moyen-Orient se retrouve sous le règne et l'influence culturelle des Grecs. À la fin du Ier siècle av. J.-C., les Grecs se retrouvent à leur tour supplantés par les Romains, dont l'Empire englobe toutes les terres situées autour de la Méditerranée. C'est ce monde qui a donné naissance à la civilisation chrétienne.

Le monde chrétien

Les Romains dirigent la Palestine pendant le règne d'Hérode Ier le Grand, roi de Judée. Ce dernier fait construire la vaste plateforme connue sous le nom de Mont du Temple et érigée sur une colline pour supporter son gigantesque temple, bâti vers 25-10 av. J.-C., là où trônait le temple original de Salomon près d'un millénaire plus tôt. C'est au Temple d'Hérode que fait référence l'Évangile selon saint Marc 13:1-2, quand un disciple dit à Jésus : « Maître, vois ! Quelles pierres et quelles constructions ! », ce à quoi Jésus répond : « Tu regardes ces grandes constructions ? Il ne subsistera pas ici pierre sur pierre qui ne soit démolie. » Et ce fut ce temple qui, accomplissant la prophétie, fut détruit en 70 apr. J.-C. par l'empereur romain Titus qui réprimait une rébellion juive. Lors d'une deuxième révolte juive, les rebelles occupent Jérusalem en 132 apr. J.-C. et ont l'intention de reconstruire le Temple et même de frapper des pièces le représentant. Mais les Romains reviennent en force et écrasent la révolte. Jérusalem devient une cité païenne, du nom de Colonia Aelia Capitolina. Toute trace du Temple est effacée en 132 apr. J.-C. et des statues d'Hadrien le conquérant et de Jupiter sont érigées sur le site. Un décret romain voit par la suite le jour, interdisant aux juifs d'entrer dans Jérusalem, même si une autorisation tacite leur est accordée pour qu'ils puissent se rendre aux environs de l'ancien temple. Il ne reste rien, seul un paysage de roches désolé. C'est là que les juifs se livrent de l'huile en libations, prient et déchirent leurs vêtements en signe de lamentation.

Pendant ce temps, depuis le Moyen-Orient au Ier siècle apr. J.-C., mais aussi en Afrique du Nord et en Europe, le christianisme s'impose dans tout l'Empire romain, non par les armes ni en vertu d'encouragements de l'État, mais malgré une opposition impériale des plus féroces. En dépit des terribles persécutions dont ils sont victimes en raison de leur foi, les chrétiens représentent environ un septième de la population au début du IVe siècle et leur influence s'accroît. La doctrine chrétienne d'égalité de l'âme de tous les hommes lui confère un attrait universel. Grâce à son organisation, elle attire certains des plus brillants cerveaux de l'époque, lesquels, en basant la théologie sur la philosophie grecque, la rendent intellectuellement acceptable. Avec la promulgation de l'édit de Milan en 313 apr. J.-C., axé sur la tolérance du christianisme et instaurant son fondement légal, Constantin gagne le soutien du groupe le plus puissant de l'univers romain. Il n'est baptisé que sur son lit de mort, en 337, mais il s'est converti en 312, quand il a eu une vision de la Croix, accompagnée des mots εν τούτῳ νίκα, généralement traduits par *in hoc signo vinces* (« par ce signe, tu vaincras »), avant de triompher de l'empereur Maxence lors de la bataille du pont Milvius, en périphérie de Rome. Au cours de cette bataille, il fait graver la croix sur les boucliers de ses soldats et ordonne la fabrication d'un étendard en forme de croix[21]. À l'époque de Constantin et au cours des règnes de ses successeurs, le christianisme est en plein essor sous les auspices impériaux et, à la fin du IVe siècle, il est présent dans tout l'Empire. En 392, l'empereur Théodose Ier proclame le christianisme religion officielle de l'Empire romain. Désormais, le paganisme est interdit. Pendant son règne, tout

21 Eusèbe, *Histoire de la vie de l'Empereur Constantin*, 1.28, 1686, traduit par Monsieur Cousin, chez Damien Foucault.

l'Empire voit ses temples entièrement ou partiellement détruits et des églises érigées, à tel point qu'à Damas, par exemple, le grand temple de Jupiter est reconstruit et baptisé église Saint-Jean-Baptiste. Et, dans toute l'Égypte, des églises voient le jour à l'intérieur des temples dédiés aux dieux des pharaons.

Au sein de ce qui est déjà l'Empire romain universel, le christianisme ajoute une nouvelle dimension unitaire aux cultures locales diverses existantes. Les idées des images chrétiennes sont partagées de la Tamise à l'Euphrate, en passant par le Rhin et le Nil. Le terme « catholique » signifie universel et global et sert à décrire l'Église chrétienne originale. C'est une Église universelle, dont les fidèles voyagent librement d'un bout à l'autre de la chrétienté. Des dizaines de milliers de pèlerins se rendent sur les terres des scènes des Évangiles afin de visiter les lieux saints et d'obtenir la bénédiction de moines et autres ascètes. Ils viennent non seulement d'Occident, mais également d'Orient. Le moine syrien du ve siècle Théodoret de Cyr précise qu'il s'agit d'Ismaéliens, de Perses, d'Arméniens, d'Ibères, d'Homérites, mais aussi d'Espagnols, de Bretons, de Gaulois et, bien sûr, d'Italiens[22].

Les pèlerinages se pratiquent dans toutes les religions du monde, mais, lors de ses trois premiers siècles d'existence, le christianisme est persécuté et il n'est donc pas sûr ni pratique de se rendre en pèlerinage. Pourtant, même s'ils mettent leur vie en danger, les chrétiens ne renoncent pas aux pèlerinages. Au début du IIe siècle, une « grotte de la Nativité » attire les gens à Bethléem. Ils souhaitent voir les sites associés à la vie et à la mort de Jésus.

L'essor des pèlerinages remonte à la fin des persécutions, suite à l'édit de tolérance de Constantin publié en 313. L'impératrice Hélène, la propre mère de l'empereur, donne le ton en visitant la Terre sainte en 326-328. Le fait que ce soit une femme est très caractéristique des pèlerinages car, dans les sociétés païennes, la valeur des femmes dépend

---

22 Théodoret de Cyr, *Histoire des moines de Syrie*, traduit par Pierre Canivet et Alice Leroy-Molinghen, Éditions du Cerf, Paris, 1977-1979. Théodoret de Cyr (393-466) fait référence au grand nombre de pèlerins venus de tout le monde chrétien pour voir Siméon le Stylite (vers 385-459) dans le nord de la Syrie.

presque exclusivement de leur réussite en tant que génitrices. Mais, une fois légitimé par Constantin, le christianisme offre aux femmes une forme de libération à plus d'un titre, entre autres parce qu'elles ont ainsi une excuse pour partir longuement en voyage. Tandis que sa mère passe de site en site, Constantin ordonne et finance la construction d'églises pour la célébration des événements importants de la croyance chrétienne. À Bethléem, Constantin fait bâtir l'église de la Nativité et, à Jérusalem, l'église du Saint-Sépulcre à l'endroit, découvert par Hélène, où Jésus a été enterré puis est réapparu le troisième jour.

Mais qui est exactement ce Jésus ressuscité ? À peine toléré, le christianisme se retrouve menacé par des schismes. Les divergences ne portent pas sur le caractère divin de Jésus, lequel est presque universellement admis, mais sur la nature de cette divinité. Pendant le règne de Constantin apparaît la première grande hérésie, l'arianisme, qui tient son nom d'un prêtre d'Alexandrie, Arius.

Arius affirme que, dans la mesure où Jésus est le fils de Dieu, il est donc assurément plus jeune que Dieu. Ce principe séduisant met en avant la nature humaine de Jésus. Mais, Athanase, évêque lui aussi d'Alexandrie, voit un danger dans cette vision des choses. Si Jésus est plus jeune que Dieu, il s'est donc trouvé une époque où Jésus n'existait pas. Ce principe remet en cause l'unité de la Trinité (le Père, le Fils et le Saint-Esprit) et incite à considérer que Jésus n'est pas fait de la même substance que Dieu. Avec le temps, Jésus risque d'être simplement perçu comme un homme bien, comme les unitariens et les musulmans le considèrent aujourd'hui, tandis que Dieu devient moins accessible et plus distant. Athanase avance comme contre-argument qu'il est impossible de distinguer le Christ de Dieu puisqu'ils sont faits de la même substance.

En voyant les chrétiens de son Empire divisés entre les arguments d'Arius et ceux d'Athanase, Constantin convoque, en 325, le premier concile de l'Église à Nicée, cité grecque du nord-ouest de l'Asie Mineure située sur le territoire de l'actuelle Turquie. Deux cent vingt évêques y assistent, venant d'Égypte et de Syrie à l'est et d'Italie et d'Espagne à l'ouest. Les points de vue des partisans d'Arius et ceux d'Athanase débattent du caractère divin de Jésus-Christ. Lorsque les évêques tranchent la question en votant à bulletin secret, c'est la vision d'Athanase qui l'emporte, par 218 voix contre 2. Ce credo de Nicée est donc devenu la position officielle de l'Église universelle et, bien qu'il demeure aujourd'hui le credo des Églises romaine et orthodoxe, l'arianisme fleurit dans diverses régions de l'Empire romain et s'installe pour plusieurs siècles. Il conduit de nombreux chrétiens d'Orient à considérer à tort l'avènement de l'islam comme l'apparition d'une version différente de leur propre croyance.

L'immensité et la diversité de l'Empire romain posent problème à Constantin. Les menaces militaires auxquelles il fait face, sur la frontière Rhin-Danube à l'ouest et l'Euphrate à l'est, le rendent difficile à administrer. La solution de Constantin est d'établir une nouvelle capitale impériale dans la ville antique de Byzance, située sur le Bosphore et point de convergence stratégique entre l'Europe et l'Asie. Après avoir embelli la ville et agrandi ses remparts, il dédit Nova Roma, comme il surnomme Byzance, à Jésus-Christ, en 330, même si elle devient vite connue comme la ville de Constantin, Constantinople.

À la mort de l'empereur Théodose Ier en 395, une mesure plus radicale est prise et l'Empire romain est officiellement divisé en un empire occidental dirigé depuis Rome et un empire oriental administré depuis Constantinople. La culture et la langue grecques se réaffirment de plus en plus au sein de l'Empire romain oriental, lequel, avec ses fondations chrétiennes, a poussé les historiens de l'ère moderne à le baptiser Empire byzantin. Mais, bien après la chute de Rome face à l'invasion germanique en 476, tout au long de sa lutte contre l'islam au Moyen Âge, et jusqu'à la fin, quand Constantinople est tombée aux mains des Ottomans en 1453, les empereurs et leurs sujets de l'Est se considèrent comme des Romains et parlent de l'Empire romain pour désigner leur empire.

La Palestine fait partie de l'Empire romain. Des juifs habitent en grand nombre en Galilée inférieure et supérieure, sur le plateau du Golan, ainsi qu'à Césarée, sur la côte, mais les chrétiens deviennent majoritaires pendant la période byzantine[23]. Non seulement la Palestine est principalement chrétienne, mais, pour tous les gens d'Europe, d'Afrique du Nord et du Moyen-Orient, c'est un paysage chrétien partagé. « Nous tous, les fidèles, vénérons la croix du Christ comme son bâton de pèlerin ; sa sainte tombe comme son trône et sa couche ; la crèche et Bethléem ainsi que les lieux saints où il a vécu, comme sa maison […] Nous révérons Jérusalem comme sa cité. Nous embrassons Nazareth comme son pays, nous embrassons le Jourdain comme son bain divin », écrit Léonce de Byzance, qui se rend en Palestine au début des années 500[24].

Cet attrait pour la Palestine contribue au bien-être social et économique qui caractérise cette dernière pendant la période byzantine et se reflète dans l'extraordinaire croissance de la population, dont le nombre et la densité atteignent des sommets, que l'on ne retrouvera ensuite qu'au XIIe siècle[25]. Pièce centrale de l'esprit chrétien, la Palestine bénéficie de toutes les attentions à Constantinople, ainsi que de la part des peuples de la chrétienté. Empereurs, ecclésiastiques et fidèles fortunés investissent des sommes énormes dans le pays afin de satisfaire les besoins spirituels et matériels des pèlerins, moines et habitants, afin que les villes se développent, l'agriculture prospère et même le désert du Néguev soit irrigué pour permettre de le cultiver. La Syrie et le Liban prospèrent également sous le règne byzantin, comme en atteste la profusion d'édifices laïques et religieux dans les montagnes du nord, au sud, dans le Hauran, et à Damas. D'une grande variété et novateurs, ils affichent le style local et le style métropolitain. La paix

---

23 Joseph Patrich, « Church, State and the Transformation of Palestine: The Byzantine Period », *in* Thomas E. Levy, ed., *The Archaeology of Society in the Holy Land*, p. 470-472.

24 Léonce de Byzance, *in* Colin Morris, *The Sepulchre of Christ and the Medieval West: From the Beginning to 1600*, Oxford University Press, Oxford, 2005, p. 53.

25 Pendant la période byzantine, la population de la Palestine était d'environ un million de personnes, chiffre que l'on ne retrouvera ensuite qu'au XIIe siècle. Voir Joseph Patrich, « Church, State and the Transformation of Palestine: The Byzantine Period », *in* Thomas E. Levy, *The Archaeology of Society in the Holy Land*, p. 473, et Moshe Gil, *A History of Palestine, 634-1099*, Cambridge University Press, Cambridge, 1992, p. 169.

et la sécurité contribuent à ce bien-être et à cette croissance. Sous protection byzantine, la Palestine et ses voisins échappent aux guerres et aux destructions associées. Aucune armée étrangère ne traverse le pays en causant des dégâts. Mais, vient ensuite la lutte titanesque contre les Perses, suivie de l'embrasement des Arabes avec leur foi en l'islam.

Après la chute de Rome face à l'invasion barbare en 476, les Byzantins parviennent à récupérer une grande partie du territoire romain en Occident, de sorte qu'au milieu du VIe siècle leur empire englobe presque toute l'Europe méditerranéenne à l'exception de la France et de l'intérieur de l'Espagne, presque l'intégralité de l'Afrique du Nord, ainsi que l'Asie Mineure et le Moyen-Orient. Mais, en 568, le nord de l'Italie est envahi par une nouvelle tribu germanique, les Lombards. L'Empire ne parvient à conserver que Ravenne, tandis que Rome n'est préservée que grâce à l'énergie de son pape, Grégoire Ier, qui instaure le pouvoir temporel de la papauté. Alors que ses liens occidentaux se délitent, l'Empire byzantin devient un Empire résolument grec. Au lieu de prendre le titre latin d'*imperator* lorsqu'il accède au trône de Constantinople en 610, Héraclius Ier opte pour le terme grec *basileus* et c'est lui qui décrète que le grec, langue de la classe instruite depuis des siècles, doit remplacer le latin comme langue officielle de l'Empire. De conception romaine, avec une langue et une culture grecques, une religion chrétienne, l'Empire rassemble également des peuples d'horizons différents. Héraclius Ier est d'origine arménienne et son ascension participe de l'influence arménienne grandissante au sein de la société byzantine, due au fait que sa patrie sert de champ de bataille au conflit entre l'Empire et la Perse depuis la seconde partie du VIe siècle.

La religion d'État des Perses est le zoroastrisme et son expansion s'est toujours caractérisée par une persécution du christianisme. En 611, les Perses partent à la conquête de la Syrie. Antioche tombe cette année-là. C'est le tour de Damas en 613, dont la population se trouve décimée suite à des assassinats ou à des incarcérations. Les Perses s'emparent de Jérusalem en 614 et débarquent en Égypte, prenant Alexandrie en 619. À Jérusalem, après un siège de trois semaines, les

Perses entrent en force dans la ville « comme des bêtes sauvages en furie » et massacrent toute la population chrétienne, comme l'écrit Antiochus Strategos, moine du monastère orthodoxe Mar Saba, en périphérie de Jérusalem, qui assiste aux événements. Lorsque des brèches sont ouvertes dans les remparts :

> « [les défenseurs] se cachent dans des cavernes, des fossés et des citernes pour rester en vie. Les gens se réfugient massivement dans des églises et autels. Là, [les Perses] les exterminent. [...] Comme des chiens enragés, ils arrachent des lambeaux de chair des fidèles avec leurs dents et ne respectent absolument personne, hommes, femmes, jeunes, vieux, enfants, bébés, prêtres, moines, vierges, veuves. »

Au beau milieu de cet horrible massacre, les Perses mettent le feu à l'église du Saint-Sépulcre et pillent la ville de tous ses trésors, dont la Vraie Croix découverte par l'impératrice Hélène qui constitue la relique la plus sacrée de la chrétienté. 66 509 chrétiens périssent, chiffre donné par Antiochus sur la foi d'un autre moine, qui a réalisé ce comptage en recherchant des cadavres pour procéder à leur enterrement. Longue litanie qui n'est qu'un aperçu :

> « En l'église de Saint-Côme et Saint-Damien, nous avons trouvé 2 212 personnes. [...] Sur le chemin de Saint-Kiriakos, nous avons trouvé 1 449 personnes. [...] Et nous avons trouvé à la source de Siloé 2 818 personnes. [...] Dans le monastère de Saint-Jean, nous avons trouvé 4 219 personnes. [...] Dans les grottes, fossés, citernes, jardins 6 917 personnes. À la tour de David, nous en avons trouvé 2 210. [...] Là où l'ennemi a ouvert une brèche dans les remparts de la ville, nous avons trouvé 9 809 personnes. »

Et ainsi de suite[26]. Selon l'historien arménien contemporain Sébéos, les Perses ont fait en sorte que les morts soient comptés et il

26 Antiochus Strategos, « The Capture of Jerusalem by the Persians in 614 AD », traduit par Frederick C. Conybeare, *English Historical Review*, 25, 1910, p. 502-517.

fournit le chiffre non moins effroyable de 57 000[27]. Les archéologues ont découvert des charniers confirmant qu'un énorme massacre a bien eu lieu à cet endroit[28]. À partir de 622, Héraclius Ier lance une série de contre-attaques contre les Perses qui « prit la forme d'une croisade »[29]. Lors de ses remarquables expéditions, Constantinople n'est plus protégée que par sa géographie, ses remparts et la providence divine, et Héraclius Ier est clairvoyant. En 626, pendant qu'il tente de déborder les Perses par le Caucase, ces derniers avancent à travers l'Asie Mineure jusqu'à Chalcédoine, sur le Bosphore, alors qu'au même moment les Avars et les Slaves lancent un assaut maritime et terrestre sur Constantinople par le nord et l'ouest. Mais la ferveur pour les croisades qu'Héraclius Ier a instillée chez les habitants de la ville lui garantit leur loyauté en son absence et ils résistent avec vaillance. Les Slaves ont beau ouvrir une brèche dans le mur théodosien, ils se trouvent repoussés grâce, pense-t-on, à l'intervention miraculeuse de la Sainte Vierge, alors que les navires slaves sont détruits au niveau de la Corne d'Or et que les Perses s'avèrent incapables de traverser le Bosphore.

L'année suivante, alors qu'Héraclius Ier s'enfonce profondément en Perse, le roi de Perse est renversé par une révolution et son successeur sollicite la paix. La Syrie, la Palestine et l'Égypte réintègrent l'Empire byzantin et Héraclius Ier, accompagné de sa femme Martina, se rend à Jérusalem, où la Vraie Croix retrouve son ancien emplacement,

---

27 Sebeos, *The Armenian History*, Liverpool University Press, Liverpool, 1999 ; voir également *Sebeos' History*, traduit par Robert Bedrosian, contenu en ligne : http://rbedrosian.com/sebtoc.html.

28 Par exemple, découverte d'une grotte à Mamilla en 1992, charnier où finissaient les cadavres découverts à la citerne de Mamel après le massacre perse. Voir Ronny Reich, « "God Knows their Names": Mass Christian Grave Revealed in Jerusalem », *Biblical Archaeology Review*, 22/2,1996, p. 26-35 ; voir également Yossi Nagar, « Human Skeletal Remains from the Mamilla Cave, Jerusalem », Israel Antiquities Authority : http://www.antiquities.org.il/article_Item_eng.asp?sec_id=17&sub_subj_id=179 ; et Gideon Avni, « The Persian Conquest of Jerusalem (641 CE): An Archaeological Assessment » : http://www.bibleinterp.com/articles/pers357904.shtml.

29 Alexander Vasiliev, *Histoire de l'Empire byzantin*, traduit par P. Brodin et A. Bourguina, Impr. Daupeley-Gouverneur, Paris, 1932, vol. I p. 260.

provoquant des scènes de joie immense, décrites par Sébéos :

> Il y eut beaucoup d'allégresse ce jour-là à leur entrée à Jérusalem : bruit des pleurs et des soupirs, larmes abondantes, une immense flamme dans les cœurs, un déchirement des entrailles du roi, des princes, de tous les soldats et des habitants de la ville ; et personne ne pouvait chanter les hymnes du seigneur à cause du grand et poignant attendrissement du roi et de toute la multitude.[30]

30 *Ibid*, vol. I, p. 262.

Les conquêtes arabes

Les Byzantins sont épuisés par leur victoire, tout comme les Perses par leur défaite, lorsque la guerre fait son retour, en 633. Cette fois-ci se présente une armée arabe regroupant les adeptes d'une nouvelle religion, l'islam, dont le prophète, Mahomet, est décédé l'année précédente. Les Byzantins ne se sentent guère menacés et ne se rendent donc pas compte qu'une force militaire conséquente constituée de Bédouins approche. Cette conquête, l'une des plus rapides et conséquentes de l'Histoire, débute en Arabie en 622, lorsque Mahomet entame l'unification des tribus arabes, en prêchant l'existence d'un seul dieu, pour en faire une puissante force armée.

Bien que largement aride et inhabitée, l'Arabie occupe à l'époque une position stratégique importante entre l'Égypte, l'Abyssinie, la Perse, la Syrie, la Palestine et la Mésopotamie. Le commerce entre ces différents pays est considérablement dépendant des caravanes arabes qui transportent les denrées et produits à travers ces étendues inhospitalières et dangereuses. La Mecque se situe à un carrefour essentiel au milieu de ce désert et a en quelque sorte pris l'ascendant sur l'autorité des cheiks des tribus arabes nomades, par l'intermédiaire d'une forme d'oligarchie des familles commerçantes dont les croyances et pratiques religieuses transcendent les étroites allégeances tribales. Les habitants de La Mecque ont veillé à ce que la Kaaba, lieu sacré en forme de cube, renferme plusieurs idoles tribales, chacune symbolisant un dieu local, de façon à ce que les membres des tribus venant au marché puissent vénérer leur divinité préférée pendant leur séjour en ville. Les Mecquois vénèrent Manat, Uzza et Allat, déesses de la fécondité et du destin, elles-mêmes subordonnées à un dieu supérieur, Allah.

Nous tenons ces informations sur les premiers jours de l'islam du Coran et des *hadiths*, traditions orales liées aux actes et paroles de Mahomet racontés par ses compagnons. Né aux environs de 570, Mahomet est le fils d'un pauvre commerçant de La Mecque, qui appartenait malgré tout à la puissante tribu Quraych, gardiens héréditaires de la Kaaba. En tant que commerçant, il est non seulement exposé à l'afflux de biens étrangers mais également aux courants des concepts juifs et chrétiens. En conversant avec les juifs et les chrétiens rencontrés à La Mecque et ailleurs en Arabie, Mahomet a appris les histoires de l'Ancien et du Nouveau Testament et découvert les principaux éléments des coutumes et croyances populaires juives et chrétiennes, et surtout la notion de monothéisme. Ayant adopté une vie religieuse contemplative, il commence, aux alentours de 610, à avoir, par l'intermédiaire de l'ange Gabriel, des révélations sur l'univers d'Allah, qui s'est présenté à lui comme Dieu, le seul et l'unique. Selon la révélation, les autres dieux ne sont que pure invention et leurs idoles, situées à l'intérieur de la Kaaba, doivent être détruites.

Ce message déclenche un antagonisme marqué chez les Mecquois, mais Mahomet se met lentement à convertir quelques pèlerins de Yathrib, communauté agricole située à environ 400 kilomètres au nord qui comprend une population cosmopolite composée d'Arabes, de juifs et d'Arabes judaïsés. Cette communauté connaît donc déjà le monothéisme et d'autres caractéristiques de son enseignement. En 622, l'hostilité des Mecquois païens envers Mahomet est tellement forte qu'avec son petit groupe d'adeptes il accepte d'aller s'installer à Yathrib quand il en reçoit l'invitation. Cette migration, ou *hijra*, marque le début de l'ère musulmane. Yathrib est ensuite rebaptisée Madinat al-Nabi, « ville du prophète », c'est-à-dire Médine.

La compréhension qu'a Mahomet des préceptes juifs et chrétiens le pousse à croire qu'ils sont identiques par rapport aux révélations, connues sous le nom de Coran, qu'il a eues. Il s'attend donc à ce que juifs et chrétiens soient d'accord avec son enseignement et le reconnaissent comme prophète au même titre qu'Abraham, Moïse, David, Salomon ou Jésus. Mais si des vestiges de l'arianisme, hérésie chrétienne dévalorisant le caractère divin de Jésus, incitent Mahomet à croire que le christianisme peut se passer de la divinité de Jésus, les juifs demeurent pour leur part intraitables. Ils lui disent que ses révélations sont une déformation et une méprise de leurs traditions et attirent son attention sur les nombreuses contradictions qu'elles contiennent à propos des thèmes de l'Ancien Testament.

Mahomet réagit à ces critiques en se retournant contre les juifs, affirmant qu'ils ont délibérément falsifié leurs traditions. Lui se présente comme le restaurateur de la religion d'Abraham, qu'il considère comme le fondateur de la Kaaba et de son culte. Il abandonne le jeûne musulman correspondant au jour du Pardon juif, Yom Kippour, jour de l'année où le grand prêtre de Jérusalem est entré dans le saint des saints pour pardonner à tous les juifs du monde. À la place d'un jour de jeûne, Mahomet institue un jeûne d'un mois, le ramadan. Au même moment, selon la tradition, il ordonne aux musulmans de prier en direction de la Kaaba de La Mecque. Jusque-là, les musulmans priaient en se tournant vers Jérusalem.

Toutefois, pendant ses premières années à Médine, l'un des actes les plus importants de Mahomet est de propager la révélation qu'il a eue, autorisant ses adeptes à partir faire la guerre contre les individus identifiés comme ennemis. « Autorisation est donnée à ceux qui sont attaqués [de se défendre] – parce que vraiment ils sont lésés ; et Allah est certes Capable de les secourir : ceux qui ont été expulsés de leurs demeures – contre toute injustice, simplement parce qu'ils disaient : "Allah est notre Seigneur". »[31] Selon les savants musulmans, cette

31 Coran, sourate 22, versets 39-40.

notion de *djihad* (guerre sainte) peut être légitimement appliquée en cas d'injustice et d'oppression ou contre ceux qui refusent la vérité, à savoir la vérité de l'islam, une fois ces conditions visiblement réunies. Là, ce sont les Mecquois qui en font les frais. Après plusieurs heurts avec ces derniers, dont des attaques de leurs caravanes qui ont permis aux musulmans d'empocher un butin considérable, Mahomet s'empare de La Mecque en 629. En étendant sa guerre contre les tribus de Bédouins, Mahomet prend le contrôle de toute l'Arabie l'année suivante. Mais nombre de tribus qui se sont alliées à Mahomet le considèrent comme un chef de guerre et non comme un prophète religieux. À sa mort en 632, elles pensent que leur alliance est devenue caduque. Quand Abou Bakr devient calife – à savoir, successeur de Mahomet (Khalifat Rasul Allah, successeur du messager de Dieu) –, il entre en guerre contre ces « apostats », car il comprend que l'islam ne survivra que si la dynamique guerrière est maintenue. C'est ainsi qu'éclatent les guerres de Ridda, contre l'apostasie dans les tribus, qui se transforment très vite en une guerre de pillages et de conquêtes au-delà de la péninsule Arabique, chaque triomphe s'accompagnant de l'arrivée de nouveaux adeptes et confirmant la nouvelle religion.

Les ressources naturelles limitées de l'Arabie menacent constamment d'appauvrir et d'affamer ses habitants. C'est un facteur essentiel expliquant que les Arabes « se libèrent de la prison étouffante du désert »[32]. Mais les besoins matériels ne peuvent être le seul moteur des conquêtes qui s'ensuivent. La ferveur religieuse et la promesse de rejoindre le paradis à ceux qui meurent en faisant l'effort suprême de se tourner vers Allah, qui est la signification du *djihad*, font des Arabes une force unie et courageuse qui n'a pas peur de la mort. En outre, l'islam leur offre une idéologie impérialiste qui exige la soumission de leurs ennemis et justifie le statut de classe dirigeante des musulmans. Les premières incursions, sous le calife Abou Bakr (632-634), traversent le désert de Syrie pour atteindre l'Euphrate en Mésopotamie (l'Irak moderne). Les attaquants arabes sont attirés par les butins, les

32 Leoni Caetani, *Studi di Storia Orientale*, Ulrico Hoepli, Milan, 1911, vol. 1, p. 368.

rançons et les abondants pâturages. Pendant ce temps, d'autres pénètrent en Palestine. Sous le règne de son successeur, le calife Omar (634-644), les armées arabes envahissent tout le Moyen-Orient byzantin, dont la Syrie, la Palestine et l'Égypte, et remportent une première victoire importante contre les Perses, laissant la destruction finale de l'Empire sassanide de Perse à Othman (644-656), le troisième calife. Lorsque le roi de Perse Yazdegerd III demande « Pourquoi votre nation a pris les armes contre nous ? », l'émissaire arabe répond : « C'est Allah qui nous l'a ordonné, par la voix de son prophète, pour accroître la domination de l'islam sur toutes les nations. »[33]

L'invasion arabe débute en février 634, Thomas le Presbytérien mentionnant « une bataille entre les Romains et les Arabes de Mohammad en Palestine à une vingtaine de kilomètres à l'est de Gaza. Les Romains s'enfuirent, laissant derrière eux le patricien Bryrdn, que les Arabes tuèrent. 4 000 pauvres villageois de Palestine périrent, des chrétiens, des juifs et des Samaritains. Les Arabes ravagèrent toute la région ».[34] Puis, en juillet de cette même année, une armée arabe forte de 20 000 hommes écrase une troupe byzantine moitié moins nombreuse lors de la bataille d'Ajnadayn, à 25 kilomètres à l'ouest de Jérusalem, laissant la Palestine et la Syrie vulnérables à de futures avancées.

Damas est la première grande ville byzantine à subir une attaque arabe. En mars 635, une armée musulmane arrive devant les remparts de la ville, s'agenouille pour prier, puis assiège la population. Après des mois d'un désespoir grandissant à l'intérieur de la ville, le commandant de sa garnison, Thomas, gendre de l'empereur Héraclius Ier, lance une contre-attaque. Alors qu'il mène ses hommes à la bataille, Thomas place sa main sur la Bible et en appelle à Dieu : « Si notre foi est sincère, aide-nous, et ne nous laisse pas aux mains de

33 Dosabhai Framji Karaka, *History of the Parsis Including Their Manners, Customs, Religion and Present Position*, Macmillan, Londres, 1884, vol. 1, p. 15.

34 Robert G. Hoyland, *Seeing Islam as Others Saw It: A Survey and Evaluation of Christian, Jewish and Zoroastrian Writings on Early Islam,* Darwin Press, Princeton NJ, 1997, p. 120.

ses ennemis. » Les chroniqueurs musulmans à qui l'on doit ce récit sont témoins d'immenses actes d'héroïsme dans les deux camps. Nombre de commandants musulmans sont tués, mais Thomas se fait transpercer un œil par une flèche, les chrétiens sont repoussés dans l'enceinte de la ville et Damas tombe quelques jours plus tard (en 635 ou 636, la durée du siège variant de six mois à un an, selon les sources). Les chrétiens qui veulent quitter la ville ont trois jours pour partir en toute sécurité. Parmi eux figurent Thomas et sa femme, la fille de l'empereur. Les réfugiés se dirigent vers les montagnes du Liban, mais, après le troisième jour, ils sont pourchassés et massacrés dans les prés. Thomas est précipité à terre et sa tête tranchée, puis placée au bout de la croix d'un étendard byzantin confisqué. Un seul chrétien parvient à en réchapper et part à Constantinople répandre la nouvelle du désastre, tandis que l'épouse de Thomas, après avoir été offerte à l'un de ses ravisseurs, est libérée et remise à une délégation envoyée par son père[35].

Ces événements sont suivis avec anxiété à Jérusalem, ville qui, à l'été 636, se trouve elle aussi assiégée. Les Arabes commencent par lancer un ultimatum. Santé et bonheur sont garantis à quiconque emprunte la bonne voie. Il suffit de dire qu'il n'y a qu'un seul Dieu et que Mahomet est son prophète. En cas de refus, il faut payer un tribut et s'exposer à l'envoi d'hommes redoutables. C'est risquer la mort et orienter ses enfants vers la condition d'esclaves[36]. Mais l'ultimatum est repoussé.

La défense de Jérusalem est assurée par une garnison byzantine soutenue par des unités d'habitants armés et commandée par Sophronius, le patriarche orthodoxe grec de la ville, âgé de 86 ans.

Après avoir mis à l'abri la Vraie Croix à Constantinople, Sophronius fait son possible pour éviter que Jérusalem ne subisse le même sort que Damas, sa ville natale. Mais les espoirs de répit sont anéantis

35 Washington Irving, *Mahomet and His Successors*, vol. 2, *in The Works of Washington Irving*, George P. Putnam, New York, 1850, vol. 13, chapitres 9-11. Voir également Edward Gibbon, *Histoire du déclin et de la chute de l'Empire romain d'Occident*, traduit par François Guizot, Seuil, Paris, 1994.

36 Edward Gibbon, *ibid.*

quand les Arabes, en grande partie grâce à l'agilité de leur cavalerie très véloce, remportent une victoire décisive sur les Byzantins en août 636 lors de la bataille du Yarmouk, affluent du Jourdain à l'est du lac de Tibériade. Jérusalem se trouve dès lors complètement coupée du monde extérieur, tandis que les Arabes « pillent les villes, dévastent les champs, brûlent les villages, mettent le feu aux saintes églises, renversent les monastères sacrés », comme Sophronius le dit à sa congrégation[37]. Bien que l'on dise parfois que le siège arabe s'est déroulé « sans effusion de sang », il a quand même provoqué une grande souffrance chez les habitants de Jérusalem, certains mourant de faim et d'autres étant tués en défendant les remparts ou au cours de sorties pour attaquer l'ennemi qui cernait la ville. Enfin, au printemps 638, après un siège de près de deux ans, Sophronius est contraint de capituler.

Il existe plusieurs récits de la chute de Jérusalem, œuvres d'écrivains musulmans, mais ils ne sont guère riches en détails et apparaissent contradictoires. En outre, ils ont tous été rédigés au moins un siècle après l'événement. Mais, généralement, ils disent que Jérusalem a refusé de capituler à toute personne autre que le calife. Par conséquent, Omar se rend à cheval à Jérusalem depuis Médine et reçoit la capitulation de la ville selon les termes de l'accord conclu avec Sophronius. Moyennant le versement de la *jizyah*, impôt dont doivent s'acquitter les non-musulmans, ils ont la possibilité de rester dans la ville et d'avoir la vie sauve et la sécurité de leurs propriétés et églises est garantie. Ensuite, Omar entre en ville, non pas à dos de cheval, mais plus humblement sur un chameau ou, selon une autre version de l'histoire, il descend de son chameau et fait son entrée à pied.

Omar demande à Sophronius de le conduire au Mont du Temple, site du Temple de Salomon associé aux prophètes juifs, dont le Coran dit que ce sont les précurseurs de l'islam[38]. Depuis la destruction du Temple d'Hérode par les Romains, le Mont du Temple a été laissé à l'abandon et, selon certaines sources, il est devenu une véritable

---

37 Sermon de Sophronius du 6 décembre 636 ou 637, *in* Robert G. Hoyland, *Seeing Islam as Others Saw It*, p. 72.

38 Coran, sourate 2, verset 136.

décharge. Cet endroit ne signifie pas grand-chose pour les chrétiens et la construction d'une mosquée sur le site éviterait à Omar d'interférer avec les lieux de culte chrétiens. Après avoir sommé ses hommes de déblayer l'endroit, Omar entreprend la construction d'une mosquée, décrite ensuite par le pèlerin gaulois Arculf en visite à Jérusalem vers 670 : « En ce lieu célèbre où, autrefois, a été magnifiquement érigé le Temple [...] les Sarrasins fréquentent maintenant une maison de prière à quatre côtés, qu'ils ont grossièrement bâtie en montant des planches et de grosses poutres sur des vestiges »[39] – probablement les ruines de la stoa royale d'Hérode, le long du mur de soutènement sud du Mont du Temple. On a dit à Arculf que la mosquée était suffisamment grande pour accueillir trois mille personnes.

Quand il fait construire sa mosquée, le plus grand souci d'Omar est la direction de la prière. Il se souvient que Mahomet a d'abord prié en se tournant vers Jérusalem, avant d'avoir une révélation lui ordonnant de tourner le dos à la ville pour s'orienter vers La Mecque. Ce changement de *qibla*, direction à prendre pour la prière, est mentionné dans le Coran : après avoir dit que les faibles d'esprit vont railler les croyants pour leur soudaine volte-face, l'ordre est donné : « Tourne donc ton visage vers la Mosquée sacrée. Où que vous soyez, tournez-y vos visages », la mosquée sacrée étant la mosquée bâtie autour de la Kaaba à La Mecque[40]. Omar respecte cet avertissement sur le Mont du Temple, où il se montre catégorique sur la position de sa mosquée, disant qu'elle ne doit pas être orientée vers le rocher, faisant référence à l'affleurement censé correspondre à l'emplacement du saint des saints du temple juif, mais vers la Kaaba, le site le plus sacré de l'islam à La Mecque[41]. Au lieu de disposer sa mosquée sur la zone nord du Mont du Temple, où la *qibla* serait orientée à la fois vers le Rocher et la Kaaba, il l'implante à l'extrémité sud du Mont, de sorte qu'elle tourne le dos à la ville et au site du Temple de Salomon, mais

39 Adamnan, *The Pilgrimage of Arculfus in the Holy Land*, trans. and ed. Rose Macpherson, Palestine Pilgrims' Text Society, Londres, 1895, p. 4-5.

40 Coran, sourate 2, versets 142-145.

41 Muhamad ibn Jari al-Tabari, *Histoire des prophètes et des rois*, traduit par Hermann Zotemberg, Édition de la Ruche, Paris, 2003.

qu'elle dispose, pour la prière, d'un horizon entièrement dégagé vers La Mecque. Malgré tout le respect que témoigne Omar à Jérusalem et ses prophètes, rien dans ses actes n'indique que la ville, le Mont du Temple ou son affleurement rocheux présentent un caractère saint pour les musulmans.

Les musulmans commencent cependant à changer d'état d'esprit quand une nouvelle dynastie de califes, les Umayyades, redessinent le Mont du Temple, construisent le dôme du Rocher et remplacent la mosquée sans nom d'Omar par celle qui existe encore aujourd'hui et qui s'appelle la mosquée al-Aqsa, qui signifie « la plus lointaine », nom qui associe le Mont du Temple au voyage nocturne du prophète Mahomet et finira par transformer Jérusalem en lieu saint musulman.

Pendant ce temps, la Palestine est organisée en districts militaires, *jund*, qui correspondent plus ou moins aux provinces byzantines Palestina Prima et Palestina Secunda. Jund Filastine (Palestine) va de la Méditerranée à la mer Morte. Au départ, la capitale est Ludd (Lod), puis Ramla, toutes deux des villes à l'intérieur des terres par rapport à la capitale byzantine de Césarée, située quant à elle sur la côte, mais sur la route commerciale terrestre reliant l'Égypte à Damas. Jund Urdunn (Jordanie), centrée sur la région de Galilée, s'étend vers l'est, au-delà du Jourdain, et a pour capitale Tibériade.

La Palestine sous les Umayyades et les tribus arabes

Bien que l'islam soit censé dépasser les antiques fidélités claniques des Arabes, les tribus n'ont pas disparu, ni les jalousies et querelles tribales. En outre, la rivalité entre les tribus et leurs clans et familles s'étend jusqu'au cœur même du califat. En 656, des troupes arabes insurgées ont tué Uthman, troisième calife membre de la puissante famille umayyade de La Mecque. Ali se revendique l'héritier naturel du califat parce qu'il a épousé Fatima, la fille de Mahomet, mais aussi en raison de ses grandes connaissances religieuses. Cependant, Aïcha (épouse favorite de Mahomet et fille d'Abou Bakr, le premier calife) et les nombreux compagnons de Mahomet, ceux-là même qui ont orchestré la rébellion meurtrière contre Uthman, s'opposent à Ali. Ce dernier prend les armes et remporte sa première bataille, mais l'opposition se renforce quand il renvoie nombre d'hommes nommés par Uthman. Parmi ceux-ci figure Muawiya Ier, neveu d'Uthman et gouverneur de Syrie, qui a réclamé vengeance suite à l'assassinat de son oncle. En 657, Ali et Muawiya Ier s'affrontent à la bataille de Siffin, près de Raqqa, sur l'Euphrate, qui se termine par des négociations affaiblissant la position d'Ali et conduisant à son assassinat par un adepte mécontent en 661. Le frère de Muawiya Ier a été à la tête des tribus arabes qui partent à la conquête d'une grande partie de la Palestine et de la Syrie. Ils expriment donc par la suite leur fidélité à Muawiya Ier, le gouverneur de Syrie, dont ils reçoivent de nombreuses récompenses. Ils constituent son socle de pouvoir au moment où Muawiya Ier est proclamé calife de Jérusalem, fait de Damas sa capitale et installe la dynastie umayyade à la tête d'un empire arabe en plein essor.

Après avoir consolidé son autorité, Muawiya Ier s'oriente vers de nouvelles guerres d'expansion territoriale qui s'accompagnent de leur lot de pillages, expropriations et taxations et qui présentent en outre l'avantage de transformer les frictions tribales en luttes pour la religion. Les attaques contre l'Empire byzantin reprennent. Les armées arabes ravagent l'Asie Mineure presque chaque été, Chypre et les îles de la mer Égée sont dévastées et, en 670, une flotte umayyade débarque à Cyzique, sur la mer de Marmara, d'où les Arabes lancent chaque été pendant sept ans un siège de Constantinople. Forte de la résistance énergique de l'empereur Constantin IV, la ville repousse leurs attaques. La plus redoutables des armes byzantines est le feu grégeois, arme incendiaire inventée par un réfugié syrien chrétien, à la composition secrète, mélange de soufre, naphte et chaux vive qui s'enflamme au contact des vaisseaux ennemis et brûle même sous l'eau. Les Byzantins finissent par bouter l'armée arabe hors d'Asie Mineure et forcent Muawiya Ier à payer un tribut en échange d'une paix négociée. Ce n'est pas la dernière fois qu'une victoire byzantine épargne non seulement aux Byzantins, mais également à l'Europe entière, une domination musulmane.

Cependant, les Umayyades remportent plus de succès ailleurs. En Afrique du Nord, le dernier avant-poste byzantin dans la région de Carthage est détruit par les Arabes en 667. Face à la résistance des Berbères, qui sont chrétiens, contre les armées arabes, ces dernières répondent par de terribles attaques entraînant de grandes dévastations. Ceux qui finissent par se soumettre à l'islam sont engloutis par l'expansion des armées musulmanes vers l'Atlantique, tandis que la population plus latinisée d'Afrique du Nord, héritière d'une civilisation chrétienne et classique ayant engendré des personnages tels que le théologien Augustin d'Hippone, auteur des ouvrages *Les Confessions* et *La Cité de Dieu* et lui-même berbère[42], émigre vers l'Italie et la Gaule.

La vague d'expansion musulmane est contrariée par l'éclatement d'une longue guerre particulièrement féroce entre les tribus arabes. En 684, Ibn al-Zubayr, neveu d'Aïcha et petit-fils par sa mère du premier calife Abou Bakr, rejette la revendication umayyade du califat et s'autoproclame calife à La Mecque, obtenant le soutien des tribus d'Arabie et de celles occupant l'Égypte et la Mésopotamie, et même, détail des plus inquiétants, de certaines de Palestine et de Syrie. La bataille de Marj Rahit, à l'est de Damas, garantit aux Umayyades de s'emparer de la Syrie cette même année, mais la lutte d'envergure échoit à Abd al-Malik, qui prend la tête du califat umayyade en 685 et n'assied son règne qu'en 692 avec la défaite d'al-Zubayr à La Mecque.

Abd al-Malik enraye ces troubles non seulement sur les champs de bataille, mais également par le biais de diverses mesures administratives destinées à renforcer l'unité de l'Empire, l'autorité de son califat et la suprématie de l'islam. Dans les années suivant leurs conquêtes, les Arabes ne peuvent administrer la Syrie, la Palestine, la Mésopotamie ou l'Égypte, ni, surtout, collecter les impôts sans le concours d'intendants expérimentés issus des populations locales. Cela revient donc à laisser les hommes d'État chrétiens en poste, tout comme les zoroastriens restent en place en Perse. En Syrie et en Palestine, la langue employée dans l'administration est le grec, tandis que la langue usuelle est le syriaque, dialecte d'araméen, la langue véhiculaire du Moyen-Orient pendant plus d'un millénaire. L'administration de l'Égypte est assurée en grec par les autochtones chrétiens, les coptes (d'Aegyptos, « Égypte » en grec), dont le démotique, à savoir le copte,

42 Fernand Braudel, *Grammaire des civilisations*, Flammarion, Paris, 2008.

provient de l'égyptien antique. Ils continuent également de gérer le système d'irrigation, vital pour le pays. Mais Abd al-Malik fait de l'arabe la langue administrative obligatoire dans tout son empire. De même, la monnaie, qui avait continué d'arborer les symboles chrétiens et zoroastriens, est remplacée et des pièces sont redessinées, portant la profession de foi inscrite en Arabe : « Il n'y a d'autre Dieu qu'Allah et Mahomet est son prophète. » Le message de la domination musulmane convient parfaitement au système, car l'économie est principalement monétaire et repose sur les contributions des individus soumis qui paient leurs impôts en pièces. Très peu d'Arabes sont des colons fermiers productifs, activité qu'ils méprisent. Quelques-uns sont de grands propriétaires terriens ayant recours à des métayers pour cultiver leurs terres. Mais, généralement, il s'agit de membres de tribus nomades, de soldats ou de fonctionnaires, tous vivant de l'impôt sur la personne (*jizyah*) et de l'impôt foncier (*kharaj*), dont doivent s'acquitter les peuples conquis pour bénéficier d'une protection des personnes et des propriétés et avoir le droit de pratiquer leur propre religion. Dans la mesure où la *jizyah* et le *kharaj* ne peuvent concerner que les non-musulmans, la conversion à l'islam présente peu d'intérêt pour les Arabes, et la Syrie, la Palestine et l'Égypte resteront donc en très grande majorité chrétiennes pendant plusieurs siècles.

Quand Abd al-Malik arabise et islamise son administration, il entreprend également d'asseoir une domination religieuse dans Jérusalem avec la construction, à partir de 688, du dôme du Rocher sur le Mont du Temple. De récentes fouilles archéologiques laissent penser que le dôme du Rocher était le joyau d'un plan ambitieux destiné à redévelopper la partie est de Jérusalem. L'extérieur du dôme du Rocher présente une forme octogonale, chacun de ses quatre portails étant orienté face à un point cardinal et donnant accès à un déambulatoire intérieur circulaire entourant l'affleurement rocheux comme un lieu saint. Les archéologues estiment que le dôme du Rocher constituait un tétrapylon, structure monumentale à quatre portes courante dans les villes romaines et byzantines. En l'espèce, il marque le carrefour d'une nouvelle ville musulmane centrée sur le Mont du Temple, tandis qu'une nouvelle mosquée, remplaçant la structure en bois érigée par

Omar à l'extrémité sud du Mont du Temple, fait partie de ce plan[43].

Concernant la signification religieuse des travaux en cours sur le Mont du Temple, les premiers écrivains musulmans fournissent plusieurs versions. Selon Ahmad al-Yaqubi, chroniqueur et géographe musulman ayant écrit son récit deux cents ans après ces événements, c'est la rébellion d'al-Zubayr qui a poussé Abd al-Malik à bâtir un lieu de pèlerinage de remplacement à Jérusalem. Le dôme du Rocher, avec ses déambulatoires intérieur et extérieur, était certainement destiné à rivaliser avec la Kaaba de La Mecque, où tourner autour de ce lieu saint fait partie du rituel. Les Umayyades veulent donc glorifier leur pouvoir en Syrie et en Palestine au détriment de La Mecque et de l'Arabie, redoublant d'efforts, également sur le plan financier, pour glorifier Damas, et encore plus pour porter aux nues Jérusalem. Mais, aux yeux de Mohammed ibn Ahmed Muqaddasi, géographe arabe du xe siècle né à Jérusalem, le dôme du Rocher a vu le jour afin de faire de l'ombre à l'église du Saint-Sépulcre : « Abd al-Malik, remarquant la taille et la splendeur du dôme du Kumamah, fut perturbé par la crainte que les esprits des musulmans ne soient aveuglés, et érigea donc au-dessus du Rocher le dôme que l'on peut voir maintenant. »[44] Au début, l'islam est hanté par la peur que ses adeptes abandonnent leur religion par intérêt pour le christianisme. Il faut donc dévaloriser l'église du Saint-Sépulcre ou Anastasis, « résurrection » en grec. Les musulmans détournent donc le terme arabe signifiant résurrection, *Kayamah* (*al-qiyamah*) et surnomment l'église du Saint-Sépulcre Kumamah (*al-qumamah*), « le tas de fumier »[45], comme le dit Muqaddasi dans sa description.

Mais les califes ont grandement besoin d'impressionner leurs sujets chrétiens. Critiqué pour cette imitation honteuse des empereurs byzantins, le premier calife umayyade Muawiya Ier réplique que « Damas est pleine de Grecs et que personne ne croira à son pouvoir s'il n'a

43 Whitcomb, *in* Thomas E. Levy, *The Archaeology of Society in the Holy Land*, Leicester University Press, Londres, 1995, p. 499.

44 Muqaddasi, *Description of Syria, including Palestine*, traduit en anglais par Guy Le Strange, Palestine Pilgrims' Text Society, Londres, 1886, p. 23.

45 *Ibid*, p. 23, note de bas de page I.

pas l'apparence et le comportement d'un empereur »[46]. Sans surprise, Abd al-Malik s'efforce de bâtir le dôme du Rocher en adoptant des formes chrétiennes, ses emprunts étant tels qu'on parle d'« une œuvre purement byzantine »[47]. Un modèle évident du dôme du Rocher est le « tas de fumier » proprement dit, Anastasis, la rotonde surmontée d'un dôme de l'église du Saint-Sépulcre. Les dimensions du cercle intérieur constitué de piliers et de colonnes disposés en alternance sont précisément reproduites dans le dôme du Rocher. D'autres églises byzantines présentent cet aspect circulaire, parmi lesquelles l'église Saint-Siméon-le-Stylite dans le nord de la Syrie, l'église San Vitale de Ravenne et, élément intéressant, l'église de l'Ascension du Mont des Oliviers surplombant Jérusalem, bâtie à l'endroit où, selon la tradition, Jésus est monté au ciel en laissant l'empreinte de son pied dans le sol, que l'on voit encore aujourd'hui – tout comme la tradition musulmane a par la suite affirmé que le Rocher sous le dôme porte l'empreinte de pied de Mahomet lorsque ce dernier a été emporté voir le paradis par l'ange Gabriel lors de son voyage nocturne.

La tradition du voyage nocturne parle de l'*isra*, le voyage proprement dit, et du *miraj*, « l'ascension ». Selon le récit, quand Mahomet était encore à La Mecque, et avant l'*hijra* vers Médine, il a été miraculeusement transporté par l'ange Gabriel sur le site de la mosquée la plus lointaine (*al-masjid al-aqsa*) de Jérusalem, où il a rencontré divers prophètes avant de réaliser son ascension depuis le Mont du Temple, parvenant successivement à divers paradis avant d'être finalement en présence de Dieu. Mais, dans le Coran, rien ne relie directement la mosquée « la plus lointaine » al-Aqsa au Mont du Temple. Il n'est pas non plus fait mention de Jérusalem : « Gloire et Pureté à Celui qui, de nuit, fit voyager Son serviteur de la mosquée Al-Haram à la mosquée Al-Aqsa dont Nous avons béni l'alentour, afin de lui faire

46 Efraim Karsh, *Islamic Imperialism: A History*, Yale University Press, New Haven, CT, et Londres, 2006, p. 63, citant Hamilton A. R. Gibb, *Studies on the Civilization of Islam*, Routledge & Kegan Paul, Londres, 1962, p. 51-57; et Oleg Graber, « Islamic Art and Byzantium », *Dumbarton Oaks Papers*, vol. 18 (1964), p. 88.
47 Alexander Vasiliev, *Histoire de l'Empire byzantin*, vol. I p. 233.

voir certaines de nos merveilles. »[48] La mosquée Al-Haram est la Kaaba de La Mecque, mais rien dans le Coran n'indique la position de la mosquée « la plus lointaine » – certains alléguant que la mosquée « la plus lointaine » correspond très certainement, non pas à Jérusalem, mais à la mosquée qui était à l'époque la plus éloignée de La Mecque, à savoir la mosquée de Médine. En outre, le verset du Coran parle du voyage mais pas d'une ascension, laquelle, selon la tradition, s'est effectuée depuis le toit de la maison de Mahomet à La Mecque, et non à Jérusalem[49].

La source la plus ancienne de l'histoire du voyage nocturne est le biographe de Mahomet, Mohammed Ibn Ishaq, décédé vers 767, même si ses écrits originaux ont été perdus et n'existent qu'à travers des versions publiées postérieurement, notamment celle d'Abdul-Malik Ibn Hisham, mort vers 833. De plus, Ibn Ishaq n'a peut-être jamais couché sur le papier sa biographie. Lui et les autres n'ont donc peut-être obtenu qu'une version orale. Autrement dit, il s'est écoulé entre un et deux siècles après la mort de Mahomet avant que n'apparaisse la première histoire du voyage nocturne. Si la tradition du voyage de Mahomet à Jérusalem et son ascension au paradis avait déjà été ancrée lorsque Abd al-Malik a construit le dôme du Rocher, on pourrait supposer qu'elle aurait figuré parmi les nombreuses inscriptions figurant sur ce lieu saint. Pourtant, il n'y est absolument pas fait référence. Tout laisse plutôt penser que la tradition du voyage nocturne et son lien avec Jérusalem sont apparus quelque temps après la construction du dôme du Rocher et que la tradition reliant l'*isra* et le *miraj* au dôme du Rocher est encore plus récente, n'étant « peut-être bien établie qu'à l'époque des Mamelouks »[50] – à savoir après Saladin et la fin de sa dynastie. En fait, plutôt que de commémorer le voyage nocturne, le dôme du Rocher semble en avoir été à l'origine.

Abd al-Malik a annoncé lui-même son projet de construction d'un sanctuaire sur le Mont du Temple, ce qui ne laisse aucun doute sur sa

---

48 Coran, sourate 17, verset 1. (NdT)

49 Moshe Gil, *A History of Palestine*, p. 98, note de bas de page 22.

50 Whitcomb, *in* Thomas E. Levy, *The Archaeology of Society in the Holy Land*, p. 499.

signification ou la date correspondante. Dans ce qui reste comme le plus ancien texte islamique écrit, la dédicace de son fondateur y figure sur des mosaïques à fond d'or, le long de l'arcade située à l'intérieur du dôme du Rocher. « Ce dôme a été construit par le serviteur de Dieu, Abd al-Malik Ibn Marwan, Prince des croyants, en l'année 72 [qui correspond à l'année après l'Hégire, et donc à 691 ou 692 apr. J.-C.]. Que Dieu soit content de lui. Amen. » Puis, inspirée du Coran, l'inscription se poursuit avec un avertissement empathique à l'intention des chrétiens et de leur croyance dans le Christ et la Trinité :

> « Ô gens du Livre [Chrétiens], n'exagérez pas dans votre religion, et ne dites d'Allah que la vérité. Le Messie Jésus, fils de Marie, n'est qu'un Messager d'Allah, Sa parole qu'Il envoya à Marie, et un souffle [de vie] venant de Lui. Croyez donc en Allah et en Ses messagers. Et ne dites pas "Trois". Cessez ! Ce sera meilleur pour vous. Allah n'est qu'un Dieu unique. Il est trop glorieux pour avoir un enfant. C'est à Lui qu'appartient tout ce qui est dans les cieux et sur la terre et Allah suffit comme protecteur. »[51]

Muqaddasi écrira fièrement au xe siècle : « À l'aube, lorsque la lumière du soleil frappe le dôme et que le tambour capte les rayons, cet édifice offre une merveilleuse vue qui ne s'oublie pas et dont je n'ai vu aucun équivalent dans tout l'islam. Je n'ai pas non plus entendu parler d'un quelconque édifice érigé à l'époque païenne dont la grâce est susceptible de rivaliser avec ce dôme du Rocher. »[52] De par son emplacement sur le Mont du Temple, le dôme du Rocher annonce qu'au judaïsme a succédé le prophète de l'islam, tout comme son inscription annonce le triomphe et la domination de l'islam sur l'Orient chrétien. Comme l'a voulu Abd al-Malik, l'édifice s'est comporté comme un aimant, attirant les visiteurs d'un univers musulman en pleine expansion et conférant au Mont du Temple une atmosphère de vénération islamique. Les chroniqueurs et commentateurs du Coran y sont allés

51 Coran, sourate 4, verset 171.

52 Muqaddasi, *Description of Syria, including Palestine*, p. 46.

de leur contribution en élaborant, autour du dôme du Rocher et de la mosquée al-Aqsa, l'histoire du voyage nocturne, ce dernier édifice, achevé en 715, n'ayant pris son nom, « la plus lointaine », que bien plus tard, ce qui l'a reliée au verset du Coran[53].

C'est ainsi que débute le processus de sanctification qui, au fil des siècles, fera de Jérusalem le troisième lieu saint de l'islam, après La Mecque et Médine.

Lorsque Abd al-Malik meurt en 705, il est parvenu à remettre de l'ordre parmi les tribus arabes et a accru les pouvoirs du califat. Pendant le règne de son fils Walid, les guerres d'agression au nom de l'islam reprennent, plaçant les Umayyades à l'apogée de leur influence. À l'est, les Arabes dépassent l'Oxus en Asie centrale, s'emparant de Boukhara et de Samarkand en 715 et rencontrant pour la première fois les Turcs. Une autre armée traverse l'Indus et envahit Sind, entamant ainsi le long processus d'islamisation de l'Inde. En Afrique du Nord, les Arabes atteignent l'Atlantique et passent en Espagne en 711 en traversant le détroit de Gibraltar. En l'espace d'une décennie, ils se retrouvent au pied des Pyrénées et occupent le Languedoc.

Le *djihad* contre le grand ennemi chrétien, l'Empire byzantin, reprend par des incursions saisonnières en Asie Mineure. Sous le règne du successeur de Walid, Soliman, une immense force navale et terrestre assiège Constantinople en 717-718. Mais la ville ne tombe pas, ni l'Asie Mineure, cet indispensable réservoir d'hommes et de ressources, grâce à Héraclius Ier qui, un siècle plus tôt, a créé un système de défense qui préservera le cœur de l'Empire pendant quatre siècles supplémentaires. Il a organisé l'Asie Mineure en « thèmes » – à savoir des régions au sein desquelles le patrimoine foncier est échangé contre un service militaire héréditaire – système qui a porté ses fruits : à l'exception des régions frontalières au sud des monts Taurus, autour de Tarse et à l'est autour d'Édesse (aujourd'hui Şanlıurfa), les attaques

53 La première preuve que la mosquée s'appelait al-Aqsa remonte à l'époque des Fatimides, lorsqu'elle a été reconstruite, avec l'ajout d'une inscription à propos de la « mosquée la plus lointaine » à partir du Coran (sourate 17, verset 1).

arabes ne débouchent presque jamais sur une occupation. Défendue par ses fermiers-soldats, l'Asie Mineure byzantine assure la continuité de ses traditions gréco-romaines et protège l'Europe suffisamment longtemps pour que celle-ci se réorganise après les invasions barbares et l'effondrement de l'Empire romain en Occident.

Le responsable de l'un de ces projets en Asie Mineure est Léon III l'Isaurien, né dans le nord de la Syrie. En 716, il se lance dans un combat d'arrière-garde des monts Taurus à la mer de Marmara contre l'envahisseur arabe, arrivant à temps à Constantinople pour s'imposer comme empereur, faire des réserves de céréales et constituer un arsenal en prévision du siège à venir. Avant l'invention de la poudre à canon, Constantinople était imprenable tant qu'elle pouvait être approvisionnée par voie maritime. En osant des sorties maritimes et terrestres, Léon III use l'armée arabe et lance des feux grégeois vers la flotte arabe – ou plutôt une flotte construite et dirigée par les Syriens et des Égyptiens, dans la mesure où les Arabes ne connaissent pas grand-chose à la marine[54] – et il inflige une telle déroute aux assiégeants que, sur les 2 560 galères et 200 000 hommes lancés contre Constantinople, seuls 5 galères et 30 000 hommes reviennent en Syrie. Cet événement a été assimilé à l'échec de l'invasion perse de la Grèce antique et Léon III comparé à Miltiade le Jeune, vainqueur de la bataille de Marathon.

En Europe occidentale, l'écho de la victoire byzantine se fait entendre quatorze ans plus tard, en 732, au cours du califat d'Hisham, lorsque les armées arabes, après s'être enfoncées profondément en France depuis l'Espagne, sont battues à plate couture par Charles Martel entre Poitiers et Tours. Charles Martel chasse ensuite les musulmans du sud de la France, installant au passage la domination franque en Europe occidentale. Son petit-fils Charlemagne pose les fondations du Saint-Empire romain et devient le premier responsable

54 Au début de la période islamique, les expéditions maritimes autour de la péninsule Arabique et vers l'Afrique de l'Est et l'Inde étaient la spécialité des Perses. Voir, George Hourani, *Arab Seafaring*, Princeton University Press, Princeton, NJ, 1995, p. 79. Les marins syriens étaient les descendants des Phéniciens côtiers en concurrence avec les Grecs en matière de commerce et de colonisation dans toute l'antique Méditerranée.

européen à rejoindre en Espagne les rangs de la *Reconquista* contre les musulmans.

Ces défaites entraînent l'apparition de problèmes internes critiques chez les Umayyades. Le coût des expéditions s'est avéré énorme et n'a pas été couvert par les tributs et taxes imposés aux peuples nouvellement conquis. À Constantinople, la destruction totale de la flotte et de l'armée umayyades prive le califat de l'assise militaire de son pouvoir et nuit à l'image d'élite dirigeante légitime des Arabes.

Pendant ce premier siècle d'existence de l'islam, les termes « musulman » et « arabe » sont tout sauf synonymes. Être Arabe, c'est parler l'arabe, appartenir à une tribu qui réside dans le désert, être nomade ou avoir des ancêtres nomades, signification de « Bédouin », dont la vie est centrée sur le chameau. Certains Arabes sont devenus des citadins impliqués dans le commerce, à l'image du commerçant Mahomet, mais les relations tribales perdurent. Ces Arabes sont désormais des conquérants, membres de la classe dirigeante et bénéficiaires des privilèges associés, lesquels comprennent des pensions régulières, ainsi qu'une part du butin amassé dans les territoires récemment conquis. Ni colons ni fermiers, ils appartiennent à une aristocratie militaire vivant délibérément en marge des autochtones et dont la seule obligation est de combattre pour leur religion, la foi en cours d'organisation justifiant leur prédominance et les faisant maîtres d'un empire.

Mais, à la grande surprise des dirigeants umayyades, l'islam commence à susciter des conversions, dont le but est surtout d'échapper aux restrictions pesantes imposées aux non-musulmans. Cependant, les candidats à la conversion doivent être adoptés, à mi-chemin entre musulman et arabe, comme les clients d'une tribu arabe, tout en renonçant à leurs précédents liens sociaux, économiques et nationaux. Même dans ce cas, les Arabes considèrent ces convertis, *mawali*, comme des individus socialement et économiquement inférieurs. Pour une femme arabe, épouser un converti revient à couvrir de honte sa famille. Les convertis ne peuvent servir militairement que dans l'infanterie et sont moins bien payés que les Arabes. Et les *mawalis* qui s'installent aux alentours de l'*ansari*, les villes de garnison arabes, où ils sont artisans ou exercent des métiers assimilés, sont périodiquement chassés. En outre, ils sont encore assujettis à l'impôt prévu pour les non-musulmans. Mais les *mawalis* prennent de plus en plus conscience de l'accroissement de leurs effectifs, de leur importance politique et militaire, de leur supériorité culturelle. Ils exigent désormais une égalité sociale et économique avec les Arabes.

Suite au désastre de Constantinople, le calife Omar II essaie d'apaiser le climat de mécontentement naissant en décrétant que les convertis sont exempts de la *jizyah* et doivent recevoir la même solde que les autres. Mais ces mesures ont pour effet de diminuer les rentrées d'argent dans les caisses de l'État et le manque à gagner est compensé en traitant la population non musulmane, les *dhimmis*, avec encore plus de sévérité. On attribue généralement à Omar II la paternité de décrets régissant la position juridique et sociale des *dhimmis*. À la base, ces derniers sont les gens du Livre – à savoir les chrétiens et les juifs, dont les prophètes véhiculent un message repris en substance par le Coran. Ces gens se voient donc témoigner une certaine tolérance et bénéficient d'une protection, le Coran leur promettant que les musulmans ne les combattront pas, à condition qu'ils s'acquittent de la *jizyah*, forme de tribut. Chrétiens et juifs demeurent en marge de la communauté, avec l'interdiction de porter des armes, de témoigner contre des musulmans devant les tribunaux et d'épouser des femmes musulmanes. Un *dhimmi* qui tente de convertir un musulman est condamné à mort, sanction à laquelle s'expose également tout musulman qui apostasie. Mais un musulman qui tue un chrétien ou un juif n'écope pas de la peine de mort. Il est condamné au pire à payer une amende. Les *dhimmis* doivent être soumis, se considérer inférieurs aux musulmans et agir et se vêtir en conséquence. Ils ont également pour obligation de se distinguer des musulmans sur le plan vestimentaire et de la coiffure. Chrétiens et juifs sont libres de pratiquer leur religion, mais en se contenant, de façon à ne pas perturber les musulmans. Les célébrations et expressions publiques de leur foi sont réduites. Ils ne sont pas autorisés à bâtir des églises ou synagogues, ni même à les entretenir. Si un lieu de culte est endommagé ou détruit, pour quelque raison que ce soit – séisme, incendie ou intervention collective – il ne peut être reconstruit. Au bout de quelque temps, les zoroastriens de Perse et les Berbères païens d'Afrique du Nord sont également considérés comme des gens du Livre. Mais ceux qui ne font pas partie des gens du Livre ne bénéficient d'aucune tolérance. Ils ont le choix entre l'islam et l'épée.

Malgré ces règles pénibles et humiliantes, nombre de chrétiens voient certains avantages à leur condition. Si le triomphe de l'islam a été rendu possible par le conflit long et épuisant entre l'Empire byzantin et la Perse, les violentes disputes théologiques ayant déchiré pendant des siècles l'univers chrétien y sont également pour quelque chose. Il est donc logique, sinon ironique, que les conquêtes musulmanes aient eu notamment pour effet de protéger et préserver un large éventail d'hérésies chrétiennes. Pour les musulmans, ces controverses sont accessoires. L'islam est une foi parfaite issue de révélations. Quant aux chrétiens et aux juifs, tant qu'ils obéissent à l'autorité musulmane et paient leurs impôts, ils ont le droit de mener leurs affaires en accord avec leurs propres lois, coutumes et croyances.

L'hérésie chrétienne est en plein essor au Moyen-Orient sous l'autorité musulmane, ou plutôt ce que les autorités de Constantinople et les papes de Rome considèrent comme une hérésie. Mais, au Moyen-Orient, toutes les sectes chrétiennes sont traitées de la même façon. Ainsi, les chrétiens hétérodoxes et hérétiques ne sont désormais plus persécutés par des chrétiens rivaux ou par l'État. Par exemple, au concile de Chalcédoine de 451, une majorité décide que Jésus avait deux natures, humaine et divine, ajoutant qu'elles sont séparées et immuables, tout en étant indiscernables. C'est à ce jour le point de vue de presque toutes les Églises chrétiennes. Mais, Nestorius, archevêque de Constantinople du ve siècle né en Syrie et formé à Antioche, soutient que les natures humaine et divine du Christ sont entièrement séparées, ce qui explique pourquoi on dit de lui que c'est un dyophysite (du grec signifiant « deux natures ») et un hérétique. Cependant, ses adeptes, qui donnent naissance à l'Église nestorienne et sont des missionnaires actifs, sont particulièrement suivis en Orient, surtout en Perse, où ils luttent contre le zoroastrisme. En réaction au nestorianisme et également pour s'opposer à l'orthodoxie mise en avant par le concile de Chalcédoine, des membres de l'Église syrienne (les jacobites) et de l'Église égyptienne (les coptes), s'ils ne rejettent pas les deux natures, mettent l'accent sur l'unité de l'incarnation. Voilà pourquoi les Syriens et les Égyptiens ont été qualifiés de monophysites (du grec signifiant « une seule nature ») et accusés de croyance hérétique en estimant que la nature humaine de Jésus a été entièrement absorbée par sa dimension divine.

Ces disputes sont d'une importance suprême, littéralement une question de vie ou de mort, car la nature de Jésus est directement liée au salut de l'homme. Le pape Léon Ier, « le Grand », expose la position orthodoxe prévalant au concile de Chalcédoine : « Quand Dieu est censé être à la fois tout-puissant et Père, le Fils est clairement prouvé être co-éternel avec lui, ne diffère en rien du Père, depuis qu'il est né Dieu de Dieu, tout-puissant du Tout-Puissant, co-éternel de l'Éternel, pas plus tard dans le temps, pas moins de puissance, un peu comme dans la gloire, ne se distingue pas dans l'être. » Ayant affirmé la nature divine et intemporelle de Jésus, il affirme qu'il est né de la Vierge Marie, « sa naissance dans le temps n'enlève ni n'ajoute rien à cette naissance divine et éternelle mais son seul but est de restaurer l'humanité ». L'homme est le bénéficiaire de Jésus le divin puisant également dans la nature de l'homme. Triompher de l'auteur du péché et de la mort est au-delà des forces de l'homme, à moins que Jésus ait fait sienne la nature humaine.

Les propos des protagonistes de ces conflits à propos de la nature de Jésus-Christ sont déformés par des nuances linguistiques et culturelles, ainsi que par des principes fondamentaux. Bien que les divers conciles de l'Église martèlent les positions théologiques devenues par la suite l'orthodoxie de Rome et Constantinople, les chrétiens de Syrie, de Palestine, d'Égypte et d'ailleurs maintiennent souvent leurs points de vue et se trouvent en conflit avec l'Église universelle, se sentant à l'occasion opprimés. Parfois, cela se produit plutôt à une échelle locale avec la population rurale, disons de Palestine, suivant les croyances monophysites, tandis que le clergé en place à Jérusalem est profondément orthodoxe. Les conflits peuvent être violents et sources de divisions au sein de l'Empire byzantin, ouvrant la voie à l'avènement de l'islam. Un membre de l'Église jacobite dit ainsi à propos de la conquête musulmane : « Le dieu de la vengeance nous a délivrés des mains des Romains par le biais des Arabes. Cela nous a ainsi sauvés de la cruauté et de la haine profonde que nous manifestent les Romains. »[55]

Mais, très vite, les chrétiens regrettent l'accueil qu'ils ont réservé aux envahisseurs arabes. Omar perçoit le danger à abuser les *dhimmis*, source du revenu des Arabes, qu'il compare à des animaux domestiques, comme lorsqu'il avertit l'un de ses gouverneurs :

> « Ne détruisez pas une synagogue, une église, ni une maison de zoroastriens dont l'existence est garantie par le traité de paix. Mais aucune synagogue [ni église] ni maison de zoroastriens ne doit être bâtie. Les moutons ne doivent pas être conduits au massacre et l'on ne doit pas affûter le couteau sur la tête du bétail à massacrer. »[56]

Des troubles apparaissent néanmoins en 725-726, lorsque la population autochtone d'Égypte, encore très majoritairement chrétienne, se révolte contre la discrimination et l'énorme poids des impôts sous le règne musulman. C'est ainsi qu'après un recensement des monastères égyptiens, les moines sont taxés pour la première fois. Mais ça ne suffit pas, comme l'écrit l'historien du Moyen Âge égyptien Al-Maqrizi :

> « Oussama ibn Zaid al-Tanukhi, commissaire aux recettes, opprimait encore plus les chrétiens, leur tombait dessus, leur volait leurs biens et marquait au fer rouge le nom de chaque moine sur la main de ce dernier, ainsi que son numéro. Quiconque trouvé sans cette marque se voyait amputé de la main […]. Il s'est ensuite attaqué aux couvents, où il a trouvé un certain nombre de religieux ne portant pas cette marque sur leur main et ordonné qu'on en décapite certains et fouette d'autres jusqu'à ce que mort s'ensuive. Il a ensuite fait démolir les églises, briser les croix, fait frotter les représentations pour qu'elles

55 Alfred J. Butler, *The Arab Conquest of Egypt*, Oxford University Press, Oxford, 1902, p. 158.

56 Moshe Gil, *A History of Palestine*, p. 141 (Tabari, *Ta'rikh*, II, 1372).

disparaissent et mettre en morceaux les images. »[57]

Parfois, les tribus arabes prennent les affaires en main pour compenser la chute de leurs revenus et pensions. Protestant contre l'extorsion des non-musulmans par des tribus, le calife Yazid III leur dit en 744 : « Je ne tolérerai pas votre comportement qui pousse des individus payant l'impôt sur la personne à partir de leur pays et à se retrouver sans aucun avenir. »[58] Les tribus répondent alors en accusant le calife d'être un hérétique sous l'influence du christianisme. Son successeur, Marwan II, pointe de nouveau du doigt les tribus de Palestine : « Vous voulez uniquement voler les biens de tous les *dhimmis* que vous rencontrez. »[59]

Vers la fin 744, la désaffection au sein des tribus arabes se transforme en véritable rébellion qui va jusqu'en Palestine et en Syrie. Damas devient une ville dangereuse et Marwan II installe sa capitale à Harran, dans le nord du pays. Édesse, Homs, Héliopolis (aujourd'hui Baalbek, au Liban) et Damas se soulèvent toutes et ferment leurs portes au calife. Pendant l'hiver et l'été 745, ce dernier envoie ses armées dans ces villes et réprime la rébellion dans de véritables bains de sang. Marwan II dirige lui-même le violent siège d'Homs, d'une durée de quatre mois. Ensuite, aux dires du chroniqueur byzantin Théophane, « il détruisit les murailles d'Héliopolis, de Damas et de Jérusalem, tuant nombre de personnages importants et mutilant les gens qui restaient dans ces villes »[60].

Les problèmes rencontrés par les califes umayyades avec les tribus, les *mawalis* et les *dhimmis* sont particulièrement graves en Perse et en Mésopotamie, où d'autres ressentiments couvent depuis longtemps.

---

57 Al-Maqrizi, historien égyptien du XVe siècle, *in* Otto Meinardus, *Monks and Monasteries of the Egyptian Deserts*, The American University in Cairo Press, Le Caire, 1989, p. 55.

58 Moshe Gil, *A History of Palestine*, citant Tabari, *Ta'rikh*, II, 1834ff, p. 86.

59 *Ibid*, p. 86, note de bas de page II.

60 Théophane, *The Chronicle of Theophanes*, ed. Traduction en anglais par Harry Turtledove, University of Pennsylvania Press, Philadelphie, 1982, p. 112.

En 680, Hussein, fils d'Ali (le quatrième calife assassiné), a mené une insurrection contre Damas, mais lui et ses partisans sont massacrés par les forces umayyades à Karbala (située dans l'Irak actuel). Ses partisans considèrent sa mort comme une blessure infligée à l'islam car Hussein est le fils qu'Ali a eu avec Fatima, fille de Mahomet. C'est donc le sang du prophète qui a coulé à Karbala. Pour les chiites, acquis à la cause d'Ali, Hussein est un martyr et sa mort une tache au sunnisme, donc aux musulmans orthodoxes qui sont le courant islamique majoritaire. Dès lors, les chiites refusent d'accepter comme calife tout homme n'étant pas un descendant d'Ali. Pour leur part, les sunnites interdisent pour toujours aux descendants du prophète l'accès au califat. Bien que ce problème ait été au départ un conflit théologique et tribal entre Arabes, il attire très vite des *mawalis* mécontents, surtout les Perses, peuple fier et cultivé indigné d'être considéré comme inférieur.

Leur grief, ainsi que celui lié au chiisme, est attisé par la famille arabe Abbas, qui revendique de descendre d'un oncle du prophète Mahomet. En 746, une rébellion éclate dans l'est de la Perse. En 749, la Mésopotamie connaît la guerre civile. Et en 750, le calife Marwan II est battu par le chef abbasside Abu al-Abbas al-Saffah lors de la bataille du Zab, affluent du Tigre dans le nord de l'Irak, avant d'être poursuivi sans relâche en Syrie, en Palestine et en Égypte, où il est capturé puis décapité. D'autres membres de la dynastie umayyade sont chassés et assassinés. Seul un descendant de la famille, Abd al-Rahman, échappe à la destruction de sa dynastie en parvenant à s'enfuir en Espagne, où il met en place l'Émirat de Cordoue.

Les Abbassides et l'éclipse arabe

Avec le renversement des Umayyades, la Palestine et la Syrie ne seront plus jamais le cœur du monde musulman. Les Abbassides s'installent en Mésopotamie et établissent, en 762, leur capitale sur le site d'un petit village chrétien nommé Bagdad[61], qui occupe une position stratégique sur le Tigre, relié à l'Euphrate voisin grâce à un canal navigable. L'endroit est un carrefour naturel pour les caravanes traversant le désert en provenance de Syrie et d'Égypte, pour les produits byzantins transportés sur le Tigre et pour les cargaisons d'Inde et de Chine remontant le fleuve en provenance du golfe Persique. Le calife Mansour, fondateur de la ville, parle d'une île, véritable marché

61 Un village nommé Bagdad est identifié à cet endroit depuis le VIIIe siècle av. J.-C. Ce nom a été assimilé à un terme persan similaire mais postérieur signifiant « cadeau de Dieu ». Voir Bertold Spuler, *The Muslim World: A Historical Survey*, part 1, *The Age of the Caliphs*, trans. F. R. C. Bagley, E. J. Brill, Leiden, 1960, p. 51.

du monde, entre le Tigre à l'est et l'Euphrate à l'ouest[62]. En l'espace d'une génération, le siège du califat abbasside devient la capitale marchande et culturelle de l'islam en Orient. En revanche, « les Abbassides écrasent Damas »[63]. Ses remparts sont démolis, sa population chute et la ville disparaît carrément des archives pendant un siècle. La Palestine et la Syrie connaissent le déclin et leur population diminue fortement. Musulmans et *dhimmis* se retrouvent « opprimés par leurs nouveaux souverains et se révolteront à plusieurs reprises contre eux »[64]. Pendant l'époque du califat umayyade, un ordre relatif a régné en Palestine et en Syrie, comparé à ce qui s'annonce, « avec un processus affaiblissant de coups d'État militaires et de révoltes internes répétés, associés à une instabilité politique source d'une anarchie chronique et d'un certain déclin culturel »[65].

En abandonnant Damas au profit de Bagdad, les Abbassides mettent l'empire musulman en orbite autour de la sphère d'influence perse. Les califes umayyades ont régné dans le style patriarcal des chefs arabes, caressant les chefs de tribus dans le sens du poil et leur imposant parfois leurs volontés. Mais ils restaient accessibles pour leurs pairs et les consultaient sur les sujets importants. En revanche, les califes abbassides adoptent de plus en plus souvent les manières et méthodes des rois sassanides perses que les Arabes ont renversés un siècle plus tôt. Si les califes umayyades se désignaient comme les Successeurs du prophète de Dieu, les califes abbassides portent le titre plus impressionnant d'Ombre de Dieu sur Terre. Leur autorité vient directement d'Allah et ils règnent en autocrates absolus. Se passant de la milice tribale arabe et supprimant leurs pensions, les Abbassides tiennent le pouvoir grâce à une armée régulière d'esclaves turcs appelés Mamelouks. Ils créent également un service de fonctionnaires salariés constitué majoritairement de convertis perses.

Au moment de la conquête arabe, la plupart des Perses étaient

---

62 Ahmad al-Yaqubi, *in* Bernard Lewis, *Les Arabes dans l'histoire*, traduit par Denis-Armand Canal, Flammarion, Paris, 1996.

63 Colin Thubron, *Mirror to Damascus*, Vintage, Londres, 2008, p. 103.

64 Albert Hourani, *Syria and Lebanon: A Political Essay*, Oxford University Press, Londres, 1946, p. 21.

65 Whitcomb, *in* Thomas E. Levy, *The Archaeology of Society in the Holy Land*, p. 488.

zoroastriens, individus envers lesquels les musulmans avaient une attitude ambivalente. Le prophète Mahomet considérait les prophètes juifs et chrétiens comme ses précurseurs, mais estimait que les textes sacrés des zoroastriens ne provenaient pas d'une révélation[66]. Le Coran dit explicitement que les juifs et les chrétiens sont des gens du Livre et donc libres de suivre leurs propres croyances[67], mais la position des zoroastriens repose sur l'interprétation d'un passage du Coran dans lequel les Mages, comme les musulmans appelaient les zoroastriens, sont mentionnés aux côtés des juifs et chrétiens, mais aussi des païens[68].

Bien que l'on ait fini par octroyer aux zoroastriens le statut de *dhimmis* protégés, à l'époque umayyade, ils subissaient de la part des musulmans un traitement « méprisant et intolérable »[69] et, sous les Abbassides, c'est pire encore. Ces derniers se révèlent de redoutables ennemis du zoroastrisme, se livrant à de violentes persécutions d'un côté et apportant un soutien aux convertis de l'autre. Le processus débute dans les villes où sont installées les garnisons arabes et où les temples du feu zoroastriens sont transformés en mosquées et la population forcée à se convertir ou à fuir. L'entreprise de conversion collective gagne la campagne pendant le VIIIe siècle et s'achève, sauf dans quelques poches de résistance, un siècle plus tard[70].

Mais, pour les Perses qui se convertissent à l'islam, la récompense est à la hauteur. S'étant adjugé le califat en s'appuyant largement sur les Perses déjà convertis à l'islam, les Abbassides continuent de favoriser ceux-ci. En ouvrant grand les portes de l'avancement aux convertis perses, les inconvénients de demeurer zoroastrien deviennent pour le coup particulièrement évidents. Une nouvelle classe de marchands, propriétaires terriens et fonctionnaires perses – des gens dont les

---

66 Bertold Spuler, *The Muslim World*, p. 27.

67 Coran, sourate 2, verset 62 ; sourate 5, verset 66 et 69.

68 Coran, sourate 22, verset 17.

69 Richard Nelson Frye, ed., *The Cambridge History of Iran*, vol. 4, Cambridge University Press, Cambridge, 1975, p. 32.

70 Mary Boyce, *Zoroastrians: Their Religious Beliefs and Practices*, 2e éd, Routledge, Londres, 2000, p. 147. Richard Nelson Frye, *The Cambridge History of Iran*, vol. 4, p. xii.

activités sont essentielles à la qualité de vie – évince la vieille aristocratie tribale arabe. Les califes abbassides ont beau revendiquer une descendance arabe pure (ignorant le phénomène de dilution au niveau des lignées féminines), avec des prétentions de supériorité raciale naturelle, les Perses sont présents dans tous les rouages de l'Empire, à tel point qu'un calife aurait dit : « Les Perses ont régné pendant un millénaire et n'ont pas eu besoin de nous, ne serait-ce que pendant un jour ; nous régnons depuis un ou deux siècles et nous ne pouvons nous passer d'eux ne serait-ce que pendant une heure. »[71]

Les Arabes ont toujours constitué une petite minorité imposée aux peuples conquis, mais, avec le déplacement à Bagdad, ils cessent d'incarner l'élite dirigeante et deviennent un élément parmi beaucoup d'autres, l'acteur perse conservant sa domination. L'effet n'est pas seulement politique. Tant d'un point de vue religieux que culturel, l'Empire abbasside se « persianise ». L'islam n'est plus « seulement lié à la langue et aux normes comportementales arabes »[72]. Aujourd'hui, l'âge d'or des Abbassides, particulièrement le règne du calife Harun al-Rashid, est ancré dans l'imaginaire collectif grâce aux fabuleuses histoires des *Mille et Une Nuits*, qui, tirées de vieux contes indiens et perses, commencent à prendre forme dans le Bagdad abbasside. Harun al-Rashid apparaît certes sous forme de légende dans plusieurs de ces contes, mais il est significatif que les principaux protagonistes – le roi Shahryar et la conteuse, la fille du vizir Schéhérazade – ont des noms perses. Et même lorsque les contes des *Mille et Une Nuits* sont traduits en arabe, la langue du Coran et de la culture à la cour, le persan, s'exporte bien au-delà des frontières du vieux royaume sassanide grâce aux armées de l'islam et devient la langue véhiculaire de l'Orient musulman[73].

Sous les Abbassides, les gouverneurs de Palestine et de Syrie ainsi que d'autres personnages d'État importants sont au départ des membres

71 Bertold Spuler, *The Muslim World*, p. 52.
72 Richard Nelson Frye, *op. cit.*, vol. 4, p. xi.
73 *Ibid*, vol. 4, p. xi.

de la famille du calife. Les Umayyades sont considérés comme des hérétiques et ceux ayant servi sous leurs ordres comme des collaborateurs et haïs. Avec le temps, ces provinces occidentales sont placées sous le contrôle de l'administration centrale de Bagdad, majoritairement constituée de bureaucrates perses soumis à la volonté du calife. Les tribus arabes de Palestine et de Syrie, progressivement privées de leurs privilèges et de leur rôle dans les affaires politiques, ne sont entendues que lorsqu'elles se révoltent. Le premier soulèvement intervient en 754, violemment réprimé par une armée placée sous les ordres de l'oncle du calife, qui rentre ensuite dans ses quartiers en Égypte en emportant ses trophées, quelque trois mille têtes décapitées. C'est le début d'une longue période d'insécurité et de déclin causés par la guerre entre musulmans qui se soldera par la destruction de l'agriculture et la dépopulation des villages de Palestine. En 788, une guerre civile entre tribus arabes éclate en Palestine, ravageant Gaza et Ascalon, ainsi que des villes en Judée et en Galilée. Pendant ce temps, à l'extérieur de Jérusalem, le monastère orthodoxe grec Mar Saba est attaqué. Une guerre tribale éclate encore en 792, particulièrement dans la vallée du Jourdain et aux alentours de Jérusalem, puis de nouveau en 796, provoquant le pillage de plusieurs villes de l'ouest de la Palestine. Lorsque les combats se transforment en soulèvement contre les Abbassides, Harun al-Rashid, calife à l'époque, déploie une armée impériale emmenée par le fils de son vizir perse, qui « mate les rebelles d'une main de fer et fait couler beaucoup de sang »[74].

Mais les principales victimes de ce grabuge sont les autochtones, les citadins et les fermiers, très majoritairement chrétiens[75]. Les *dhimmis* sont également persécutés par le régime abbasside malgré l'obligation qu'ont les musulmans, en échange de la soumission et du paiement de la *jizyah*, de garantir leur protection physique, de préserver leurs biens, leurs lieux saints et leur droit de pratiquer leur propre religion. Dans les années 750, les chrétiens reçoivent l'ordre d'ôter la croix ornant le sommet de leurs églises, ont l'interdiction d'enseigner les textes sacrés

74 Moshe Gil, *A History of Palestine*, p. 284.

75 *Ibid*, p. 171 et 442.

et d'organiser des messes de minuit. En 772, quand le calife Mansour se rend à Jérusalem, il ordonne que les chrétiens et les juifs soient marqués à la main, mesure qui fait alors fuir de nombreux chrétiens vers le territoire byzantin. Harun al-Rashid, calife entre 786 à 809, décrète la démolition de toutes les églises et synagogues construites après la conquête. Il interdit également les tenues vestimentaires chrétiennes et juives, forçant ces deux communautés à porter des vêtements jaunes, interdisant la soie pour les femmes et obligeant les *dhimmis* allant aux bains à se faire marquer le corps[76].

Quand Harun al-Rashid meurt en 809, une guerre éclate entre deux de ses fils, entraînant l'anarchie et la disparition du climat de sécurité, de sorte que « la Palestine était le théâtre de violences, de viols et d'assassinats »[77]. Les chrétiens abandonnent nombre de leurs monastères et églises dans et autour de Jérusalem. Et lorsque la situation empire, ils s'enfuient à Chypre et Constantinople. Lorsque Mamun, le fils qu'Harun al-Rashid a eu avec une Perse, s'autoproclame calife en 813, c'est le retour d'une certaine stabilité, même si c'est au prix d'une répression féroce. En 831, il lance une expédition « meurtrière »[78] pour réprimer une révolte d'envergure en Égypte, la douzième depuis la conquête musulmane, brisant la résistance chrétienne à coups de massacres et de déportations, tuant tous les hommes, pillant leurs biens et vendant leurs femmes et enfants comme esclaves – réponse standard à l'insurrection selon la charia[79]. Mamun se rend ensuite à Jérusalem où, par haine envers les Umayyades, il s'attribue le mérite de la construction du dôme du Rocher en faisant remplacer grossièrement, à coups d'épée, le nom d'Abd al-Malik par le sien dans la dédicace du fondateur.

Les décrets oppressifs d'Harun al-Rashid contre les *dhimmis* font

76 Philip Hitti, *History of Syria*, Macmillan, Londres, 1951, p. 543f.

77 Moshe Gil, *op. cit.*, p. 475.

78 Richard Nelson Frye, *The Cambridge History of Iran*, vol. 1, p. 122.

79 Carl F. Petry, ed., *The Cambridge History of Egypt*, vol. 1, Cambridge University Press, Cambridge, 1998, *Islamic Egypt, 640-1517*, p. 83. Bat Ye'or, *Islam and Dhimmitude: Where Civilisations Collide,* Fairleigh Dickinson University Press, Madison, NJ, 2002.

leur retour en 850, publiés par son petit-fils, le calife Mutawakkil, qui leur impose non seulement de se démarquer en portant du jaune – « antécédant désagréable de la législation antijuive de l'Allemagne nazie »[80] – mais ajoute de nouvelles mesures en 854, parmi lesquelles la démolition ou la transformation en mosquée de tout lieu de culte chrétien ou juif rénové, l'abaissement des pierres tombales juives et chrétiennes afin qu'elles ne soient pas plus hautes que celles des musulmans, l'interdiction de monter autre chose que des ânes, l'interdiction de témoigner devant les tribunaux et la confiscation d'une maison sur dix. Ces abus ont pour but de proclamer la supériorité de l'islam et d'humilier et démoraliser les chrétiens et les juifs, même si l'intention est parfois plus sinistre encore, comme lorsque Mutawakkil exige que l'on accroche des images en bois du diable sur la porte de leurs maisons[81]. Ces nouveaux décrets provoquent une insurrection à Homs, ville majoritairement chrétienne du centre de la Syrie, férocement dévastée en 855, toutes ses églises se retrouvant démolies, à l'exception de l'église Saint-Jean, laquelle est ajoutée à la grande mosquée, ses dirigeants décapités ou flagellés à mort, puis crucifiés à l'entrée de la ville, et tous les habitants chrétiens chassés de leurs maisons.

Ces mêmes chrétiens persécutés sont à l'origine de la naissance de l'âge d'or de l'islam. La civilisation a prospéré sur le littoral méditerranéen bien avant l'avènement d'Alexandre le Grand. Les origines de la philosophie, de la science, des mathématiques, de l'astronomie, de la géographie et de la médecine remontent au VIIIe siècle av. J.-C. dans les îles grecques de la mer Égée et dans les villes grecques d'Ionie, en Asie Mineure, le long du littoral de la mer Égée. Les empires d'Alexandre le Grand, l'Empire romain et l'Empire byzantin, se sont étoffés et ont perpétué cette culture dans tout le Moyen-Orient. Pendant plusieurs siècles, Alexandrie en Égypte, fondée par Alexandre le Grand, fut la capitale de la civilisation occidentale, sa bibliothèque représentant un immense trésor de connaissances.

---

80 Hugh Kennedy, *The Court of the Caliphs*, Weidenfeld and Nicolson, Londres, 2004, p. 264, [p. 240 en livre de poche].

81 Philip Hitti, *History of Syria*, p. 543f. Moshe Gil, *A History of Palestine*, p. 473f. Hugh Kennedy, *op. cit.*, p. 240.

Les chrétiens de Syrie, de Palestine et d'Égypte étaient les héritiers de cette culture grecque. Jusqu'au règne du calife umayyade Abd al-Malik, à la fin du VIe siècle, le grec était la langue d'administration et d'apprentissage dans tout le Moyen-Orient. Puis les Abbassides se montrent ensuite férus de ces travaux d'apprentissage du grec qu'ils jugent utiles de traduire en arabe. Pas de la poésie, du théâtre ou de l'histoire, qu'ils ignorent, mais des mathématiques, de l'astronomie et de la médecine, ainsi que les aspects pratiques de la philosophie, notamment la logique.

La connaissance du grec est recherchée par une minorité, essentiellement l'élite entourant la cour abbasside de Bagdad, chez qui le parrainage de traducteurs chrétiens devient une activité culturelle à la mode, stimulée par la passion du calife Mamun pour les traductions en arabe. Les familles fortunées rivalisent entre elles pour financer les traductions dans des domaines particuliers. Il arrive que nous connaissions leurs noms, comme les frères Banu Musa, des Perses dont le père a été un bandit de grand chemin et qui ont sans doute fait fortune grâce à la collecte abusive d'impôts et dont le patronage leur a permis d'effectuer un blanchiment d'argent[82]. Ils sont spécialisés dans les textes scientifiques et médicaux et paient des sommes énormes pour attirer les meilleurs traducteurs. La traduction n'est pas une activité en berne. Les traducteurs chrétiens, imprégnés de culture grecque, recherchent des écrits de valeur à transcrire en arabe, certains parcourant l'Empire byzantin en quête de manuscrits pour leurs clients. Cependant, cette période de curiosité et d'effervescence intellectuelles ne dure pas, supplantée au XIe siècle par les madrasas, ces écoles coraniques dont l'intérêt principal est le dogme religieux. Mais les textes survivent et se retrouvent dans le sud de l'Italie et de l'Espagne, où l'arabe est traduit en latin, et l'héritage grec est transmis à une Europe médiévale en train d'en finir avec les troubles générés par les invasions barbares.

Le jour de Noël 800, à Rome, Charlemagne est couronné empereur

---

82 Hugh Kennedy, *The Court of the Caliphs*, p. 278, [p. 254 en livre de poche].

des Romains par le pape Léon III. C'est le petit-fils de Charles Martel, celui qui a vaincu les musulmans lors de la bataille de Poitiers. Grâce à ce couronnement, le royaume franc de Charlemagne succède à l'Empire romain en Occident et donnera ensuite naissance au Saint-Empire romain au XIe siècle. Deux moines de Jérusalem assistent au couronnement de Charlemagne, l'un du monastère de Mar Saba et l'autre d'un monastère du Mont des Oliviers. Ils ont apporté la bénédiction du patriarche et les clés de l'église du Saint-Sépulcre. Cela fait suite à plusieurs échanges de délégations entre Charlemagne et Harun al-Rashid, souverains prééminents respectifs d'Occident et d'Orient, qui ont peut-être le sentiment d'avoir les mêmes rivaux au sein de l'Empire byzantin et chez les Umayyades d'Espagne. Selon Éginhard, le biographe de Charlemagne qui écrit quelque vingt ans après la survenue de ces événements, Harun al-Rashid approuve le cadeau des clés de Jérusalem, concédant aux émissaires de Charlemagne que ce lieu sacré, le Saint-Sépulcre, doit être affecté à la juridiction du futur empereur d'Occident[83]. Ce don d'Harun serait une réponse aux protestations émises par les envoyés de Charlemagne à Bagdad contre les récents troubles et persécutions survenus en Palestine et en Syrie. Mais, bien qu'il soit probablement erroné d'interpréter le geste d'Harun comme l'attribution à Charlemagne d'un protectorat des lieux saints de Jérusalem, ces clés indiquent bien l'octroi d'un vrai pouvoir, certes limité, sur le Saint-Sépulcre[84]. Mais, derrière tout cela, et à l'origine de ces échanges, se trouve le patriarche de Jérusalem qui, au nom des autochtones chrétiens de Palestine, cherche activement la protection de l'Occident.

L'Occident est maintenant impliqué dans les événements d'Orient. Les chrétiens, dans le besoin, en appellent de plus en plus à son influence et à ses ressources. En Palestine et en Syrie, ils restent insoumis face aux persécutions que leur infligent les musulmans. Théoriquement, ils forment un « peuple protégé » et ont l'autorisation de

83 Éginhard, *Vie de Charlemagne*, traduit par Louis Halphen, Champion, Paris, 1923.
84 John Wilkinson, *Jerusalem Pilgrims before the Crusades*, Aris and Phillips, Warminster, 1977, p. 12. Moshe Gil, *A History of Palestine*, p. 288.

pratiquer leur religion, mais, dans les faits, la destruction de leurs églises et les restrictions concernant l'entretien et la reconstruction des bâtiments démolis ou l'édification de nouveaux sont destinés à anéantir leur culture et leur religion. Face à cette situation, les chrétiens fournissent des efforts incessants et admirables pour préserver et reconstruire leurs lieux de culte, levant des fonds dans leurs communautés et recherchant une assistance financière à l'étranger. En une occasion, après les dégâts infligés au dôme de l'église du Saint-Sépulcre lors des troubles ayant suivi la mort d'Harun al-Rashid, les chrétiens de Jérusalem ont pu restaurer l'édifice grâce à l'argent donné par un riche chrétien égyptien. Les travaux s'achèvent en 820 mais, sept ans plus tard, les musulmans se plaignent que le dôme a été agrandi, sa hauteur dépassant celle du dôme du Rocher, et exigent qu'il soit abattu. Le patriarche Thomas est jeté en prison, encourant la flagellation, mais il parvient à s'en sortir et à épargner son église en payant un pot-de-vin considérable. Le coût de réparation exorbitant des églises, englobant l'obtention d'autorisations et le versement de dessous-de-table, impose des contraintes importantes à une communauté déjà opprimée. Les chrétiens d'Orient sont donc obligés de se tourner vers l'étranger pour obtenir une aide financière, de sorte qu'à partir du IXe siècle ils bénéficient non seulement du soutien de Constantinople, mais également de Rome, et notamment d'évêques, de princes et de la noblesse d'Occident. Ils reçoivent même des dons considérables d'Angleterre. En outre, les Abbassides encouragent l'Église latine de Rome, l'utilisant pour diminuer l'influence de l'Église grecque des Byzantins, ces derniers représentant une menace réelle proche, alors que les Latins et les Francs semblent très lointains.

Bernard le Moine, qui arrive comme pèlerin à Jérusalem en 870, est un témoin des attentions accordées à la ville par Charlemagne et a livré un récit de ce qu'il a vu. Mais, à l'instar des autres pèlerins du IXe siècle, il met sa vie en péril, ne serait-ce que pour atteindre Jérusalem[85]. Son

---

85 Le récit des voyages de Bernard le Moine figure dans l'ouvrage de John Wilkinson, *Jerusalem Pilgrims before the Crusades*, p. 141-145.

périple lui fait traverser l'Europe du Mont-Saint-Michel à Bari, située dans la botte de l'Italie et devenue depuis 847 un émirat musulman après avoir été prise aux Byzantins par les Aghlabides, dynastie arabe régnant à l'origine en Afrique du Nord pour le compte du califat abbasside de Bagdad. Outre certaines régions du sud de l'Italie, les Aghlabides ont également commencé à conquérir la Sicile, l'île depuis laquelle une flotte arabe de 73 navires appareille en 846 pour se lancer à l'attaque de Rome. À Ostie, débarque une force de 10 000 fantassins et 500 cavaliers, qui remontent le Tibre, pillent le Vatican et la basilique Saint-Pierre et profanent les principaux lieux saints. C'est la première fois que Rome est attaquée depuis les invasions des Barbares du ve siècle, lesquels « avaient au moins respecté les lieux saints et les églises ». Toute l'Europe est consternée par ce qui est considéré comme « une démonstration calculée du mépris musulman pour le christianisme »[86]. Les défenses de la ville sont renforcées et, trois ans plus tard, lorsque les Arabes attaquent de nouveau, ils sont chassés et Rome ne sera plus jamais menacée par les musulmans. Mais il en va autrement au sud de Naples.

À Bari, Bernard le Moine obtient des papiers de l'émir l'autorisant à voyager en Orient, puis poursuit sa route vers Tarente, elle aussi occupée à l'époque par les musulmans. La principale activité commerciale de Bari et de Tarente consiste à arpenter les côtes et la campagne italiennes à la recherche d'esclaves chrétiens. Au port de Tarente, Bernard le Moine voit 9 000 prisonniers originaires de la principauté de Bénévent, près de Naples, embarquer à bord de navires à destination de Tripoli et d'Égypte. Ils font partie de ces millions d'hommes, de femmes et d'enfants capturés à travers les siècles par les corsaires musulmans le long des côtes de la Méditerranée et de l'Atlantique, et même de la Manche, et dont le sombre avenir est d'être transportés en Afrique du Nord et au Moyen-Orient, laissant derrière eux des patries dépeuplées et dévastées[87]. Bernard le Moine embarque

86 Barbara M. Kreutz, *Before the Normans: Southern Italy in the Ninth and Tenth Centuries*, University of Pennsylvania Press, Philadelphie, PA, 1991, p. 27.
87 Robert Davis, *Esclaves chrétiens, maîtres musulmans : l'esclavage blanc en Méditerranée, 1500-1800*, traduit par Manuel Tricoteaux, Actes Sud, Arles, 2007. Davis ne

à bord d'un bateau rempli d'esclaves envoyés en Égypte. Au bout de trente jours, il arrive à Alexandrie. Mais, en Égypte, personne n'est impressionné par ses documents de voyage citant Bari comme point de départ. Le capitaine ne l'autorise à débarquer qu'après avoir reçu un pot-de-vin. De même, le gouverneur d'Alexandrie exige de l'argent pour qu'il poursuive sa route vers Fostat, capitale fondée par les Arabes près du futur site du Caire. Là aussi, Bernard le Moine montre ses documents de voyage, ceux depuis Bari et ceux depuis Alexandrie, mais il est immédiatement jeté en prison et y reste jusqu'à ce qu'il paye 13 dinars supplémentaires. Il s'agit apparemment de la *jizyah*, car il poursuit en disant que 13 dinars est la somme minimale qu'un chrétien doit payer « pour avoir le droit de vivre libre et en sécurité. [...] Et quiconque étant dans l'impossibilité de payer les 13 dinars, qu'il soit un autochtone chrétien ou un étranger, est emprisonné jusqu'à ce que Dieu ait la bonté d'envoyer un ange pour le libérer ou qu'un bon chrétien règle la dette de sa liberté »[88]. Même après avoir payé, à chaque fois que le Moine entre dans une autre ville lors de son périple le faisant traverser l'Égypte et la Palestine, il doit payer un ou deux dinars de plus pour pouvoir en repartir.

De Fostat, Bernard le Moine parcourt le delta du Nil le long d'un bras du fleuve à l'est. Il arrive à Tanis, « où les chrétiens se montrent très consciencieux et accueillants. Dans le district de cette ville, il ne manque pas une église ». Après Tanis, Bernard le Moine se rend à Péluse à l'extrémité est du delta : « à l'endroit même où l'ange a dit à Joseph de fuir avec son fils et la mère de l'enfant, se trouve une église

---

traite pas l'esclavage avant le XVIe siècle, mais il estime qu'en l'espace de cent ans, entre 1580 et 1680, près d'un million d'Européens chrétiens blancs ont été capturés et envoyés comme esclaves vers la côte des Barbaresques (à savoir le Maghreb, le Maroc actuel, l'Algérie, la Tunisie et la Lybie), soit environ 8 500 par an. Pendant son bref séjour à Tarente, Bernard le Moine dit avoir vu 9 000 esclaves attendant d'être embarqués vers l'Égypte et l'Afrique du Nord, laissant penser que le commerce des esclaves était au moins aussi actif au IXe siècle que plus tard. Quels que soient les chiffres, des pans entiers du littoral européen furent dépeuplés à la suite des assauts musulmans, avec des conséquences économiques désastreuses. Voir également Barbara M. Kreutz, *op.cit.*, p. 53.

88 John Wilkinson, *Jerusalem Pilgrims before the Crusades*, p. 142.

honorant la Sainte Vierge. » Le Moine loue un chameau à Péluse puis traverse le désert pendant six jours jusqu'en Palestine et donc « la ville sainte de Jérusalem, où nous sommes restés dans l'hospice de Charles le Grand [Charlemagne]. Reçoivent l'hospitalité en ces lieux tous ceux qui viennent à Jérusalem pour prier ». Bernard le Moine mentionne également l'église de Sainte-Marie et sa « splendide bibliothèque », bâtie avec le concours de Charlemagne, tout comme la fondation pieuse de l'église renfermant douze maisons d'habitation avec des champs, des vignobles et un bosquet dans la vallée de Josaphat (vallée du Cédron) entre la ville et le Mont des Oliviers. Ces produits de la générosité de Charlemagne, ainsi que les nombreux monastères qu'il a fondés dans toute la Palestine et les énormes sommes envoyées aux chrétiens vivant là, sont très largement mentionnés et ancrés dans les mémoires, non seulement en Orient, mais également dans les mondes latin et byzantin[89].

Vu les difficultés, dangers et frais associés aux voyages en Orient, c'est incroyable que Bernard le Moine et d'autres hommes comme lui soient partis en pèlerinage. Mais, au début du xe siècle, les Byzantins et le Saint-Empire romain ont déjà chassé les Byzantins du sud de l'Italie et vont bientôt être débarrassés de leurs repaires de pirates dans le sud de la France, tandis qu'au milieu du siècle, les Byzantins vont récupérer la Crète et leurs patrouilles maritimes vont garantir la sécurité des voyageurs et des échanges commerciaux dans l'est de la Méditerranée. Mais, bien que les périples maritimes soient plus faciles et agréables, les voyages terrestres demeurent meilleur marché. La plupart des pèlerins occidentaux vont d'abord à Constantinople, visitent les grandes églises et célèbres reliques, puis poursuivent leur chemin vers l'Asie Mineure sur d'excellentes routes byzantines. Cependant, les pèlerins occidentaux demeurent une minorité, modeste flot comparé à l'afflux massif de voyageurs de l'Empire byzantin, d'Égypte, de toute la Palestine, de Syrie et d'au-delà[90]. Bien qu'une grande partie de l'Orient soit sous domination

89 *Ibid*, p. 142. Moshe Gil, *A History of Palestine*, p. 285.
90 Moshe Gil, *ibid*, p. 483.

musulmane, une majorité des millions de personnes à y vivre sont des chrétiens habitant un monde chrétien.

Les croisades byzantines

Les Aghlabides, qui conquièrent l'Afrique du Nord en 800 et dominent la Méditerranée pendant les tribulations de Bernard le Moine, sont le symptôme d'un affaiblissement de l'autorité abbasside dans les régions occidentales de leur empire, lequel est en partie une conséquence du déplacement du califat vers l'est, de Damas à Bagdad. L'Espagne est déjà devenue indépendante des Abbassides en 756, juste après la chute des Umayyades. Au moment où Bernard le Moine traverse le pays, Ibn Tulun, Turc envoyé comme gouverneur en Égypte depuis Bagdad, est occupé à la fondation d'une puissante armée d'esclaves noirs et turcs dans le but de s'affranchir du califat, même s'il maintient une allégeance symbolique. Tirant parti d'une autorité abbasside déclinante en Palestine et en Syrie, les tribus arabes se révoltent de nouveau dans les années 860, rébellion uniquement réprimée en 878 lorsque Ibn Tulun prend le contrôle de la région. À partir de là, à l'exception de quelques interruptions occasionnelles, la Palestine et la Syrie cessent d'être gouvernées depuis Bagdad et tombent dans l'orbite du souverain, quel qu'il soit, à la tête de l'Égypte.

Les ambitions perses subissent un effet de fragmentation similaire dans les régions orientales du califat, où de nombreuses dynasties locales voient le jour au IXe siècle. Très vite, l'autorité des califes ne dépasse guère l'Irak. Voyant leurs revenus baisser, ils recourent à la collecte massive d'impôts, tâche qu'ils confient à des gouverneurs locaux qui remettent une somme convenue au gouvernement central et gardent le reste. Le vrai pouvoir de l'Empire abbasside est de plus en plus entre les mains de ces gouverneurs, perses pour la plupart, et des chefs militaires, généralement des Mamelouks turcs, qui appliquent leurs décisions. Ces mêmes Mamelouks forment la garde du palais censée protéger le calife. Mais, en 861, lorsque le calife Mutawakkil essaie de contrer le pouvoir grandissant des Mamelouks en recrutant des troupes d'Arménie et d'Afrique du Nord, il est assassiné suite à un complot ourdi au sein du palais. Par la suite, il est évident que tout calife ne répondant pas favorablement aux exigences des Mamelouks ne fera pas long feu. Les califes deviennent les représentants symboliques de l'islam et de l'État. Souvent, ce ne sont que des marionnettes dans les mains de l'un ou l'autre de ces seigneurs de guerre qui vont n'avoir de cesse que de s'entredéchirer au cours des siècles à venir. Résultat, les bastions abbassides de Perse et de Mésopotamie, anciens fleurons du monde islamique, ne sont plus que ruines.

Cependant, les crises internes n'empêchent pas le régime de Bagdad de lancer ses attaques pratiquement annuelles contre les Byzantins le long des frontières orientales d'Asie Mineure. En fait, Muntasir, qui prend les rênes suite à l'assassinat de Mutawakkil, cerne bien que l'appel au *djihad* peut servir de diversion face aux difficultés internes. C'est ainsi qu'il déclare la guerre sainte aux Byzantins en 862. Dans une lettre diffusée dans les mosquées lors des prières du vendredi, il proclame l'excellence de l'islam à partir d'extraits du Coran qui justifient le *djihad* et promettent les joies du paradis à tous ceux qui se rassembleront à la frontière pour faire la guerre aux Byzantins. Selon lui, le chef des croyants souhaite se rapprocher de Dieu en livrant une guerre sainte contre son ennemi, en respectant ses obligations religieuses. Il se confie à lui et cherche à s'en rapprocher en renforçant ses amitiés et en permettant de combattre ceux qui s'écartent de la religion de Dieu, renient ses messagers et lui désobéissent, et de s'en venger[91].

Mais la réponse à l'agression musulmane continue se matérialise au xe siècle quand les Byzantins, après trois siècles de résistance, commencent à avancer et à triompher sous l'empereur Romain Ier Lécapène et Jean Kourkouas, le soldat le plus brillant produit par l'Empire depuis des générations, qui insuffle un nouvel esprit au sein des armées impériales et leur permet de s'enfoncer victorieusement dans le pays des infidèles[92]. En 933, Kourkouas remporte une victoire importante en s'emparant de Mélitène (aujourd'hui Malatya, en Turquie), au pied de l'Anti-Taurus. La chute de Mélitène est un choc immense pour les musulmans. Prise lors des conquêtes arabes initiales de 638, la ville est demeurée une base pour les attaques umayyades et abbassides en territoire byzantin. Mais sa reprise est un premier fait d'armes qui ouvrira la voie à d'autres reconquêtes encore plus spectaculaires plus tard au cours de ce même siècle.

Mais, en 923, avant même le début des campagnes orientales de Kourkouas, une vague de persécutions contre les chrétiens orchestrées pendant une année par les musulmans touche tout le Moyen-Orient. Des atrocités sont commises en Égypte, en Syrie et en Palestine. Des églises sont détruites à Ascalon, Césarée et Jérusalem. La chute de Mélitène, suivie d'autres victoires byzantines, exacerbe encore plus la violence des musulmans. À Jérusalem, le dimanche des Rameaux 937, une foule attaque l'église du Saint-Sépulcre, vole ses trésors et met le feu, causant l'effondrement de pans entiers de l'édifice, dont la rotonde (ou Anastasis) renfermant la tombe de Jésus.

En 966, vers la fin du mois de mai, de graves émeutes antichrétiennes se déroulent à Jérusalem. Les Byzantins ont reconquis la Crète en 961, libérant l'île de cent trente-cinq années d'occupation

91 Muhamad ibn Jari al-Tabari, *Histoire des prophètes et des rois*.

92 Steven Runciman, *Histoire des croisades*, traduit par Denis-Armand Canal et Guillaume Villeneuve, éditions Dagorno, Paris, 2000.

musulmane et la débarrassant des pirates, dont les attaques ont terrorisé les côtes et les îles de la mer Égée. Une autre expédition chasse les musulmans de Chypre en 965. Mais ces événements n'ont rien à voir avec les troubles de Jérusalem, causés par Mohammed al-Sinaji, gouverneur de la ville, qui se venge de chrétiens ayant refusé d'accéder à ses demandes de pots-de-vin en plus du niveau normal d'imposition. Lorsque le patriarche Jean VII ose se plaindre en Égypte aux supérieurs du gouverneur – la dynastie Ikhshidide (à la durée de vie particulièrement brève), dictature militaire turque à l'instar des anciens Tulunides –, al-Sinaji pousse la foule à s'en prendre au patriarche, lequel trouve refuge dans l'église du Saint-Sépulcre. Elle met à sac et incendie l'église, ce qui entraîne l'effondrement du dôme. Le patriarche, qui s'est caché dans un bac rempli d'huile est attaché à un pilier et brûlé vif. Les musulmans apposent leur griffe sur ces actes en s'emparant d'une partie de l'entrée de l'église du Saint-Sépulcre, où ils construisent la mosquée d'Omar. Mais les Ikhshidides d'Égypte tentent également de calmer l'empereur byzantin en lui disant qu'ils vont reconstruire l'église du Saint-Sépulcre de façon à la rendre plus belle qu'avant. Nicéphore Phocas livre sa réponse : « Non, je la bâtirai à coups d'épée. »[93]

Suite à ces événements, Nicéphore Phocas, le vainqueur de Crète et de Chypre couronné par l'empereur byzantin en 963, se donne pour mission de libérer Jérusalem après plus de trois cents ans d'occupation musulmane et lance « une sorte de croisade du xe siècle »[94]. En 968, il ouvre une brèche dans les défenses abbassides, le long des monts Taurus, et s'empare de Tarse, puis de l'ensemble de la Cilicie. Il entre en Syrie en 969 et récupère l'ancienne ville grecque d'Antioche, berceau du christianisme. Peu de temps après, ses armées s'emparent d'Alep et de Lattaquié, ainsi que d'une grande bande littorale allant

93 Moshe Gil, *A History of Palestine*, p. 326, note de bas de page 100, citant comme source arabe l'ouvrage *Tarikh al-Islam* de Dhahabi.

94 *Ibid*, p. 477 : « Les mauvais traitements réservés à la population chrétienne et surtout les dégâts infligés aux églises de Jérusalem devaient pousser les Byzantins à recruter des forces pour une lutte d'une nature résolument religieuse, à savoir libérer Jérusalem de la présence musulmane dans une sorte de croisade du xe siècle. »

de la Syrie jusqu'à Tripoli dans le nord du Liban. La Cilicie et Antioche, ainsi qu'une grande partie du nord de la Syrie, sont rendues à l'Empire byzantin. Alep est laissée sous contrôle musulman mais devient un état vassal byzantin, les termes du traité permettant aux habitants musulmans de ne pas être inquiétés. Toutefois, ils doivent désormais payer des impôts, dont les chrétiens sont exemptés, les recettes engrangées servant à reconstruire les églises détruites, tandis qu'il est désormais possible pour les musulmans de se convertir au christianisme (conversion auparavant punie de la peine de mort) ou pour les chrétiens de se convertir à l'islam.

Nicéphore Phocas est assassiné l'année où il s'empare d'Antioche, mais son successeur, l'empereur Jean Ier Tzimiskès, poursuit la campagne byzantine, « une véritable croisade »[95], pour arracher Jérusalem à la domination musulmane. Marchant vers le sud depuis Antioche, Jean Ier Tzimiskès s'empare de Damas, la première ville byzantine à avoir été conquise par les Arabes, qui ouvre grand la route vers Bagdad. Mais la capitale abbasside n'a pas grande valeur. Les troubles militaires et les crises financières ont fait des ravages en Mésopotamie et en Perse. Les luttes incessantes entre seigneurs de guerre ont ravagé ce qui était encore récemment le cœur du monde musulman. L'agriculture a été dévastée, les canaux d'irrigation sont irréparables et une grande partie de Bagdad a été pillée et abandonnée. L'insécurité règne dans tout le califat et les adeptes bédouins de la secte Qaramita (les Qarmates) ont même volé la pierre noire sacrée de la Kaaba à La Mecque[96]. Jean Ier Tzimiskès préfère donc entrer en Palestine, où les portes de Nazareth et de Césarée s'ouvrent à lui. Les autorités musulmanes de Jérusalem posent certaines conditions, mais l'empereur se dirige d'abord vers la

95 Alexander Vasiliev, *Histoire de l'Empire byzantin*, vol. I, p. 410. Il fait référence à une lettre de Jean Ier Tzimiskès au roi arménien Aschod III préservée dans les travaux de l'historien arménien Matthieu d'Édesse : « On voit que l'empereur se propose comme but final de délivrer Jérusalem des mains des musulmans et entreprend une véritable croisade. »

96 S. G. Goitein, *A Mediterranean Society*, p. 403, University of California Press, Berkeley, CA, 1988. Hugh Kennedy, *The Court of the Caliphs*, p. 295. Cyril Glassé, *Dictionnaire encyclopédique de l'islam*.

Méditerranée pour chasser l'ennemi des châteaux du littoral. Il meurt subitement en 976, avant d'avoir pu revenir vers Jérusalem. Les Byzantins gardent le contrôle du nord de la Syrie, mais leurs tentatives de libération de Jérusalem sont contrariées par un nouveau régime égyptien, les Fatimides.

Les guerres musulmanes et la destruction de la Palestine

La dynastie des Fatimides est originaire de Syrie et affirme descendre du troisième calife, Ali, et de sa femme Fatima – d'où leur nom. Après être partis d'Afrique du Nord, ils installent leur propre califat en Tunisie, en 909. Soixante ans plus tard, ils repartent vers l'est et envahissent l'Égypte, où ils fondent « la Victorieuse », *al-Qâhira* en arabe, à savoir Le Caire, au nord de Fostat. Ils bâtissent immédiatement la grande mosquée et l'école théologique d'al-Azhar afin de propager leur version de l'islam chez les musulmans sunnites d'Égypte. Les Fatimides sont des ismaéliens, ramification de l'islam chiite croyant au dualisme, à savoir que l'univers contient à la fois le bien et le mal, car Dieu lui-même est fait de bien et de mal, de lumière et d'obscurité. Cela les place à part de l'islam orthodoxe (et donc également du christianisme orthodoxe), qui croit que Dieu est bon et que le mal réside ailleurs. Le dualisme est une ancienne croyance qui remonte au manichéisme en Perse et au gnosticisme hellénique et qui, sans modifier ses caractéristiques fondamentales, recèle en elle de futures religions comme l'islam et le christianisme afin de survivre et de se propager.

Les Fatimides puisent peut-être leur dualisme dans les influences perses lorsqu'ils sont encore en Syrie, ou des Berbères d'Afrique du Nord, dont bon nombre ont été des gnostiques chrétiens et constituent maintenant le gros de l'armée. Les califes des Fatimides sont aussi les imams des Fatimides, lesquels, selon la doctrine ismaélienne, sont l'essence infaillible du divin sur terre. En établissant un califat, les Fatimides aspirent à une domination politique et spirituelle universelle et la conquête de l'Égypte est la première étape de leur ambition : renverser le califat sunnite abbasside de Bagdad et s'imposer, ainsi que leurs croyances, à tout l'univers islamique. Les Templiers croiseront par la suite la route de dualistes ismaéliens, les Assassins, qui descendent de leur repaire montagneux syrien pour terroriser tout le monde.

La victoire fatimide sur les Ikhshidides d'Égypte est favorisée par une terrible famine due à la baisse du niveau du Nil en 967. Les terres ne donnent encore rien et sont infectées par la peste, 600 000 personnes seraient ainsi mortes rien que dans la région de Fostat et des milliers d'autres abandonnent leurs maisons afin de trouver refuge ailleurs[97]. Moins d'un an plus tard, au printemps 970, alors que l'Égypte est toujours frappée par la famine et les maladies, les Fatimides reprennent leur campagne contre le califat abbasside et marchent en direction du nord pour entrer en Palestine. Mais cette conquête n'a rien de facile. Leur arrivée marque le début d'une série de guerres contre une succession d'ennemis, dont des tribus arabes, des seigneurs de guerre turcs et une secte terroriste, appelée les Qarmates, qui, à l'instar des Fatimides, sont ismaéliens mais refusent de considérer leurs imams comme des chefs suprêmes spirituels. « Régnait un État

97 Stanley Lane-Poole, *A History of Egypt in the Middle Ages*, Frank Cass and Co., Londres, 1901, p. 101.

au bord de l'anarchie. La progression des envahisseurs s'accompagnait de pillages, incendies et massacres », tandis que des villes telles que Jérusalem et Damas « passaient comme une balle d'une main étrangère à l'autre »[98], généralement à coups de massacres. Tout au long de l'ère umayyade, les musulmans de Syrie et de Palestine ont suivi la ligne sunnite orthodoxe, mais leur haine grandissante contre le régime abbasside distant ouvre la voie à l'adoption, de la part de bon nombre d'entre eux, des visions apocalyptiques et communisantes des Qarmates. Les divisions sectaires entre les diverses forces musulmanes rendent la lutte d'autant plus vicieuse. « Ils commettent des atrocités, d'un genre inconnu sur les terres de l'islam. »[99] Ceux qui souffrent le plus appartiennent à la majorité de la population de Palestine, à savoir les chrétiens et les juifs, mais qui ne jouent aucun rôle dans cette litanie de violences, cette « guerre pratiquement incessante qui a détruit la Palestine »[100].

Les Fatimides font leur possible pour imposer leurs croyances chiites en Égypte, mais qu'importe, chiisme ou sunnisme, les coptes, ces autochtones chrétiens, dépassent en nombre les musulmans d'Égypte[101]. Pour renforcer leur position face aux sunnites récalcitrants, les Fatimides s'appliquent tout particulièrement à entretenir de bonnes relations avec les chrétiens et les juifs d'Égypte. Désireux de préserver l'expertise découlant de la continuité, les Fatimides affichent une préférence pour les coptes en matière d'administration, surtout au sein du service de l'irrigation, où les techniques remontant à l'Antiquité et la précision du savoir sont essentielles, mais aussi concernant le trésor public, étroitement lié, au sein duquel les coptes ont conçu un système de comptabilité indispensable. Pour les questions financières

98 Philip Hitti, *History of Syria*, p. 572.

99 S. G. Goitein, *A Mediterranean Society*, p. 403, citant M. Gil, « The Sixty Years' War (969-1029) », *Shalem*, 3 (1981), p. 1-55 (en hébreu, avec résumé en anglais). Voir également Clifford Edmund Bosworth, ed., *Historic Cities of the Islamic World*, Brill, Leiden, 2007, p. 232, qui qualifie les événements de « révoltants ».

100 Moshe Gil, *A History of Palestine*, p. 336.

101 Philip Hitti, *op. cit.*, p. 588.

et le commerce international, les Fatimides s'appuient sur les juifs et leurs connaissances approfondies du négoce méditerranéen. Sous les précédents régimes musulmans, le commerce extérieur égyptien était négligeable, mais sous l'Égypte des Fatimides, c'est le centre d'un réseau en pleine expansion de relations marchandes allant de l'Inde à l'Espagne. Le port d'Alexandrie est animé, avec des bateaux appareillant pour Amalfi, Pise et Venise. Grâce à leur sens de l'initiative, leur expérience et leur volonté de s'adapter à la culture arabe, les juifs sont fidèles et d'une grande utilité aux Fatimides.

Le troisième calife fatimide à accéder au trône du Caire, et le premier natif d'Égypte, porte le nom ronflant d'al-Hakim bi-Amr Allah, qui signifie « souverain sur l'ordre d'Allah ». Nous sommes en 996, et al-Hakim n'a que 11 ans. Le jeune al-Hakim semble prêt à poursuivre la politique fatimide consistant à entretenir de bonnes relations avec les *dhimmis*. Sa belle-mère est une chrétienne orthodoxe grecque, tout comme les deux frères de cette dernière, dont l'un est le patriarche d'Alexandrie et l'autre celui de Jérusalem. Il semble en outre être curieux et doté d'un esprit ouvert. Il montre un réel intérêt pour les mathématiques et les sciences et dote Le Caire d'un observatoire d'astronomie et d'une grande bibliothèque scientifique qui attirent des personnages tels que l'esprit universel Ibn al-Haytham, célèbre pour ses contributions dans les domaines de l'optique, de l'ophtalmologie, de l'astronomie et de la physique, et ses commentaires sur Aristote, Euclide et Ptolémée. Mais la réelle fascination d'al-Hakim semble porter sur l'astrologie et le mysticisme. Il passe des heures dans les collines d'al-Muqattam dominant Le Caire à observer le ciel en quête de présages provenant des étoiles.

Le côté sombre d'al-Hakim apparaît quand il commence à persécuter les chrétiens et les juifs en 1003. Il affirme que l'église de Fostat a été construite sans autorisation et ordonne sa destruction et la construction d'une mosquée à la place, dont la taille est calculée de façon à recouvrir les cimetières juif et chrétien du quartier. S'ensuit une série d'oppressions. Quelques années plus tard, il fait jeter des scientifiques en prison, puis feint la folie afin d'échapper à un destin qu'il croit être son exécution. En 1016, al-Hakim dit être Dieu lors des prières du vendredi du Caire, revendication sur laquelle il est contraint de revenir face aux protestations de ses sujets sunnites. Certains ont dit qu'il était fou, d'autres qu'il était simplement excentrique, mais son grand-père, le calife al-Muizz, s'était également pris pour Dieu, quoique plus discrètement. En tant qu'imams ismaéliens, les califes fatimides sont des monarques absolus et infaillibles régnant de génération en génération mais aussi conformément à la volonté divine. En outre, les imams possèdent la clé du salut cosmique et al-Hakim aurait été vu et se serait vu comme le *madhi* (sauveur), qui apparaît sur terre avant le Jour du jugement et débarrasse le monde du mal.

Parmi les actes salvateurs d'al-Hakim, qu'il considérait comme tels, figure l'ordre donné aux chrétiens de porter autour du cou une croix en bois de 45 cm de long et pesant 2,250 kg[102], tandis que les juifs doivent porter un cadre en bois de même poids orné de cloches. Par la suite, il exige des chrétiens et des juifs qu'ils se convertissent à l'islam, demande à laquelle beaucoup accèdent pour avoir la vie sauve, même si certains chrétiens parviennent à s'enfuir en territoire byzantin. Mais, dans ces circonstances, la conversion n'a qu'une signification limitée, car bon nombre ont recours à ce que l'on appelle « la ruse de la conversion d'une seule génération »[103], grâce à laquelle un homme se protège, ainsi que sa famille, de la persécution et de la discrimination en se convertissant à l'islam tout en veillant à ce que sa femme et ses enfants demeurent chrétiens ou juifs. En répétant cette ruse de génération en génération, cela donne l'impression d'une famille convertie à l'islam, alors qu'elle demeure profondément attachée à sa religion d'origine. Il y a également ceux qui, après la mort d'al-Hakim, reprennent discrètement leur ancienne religion. On ne dénombre en l'occurrence aucune conversion massive à l'islam chez les chrétiens et les juifs[104]. Les ordonnances suivantes d'al-Hakim exigent que l'on confisque les biens chrétiens, brûle les croix et construise de

102 Selon les unités de mesure de l'époque, la croix devait peser 5 rotls et faire une coudée de long.

103 El-Leithy, « Coptic Culture and Conversion in Medieval Cairo ». Tamer el-Leithy est le neveu du penseur libéral égyptien Tarek Heggy.

104 Moshe Gil, *A History of Palestine*, p. 222, 376f.

petites mosquées sur les toits des églises. Au départ, ces mesures ne sont appliquées qu'en Égypte, puis gagnent très vite tout l'Empire fatimide, y compris la Palestine.

L'acte le plus tristement célèbre d'al-Hakim se produit en 1009, quand il ordonne la destruction de l'église du Saint-Sépulcre de Jérusalem, « afin de détruire, saper et faire disparaître toutes traces de la sainte église de la Résurrection ». La basse œuvre est consciencieusement exécutée par Abu Dhahir, gouverneur de Ramla, qui, selon le chroniqueur chrétien Yahya Ibn Said, « a fait tout ce qu'il a pu pour déraciner le sépulcre et en faire disparaître toute trace. Pour ce faire, il en a déterré la majeure partie et l'a brisé »[105]. L'église est rasée jusqu'aux fondations, ses tombes déterrées, les biens de l'église confisqués, le mobilier et les trésors saisis et la tombe de Jésus, taillée en pièces à coups de pioche et de marteau, se retrouvant complètement détruite. Rien ne reste à part quelques morceaux de la rotonde qui, selon Ibn Said, « s'est avérée trop difficile à démolir » et a été incorporée à l'église existant aujourd'hui[106]. Des sources musulmanes considèrent cette destruction comme la réaction à la splendeur de l'église et au fait qu'elle attirait des pèlerins du monde entier, dont bon nombre de chrétiens d'Égypte. Le christianisme et ses symboles devaient être détruits, tout comme ses églises. Au cours des quelques années suivantes, 30 000 églises d'Égypte, de Palestine et de Syrie sont pillées, démolies ou converties en mosquées[107].

Ce ne sont pas des actes de folie, comme le prouve le fait que ces dévastations se poursuivent lors des premières années de règne d'al-Zahir, fils et successeur d'al-Hakim[108]. En fait, la destruction de l'église du Saint-Sépulcre est « l'un des actes les plus populaires de l'administration al-Hakim » chez les musulmans de Palestine et de

105 Yahya Ibn Said, *History*, *in* John Wilkinson, *Jerusalem Pilgrims before the Crusades*, p. 14.

106 Karen Armstrong, *A History of Jerusalem: One City, Three Faiths*, Harper Collins, Londres, 1996.

107 Steven Runciman, *Histoire des Croisades* ; Moshe Gil, *op. cit.*, p. 376, 378.

108 Moshe Gil, *ibid*, p. 480.

Syrie[109]. Cela semble également faire partie d'une politique fatimide délibérée destinée à accroître le caractère islamique sacré de Jérusalem, ville envers laquelle les musulmans ont des opinions ambivalentes, certains pensant qu'elle est salie par des associations chrétiennes et juives et que les seuls lieux saints islamiques devraient être La Mecque et Médine. Raser le Saint-Sépulcre revient en quelque sorte à mettre fin à la contamination chrétienne de Jérusalem. En revanche, c'est bien accroître le caractère islamique sacré qu'a en tête al-Zahir quand il rebâtit la mosquée à l'extrémité sud du Mont du Temple et qu'il ajoute une mosaïque contenant une inscription, la première de Jérusalem à commencer par le vers 17:1 du Coran sur le voyage nocturne, que les musulmans ont interprété comme le voyage de Mahomet vers Jérusalem et son ascension au paradis : « Gloire et Pureté à Celui qui, de nuit, fit voyager Son serviteur [Muhammad], de la mosquée Al-Haram à la mosquée Al-Aqsa dont Nous avons béni l'alentour. »[110] C'est à partir de là que la mosquée devient connue sous le nom d'al-Aqsa, « la plus lointaine », contribuant à l'histoire qui servira le *djihad* de Saladin.

Des récits de pèlerins de retour concernant les sacrilèges perpétrés par des musulmans contre l'église du Saint-Sépulcre et la cruelle persécution dont sont victimes les chrétiens en Orient se répandent comme des traînées de poudre dans l'Empire byzantin, en Méditerranée et en Europe occidentale, causant stupeur et douleur. Outre ces récits, il court également des rumeurs selon lesquelles des juifs d'Europe occidentale et des musulmans d'Espagne ont envoyé à al-Hakim des lettres secrètes l'incitant à détruire le Saint-Sépulcre[111]. Mais il n'existe aucune preuve. Bien que ne faisant pas mention dans

109 Sir Hamilton A. R. Gibb, « The Caliphate and the Arab States », *in* Kenneth M. Setton, ed., *A History of the Crusades*, University of Pennsylvania Press, Philadelphie, 5 vols, 1955-85.

110 Pour en savoir plus sur la politique fatimide concernant Jérusalem, voir Carole Hillenbrand, *The Crusades*, p. 147, et S. D. Goitein and O. Grabar, « Jerusalem », *in* Clifford Edmund Bosworth, *Historic Cities of the Islamic World*, p. 252.

111 Richard Landes, *Relics, Apocalypse, and the Deceits of History: Ademar of Chabannes, 989-1034*, Harvard University Press, Cambridge, MA, 1995, p. 41. Moshe Gil, *op. cit.*, p. 379.

son histoire de l'implication des juifs dans les violences perpétrées par al-Hakim en 1009, Yahya Ibn Said, chroniqueur chrétien basé à Antioche, a bien écrit que des juifs faisaient partie de la foule ayant attaqué l'église du Saint-Sépulcre plus de quarante ans plus tôt, soit en 966 : « Les juifs ont dépassé les musulmans en matière d'actes de destruction. »[112] Il existe certainement des tensions communautaires entre juifs et chrétiens à l'époque. Avec l'effondrement du Bagdad abbasside, les juifs d'Irak font route vers l'ouest, bon nombre se rendant en Palestine, où ils se trouvent en infériorité par rapport à une communauté chrétienne bien intégrée. Mais si des juifs se trouvent dans les rassemblements antichrétiens de 966, il n'existe aucun récit, à part ceux écrits en Europe occidentale, de juifs impliqués dans la destruction du Saint-Sépulcre orchestrée par al-Hakim en 1009. Comme en Europe de l'Ouest, les juifs ont prospéré là jusque bien après le début du XIe siècle, sans être victimes de discriminations[113]. Mais, les exactions d'al-Hakim changent la donne. La plupart des Européens occidentaux ne savent guère faire la différence entre les musulmans et les juifs[114], de sorte que les actes des uns sont volontiers attribués aux autres. Mais si les musulmans sont loin, des juifs vivent tout près, dispersés dans toute l'Europe chrétienne, où les premiers graves incidents antisémites éclatent désormais.

La destruction du Saint-Sépulcre renforce la croyance selon laquelle l'Occident doit venir en aide à l'Orient. De nouvelles versions de l'histoire de Charlemagne voient maintenant le jour, indiquant notamment que l'empereur a séjourné en personne à Jérusalem après avoir reçu une lettre du patriarche de la ville lui disant que les musulmans ont même profané le tombeau du Christ. Mais aucune armée n'est constituée, et ne le sera pas avant de nombreuses décennies et avant que l'Europe soit confrontée à la menace terrifiante et bien réelle d'une invasion musulmane par l'est, celle des Turcs seldjoukides.

---

112 Moshe Gil, *op. cit.*, p. 325.

113 Norman F. Cantor, *The Civilisation of the Middle Ages*, Harper Collins, New York, 1993, p. 364f.

114 Norman Cohn, *The Pursuit of the Millennium*, Paladin, Londres, 1970, p. 76.

Partie 2

L'invasion turque et la première croisade

« Comme la plupart d'entre vous le savent déjà... » : c'est ainsi que le pape Urbain II présente le sujet de la menace turque à une immense foule rassemblée à Clermont en 1095. À l'époque, on ne parle que des Turcs. Il raconte à son auditoire que les Turcs avancent au cœur des terres chrétiennes, tuant et maltraitant la population et détruisant les églises. Il ajoute que l'empereur de Byzance a demandé de l'aide et qu'il incombe à l'Occident de répondre à cet appel[115]. Urbain II soulève la foule pour

115 Oliver J. Thatcher et Edgar Holmes McNeal, ed., *A Source Book for Mediaeval*

une grande cause, la libération des terres, églises et peuples d'Orient, que nous appelons aujourd'hui la première croisade.

L'Occident ne sait pas grand-chose sur les Turcs jusqu'en 1071, année où commencent à parvenir en Europe des récits d'une extraordinaire victoire militaire. En effet, les Turcs ont battu l'armée de l'Empire byzantin à Manzikert, ouvrant ainsi à la conquête l'intégralité de l'Asie Mineure et menaçant même Constantinople. Cette année-là, les Turcs mettent également le cap au sud, prenant le nord de la Syrie aux Byzantins et Jérusalem aux Fatimides d'Égypte.

Les Byzantins connaissent les Turcs depuis longtemps, ayant combattu des tribus turques faisant partie des armées abbassides et en ayant même employé comme mercenaires. Mais il s'agit là d'un nouveau peuple turc, les Seldjoukides, que les Byzantins n'ont découvert qu'au XI*e* *siècle, lorsqu'ils arrivent à la frontière orientale de l'Empire avec l'invasion de l'Arménie et la destruction d'Ani.*

History, Charles Scribner's Sons, New York, 1905, p. 513-517.

L'invasion turque

Ani, à l'extrême est de la Turquie actuelle, n'est pas une ville très visitée ni même connue. Pourtant, cette cité autrefois célèbre, « aux mille et une églises », était la capitale du royaume médiéval arménien, comparable à Constantinople par la splendeur de son architecture et l'importance de sa population. Située sur un promontoire, la ville est dans un angle entre deux gorges de rivières qui se rejoignent, avec plus de 3 kilomètres de remparts fermant le triangle – configuration ressemblant à celle de Constantinople. Aujourd'hui, en approchant depuis Kars par un environnement désolé comprenant une poignée de villages dégradés aux maisons de pierre, vous voyez uniquement les ruines imposantes de ces remparts. La route ne mène nulle part depuis, plus depuis la Première Guerre mondiale, époque où les Turcs ont tué un million et demi d'Arméniens[116], premier génocide des temps

116 David Marshall Lang – *The Armenians: A People in Exile*, Unwin Hyman, Londres, 1988, p. 37 – donne le chiffre « d'environ un million et demi ». Le 23 janvier 2012, le Sénat français a suivi l'Assemblée nationale en votant une loi punissant la négation du génocide perpétré sous l'Empire ottoman entre 1915 et 1917, qui a fait

modernes, ou l'établissement de la République socialiste soviétique d'Arménie, aujourd'hui la République d'Arménie, juste de l'autre côté du fleuve. Mais ce qui est depuis longtemps un *no man's land* fut une route majeure du commerce est-ouest quand Ani prospérait grâce au flot de caravanes.

En 1045, le royaume arménien est annexé par l'Empire byzantin et Ani devient un poste avancé contre le nouvel ennemi surgi depuis le centre de sa patrie d'Asie centrale. Les Seldjoukides sont un clan de nomades turcs oghouzes qui, au début du XIe siècle, habitent les steppes au nord du lac Balkhach au sein du Kazakhstan actuel. Vers 985, s'opère une scission entre Seldjoukides et Oghouzes, les premiers émigrant vers le sud dans une région reculée de l'Empire abbasside. Sur les rives du fleuve Iaxarte (aujourd'hui appelé Syr-Daria), à l'est de la mer d'Aral, ils se convertissent à l'islam. Archers à cheval agiles et rapides, les Seldjoukides forment une force de frappe dévastatrice emmenée par leur chef, Tuğrul Bey. Ils progressent en combattant vers l'ouest, traversent la Perse et entrent en Mésopotamie, où Tuğrul Bey s'empare de Bagdad en 1055, fait du calife sa marionnette, s'autoproclame sultan et remplace l'aristocratie au pouvoir par des Turcs seldjoukides. La cour du sultan adopte en partie la langue perse et les signes de la culture perse, mais le noyau de la nation turque, et surtout les tribus de bergers, respirent encore l'ardeur du désert[117].

Rien n'arrête la progression des Seldjoukides. Sous l'égide du neveu et successeur de Tuğrul Bey, Alp Arslan, ils envahissent la majeure partie de l'Arménie et, en 1064, moins d'un siècle après avoir quitté leur patrie à quelque 4 800 kilomètres de là, se tiennent devant les remparts d'Ani. L'historien arabe Sibt ibn al-Jawzi cite un témoin ayant assisté à la capitulation d'Ani face aux Turcs après un siège de vingt-cinq jours :

« L'armée entra dans la ville, massacra ses habitants, la pilla et

---

entre 600 000 et 1,5 million de morts chez les Arméniens. Article paru dans *The Times* le 24 janvier 2012, p. 26. Cette loi a ensuite été censurée en février 2013 par le Conseil constitutionnel. (NdT)

117 Edward Gibbon, *Histoire du déclin et de la chute de l'Empire romain d'Occident.*

> l'incendia, ne laissant que des ruines et faisant prisonniers tous les survivants. Les cadavres étaient si nombreux qu'ils obstruaient toutes les rues. On ne pouvait aller nulle part sans en enjamber. Et le nombre de prisonniers s'élevait à pas moins de cinquante mille. J'étais déterminé à entrer dans la ville et voir les destructions de mes propres yeux. J'essayai de trouver une rue dans laquelle je pourrais progresser sans devoir marcher sur des cadavres, mais c'était impossible. »[118]

Après que les Seldjoukides ont mis la ville à sac, les tremblements de terre et les Mongols se chargeront du reste. Franchir la double porte d'entrée d'Ani aujourd'hui, c'est comme pénétrer dans un port dévasté par une tempête où les églises se sont échouées. L'église du Rédempteur circulaire demeure là parmi les fleurs et les prairies vallonnées, bien droite comme une coque, à moitié dévastée, comme si une tornade l'avait flanquée par terre. Parmi les rares monuments intacts figurent la cathédrale, dont les travaux ont commencé en 988, pour s'achever douze ans plus tard, dessinée par l'architecte Tiridate qui a également restauré le dôme de Sainte-Sophie, à Constantinople, après son effondrement partiel en 989. En pillant Ani, l'un des Seldjoukides se hisse au sommet du toit conique de la grande église et arrache sa croix. La cathédrale devient alors la Fethiye Cami, la mosquée de la victoire.

Alp Arslan est décrit dans des sources musulmanes comme un fervent djihadiste. Son ministre Nizam al-Mulk le qualifie de « fervent et fanatique dans ses croyances »[119]. Mais, pour l'heure, sa politique envers l'Empire byzantin est plutôt défensive, car il est soucieux de sécuriser sa frontière nord-ouest tout en portant son attention vers le sud et l'Égypte. Bras armé du califat abbasside de Bagdad et défenseur de l'islam sunnite, le grand ennemi d'Alp Arslan est le régime chiite

---

118 John Julius Norwich, *Byzantium: The Apogee*, Viking, New York, 1991, p. 342-343.

119 Nizam al-Mulk dans son *Book of Government*, cité dans l'ouvrage de Carole Hillenbrand, *Turkish Myth and Muslim Symbol: The Battle of Manzikert*, Edinburgh University Press, Édimbourg, 2007, p. 6.

du Caire. Son but immédiat est de combattre le califat fatimide. Mais, en 1071, alors qu'il fait mouvement pour s'emparer du territoire fatimide de Syrie, il apprend qu'au nord-est, à 800 kilomètres de là, une grande armée dirigée par l'empereur byzantin Romain IV Diogène s'enfonce en Asie Mineure avec l'intention de reconquérir l'Arménie.

À 160 kilomètres environ au sud d'Ani et au nord du lac de Van, l'armée byzantine entre dans une large plaine ressemblant à des steppes, mais dont la ligne d'horizon est déchirée par des affleurements volcaniques et reliée sur la droite aux grands contreforts du massif du Suphan Daği, qui scintille grâce à ses cimes enneigées, même en été, et sur la gauche à une ligne brun foncé de montagnes moins hautes. De nos jours, un monument ressemblant à une immense paire de montants de but de rugby s'élève haut dans le ciel à l'extrémité ouest de la plaine, dressé dans une vallée fluviale riche en vergers. Un village se trouve à proximité, bâti autour d'une ancienne forteresse arménienne, une tour noire et trapue. Il s'agit de Malazgirt – autrefois Manzikert – où le monument érigé par le gouvernement turc en 1990 commémore ce que les Byzantins ont appelé le « jour affreux », quand l'Asie Mineure, chrétienne et culturellement grecque, entame un long et violent processus de reconstruction en Orient. Ici, à Manzikert, le vendredi 26 août 1071, Romain IV Diogène est surpris par les forces très rapides d'Alp Arslan. Son armée est détruite et l'empereur est lui-même fait prisonnier, puis immédiatement libéré contre la promesse du versement d'un tribut. À son retour à Constantinople, Romain IV Diogène est renversé, rendu aveugle et exilé. Il meurt un an plus tard, l'année même où Alp Arslan est tué par un rebelle turc.

La catastrophe est plus sérieuse encore que la défaite de l'armée impériale. L'Asie Mineure est doublement laissée sans défense, car le vieux système mis en place par Héraclius Ier tombe. La sécurité des frontières faisait du foncier un bon investissement et avait conduit à l'émergence d'une aristocratie de propriétaires fonciers qui achetait la part des petits agriculteurs, ces soldats-fermiers indépendants dont dépendait la défense de l'Asie Mineure. Après Manzikert, l'Empire s'offre aux bandes de tribus turques qui pillent, assassinent et détruisent au gré de leurs avancées vers l'ouest, au point de se retrouver en 1073 sur le Bosphore, en face de Constantinople. Comme le dit un chroniqueur byzantin, « le monde entier, terrestre et maritime, fut pour ainsi dire occupé, détruit et dépeuplé par les barbares infidèles : tous les chrétiens furent tués par eux, toutes les maisons et tous les villages d'Orient, avec leurs églises, furent dévastés, réduits en miettes et anéantis par eux. »[120] En fait, les Turcs ne sont jusque-là que peu éparpillés dans le territoire nouvellement envahi et ne remplacent absolument pas la population existante. Mais la dislocation de la société établie est dévastatrice, notamment à cause de l'avidité et des dissensions entre tribus. La tragédie ayant frappé l'Arménie touche maintenant l'Asie Mineure et un réfugié arménien écrivant à Constantinople a rédigé une note qui ne présage rien de bon :

> « Les voix et les sermons des prêtres sont désormais réduits au silence. Les chandeliers sont maintenant éteints et les éclairages faibles, la douce senteur de l'encens a disparu, l'autel de Notre Seigneur est couvert de poussière et de cendres. [...] Dites au paradis et à tout ce qui se trouve en son sein, dites aux montagnes et aux collines, aux arbres des bois denses, qu'eux aussi peuvent pleurer notre destruction. »[121]

La guerre qui a gagné la Palestine après l'invasion fatimide de 970 a duré pendant plusieurs générations et le pays a continué de souffrir des déprédations commises par les Bédouins pendant tout le XIe siècle. Ramla, fondée sur la plaine par les Arabes comme la capitale du Jund Filastine (district de Palestine), est pratiquement abandonnée à cause d'un séisme et des attaques incessantes des Bédouins. À partir des années 1160, Jérusalem, située sur les hauts plateaux de Judée, devient

120 Alexander Vasiliev, *Histoire de l'Empire byzantin*, vol. I p. 468, citant un chroniqueur anonyme dans l'ouvrage de Constantin Sathas, éd., *Bibliotheca Graeca Medii Aevi*, VII, 169, Paris 1872-1894.

121 Richard Stoneman, *Across the Hellespont: A Literary Guide to Turkey*, p. 206, I. B. Tauris, Londres, 2010, citant Aristakès Lastivertsi, dont l'ouvrage *Histoire d'Arménie*, écrit à Constantinople de 1072 à 1079, relate la chute du royaume d'Arménie bagratide, la destruction d'Ani et les victoires des Turcs seldjoukides.

le centre du règne fatimide en Palestine et ses remparts sont renforcés.

Même pendant ces temps périlleux, les pèlerins se rendent à Jérusalem, où ils contribuent considérablement à la prospérité de la ville. Leur but premier est l'église du Saint-Sépulcre, où le successeur d'al-Hakim a autorisé l'empereur byzantin à reconstruire la rotonde à ses propres frais. Mais les pèlerinages sont imprévisibles et requièrent du courage et une foi inébranlable. En 1065, un grand pèlerinage de 7 000 à 12 000 Allemands, avec à sa tête Gunther, évêque de Bamberg, traverse l'Asie Mineure et arrive à Lattaquié, dans le nord de la Syrie, ville appartenant encore à l'époque à l'Empire byzantin. Mais, selon un chroniqueur :

> « Ils commencent à croiser chaque jour de nombreuses personnes de retour de Jérusalem. Ces groupes parlent de la mort d'un nombre incalculable de leurs compagnons. Ils s'emportent et montrent leurs blessures récentes encore sanguinolentes. Ils témoignent publiquement de l'impossibilité d'emprunter cet itinéraire en raison de l'occupation de toute la terre par une tribu d'Arabes des plus féroces assoiffée de sang humain. »

Les pèlerins se rassemblent pour discuter des mesures à prendre et décident rapidement « de s'en remettre au Seigneur. Ils savent que, vivants ou morts, ils appartiennent au Seigneur. Ainsi, mobilisant toute leur vigilance et intelligence, ils se mettent en marche à travers le territoire païen, direction la ville sainte ». Le Vendredi saint, à un jour de marche de Jérusalem, les pèlerins sont attaqués par des Bédouins, « qui leur bondissent dessus comme des loups affamés attendant leurs proies depuis longtemps. Ils massacrent lamentablement les premiers pèlerins, les taillant en pièces ». Trouvant refuge dans un village, les pèlerins se défendent du mieux qu'ils peuvent jusqu'au lundi de Pâques, jour où ils sont sauvés par le gouverneur fatimide à la tête d'un gros contingent d'hommes qui chassent les Bédouins. Le gouverneur, « qui avait entendu parler de ce que faisaient les Arabes, comme de véritables païens, avait calculé que si les pèlerins trouvaient une mort si misérable, plus personne ne traverserait ce territoire à des fins religieuses et lui et son peuple en souffriraient énormément »[122]. Après treize jours de visite des lieux saints de Jérusalem, les pèlerins partent pour la côte, où ils sont de nouveau attaqués par des Bédouins, avant d'embarquer à bord des navires à destination du territoire byzantin. Seuls 2 000 pèlerins survivent à l'expédition et parviennent à retourner chez eux[123].

L'expérience vécue par les pèlerins allemands est loin d'être exceptionnelle. Des pirates musulmans s'en prennent aussi aux pèlerins sur les eaux, soit en les attaquant directement, soit en exigeant de l'argent, leurs possessions et leurs offrandes. Les pèlerins sont contraints de payer pour être protégés (*khafara*) quand ils sont sur les routes. Il faut aussi garder à l'esprit les sensibilités et les préjugés des musulmans : les pèlerins ne peuvent entrer dans les mosquées, ni dans les villes, sauf à pied, certains vêtements leur sont interdits, ils n'ont pas le droit de regarder les femmes musulmanes, ni de se divertir, ni de rire, car les musulmans se sentent visés par leur comportement. Les oppressions supportées par les *dhimmis* sont également infligées aux pèlerins.

Les pèlerinages sont tributaires de l'ordre que font régner les autorités musulmanes. Les voyageurs chrétiens sans défense doivent pouvoir se déplacer et pratiquer leur religion en toute sécurité, mais le Moyen-Orient, mal administré, est en proie aux divisions, à l'exploitation, au fanatisme et à la violence, ce qui rend les pèlerins vulnérables. Et après Manzikert, l'arrivée des Turcs en Palestine ne fait qu'aggraver la situation.

Bien que les tribus turques envahissent l'Asie Mineure, d'autres forces turques, dirigées par Atsiz bin Uwaq, seigneur de guerre pirate, fourmillent en Syrie et en Palestine, ne faisant que renforcer le climat

---

122 Annaliste de Nieder-Altaich, *The Great German Pilgrimage of 1064-65, in Annales Altahenses Maiores, in* James Brundage, trad. et éd., *The Crusades: A Documentary History*, Marquette University Press, Milwaukee, WI, 1962.

123 Moshe Gil, *A History of Palestine*, p. 487. L'importance du pèlerinage allemand de 1064-1066 varie d'une source à l'autre, l'annaliste de Nieder-Altaich citant le chiffre de 12 000 et Moshe Gil faisant référence à des sources parlant de 7 000 pèlerins ; Gil dit également que « moins de 2 000 » sont rentrés chez eux.

chaotique régnant déjà dans ces contrées. Ils s'emparent de Ramla et assiègent Jérusalem en 1071, laissant les Fatimides s'accrocher sur la côte à Saint-Jean-d'Acre. Jérusalem tombe en 1073 et, quand Saint-Jean-d'Acre est prise l'année suivante, les Fatimides ne contrôlent plus que Damas, qu'Atsiz bin Uwaq conquiert en 1075. Quand ce dernier exporte la guerre en Égypte, il est battu au Caire et, se repliant en Palestine, il se heurte à des soulèvements musulmans à Gaza, Ramla et Jérusalem, le forçant à battre en retraite à Damas.

La révolte contre les Turcs est un soulèvement contre des étrangers perturbateurs qui se sont imposés au Moyen-Orient. Les Fatimides sont également étrangers, leurs armées étant majoritairement constituées de Berbères et de Soudanais, mais ils parlent au moins arabe et emploient, dans leur administration, des arabophones, dont des juifs et des chrétiens de Palestine. Mais les Turcs, dans la mesure où ils sont civilisés, se sentent proches de la culture perse et méprisent les Arabes. Quand ils parlent une autre langue que le turc, c'est plus souvent le persan que l'arabe. L'arrivée des Turcs en Syrie et en Palestine marque la fin de la domination arabe dans ces régions. Leurs chefs privent les propriétaires terriens arabes de leurs domaines, et leurs nomades empiètent sur les pâturages et terrains de chasse des Bédouins. L'administration et les guerres turques anéantissent le commerce. Et tout le monde se plaint des impôts très lourds qu'ils imposent à l'ensemble de la population.

En 1077, Atsiz entame sa campagne de reconquête de la Palestine en attaquant Jérusalem, détruisant les vignobles et vergers qui entourent la ville lors du siège qu'il instaure pour la seconde fois. Face à la promesse de bénéficier d'une protection s'ils se rendent, les habitants ouvrent les portes de la ville. Mais Atsiz revient alors sur sa promesse et ordonne à ses soldats de tout saccager dans la ville. Cela se traduit par le massacre de 3 000 musulmans, dont ceux qui ont trouvé refuge dans la mosquée al-Aqsa sur le Mont du Temple[124]. Les chrétiens, à

124 Clifford Edmund Bosworth, *Historic Cities of the Islamic World*, p. 233, et Jean Richard, *Histoire des croisades*, Fayard, Paris, 1996, disent clairement qu'Atsiz a massacré des musulmans qui se trouvaient même dans la mosquée al-Aqsa.

l'abri dans leur quartier cerné de remparts, ne sont pas touchés. Par contre, le destin des juifs de Jérusalem est plus incertain. Cependant, un grand nombre de juifs et de chrétiens abandonnent Jérusalem sans oser y revenir. Avec des musulmans en fuite, ils s'installent dans des villes côtières telles que Tyr.

Partout en Palestine, Atsiz punit les rébellions en faisant régner la terreur, brûlant les récoltes, rasant les plantations, profanant les cimetières, violant les femmes et les hommes, tuant et mutilant des gens – ils « coupent les oreilles et les nez », rapporte un témoin[125]. Il anéantit Ramla puis fonce vers Gaza, où il assassine l'intégralité de la population. Damas n'est pas mieux lotie. Sa population chute à 3 000 habitants en raison de la pénurie et de la famine qui suit le passage d'Atsiz. À partir d'al-Arish, sur la frontière égyptienne, à Antioche, dans le nord de la Syrie, les Turcs poursuivent les massacres, emprisonnent les gens, pillent les habitations puis y mettent le feu, détruisent des monastères et des églises, ravageant des villes et des villages entiers. Dans ce chaos, les tribus nomades arabes sont les alliées des Turcs et procèdent à des enlèvements et se livrent à des pillages. Les Fatimides lancent deux campagnes contre Atsiz afin de reconquérir la Palestine et la Syrie, mais son sort est scellé par la hiérarchie seldjoukide, qui l'invite en 1078 à Damas pour une audience avec le frère du sultan seldjoukide. Il est alors arrêté et condamné à mort.

Les Byzantins sont pratiquement impuissants contre les Seldjoukides. Après Manzikert, ils perdent les territoires qu'ils ont reconquis en Syrie, et, surtout, la main-d'œuvre et les ressources d'Asie Mineure, la région la plus riche de l'Empire. Plus grave, le nouvel empereur est l'incompétent Michel VII Doukas, qui dépense sans compter en produits de luxe tout en étranglant financièrement l'armée alors même que l'Empire s'effondre autour de lui. Mais finalement, en 1074, avec les Turcs stationnés de l'autre côté du Bosphore à portée

125 Moshe Gil, *A History of Palestine*, p. 416 ; Simon Sebag Montefiore, *Jérusalem : biographie*, traduit par Raymond Clarinard et Isabelle Taudière, Calmann-Lévy, Paris, 2011, p. 252.

de Constantinople, l'empereur sollicite l'aide de l'Occident. Pour ce faire, les Byzantins doivent ravaler leur fierté et en particulier passer sur le schisme de 1054, rupture spectaculaire entre les parties orientale et occidentale de l'Église universelle. Une brouille grandissante, accentuée par l'utilisation du latin en Occident et du grec en Orient, s'est développée entre les Églises. Quand le patriarche grec froisse la partie adverse sur des questions de coutumes, rites et théologie au cours de délicates négociations menées à Constantinople, le légat pontifical publie, sous le coup de la colère, une bulle d'excommunication contre le patriarche dans la grande église de Sainte-Sophie, puis est excommunié à son tour. Néanmoins, aucun dogme fondamental ne sépare les deux Églises et ce conflit demeure largement inconnu des chrétiens d'Orient et d'Occident. Mais la hiérarchie grecque de Constantinople, aux yeux de laquelle le schisme est une immense victoire car il évite au patriarcat d'admettre la suprématie traditionnelle de la papauté de Rome, doit maintenant endurer le principe d'un Michel VII Doukas faisant appel au pape Grégoire VII pour la survie même de leur Empire.

Grégoire VII a hérité du nom, de la charge et du caractère du pape Grégoire Ier, ancien évêque de Rome, lequel, après l'effondrement de l'Empire romain en Occident, a organisé la résistance contre les envahisseurs barbares et, ce faisant, installé la papauté comme une puissance militaire temporaire. Lorsque l'appel de Michel VII Doukas parvient à Rome, il ne surprend personne, car non seulement Grégoire est désireux de régler le désaccord entre les Églises, mais il veut également que la papauté joue un rôle dans la lutte contre les invasions barbares en Orient. Grégoire VII envoie une lettre à d'éminents personnages dans tout l'Occident, expliquant qu'il vient de recevoir la visite d'un émissaire qui « a répété ce qu'il a entendu de la bouche de nombreuses personnes, à savoir qu'une race païenne a vaincu les chrétiens et tout dévasté avec une horrible cruauté presque jusqu'aux remparts de Constantinople. Elle gouverne maintenant les terres conquises avec une violence tyrannique et a tué plusieurs milliers de chrétiens comme s'il s'agissait de moutons ». Grégoire VII poursuit en disant qu'il ne suffit pas de pleurer les malheurs de l'Empire grec et des chrétiens d'Orient, mais que « nous devons risquer nos vies pour les libérer »[126].

L'inquiétude de Grégoire VII face à l'oppression de ses condisciples chrétiens est très liée à ses espoirs de réunification de l'Église, lesquels, à l'instar de son appel à l'aide pour l'Empire byzantin vacillant, sont à la fois pragmatiques et stratégiques. Car les enjeux dépassent l'Orient. L'Europe s'est lentement reconstruite suite aux troubles causés par les invasions barbares en Occident et des siècles de dévastation musulmane dans le bassin méditerranéen. Si Byzance devait se retrouver submergée par les Turcs, l'Europe se retrouverait à nouveau plongée dans les ténèbres. Grégoire VII cherche à recruter des chevaliers pour étoffer une force de combat de 50 000 hommes, la *Militia Sancti Petri* (armée de Saint Pierre), dont il prendra la tête pour venir au secours de l'Orient.

Mais le moment n'est pas idéal pour prier les forces laïques d'Europe de partir en croisade à l'est car, moins d'un an plus tard, il est impliqué dans la querelle de l'investiture avec nombre de ces autorités laïques. Il s'agit de savoir s'il revient à ces dernières ou à l'Église de nommer les représentants influents de l'Église et donc d'avoir la mainmise sur des richesses et des pouvoirs conséquents. Les empereurs du Saint-Empire romain, désormais représentés par Henri IV, invoquent le droit divin pour régner, ce qui leur permet de justifier leur autorité pour les nominations et les sacrements au sein de l'Église, dont les pénitences et les pardons. Les réformateurs, emmenés par Grégoire VII, rejettent toute ingérence dans les affaires de l'Église, disant que cela pourrait déboucher sur de graves abus tels que la simonie, l'achat et la vente de ces charges et sacrements, qu'ils considèrent comme une hérésie. Mais Grégoire VII va plus loin. Non seulement l'Église a le droit de nommer les évêques, mais l'autorité spirituelle est supérieure à l'autorité temporelle, et l'Église est donc au-dessus des rois. Mais, ce n'est qu'une partie d'une plus grande révolution. Les dévots, hommes et femmes, se sentant poussés à s'immerger dans la vie religieuse, se

126 Jacques-Paul Migne, *Patrologia Latina*, 148:329, *in* Oliver J. Thatcher et Edgar Holmes McNeal, *A Source Book for Mediaeval History*, p. 512-513.

sont retirés du monde et sont devenus moines et nonnes au sein d'un ordre bénédictin en plein essor. Mais, depuis un siècle, les Bénédictins sont balayés par une grande réforme qui oriente leur énergie spirituelle vers le monde extérieur, transformant leur intérêt monastique pour la liturgie et la prière en aide aux plus démunis, création artistique et sacralisation de la vie quotidienne. La société devenant de plus en plus pieuse, tous les fidèles chrétiens sont un microcosme. Comme le fait remarquer le cardinal Pierre Damien, ancien moine bénédictin : « Chaque fidèle semble être une église à lui tout seul. »[127] Bien que la querelle de l'investiture détourne Grégoire VII d'une campagne militaire en Orient, sa revendication d'un monde unifié et spiritualisé sous l'autorité de la papauté dominera l'Europe médiévale pendant deux siècles et constituera le point de départ des croisades.

L'anxiété ressentie envers l'islam est installée depuis longtemps dans la littérature prophétique chrétienne, laquelle, après la Bible et les travaux des Pères de l'Église, est le corpus le plus influent à circuler en Europe pendant le Moyen Âge. Non conformes aux canons de l'Église, hétérodoxes et infiniment malléables aux préoccupations du moment, ces mélanges suivent un thème commun issu de l'Apocalypse du Nouveau Testament, à savoir le guerrier divin qui va venir sauver le monde. L'un des premiers candidats à ce rôle est l'empereur Constantin, qui a légalisé le christianisme et dont on attend qu'il soit à l'origine du Second Avènement du Christ. Charlemagne est un autre candidat. Tout le monde pense que, dans la seconde moitié du XIe siècle, il a mené une croisade à Jérusalem et contribué à la réinstallation des chrétiens chassés par les musulmans. Prophétie après prophétie, ce rôle est passé d'un empereur, roi ou prince à l'autre, tandis que l'histoire prenait une dimension fantastique à travers l'évocation du triomphe final du christianisme.

L'*Apocalypse du pseudo-Méthode* est un exemple célèbre qui va traverser le Moyen Âge. Il a été écrit au VIIe siècle, mais de façon à faire croire qu'il date du IVe siècle pour prédire l'invasion musulmane du

127 Norman F. Cantor, *The Civilisation of the Middle Ages*, p. 246.

Moyen-Orient par l'évêque Méthode de Patara, martyrisé en 311 à Tyr, au Liban, pendant les persécutions romaines. Son objectif est de consoler les chrétiens de Palestine et de Syrie des souffrances provoquées par la domination musulmane. Mais il est très vite traduit du syriaque en grec et en latin et devient ainsi célèbre dans tout l'univers chrétien. Il raconte comment les Ismaélites, à savoir les Arabes, surgissent du désert et ravagent les terres du Nil à l'Euphrate. Les chrétiens sont punis de leurs péchés en étant assujettis pendant une période aux Ismaélites, lesquels tuent les prêtres chrétiens, profanent les lieux saints, s'emparent des terres des chrétiens et séduisent ou forcent nombre de ces derniers à abandonner leur religion.

Mais c'est au moment où la cause semble entendue qu'un puissant empereur, censé être mort depuis longtemps, se soulève et bat les Ismaélites, dévaste et brûle leurs terres et se montre furieux contre les chrétiens ayant renié leur Seigneur Jésus. Sous ce grand empereur débute alors un âge d'or, période de paix et de joie pendant laquelle le monde prospère comme jamais auparavant. Mais des peuplades redoutables, les Gog et Magog, qu'Alexandre le Grand a emprisonnées à l'extrême nord, s'évadent, sèment la terreur et détruisent tout, jusqu'à ce que Dieu dépêche un capitaine céleste qui les détruit en un éclair. L'empereur se rend à Jérusalem, où il livre la chrétienté aux soins de Dieu en se rendant sur le Golgotha et en plaçant sa couronne sur la croix qui s'élance vers le ciel. Mais l'empereur meurt et l'Antéchrist apparaît, s'installant dans le temple de Jérusalem, où il instaure un règne de tribulations, trompant les gens avec ses miracles et persécutant ceux qu'il ne parvient pas à duper. Cependant, très vite, la croix réapparaît dans le ciel et Jésus-Christ revient en personne tuer l'Antéchrist avec le souffle de sa bouche et amener le Jugement dernier.

En l'occurrence, l'histoire est renforcée par la réalité. Les persécutions d'al-Hakim et les atrocités commises par les Turcs seldjoukides sont bien trop réelles et confèrent une intensité et un sentiment d'immédiateté au drame incommensurable vécu. La prophétie des Derniers Jours ne constitue pas le fantasme d'un avenir vague et éloigné, elle est infaillible et peut se réaliser à tout moment. Le chaos absolu vécu par les chrétiens en Orient et la menace d'une attaque turque contre les chrétiens en Occident peuvent être considérés comme le prélude au salut universel du Second Avènement.

Après l'exécution d'Atsiz en 1078, la Palestine se retrouve dirigée par les Seldjoukides, mais les conditions de vie ne s'améliorent guère. Un climat de « Derniers Jours » s'installe au milieu des destructions et des ravages causés par les guerres interminables entre les Seldjoukides et les Fatimides. Il court une rumeur de fin du monde en 1092 ou 1093. Jérusalem souffre de dépeuplement car des chrétiens, musulmans et juifs continuent de quitter la ville. Détail qui traduit bien la situation, la mosquée al-Aqsa, endommagée par un séisme en 1033, est restaurée mais sa taille se trouve diminuée de moitié. Elle passe de quatorze à sept allées, illustrant une chute de la population musulmane jamais compensée. En 1086, le Mont du Temple endosse une nouvelle fonction puisque les Seldjoukides y installent leur garnison.

Tout au long de ces soubresauts, les pèlerinages ne cessent jamais réellement, même si le périple est désormais encore plus difficile qu'auparavant. L'Asie Mineure, où on pouvait voyager de façon sûre autrefois quand elle faisait partie de l'Empire byzantin, ne peut plus être traversée sans escorte armée à cause de vauriens membres de tribus turques. Même bien accompagné, l'aventure n'est pas sans danger. En Syrie et en Palestine rôdent des brigands sur les routes. Dans la moindre ville du parcours, le petit chef du coin essaie d'extorquer de l'argent aux personnes de passage. Puis, même une fois arrivé à la ville sainte, les souffrances ne s'arrêtent pas pour autant.

Les pèlerins parvenus aux portes de Jérusalem après avoir affronté de multiples dangers, sont victimes de rapines ou d'oppression publique et succombent souvent à la pression de la famine et de la maladie avant d'avoir été autorisés à se recueillir devant le Saint-Sépulcre. Un climat de barbarie locale ou de zèle nouveau incite les Turcs à insulter le clergé de toutes les sectes : le patriarche est traîné par les cheveux à même le sol et enfermé dans un donjon afin d'extorquer une rançon à ses ouailles. La vénération divine dans l'église de la résurrection est souvent perturbée par la grossièreté sauvage de ses maîtres[128].

Les pèlerins parvenant à surmonter tous ces dangers et harcèlements repartent vers l'Occident appauvris et épuisés, avec des histoires sur les conditions épouvantables régnant en Orient. Les conséquences de ces témoignages sont présentées par le chroniqueur syrien musulman Ibn al-Azimi, qui relate le tout dernier pèlerinage connu avant les croisades. En 1093, écrit Al-Azimi, les pèlerins chrétiens, aussi bien byzantins que « al-Franj », comme il les appelle – à savoir des Francs, terme englobant quiconque vivant en Europe occidentale –, sont empêchés par ceux qui vivent sur la côte de se rendre à Jérusalem. « Ceux qui survivent » – ce qui signifie qu'il y a eu un massacre – rapportent dans leur pays le déroulement des événements. Cela explique pourquoi, écrit al-Azimi, seul chroniqueur musulman à établir un tel lien, les chrétiens ont entamé les préparatifs de ce qui allait devenir la première croisade[129].

Le dernier aperçu de la Palestine avant les croisades nous est fourni par Ibn al-Arabi, jeune spécialiste de l'islam de Séville, à peine âgé de 20 ans, qui est contraint de quitter l'Andalousie avec son père quand presque toute l'Espagne musulmane est renversée par les Almoravides, berbères fondamentalistes et puritains dont le but est « un retour aux doctrines de l'islam primitif »[130]. De 1093 à 1096, al-Arabi reste à Jérusalem, principalement aux alentours du Mont du Temple, où il remarque l'animation des madrasas et échange avec des hommes de religion, musulmans, juifs et chrétiens. L'imposition des croyances et enseignements chiites sous les Fatimides correspond à une période de sécheresse spirituelle pour les musulmans sunnites et les autres, qui se retrouvent marginalisés. Mais, depuis la réoccupation de la ville par les Seldjoukides en 1073, il règne une sorte d'effervescence. Jérusalem est idyllique pour al-Arabi. « Nous entrions en Terre sainte

---

128 Edward Gibbon, *Histoire du déclin et de la chute de l'Empire romain d'Occident.*

129 Carole Hillenbrand, *The Crusades*, Edinburgh University Press, Édimbourg, 1999, p. 50; Moshe Gil, *A History of Palestine*, p. 488-489.

130 Bertold Spuler, *The Muslim World*, p. 109.

et atteignions la mosquée al-Aqsa. C'était la pleine lune en matière de connaissance et elle m'a éclairée pendant plus de trois ans. » Pourtant, al-Arabi ne peut ignorer que, même quatre siècles et demi après la conquête musulmane, Jérusalem restait une ville à dominance chrétienne et que cela valait également pour la Palestine[131] : « C'est leur pays, observe-t-il à propos des chrétiens, car ce sont eux qui cultivent la terre, nourrissent ses monastères et entretiennent ses églises. »[132]

131 Moshe Gil, *op. cit.*, p. 171-172. « Concernant la population rurale [de Palestine], elle était essentiellement chrétienne à la veille de la conquête des croisés » ; et « Jérusalem était à coup sûr peuplée principalement de chrétiens pendant toute la période [de l'occupation musulmane] ». Les sources de Moshe Gil sont al-Arabi, Muqaddasi et les documents de Geniza.

132 Ibn al-Arabi, cité dans l'ouvrage de Moshe Gil, *ibid*, p. 171.

L'appel

Alexis Ier Comnène, qui devient l'empereur byzantin en 1081, entame une contre-offensive contre les Seldjoukides en réclamant des territoires en bordure de mer Noire et autour des côtes de la mer de Marmara. Mais un nouveau danger fait son apparition en 1090-1091, quand Zachas, pirate turc basé sur la côte de la mer Égée, lance sa flotte contre Constantinople. Il a l'intention de s'associer aux Seldjoukides à Nicée et avec un autre peuple turc, les Petchénègues, qui se sont installés sur les rives septentrionales de la mer Noire et sont maintenant devant les remparts de Constantinople, à l'ouest. Pendant ces jours épouvantables où l'Empire byzantin est « submergé par l'invasion turque », Alexis Ier Comnène appelle l'Occident à la rescousse. Un historien écrit ainsi : « En 1091 se fait entendre, depuis les rives du Bosphore jusqu'en Europe occidentale, un véritable cri de désespoir, l'appel d'un homme qui se noie. »[133] Alexis Ier Comnène

133 V. Vasilievsky, cité dans l'ouvrage d'Alexander Vasiliev, *Histoire de l'Empire byzantin*, vol. II p. 16.

adresse cet appel à son ami le comte Robert Ier de Flandre et, selon Anne Comnène, sa fille, qui a écrit l'histoire du règne de son père, ce dernier attend également des troupes « de Rome ». Cela signifie qu'il est en contact avec le nouveau pape, Urbain II, qui a accédé au trône de Saint-Pierre de Rome en 1088[134]. Le comte Robert Ier de Flandre apporte bien cette aide, mais avant qu'Urbain II parvienne à constituer une force, Alexis Ier Comnène réussit à dresser ses ennemis les uns contre les autres puis, grâce à des frappes bien senties, à neutraliser la marine des Petchénègues et de Zachas.

En mars 1095, suite à l'accentuation de la pression des Turcs, Alexis Ier Comnène sollicite de nouveau l'aide de l'Occident, cette fois-ci en envoyant des émissaires au concile de Plaisance, dans le nord de l'Italie, où Urbain II a convoqué un synode afin de voter des décrets contre la simonie, le mariage des ecclésiastiques et le schisme au sein de l'Église. Des milliers d'ecclésiastiques, dont 200 évêques, ainsi que 30 000 laïcs, auraient assisté au concile[135], congrégation d'une envergure telle qu'elle doit se tenir en plein air, en dehors de la ville, ces chiffres illustrant le renforcement de l'autorité de l'Église suite au triomphe de Grégoire VII dans la querelle de l'investiture. Le synode est également une cour suprême qui reçoit les doléances de la royauté. Le chroniqueur Bernold de Constance rappelle que les émissaires du roi Philippe Ier de France, excommunié pour divorce illégal et remariage adultère, sont venus demander un délai supplémentaire pour régler la question. Et l'impératrice Praxède, ancienne épouse de 24 ans d'Henri IV du Saint-Empire, « se plaignit au pape et au saint synode à propos de son mari et de la sale fornication dont elle souffrit sous son emprise », péché pour lequel elle fut absoute dans la mesure où « elle n'était pas à l'origine de cette saleté et l'avait subie à contrecœur ».

134 Anne Comnène, *Alexiade : règne de l'empereur Alexis Ier Comnène*, Livre VIII, chap. V, Les Belles Lettres, Paris, 1967. Pour la nature des contacts d'Alexis Ier Comnène avec l'Occident, voir Alexander Vasiliev, *op. cit.*, et Carl Erdmann, *The Origin of the Idea of Crusade*, traduit en anglais par Marshall W. Baldwin et Walter Goffart, Princeton University Press, Princeton, NJ, 1977, p. 322-323 et p. 358.

135 Robert Somerville, *Urban II's Council of Piacenza*, Oxford University Press, Oxford, 2011, p. 8.

Bernold de Constance poursuit en décrivant la légation de l'empereur byzantin « qui implora humblement sa sainteté et tous les fidèles de lui venir en aide face aux païens pour la défense de la Sainte Église qu'ils ont pratiquement anéantie en ces lieux, occupant ces régions jusqu'aux remparts de la ville de Constantinople ». Les Byzantins font forte impression sur l'auditoire et Urbain II « persuada nombre d'hommes d'apporter leur contribution, de sorte qu'ils firent le serment d'effectuer le voyage avec l'aide de Dieu et de faire de leur mieux pour apporter leur concours à l'empereur »[136]. Mais il ne s'agit guère d'une mission militaire de grande ampleur et Bernold de Constance, qui est la seule source de l'appel byzantin à Plaisance, n'indique pas jusqu'où doit s'enfoncer l'expédition en Asie Mineure ni si l'intention est d'entrer en Syrie et en Palestine. Ce sont des sujets qu'Urbain II ressasse dans sa tête avant de franchir les Alpes pour rencontrer, en France, divers seigneurs et évêques et de convoquer un autre concile, celui de Clermont.

Un autre chroniqueur, Albert d'Aix, fournit une version différente sur la façon dont Urbain II est incité à soutenir l'action militaire contre les Turcs. Il parle d'un moine itinérant français, connu sous le nom de Pierre l'Ermite, qui se rend en pèlerinage à Jérusalem, où il est choqué par le comportement des Turcs à l'église du Saint-Sépulcre. Pierre l'Ermite va trouver le patriarche et lui demande pourquoi il a autorisé ces « hommes mauvais à profaner les lieux saints et à emporter les offrandes des fidèles et les a laissés transformer les églises en écuries, battre les chrétiens, voler les pèlerins en leur faisant payer des sommes excessives et les plonger dans la détresse à cause de nombreuses violences perpétrées par les infidèles ». Le patriarche répond ceci :

« Pourquoi me reprochez-vous ces choses et compliquez-vous la tâche de notre attention paternelle, quand notre force et notre pouvoir peuvent être considérés comme ceux d'une pauvre fourmi face à la tyrannie d'un si grand nombre ? Le fait est que, soit nous allons devoir

---

136 Bernold de Constance, cité dans l'ouvrage de Robert Somerville, *op. cit.*, p. 54-55.

racheter notre vie en effectuant constamment des paiements, soit elle sera abrégée par des exécutions fatales. Nous nous attendons à ce que les dangers augmentent de jour en jour à moins que les chrétiens nous apportent leur aide, ce que nous requérons auprès de vous en votre qualité d'émissaire. »

Pierre l'Ermite promet au patriarche : « Je vais rentrer et m'adresser en premier lieu au pape, puis à tous les chefs des peuples chrétiens, rois, ducs, comtes et tous ceux à la tête des principaux endroits du royaume. Je leur révélerai toute la détresse associée à votre servitude et le caractère intolérable de vos difficultés. »[137]

L'Ermite « a de nouveau traversé la mer, animé d'une anxiété considérable », poursuit Albert d'Aix, « et une fois sur la terre ferme, il prit la route de Rome sans tarder ». Il rencontre le pape et lui parle « des violences perpétrées dans les lieux saints et contre les pèlerins ». Urbain II est « donc incité à passer à l'action » et franchit les Alpes pour entrer en France, où il convoque un concile, à Clermont[138]. Comme nous allons le voir, Pierre l'Ermite rassemble une foule d'adeptes pour effectuer une croisade, mais il demeure un doute sur l'identité du « premier instigateur »[139]. S'agit-il de lui ou du pape ? Jonathan Riley-Smith admet que « Pierre doit avoir prêché pour une sorte d'expédition religieuse vers Jérusalem avant la tenue du concile de Clermont », même si cela s'inscrit dans le contexte des « vagues de rumeurs » ayant précédé l'annonce du pape[140]. Mais il ne serait pas surprenant que, vu les violences turques en Palestine et la menace qu'elles faisaient peser sur Byzance, l'appel à l'action ait émané de plusieurs sources. Le récit d'Albert d'Aix présente en fait la croisade comme une réponse à l'appel d'un empereur byzantin et d'un pape romain, mais également à celui du patriarche de Jérusalem et de ses

137 Susan Edgington, *Oxford Medieval Texts*, Oxford University Press, Oxford, 2007, p. 5.

138 *Ibid*, p. 7.

139 *Ibid*, p. 5.

140 Jonathan Riley-Smith, *The First Crusaders*, Cambridge University Press, Cambridge, 1997, p. 55-56.

compatriotes chrétiens de Palestine. Selon un historien moderne, « loin d'être les spectateurs passifs des événements de 1095-1099, les autochtones chrétiens ont assurément perçu la première croisade comme une réponse énergique à la crise perçue du christianisme sous le règne seldjoukide »[141].

Entre le concile de Plaisance en mars et le concile de Clermont en novembre, le pape Urbain II exprime son opinion sur la situation menaçante en Orient, mais se place dans le contexte plus général de l'attaque orchestrée par l'islam depuis plusieurs siècles contre une civilisation chrétienne qui régnait autrefois sur toute la Méditerranée. Le tournant semble avoir été les victoires byzantines, au xe siècle, en Syrie et dans l'est de la Méditerranée, et l'avancée lente mais régulière de la *Reconquista* en Espagne, avec comme point d'orgue la reconquête de Tolède en 1085. Au xie siècle, Pise, Gênes et la Catalogne mènent des campagnes dans l'ouest de la Méditerranée afin de libérer la Sardaigne et Majorque de l'autorité arabe, tandis que la Sicile tombe aux mains des Normands en 1090. Mais ces avancées sont maintenant menacées voire inversées par la soudaine résurgence de l'islam militant. Les Seldjoukides ont envahi le Moyen-Orient et l'Asie Mineure, menaçant l'existence même de l'Empire byzantin, rempart de l'Occident, pendant que les Almoravides fondamentalistes répliquent après Tolède avec une victoire à Zalaca en 1086 qui coûte aux chrétiens de grands pans de territoire dans l'est de l'Espagne, dont Valence et Saragosse. Cela place également les armées musulmanes à distance de frappe de la France. Confronté à une agression sur deux fronts, Urbain II orchestre sa réponse, qui n'est pas motivée par la religion, mais par une volonté de mettre la religion au service d'une cause : la survie de la civilisation commune à l'Orient et à l'Occident.

141 Andrew Jotischky, « The Christians of Jerusalem, the Holy Sepulchre and the Origins of the First Crusade », in *Crusades*, vol. 7, Ashgate, Farnham, 2008, p. 35-57. Comme l'explique Jotischky dans son article, la fiabilité du récit de Pierre l'Ermite a été contestée, mais de récents travaux universitaires plaident pour l'exactitude des faits rapportés. Voir également Norman Housley, *Contesting the Crusades*, Blackwell, Oxford, 2006, p. 44.

Quand Urbain II arrive en France, il n'a pas encore convoqué le concile de Clermont. Il dit que son voyage est principalement destiné à honorer l'abbaye bénédictine de Cluny, en Bourgogne, où il a été moine et où il vient consacrer un autel dans la nouvelle église, la plus grande d'Europe, bâtie grâce aux fonds alloués par Ferdinand Ier de León. Les réformes qui ont balayé l'ordre monastique des Bénédictins ont commencé à Cluny, élément moteur et bénéficiaire de la piété grandissante de la société. L'abbaye est au premier plan de l'avènement de l'architecture, de l'art et de la musique liturgique symbolisant la culture sacralisée du Moyen Âge. Cluny, uniquement assujetti au pape, est le monastère le mieux doté de toute la chrétienté. À travers ses prieurés, qui sont près d'un millier en France et dans le nord de l'Espagne, il exerce une immense influence. C'est également le premier soutien de Grégoire VII dans la querelle de l'investiture et le principal partisan de la consolidation de l'autorité papale sous Urbain II. Un autre de ses fils, le pape Alexandre II, a donné sa bénédiction à la *Reconquista* et accordé, en 1064, la rémission des péchés aux personnes tuées sur le champ de bataille.

Après Cluny, dont l'abbé l'accompagne, Urbain II se rend dans de nombreux prieurés clunisiens sur l'itinéraire des pèlerins qui traverse le sud de la France jusqu'à sa destination finale, Saint-Jacques-de-Compostelle, située dans un coin du nord-ouest de l'Espagne jamais envahi par les Arabes. On dit que Charlemagne aurait lui-même découvert à Compostelle les ossements du cousin de Jésus, l'apôtre saint Jacques, peu de temps après que la grande mosquée de Cordoue eut annoncé qu'elle possédait un ossement appartenant au prophète Mahomet. Très vite, saint Jacques est associé à la *Reconquista* et certains le voient en train de combattre aux côtés des chrétiens à l'occasion de nombreuses batailles contre l'occupant arabe. Le pèlerinage pour voir les reliques du saint à Compostelle saisit vite l'imagination de l'Europe chrétienne. À l'apogée de sa popularité, aux XIe et XIIe siècles, la ville accueille plus d'un demi-million de pèlerins par an. Après Jérusalem et Rome, Compostelle est considérée comme le troisième lieu saint de la chrétienté et un pèlerinage pour voir les reliques permet d'obtenir la rémission de la moitié de la durée de son passage au Purgatoire.

L'Ordre de Cluny est très favorable aux pèlerinages en Orient et ses prieurés de France encouragent et soutiennent les pèlerins en route pour Compostelle ainsi que les jeunes chevaliers français traversant la frontière espagnole et participant à la *Reconquista*.

La visite d'Urbain II à Cluny et dans ses prieurés sur le chemin de Compostelle l'amène chez des fidèles qui comprennent parfaitement que la reconquête de l'Orient est un second front dans la lutte pour redonner à la Méditerranée ses racines chrétiennes et l'unité dont elle jouissait avant les conquêtes musulmanes. Depuis Plaisance, Urbain II a affiné son projet de campagne pour la défense et la reconquête de l'Orient chrétien. Sa visite à Cluny et dans ses prieurés a pour but d'obtenir un soutien, de rallier chaque église et monastère à sa grande cause et de diffuser son message dans chaque chaire, de façon à ce que son appel résonne dans toute la chrétienté occidentale. Toute l'influence du christianisme est exploitée, mais ni le christianisme ni l'Occident ne sont le motif premier des croisades. Comme l'écrit l'historien médiéval Paul Chevedden :

> « Les experts se sont demandé : "Quel climat pieux ou quelle innovation religieuse a donné naissance aux croisades ?", alors qu'ils auraient dû se poser la question : "Quel conflit en cours a pris de l'ampleur au point de bénéficier de la plus grande et de la plus coûteuse des justifications religieuses ?" […] Le point central est la longue lutte entre l'islam et le christianisme en Méditerranée et non la religion de l'Occident latin, et elle doit être le principal axe sur lequel enquêter. »[142]

Le concile de Clermont est convoqué par le pape Urbain II lors de la deuxième quinzaine de novembre 1095. Il traite largement de thèmes ecclésiastiques similaires à ceux abordés à Plaisance. Même l'adultère persistant du roi Philippe Ier de France est à l'ordre du jour. Mais

142 Paul E. Chevedden, « The View of the Crusades from Rome and Damascus: The Geo-Strategic and Historical Perspectives of Pope Urban II and Ali ibn Tahir al-Sulami », *in Oriens* 39, Brill, Leiden, 2011, p. 307-308.

Urbain II fait savoir qu'en réponse à l'appel à l'aide de la chrétienté orientale, il va prononcer un discours l'avant-dernier jour du concile, soit le mardi 27 novembre. Trois cents ecclésiastiques ont assisté au concile au sein de la cathédrale de Clermont, mais la foule de religieux et de laïcs rassemblée en ce mardi est énorme. Le trône papal est donc installé sur une plateforme dans un champ, devant la porte orientale de la ville. Une fois la foule amassée, Urbain II se lève pour s'adresser à elle. Les comptes rendus de quatre chroniqueurs présents sur les lieux existent encore, mais, ayant été écrits plusieurs années après, ils sont faussés par des événements postérieurs et divergent considérablement de l'un à l'autre. Nous ne pouvons donc avoir qu'une idée très approximative de ce qu'Urbain II a vraiment dit.

Selon l'un de ces chroniqueurs, Foucher de Chartres, Urbain II commence par parler de la Trêve de Dieu, dispositif par l'intermédiaire duquel l'Église a essayé, pendant un demi-siècle, de limiter des guerres féodales ayant un effet dévastateur sur la terre. « Vous avez vu pendant une longue période le grand désordre dans le monde causé par ces crimes. On m'a dit qu'il était si mauvais dans certaines de vos provinces et vous êtes si faible dans l'administration de la justice, que l'on ne peut guère aller par la route de jour ou de nuit sans être attaqué par des voleurs. Et à la maison ou à l'étranger, on court le danger d'être dépouillé par la force ou la fraude. » Des trêves ont été imposées de temps en temps dans certaines régions, mais Urbain II utilise tout le poids de son Église universelle aux pleins pouvoirs récents au profit de la Trêve de Dieu. « J'exhorte et j'exige que chacun de vous essaie de conserver la trêve dans votre diocèse. Et si quelqu'un, par cupidité ou arrogance, rompt cette trêve, par l'autorité de Dieu et la sanction de ce concile, il doit être frappé d'anathème. »

Mais, quelle que soit l'importance de ces désordres en Occident, poursuit le pape, les chrétiens d'Orient souffrent bien plus :

« Comme l'ont appris la plupart d'entre vous, les Turcs et les Arabes les ont attaqués et ont conquis le territoire de la Roumanie [l'Empire byzantin] à l'ouest jusqu'à la rive de la Méditerranée et de l'Hellespont, qui est appelé le bras de Saint-Georges. Ils ont occupé de plus en plus de terres de ces chrétiens et les ont vaincus en sept batailles. Ils ont tué et capturé de nombreuses personnes, détruit les églises et dévasté l'Empire. »

Dans le récit de Foucher de Chartres, Urbain II ne précise à aucun moment que le but de l'expédition est Jérusalem. Comme l'explique le pape, « vos frères qui vivent en Orient ont impérieusement besoin de votre aide » – la cause est la défense des chrétiens d'Orient et de leur Église. Cette cause est également la défense de l'Occident, car « si vous les [les Turcs] laissez continuer ainsi en toute impunité, les fidèles de Dieu subiront leurs attaques dans une plus grande mesure encore ».

C'est alors qu'Urbain II lance son grand appel, pour que l'Occident vole au secours de l'Orient. La noblesse doit cesser ses luttes intestines pour mener une guerre justifiée. Les morts sur le champ de bataille bénéficieront d'une rémission des péchés :

« Que ceux qui ont été habitués à mener une guerre privée injuste contre les fidèles livrent maintenant bataille contre les infidèles et emportent la victoire dans cette guerre qui aurait dû commencer il y a longtemps. Que ceux qui ont été voleurs pendant longtemps soient désormais chevaliers. Que ceux qui ont lutté contre leurs frères et parents se battent de manière adéquate contre les barbares. Que ceux qui ont servi comme mercenaires pour une modeste paye obtiennent maintenant la récompense éternelle. Que ceux qui se sont épuisés à la fois de corps et d'esprit œuvrent maintenant pour un double honneur. »[143]

Le discours d'Urbain II à Clermont, comme rapporté par Foucher de Chartres, est en droite ligne avec les réalités de l'oppression musulmane en Orient, la menace turque grandissante et les dangers encourus pour l'univers chrétien dans ces régions de Méditerranée et d'Europe qui n'ont pas subi l'agression musulmane ou ont été

143 Foucher de Chartres, *in* Oliver J. Thatcher et Edgar Holmes McNeal, *A Source Book for Mediaeval History*, p. 513-517.

récemment libérées du joug étranger. Si Urbain II a parlé de Jérusalem, Foucher de Chartres n'en dit rien. Le pape parle de sauver les chrétiens d'Orient et leur Église, ce qui signifie se joindre aux Byzantins pour récupérer leurs terres – certainement l'Asie Mineure envahie vingt-cinq ans plus tôt et peut-être la Syrie et la Palestine, occupées à l'époque par les Turcs.

Le premier des quatre récits de ce qui s'est déroulé à Clermont est celui de Foucher de Chartres. On estime qu'il avait reçu une formation de prêtre, probablement à Chartres, et que pendant la croisade il était le chapelain personnel de Baudouin de Boulogne, qui a fondé un État croisé centré sur la ville arménienne d'Édesse (aujourd'hui Şanlıurfa, en Turquie), et devint ensuite le premier roi franc de Jérusalem. Il a été le seul chroniqueur à avoir effectivement pris part à la croisade et il a écrit tout de suite après, en 1100-1101, même si, pour avoir suivi Baudouin de Boulogne à Édesse, il n'était pas présent au siège de Jérusalem, ni à Antioche ou Ma'arrat, lieux au sujet desquels son récit est de seconde main. Mais il se trouvait à Clermont, où il présente le pape comme un stratège pragmatique avec une vision globale de la situation de Byzance et de l'Occident.

Les trois autres chroniqueurs – Baudry de Dol, Robert le Moine et Guibert de Nogent, tous moines bénédictins – offrent des événements de Clermont des récits différents à tout point de vue de celui de Foucher de Chartres. Baudry de Dol a rédigé son compte rendu peu de temps après la première croisade, mais il n'était cependant pas présent à Clermont, tout en en donnant l'impression. Sa version est une réécriture théologique du discours d'Urbain II. Les références à l'Ancien et au Nouveau Testament soulignent l'appel du pape à une guerre sainte de libération, Jérusalem incarnant le paradis.

« Laissez-nous pleurer la dévastation la plus monstrueuse de la Terre sainte ! Cette terre que nous avons justement appelée sainte dans laquelle il n'y a même pas un pas que le corps ou l'esprit du Sauveur n'a pas rendu glorieux et béni, qui a accueilli la sainte présence de la mère de Dieu, et les réunions des apôtres, et qui a bu le sang des martyrs versé là-bas. Heureuses sont les pierres qui vous couronnaient, vous Étienne, le premier martyr ! Quel bonheur, ô, Jean-Baptiste, les eaux du Jourdain, qui vous ont servi à baptiser le Sauveur ! Les enfants d'Israël, qui ont été conduits hors d'Égypte, ils ont chassé les Jébuséens et les autres habitants et ont eux-mêmes habité Jérusalem terrestre, l'image de la Jérusalem céleste. Vous devez frémir, mes frères, vous devriez frémir à lever la main violente contre les chrétiens, il est moins méchant de brandir votre épée contre les Sarrasins. »[144]

Selon Baudry de Dol, la foule écoutant Urbain II ce jour-là fut submergée d'émotion, bon nombre fondant en larmes et d'autres se mettant à convulser.

Robert le Moine n'était pas de la première croisade et, bien qu'il soit le seul chroniqueur à annoncer explicitement sa présence à Clermont, cela demeure contestable. Il a indubitablement mis beaucoup de temps à produire son récit, ne l'achevant qu'en 1106, soit onze ans après le discours du pape Urbain II, qu'il présente avec moult détails choquants. Si Urbain II a parlé de la persécution des chrétiens en Orient, les atrocités que Robert attribue aux Turcs n'apparaissent pas dans les autres versions du discours.

« Ils circoncisent les chrétiens, et font couler le sang des circoncis ou sur les autels, ou dans les vases baptismaux ; ceux qu'ils veulent faire périr d'une mort honteuse, ils leur percent le nombril, en font sortir l'extrémité des intestins, la lient à un pieu ; puis, à coups de fouet, les obligent de courir autour jusqu'à ce que, leurs entrailles sortant de leur corps, ils tombent à terre, privés de vie. D'autres, attachés à un poteau, sont percés de flèches ; à quelques autres, ils font tendre le cou, et, se jetant sur eux, le glaive à la main, s'exercent à le trancher d'un seul coup. Que dirai-je de l'abominable pollution des femmes ? Il serait plus fâcheux d'en parler que de s'en taire. »[145]

---

144 Baudry de Dol, *in* A. C. Krey, *The First Crusade: The Accounts of Eyewitnesses and Participants*, Princeton University Press, Princeton, NJ, 1921, p. 33-36. Association médiévale 1412.

145 Duc de Castries, *La Conquête de la Terre sainte par les croisés*, Albin Michel, Paris, 1973.

Selon le récit de Robert le Moine, lorsqu'Urbain II prononce ces mots et demande qu'une grande armée parte combattre les Turcs, des « *Deus le volt !* » (« Dieu le veut ! ») se font entendre.

Guibert de Nogent, qui n'était pas à Clermont et n'a pas non plus participé à la première croisade, a terminé en 1108 son récit au ton apocalyptique. Il y dépeint un pape Urbain II jouant la carte du drame médiéval classique de l'Antéchrist et des Derniers Jours :

> « Avec la fin du monde déjà proche, il faut d'abord, en fonction de leur prophétie, que l'Empire chrétien d'être renouvelé dans ces régions, soit par vous, ou d'autres, dont il plaira à Dieu d'envoyer avant la venue de l'Antéchrist, de sorte que la tête de tous les maux, qui est à y occuper le trône du royaume, doit trouver un certain appui de la foi pour lutter contre lui. »[146]

Mais il est très improbable que le pape Urbain II ait parlé du sujet en termes apocalyptiques et se soit abaissé à l'incitation à la violence en des termes crus. La meilleure preuve de ce qu'Urbain II a dit en ce jour de fin novembre dans un champ en périphérie de Clermont tient peut-être dans cette lettre de consignes d'une grande sobriété écrite par le pape lui-même un mois plus tard, à Noël 1095, à l'attention des chevaliers qui se réunissent en Flandre :

> « Votre confrérie, nous le pensons, est depuis longtemps au fait des nombreux récits de la furie barbare ayant déplorablement touché et dévasté les églises de Dieu dans les régions de l'Orient. Pire et blasphématoire, les églises et la Terre sainte du Christ, glorifiée par sa passion et sa résurrection, sont aujourd'hui en proie à une servitude intolérable. Pieusement éplorés par cette calamité, nous avons visité les régions de France et nous nous sommes dévoués à prier instamment les princes de la terre et leurs sujets de venir libérer les églises de l'Orient. Lors du concile de Clermont, nous les avons solennellement

146 Guibert de Nogent, *in* A. C. Krey, *The First Crusade*, p. 36-40. Association médiévale 1412.

invités à s'engager dans une telle entreprise en leur promettant la rémission de tous leurs péchés. »

Là, Urbain II répète les nouvelles qu'il a reçues des destructions et violences commises par les Seldjoukides en Orient. Cette fois-ci, il prend comme exemple Jérusalem, mais le but des expéditions reste inchangé : « libérer les églises d'Orient ».

Cette opinion est confirmée par l'historien Peter Frankopan :

« Lorsqu'Urbain II prononce son discours à Clermont, les Turcs ont démoli l'administration provinciale et militaire d'Anatolie restée intacte pendant des siècles et se sont emparés de certaines des villes les plus importantes du christianisme original : Éphèse, ville de saint Jean l'Évangéliste, Nicée, où s'est déroulé le fameux premier concile de l'Église, et Antioche, l'évêché de saint Pierre en personne. Ces villes sont toutes passées aux mains des Turcs dans les années précédant la croisade. Pas étonnant, donc, que le pape plaide pour le salut de l'Église en Orient dans son discours et ses lettres écrites au milieu des années 1090. [...] Les chevaliers qui se mettent en route pleins d'espérances en 1096 réagissent à une crise en plein développement de l'autre côté de la Méditerranée. L'effondrement militaire, la guerre civile et des tentatives de coups d'État ont conduit l'Empire byzantin au bord du gouffre. Alexis Ier Comnène est contraint de se tourner vers l'Occident et son appel au pape Urbain II devient alors le catalyseur de ce qui va suivre. »[147]

---

147 Peter Frankopan, *The First Crusade: The Call from the East*, Bodley Head, Londres, 2012 , p. 11.

La première croisade

Le christianisme repose sur un idéal pacifiste et des voix continuent de s'élever avec vigueur au sein de l'Église contre l'usage de la violence en toutes circonstances. Mais l'emploi de la force contre un ennemi dangereux et au service du Christ a déjà été justifié au ve siècle par un personnage, et non des moindres, saint Augustin, qui, dans *La Cité de Dieu*, décrit la nécessité de repousser l'invasion barbare païenne d'Italie : « C'est l'injustice de l'ennemi qui arme le sage pour la défense de la justice. »[148] De même, les chrétiens perçoivent l'appel d'Urbain II pour sauver les chrétiens d'Orient de la violence et de l'oppression turques comme une guerre tout à fait juste.

Quand Urbain II termine son discours à Clermont, Adhémar de Monteil, évêque du Puy, s'agenouille immédiatement devant le trône papal et demande la permission de se joindre à l'expédition. Ce geste, en apparence spontané, a été probablement prémédité, car

148 Saint Augustin, *La Cité de Dieu*, traduit par L. Moreau, Paris, 1854, tome III, livre XIX, p. 219.

Urbain II a séjourné au Puy au mois d'août. Urbain II ordonne à tous les participants d'obéir à Monteil, son représentant et chef spirituel de l'expédition. Urbain II leur dit également d'arborer une croix rouge cousue sur leur vêtement au niveau des épaules, symbole de la décision de suivre le Christ, qui a dit : « Si quelqu'un veut venir après moi, qu'il se renonce soi-même, et qu'il prenne sa croix, et me suive. »[149]

La prise de la croix est une innovation d'Urbain II. Jamais auparavant des laïcs n'ont adopté un emblème vestimentaire distinctif et ce symbolisme fait forte impression. Avec ces croix, Urbain II met en scène la cause car, lorsqu'une personne coud la croix sur ses habits, les autres la voient et l'idée est lancée. Cet effet est décrit dans la *Gesta Francorum*, écrit en 1100-1101 par un soldat anonyme au service de Bohémond, l'un des chefs de la croisade. Petit à petit, dans toutes les régions de Gaule, les Francs, en entendant les comptes rendus, se font coudre la croix sur leur épaule droite, disant qu'ils emboîtent le pas du Christ[150].

Mais ce n'est que bien plus tard que ce morceau de tissu rouge en forme de croix donnera son nom à cette grande aventure en Orient. Le terme « croisade » n'apparaît qu'au XIIIe siècle, une fois la Terre sainte perdue et les croisades terminées. Les personnes que nous appelons aujourd'hui croisés portaient à l'époque divers noms, tels que chevaliers du Christ, et se considéraient comme des pèlerins, sauf qu'en principe les pèlerins n'étaient normalement pas autorisés à porter des armes. À l'origine, le terme « pèlerin » signifie « étranger » ou « voyageur ». Pour les chrétiens, il s'agissait d'un pèlerinage vers le paradis dans un univers perturbé situé loin de leur patrie. Cette

---

149 Évangile selon Matthieu 16:24. L'injonction d'Urbain II de coudre une croix sur les vêtements est reprise dans les chroniques de Robert le Moine et Guibert de Nogent, tous deux s'appuyant largement sur la *Gesta Francorum*, récit anonyme antérieur. Les citations de l'Ancien et du Nouveau Testament mentionnées dans cet ouvrage sont tirées du groupe « Ebooks libres et gratuits » ; traduction de J. N. Darby suivant un texte revu de l'original grec. (NdT)

150 *Chronique anonyme de la première croisade*, traduit par Aude Matignon, Arléa, Paris, 1998.

« prise de la croix » finit par donner le terme de *croisade* en français (*crociata* en italien, *Kreuzzug* en allemand et *cruzada* en espagnol et en portugais). Si le terme de « croisade » ne sera employé qu'une fois qu'elles seront achevées, la croix portée comme symbole produit un effet étonnant. « La croix était le premier insigne militaire commun à toute une armée et offrait un signe extérieur d'unité ; ce fut le premier pas vers l'uniforme. »[151]

Le premier grand noble laïque à se joindre à l'expédition est le comte Raymond de Toulouse, à la tête des chevaliers de Provence. Très vite, d'autres lui emboîtent le pas. Robert, duc de Normandie et fils de Guillaume le Conquérant, est à la tête des chevaliers du nord de la France. Bohémond, prince de Tarente, dirige les chevaliers italo-normands du sud de l'Italie, parmi lesquels son neveu Tancrède de Hauteville. Et Godefroy de Bouillon mène les chevaliers de Lorraine. Théoriquement sous les ordres d'Adhémar de Monteil, représentant du pape, ces barons sont devenus les meneurs laïques de la campagne. En impliquant leurs partisans, proches et amis, ils enrichissent l'expédition de nombre des combattants les plus courageux, expérimentés et redoutables d'Europe.

La route est longue, mais pas autant que pour les Turcs lorsqu'ils ont migré d'Asie centrale vers le Moyen-Orient. Non seulement la France et le reste de l'Europe sont plus proches de la Palestine, mais l'Europe partage des antécédents culturels et religieux avec les habitants du Moyen-Orient, majoritairement chrétiens, sans compter qu'un flot continu de pèlerins occidentaux maintient le lien depuis des siècles. Les Turcs sont des étrangers, mais pas les croisés[152].

Bien que le pape Urbain II ait demandé à ses évêques de prêcher la croisade vers la Terre sainte, ce sont les modestes évangélistes qui

151 Carl Erdmann, *The Origin of the Idea of Crusade*, p. 346.

152 À vol d'oiseau, 4 200 kilomètres séparent la rive nord du lac Balkhach, au Kazakhstan, et Jérusalem. Entre Paris et Jérusalem, il y a 3 700 kilomètres. De même, l'itinéraire terrestre est plus long pour les Seldjoukides que pour les croisés. En outre, les Seldjoukides partent depuis une région située au nord du lac Balkhach, tandis que la plupart des croisés viennent d'endroits plus proches de la Palestine que de Paris.

parviennent le mieux à enflammer les pauvres de France et de Germanie avec leur version du message papal. Une vague d'enthousiasme populiste pour cette démarche de sauvetage de l'Orient s'est formée de manière indépendante, nourrie par les récits de pèlerins de retour d'Orient et des prêcheurs itinérants. En fait, la volonté d'Urbain II de soulever l'Église afin de partir en croisade répond en partie au désir de canaliser de manière constructive l'énergie populaire. Parmi ces prêcheurs populistes se trouve Pierre l'Ermite. Il vit pieds nus et en haillons, mais sait persuader les hommes. Comme l'a dit Guibert de Nogent, qui le connaît personnellement : « Quoi qu'il fît ou dît, cela semblait quelque chose d'à moitié divin. »[153]

Pendant qu'Adhémar de Monteil et les armées princières de chevaliers se préparent à l'expédition, les prêches de Pierre l'Ermite ont permis de rassembler 15 000 Français et Françaises qui ont quitté leur maison pour le suivre en Germanie, où les effectifs continuent d'enfler. Croyant que l'apocalypse est imminente, des milliers de paysans, artisans et autres gens ordinaires, souvent très pauvres, prennent la croix. Le climat est dramatisé par une peur avérée de l'agression turque, alimentée par des histoires de pèlerins de retour et de réfugiés terrifiés dont les terres et les villes ont été dévastées, avec des gens tués ou vendus comme esclaves. Les juifs européens ont déjà vécu cette peur à l'époque des violences d'al-Hakim, puis, plus de cinquante ans plus tard, en 1063, le pape Alexandre II a jugé nécessaire de condamner l'identification des juifs aux musulmans, déclarant qu'était permise la guerre contre ces derniers, qui attaquaient les chrétiens de toutes parts, mais que les juifs étaient des sujets fidèles à protéger[154]. Cependant, les chrétiens attaquent de nouveau les juifs.

La pire violence s'exerce quand la croisade de Pierre parvient à hauteur du Rhin, l'une des plus grandes routes commerciales d'Europe, là où des juifs vivent depuis des siècles en grand nombre, dont l'utilité économique a toujours été reconnue par les évêques des villes

153 Guibert de Nogent, cité dans Steven Runciman, *Histoire des Croisades*, p. 112.
154 Shlomo Simonsohn, *The Apostolic See and the Jews*, Pontifical Institute of Mediaeval Studies, Toronto, 1991, p. 13.

épiscopales qui les ont encouragés et protégés. En mai et juin 1096, des quartiers juifs sont attaqués, des synagogues mises à sac, des maisons pillées et des communautés entières massacrées. Les évêques et les citoyens font leur possible pour les protéger, mais sont souvent débordés. À Worms, par exemple, l'évêque abrite les juifs dans son château, mais il ne peut résister à la force combinée des gens de Pierre l'Ermite et de ses propres citadins, qui exigent qu'ils soient tués ou convertis. Et lorsque l'évêque propose de baptiser les juifs pour leur sauver la vie, toute la communauté juive opte pour le suicide. Pendant ces mois de mai et juin, 8 000 juifs sont massacrés ou décident d'en finir pendant que les croisés traversent la Germanie.

Bien loin de l'esprit et des intentions du concile de Clermont, les acteurs de cette croisade populaire traversent l'Europe en parcourant la France, la Germanie et la Hongrie, et seul le flux chaotique de Pierre l'Ermite, connu dans l'histoire sous le nom de croisade populaire, parvient en Asie Mineure, où il est annihilé en octobre 1096 par les Seldjoukides, même si Pierre l'Ermite, qui est resté en arrière à Constantinople, a pu prêcher pendant une journée supplémentaire.

L'armée officielle de la croisade, à la tête de laquelle se trouvent Adhémar de Monteil et les grands nobles laïques, ne joue aucun rôle dans ces massacres. Se rassemblant en Occident, surtout en France, ils effectuent leurs préparatifs. Une fois la moisson estivale terminée, ils se mettent en route par groupes et les grands seigneurs arrivent à Constantinople entre octobre 1096 et avril 1097. Mais, sur les 40 000 croisés parvenant à approcher la ville, seuls 4 500 sont des nobles ou des chevaliers. Dans leur sillage se trouve une autre foule de pauvres et humbles, artisans et paysans, pas si différente de la populace qui a causé tant de morts et de dégâts l'année précédente le long du Rhin. Cette horde non entraînée et indisciplinée, qui comprend des femmes, d'autres non-combattants, ainsi qu'un grand nombre de fanatiques religieux, rend très anxieux les responsables de la croisade comme Alexis Ier Comnène, l'empereur byzantin, car elle est imprévisible et il faut la nourrir. Mais, dans la mesure où la croisade est également un pèlerinage, il est pratiquement impossible de les empêcher de se joindre à la marche. Et ils sont rejoints par des Grecs et des Arméniens, réfugiés dont les terres sont occupées par les musulmans.

Alexis Ier Comnène fait traverser le Bosphore aux croisés et, en mai, ils assiègent Nicée, la capitale seldjoukide. Ayant exprimé clairement son objectif en Asie Mineure, l'empereur a fait promettre aux chefs de la croisade de remettre à la personne nommée par l'empereur toute ville, pays ou fort assujetti[155]. Et, quand Nicée tombe en juin 1097, il veille particulièrement à ce que ce soit les forces impériales et non les croisés qui reçoivent la reddition.

De Nicée, la première croisade fait route vers le sud et Dorylée (aujourd'hui Eskişehir). Les croisés ont pris la précaution de séparer leurs forces en deux, Bohémond et plusieurs autres nobles à la tête du premier groupe, tandis que Godefroy de Bouillon et Raymond de Toulouse suivent un jour derrière avec le second groupe. Cette tactique fait ses preuves quand les Seldjoukides, sous le commandement de Kilij Arslan, sultan de Roum, attaquent le premier groupe, pensant qu'il s'agit de l'armée dans son intégralité. Bohémond parvient à tenir jusqu'à ce que Raymond de Toulouse et Godefroy de Bouillon arrivent, prenant les Turcs au dépourvu. Confrontés à l'armée croisée au complet et paniqués, les Turcs fuient le champ de bataille. Les croisés ont remporté une grande victoire, puis descendent jusqu'à Philomélion (Akşehir), puis Iconium (Konya), avec l'impression que c'est toute l'Asie Mineure qui s'ouvre à eux.

Mais ce n'est pas une promenade de santé car Kilij Arslan répond aux croisés par une campagne de destruction impitoyable qui ne tient absolument pas compte des vies ou du bien-être des autochtones chrétiens. Il détruit les cultures et empoisonne les puits afin de priver de ressources l'armée adverse. Foucher de Chartres décrit les terribles conditions auxquelles sont confrontés les croisés lors de leur progression vers l'est, sous une canicule estivale exténuante :

« Nous avons ensuite continué paisiblement notre voyage, souffrant un jour d'une soif extrême, à tel point que de nombreux hommes et

155 Anne Comnène, *Alexiade*.

femmes périrent de ce supplice. […] Dans ces régions, nous avions très souvent besoin de pain et d'autre nourriture. Nous avons certes découvert la Roumanie [Asie Mineure], terre fertile et très riche en toutes sortes de produits, mais elle a été dévastée et ravie par les Turcs. Malgré tout, nous voyions souvent cette multitude de gens revigorés par la modeste végétation que nous trouvions par intervalles dans ces régions arides. »

Foucher de Chartres poursuit par une description de la remarquable diversité de l'armée croisée, composée d'hommes des contrées les plus reculées d'Europe, de Méditerranée et de l'Orient assiégé, marchant tous à l'unisson contre l'oppresseur étranger.

« Mais qui a déjà entendu un tel mélange de langues au sein d'une même armée ? Il y avait des Francs, des Flamands, des Frisons, des Gaulois, des Allobroges, des Lotharingiens, des Allemands, des Bavarois, des Normands, des Angles, des Écossais, des Aquitains, des Italiens, des Daces, des Apuliens, des Ibères, des Bretons, des Grecs et des Arméniens. Si un Breton ou un Teuton me posait une question, je ne savais pas non plus comment répondre. Nous parlions certes des langues différentes, mais nous étions des frères dans l'amour de Dieu et ressemblions à de proches parents. Si l'un de nous perdait un bien, celui qui le trouvait le gardait longtemps en y prenant soin, jusqu'à ce qu'il trouve à qui il appartenait et le lui rende. C'est ainsi que cela se passait pour ceux qui effectuaient ce pèlerinage saint dans le bon état d'esprit. »[156]

La croisade commence à se redéfinir par ses victoires exceptionnelles. Bon nombre sont désormais persuadés de bénéficier d'une protection divine. Aux yeux des chroniqueurs contemporains, cette croisade est devenue « un monastère militaire en mouvement »[157]. Quels que soient les objectifs stratégiques envisagés à l'origine par

156 Foucher de Chartres, *in* A. C. Krey, *The First Crusade*, p. 119-120.
157 Jonathan Riley-Smith, *The First Crusade and the Idea of Crusading*, Athlone Press, Londres, 1986, p. 2.

Urbain II, les croisés sont après tout des pèlerins, pour qui le but est désormais Jérusalem.

Après avoir traversé l'Asie Mineure, les croisés plongent vers le sud et la Syrie, le long des flancs est des monts Amanus. À l'automne, ils se trouvent devant les remparts d'Antioche, ville fondée par des généraux d'Alexandre le Grand et connue par la suite pour être l'endroit où l'on a appelé chrétiens les disciples de Jésus. La population de la ville est presque entièrement grecque et arménienne, mais la garnison est composée de Turcs. Pendant les rudes mois de l'hiver 1098, puis bien après, les croisés font le siège d'Antioche, laquelle tombe finalement en juin, après que Bohémond de Tarente et ses hommes, grâce à la corruption des gardes, en ont escaladé les remparts et ouvert les portes aux croisés.

Pendant ce temps, Baudouin de Boulogne, qui a emprunté un itinéraire différent, est accueilli à bras ouverts par les Arméniens, installés en Cilicie, supplié de poursuivre vers l'est et la ville arménienne d'Édesse, réduite à la vassalité par les Turcs. En entrant dans cette ville sous les acclamations de la foule, Baudouin de Boulogne s'autoproclame souverain du comté d'Édesse, premier État croisé fondé en Orient.

Mais la prise d'Antioche et d'Édesse devient la pierre d'achoppement entre les croisés et les Byzantins. En vertu de leur allégeance à Alexis Ier Comnène, les croisés sont obligés de lui céder les villes et terres appartenant auparavant aux Byzantins. Mais les Arméniens, à l'impressionnante litanie de litiges théologiques et territoriaux avec les Byzantins, préfèrent demeurer sous le règne franc. Quant à Antioche, après avoir été prise par Bohémond de Tarente, elle est investie par Kerbogha, l'*atabeg* (gouverneur) turc. Cependant, lorsque les croisés partent à Constantinople demander de l'aide face au siège subi, Alexis Ier Comnène les ignore, convaincu qu'il s'agit d'une cause perdue d'avance. S'appuyant sur leur propre énergie, les croisés sortent de la ville, se jettent contre les Turcs, semant la panique dans les rangs de ces derniers et les forçant à prendre la fuite. C'est alors que les croisés rompent leur serment d'allégeance à Alexis Ier Comnène, qu'ils traitent de lâche perfide. Bohémond fait ainsi d'Antioche sa principauté et le deuxième État croisé d'Orient.

Les chevaliers et nobles pensent peut-être qu'ils sont à la tête de la croisade, mais les pauvres dans leur sillage se considèrent comme des élites et choisis par Dieu. La plupart des gens ordinaires ayant participé à la première croisade populaire périssent au cours de leur long voyage à travers l'Europe ou sont écrasés par les Seldjoukides à peine le Bosphore franchi. Ceux qui ont survécu et qui se joignent maintenant à la seconde vague de la croisade – dirigée par Adhémar de Monteil, évêque du Puy, et les grands seigneurs francs, normands et provençaux – sont connus sous le nom de Tafurs.

Un historien moderne a décrit les Tafurs comme « de pauvres hommes irrécupérables ayant leurs propres chefs, dont le nom provient peut-être de ce gros bouclier léger en bois que bon nombre portaient, appelé talevart ou talevas. Ces *desperados* semblaient être surtout des Français du nord ou des Flamands, avec une force quasi-autonome au sein de l'armée »[158]. Des récits les décrivent comme des êtres vivant pieds nus, portant des vêtements en grosse toile, sales et couverts de plaies, se nourrissant de racines et d'herbes et parfois des cadavres rôtis de leurs ennemis. Ils dévastent tout sur leur passage. Trop pauvres pour s'offrir des épées, ils combattent armés de massues, couteaux, pelles, hachettes, catapultes et bâtons pointus. Bien que les Tafurs considèrent leur pauvreté comme une vertu, ils sont en fait très cupides. Ils pillent toutes les villes dont s'emparent les croisés, violent les femmes musulmanes et se livrent à des massacres systématiques. Leur férocité est légendaire. Les chefs de la croisade se montrent incapables de les contrôler et ne vont jamais les voir sans être armés.

Selon Raymond d'Aguilers, après Antioche, lorsque les croisés s'enfoncent en Syrie, les Tafurs sombrent dans le cannibalisme lors du siège de Ma'arrat, même si les autres chroniqueurs de la croisade n'en font pas mention et que les experts modernes ont des doutes quant à

158 John France, *Victory in the East: A Military History of the First Crusade*, Cambridge University Press, Cambridge, 1994, p. 286-287.

la véracité de la chose. « Il est tentant de déduire qu'on les a accusés de ce crime car il s'agissait de pauvres guerriers, voire de paysans, méprisés et craints par de plus nobles combattants les considérant capables de n'importe quelle perversion. Autrement dit, l'accusation traduit plus la peur et la méfiance entre les classes qu'elle ne s'appuie sur des faits avérés. »[159] Les musulmans sont certainement terrifiés par les Tafurs, et, justement, ces derniers ont peut-être inventé cette histoire de cannibalisme afin d'effrayer leurs ennemis et les pousser à fuir au lieu de combattre.

L'armée de pèlerins longe la côte jusqu'à Jaffa, qu'elle atteint le 3 juin. Ils empruntent l'itinéraire intérieur qui serpente dans les collines de Judée et sont accueillis en libérateurs à Bethléem le 6. Toute la ville se livre à des célébrations avec des reliques et croix de l'église de la Nativité et vient embrasser les mains des croisés. Cette nuit-là, les croisés assistent stupéfaits à une éclipse de la Lune, qu'ils prennent pour un signe envoyé par Dieu pour exprimer le déclin du croissant de l'islam. Tôt le lendemain matin, à savoir le 7 juin 1099, après un périple de près de trois ans et 3 200 kilomètres parcourus, les pèlerins gravissent le Montjoie et aperçoivent pour la première fois Jérusalem. Nombre d'entre eux versent des larmes tant il leur semble miraculeux d'avoir survécu. Ils ont vaincu les Seldjoukides et contribué à la restitution de l'Asie Mineure à l'Empire byzantin. Ils ont libéré Antioche et Édesse du joug musulman. Mais ils ont enduré énormément de souffrances. Beaucoup ont péri sur le champ de bataille et bien d'autres sont morts de faim ou ont succombé à la maladie, parmi lesquels le légat pontifical Adhémar de Monteil, évêque du Puy, mort lors d'une épidémie, probablement de typhoïde, pendant le siège d'Antioche. Et maintenant se dresse devant eux la Jérusalem terrestre, pour bon nombre passage obligé pour accéder à la Jérusalem céleste.

Les Fatimides avaient vu les Seldjoukides s'octroyer Jérusalem en 1073, mais l'avaient récupérée une fois de plus en juillet 1098. En

---

159 Helen Nicholson, « Cannibalism during the Crusades »: http://www.crusades-encyclopedia.com/cannibalism.html (page en anglais).

provenance du Caire, le vizir fatimide al-Afdal avait assiégé la ville, « la bombardant pendant quarante jours à l'aide de quarante catapultes », selon le chroniqueur arabe Ibn Khaldun. Le vizir était ensuite retourné au Caire, laissant une grande garnison d'hommes arabes et soudanais bien entraînés à Jérusalem[160]. Avec les dégâts subis par la ville et les meurtres et menaces infligés à sa population par Atsiz, puis par al-Afdal, il est étonnant que des habitants soient restés en vie.

Néanmoins, Jérusalem est l'une des grandes places fortes de l'univers médiéval et on estime que sa population compte alors de 20 000 à 30 000 personnes[161]. Le gouverneur fatimide s'est préparé à l'arrivée des croisés en complétant ses troupes à l'aide de 400 cavaliers d'élite égyptiens et en renforçant les remparts de la ville. Après avoir privé les habitants chrétiens de tous leurs biens et argent, il les expulse de la ville, craignant qu'ils n'accueillent en libératrice et à bras ouverts l'armée qui approche, comme à Édesse, Antioche et Bethléem. Puis, après avoir rapatrié à l'intérieur de la ville les musulmans des villages avoisinants, il fait empoisonner tous les puits situés à l'extérieur, sûr de pouvoir compter à l'intérieur même de Jérusalem sur les nombreux réservoirs souterrains d'eau potable. Il sait que les croisés sont à plusieurs centaines de kilomètres d'Antioche et que, dans leur précipitation, ils n'ont pas essayé de s'emparer du port de Jaffa. En outre, comme le savent le gouverneur fatimide et les chefs des croisés, une armée est en train de se rassembler en Égypte. En pleine terre étrangère, isolés et privés d'approvisionnement face à un ennemi en train de se regrouper, la destruction totale des croisés ne semble être qu'une question de temps.

Les croisés comptent alors environ 1 200 chevaliers et

---

160 Clifford Edmund Bosworth, *Historic Cities of the Islamic World*, p. 233.

161 Adrian J. Boas, *Jerusalem in the Time of the Crusades: Society, Landscape and Art in the Holy City under Frankish Rule*, Routledge, Londres et New York, 2001, p. 9. L'auteur dit que, pendant la période fatimide, la population de Jérusalem approchait les 20 000 personnes. D'autres l'évaluent en 1099 entre 20 000 et 30 000 quand la première croisade est arrivée en vue de la ville. Voir Benjamin Z. Kedar, « The Jerusalem Massacre of 1099 in the Western Historiography of the Crusades », *in Crusades*, vol. 3, Ashgate, Farnham, 2004, p. 74.

15 000 hommes valides. Il s'agit là d'une force insuffisante pour encercler efficacement la ville, mais ils affichent une conviction inébranlable en la victoire grâce à la protection divine dont ils bénéficient. Le 13 juin, ils lancent un assaut total avec une ferveur incroyable et submergent les défenses extérieures. Mais ils ne disposent pas d'un nombre suffisant d'échelles pour escalader les remparts en plusieurs endroits simultanément et, après une longue matinée d'un combat désespéré, ils se replient. Les croisés ont besoin de plus d'engins de siège et d'échelles, mais manquent de barres de bois, de cordes et de mangonneaux et les alentours de Jérusalem sont très pauvres en arbres. C'est alors que la chance s'en mêle : les Fatimides ont laissé Jaffa sans protection et six navires sont entrés dans le port, deux en provenance de Gênes et quatre d'Angleterre, renfermant armes, vivres et tout le matériel nécessaire pour construire des engins.

Dans la nuit du 13 au 14 juillet, les croisés reprennent leur assaut, simultanément depuis le nord et le sud. Les combats durent toute la journée puis la nuit suivante. Face à une terrible résistance, les croisés parviennent à rapprocher leurs engins des remparts. Le 15 juillet, vers midi, Godefroy de Bouillon enfonce les remparts nord et, très vite, Tancrède et ses hommes déferlent dans les rues de la ville pour se diriger vers le Mont du Temple, à savoir Haram al-Sharif, surmonté du dôme du Rocher et de la mosquée al-Aqsa, dans laquelle les musulmans se réfugient, en faisant leur dernière redoute. Au sud, le gouverneur fatimide offre à Raymond de Toulouse un immense trésor pour avoir la vie sauve ainsi que celle de ses gardiens. Ils sont alors escortés jusqu'aux remparts et mis à l'abri avec la garnison musulmane à Ascalon. Ceux qui se trouvent sur le Mont du Temple se rendent à Tancrède, lequel accepte leur reddition et leur offre sa protection, mais, le lendemain matin, les Tafurs les tuent massivement. Les Tafurs mettent ensuite le feu à la synagogue dans laquelle les juifs ont trouvé refuge, les accusant d'avoir été les alliés des Fatimides. Quand Tancrède l'apprend, il est scandalisé.

Dans une lettre envoyée par les chefs croisés au pape en septembre, soit deux mois après la prise de la ville, ils écrivent : « Si vous souhaitez savoir ce qui a été fait aux ennemis trouvés là, soyez assurés que dans le portique de Salomon et son Temple [les croisés pensaient que la mosquée al-Aqsa était son temple], nos hommes avançaient avec du sang des Sarrasins jusqu'à la hauteur des genoux des chevaux. »[162] À une époque où la victoire est perçue comme le signe d'une faveur divine et la défaite comme une punition pour les péchés commis, l'exagération sert le dessein de l'autorité papale et de la croisade proprement dite. Les chroniqueurs en font autant, comme Raymond d'Aguilers, Robert le Moine et Foucher de Chartres, tous farouchement en faveur du programme réformiste de Grégoire VII et Urbain II. Plus grande est la victoire, plus elle justifie la capacité du pape à lever des armées et à mener des guerres, autorité contestée par le grand adversaire de la papauté lors de la querelle de l'investiture, à savoir le saint empereur romain et ses alliés.

Ainsi, Raymond d'Aguilers, chroniqueur accompagnant Raymond de Toulouse et qui est entré avec les croisés dans Jérusalem, n'hésite pas à embellir la victoire à coups de détails sanglants, comme dans cet extrait souvent cité :

> « À travers les rues et les places, on voyait des têtes amoncelées, des mains et des pieds coupés ; hommes et chevaux couraient parmi les cadavres. Mais cela n'était rien encore : parlons du Temple de Salomon, où les Sarrasins avaient l'habitude de célébrer leurs cérémonies religieuses. Que s'y était-il passé ? Si nous disions la vérité, nous ne serions pas crus : disons seulement que, dans le Temple et dans le portique de Salomon, on avançait avec du sang jusqu'à la hauteur des genoux et des mors des chevaux. Et c'était par juste jugement divin que ce lieu, qui avait supporté si longtemps les injures contre Dieu, recevait leur sang. »[163]

Là où les chefs de la croisade parlent de sang jusqu'aux genoux de

162 Benjamin Z. Kedar, *Ibid*, p. 18.

163 Raymond d'Aguilers, *in* A. C. Krey, *The First Crusade*, p. 261. Association médiévale 1412.

leurs chevaux, Raymond d'Aguilers va plus loin et mentionne les mors des chevaux, augmentant le niveau de sang d'une bonne trentaine de centimètres. Mais d'Aguilers est un apocalyptique naïf qui décrit toutes sortes de visions et miracles. Ses récits du massacre indéniable de Jérusalem tiennent plus de son concept des Derniers Jours que des événements réellement survenus.

Robert le Moine, qui n'était pas présent, imagine des vagues de sang qui charrient les corps, tandis que des bras et mains arrachés flottent dans cet océan de sang jusqu'à rejoindre au hasard quelque cadavre. Et Foucher de Chartres, présent à Édesse avec Baudouin et venu à Jérusalem seulement en décembre pour fêter Noël, compense le fait de n'avoir pas assisté au siège en s'inscrivant comme un témoin qui note après coup qu'il y avait tant de cadavres dans l'enceinte de la ville et devant les remparts qu'il devait se pincer le nez pour résister à la puanteur – véritable absurdité car un cadavre laissé là en juillet aurait été décortiqué et réduit en l'espace d'un mois à l'état de squelette par les rats, les chiens, les oiseaux, les mouches et les scarabées – si tant est que le moindre os se soit conservé[164].

Selon les règles de l'époque, respectées par les chrétiens mais aussi par les musulmans, si une ville résistait à la conquête, ses habitants le payaient de leur vie quand celle-ci capitulait. Mais, malgré des comptes rendus exagérés selon lesquels l'intégralité de la population de Jérusalem a été passée au fil de l'épée – 10 000, 20 000, 30 000, voire 60 000 morts, selon les sources – ce n'est pas ce qui s'est passé. Les meurtres n'ont pas été aussi massifs ou systématiques qu'ont prétendu certains historiens médiévaux ou cru nombre d'historiens modernes. L'exagération est due à des informations erronées, répond à une volonté de louer les croisés, de soutenir le pouvoir de la papauté ou de captiver un auditoire. Cette exagération a également une origine idéologique, la croyance selon laquelle les histoires de carnages

164 Au XIIe siècle, les pèlerins sans moyens qui mouraient à l'hôpital de Jérusalem étaient placés dans des fosses communes. Dans l'un de ces champs, l'Akeldama, les morts étaient jetés à travers des trous du toit recouvrant la fosse, où les corps se décomposaient en l'espace de vingt-quatre heures, sans odeur. Simon Sebag Montefiore, *Jérusalem : biographie*.

massifs et systématiques contribuaient à purifier leurs auteurs ainsi que la ville concernée. Pourtant, l'historien Steven Runciman a écrit que les croisés se précipitaient dans les rues et faisaient irruption dans les maisons, tuant tous ceux qu'ils rencontraient, hommes, femmes et enfants, et que les seuls survivants furent les quelques centaines d'hommes de la garnison qui se rendirent à Raymond de Toulouse. Mais il se contredit en faisant remarquer qu'après le siège, la ville fut débarrassée des cadavres par ses habitants[165]. Cette déformation de la réalité historique soulève des questions sur les motivations et ce penchant de Runciman ainsi que sur ceux des personnes l'ayant perpétuée jusqu'à ce jour[166].

L'anonyme *Gesta Francorum* indique que les prisonniers, hommes et femmes, furent emmenés à la mosquée al-Aqsa, que les croisés appelaient, en référence au roi Salomon, Templum Solomonis. La *Gesta Francorum* dit également que les habitants survivants évacuèrent les cadavres. En outre, des lettres envoyées à la communauté juive du Caire et de tout l'est de la Méditerranée par des juifs de Jérusalem parlent de survivants juifs, de juifs enlevés pour des rançons et de prisonniers juifs vendus en si grand nombre que le prix des esclaves s'en est trouvé dévalorisé. En dehors du gouverneur fatimide et de ses troupes libérés, des prisonniers musulmans survivent, nombre d'entre eux se retrouvant par la suite à Damas. Cela ne veut pas dire qu'il n'y eut aucun massacre au moment de la prise de Jérusalem. Mais on doit également écouter Ibn al-Arabi, jeune expert de l'islam de Séville qui vivait encore à Jérusalem trois ans avant l'arrivée de la croisade et qui connaissait bien la ville. En 1099, il est en Égypte, notamment à Alexandrie, d'où il suit les événements de Jérusalem avec une bonne

---

165 Steven Runciman, *Histoire des Croisades*, Éditions Tallandier, 2013.

166 Runciman était surtout un historien et un fervent admirateur de Byzance. Il voyait une opposition entre les croisades et Byzance et disait clairement : « C'est pourquoi, à mes yeux, le terme "croisade" est un gros mot. » Voilà aussi pourquoi il n'a jamais manqué une occasion de dénigrer les croisés, leur caractère, leurs motivations, l'intégralité de leur entreprise. Voir Steven Runciman, « Greece and the Later Crusades », conférence donnée à Monemvasia le 31 juillet 1982, reproduite dans *New Griffon*, Gennadius Library, American School of Classical Studies at Athens, éd. Haris A. Kalligas : www.myriobiblos.gr/texts/english/runciman_crusades.html.

connaissance des lieux et de la population. Un massacre a certainement eu lieu, car al-Arabi parle de 3 000 hommes et femmes, « dont d'éminents fidèles très croyants », tués le vendredi 16 juillet au matin à la mosquée al-Aqsa. Il mentionne également l'assassinat de plusieurs femmes près du dôme du Rocher[167]. Face à ce récit bien étayé figure la rhétorique de Foucher de Chartres, qui dit que 10 000 personnes ont péri à la mosquée, ou de Matthieu d'Édesse qui avance le chiffre de 65 000 victimes. Mais, comme l'a dit un éminent historien des croisades : « Les histoires mettant en scène des rues de Jérusalem dans lesquelles les gens ont du sang jusqu'aux genoux n'ont jamais été destinées à être prises au sérieux. Au Moyen Âge, les gens savaient que c'était impossible. Malheureusement, ce n'est pas le cas de certaines personnes de nos jours. »[168]

Tous les chroniqueurs sont d'accord sur un point. Lorsque le massacre fut terminé, les chevaliers « se sont réjouis et ont pleuré »[169] dans l'église du Saint-Sépulcre pour remercier Dieu sur le site même de la mort et de la résurrection de Jésus.

---

167 Benjamin Z. Kedar, « The Jerusalem Massacre of 1099 in the Western Historiography of the Crusades », p. 73-74.

168 Thomas F. Madden, *The New Concise History of the Crusades*, Rowman and Littlefield, Lanham, MD, 2006, p. 34.

169 Raymond d'Aguilers, *in* A. C. Krey, *The First Crusade*, p. 257, Association médiévale 1412.

Partie 3

La fondation de l'ordre du Temple et des États croisés

Le pape Urbain II meurt le 29 juillet 1099, soit deux semaines après la reconquête de Jérusalem, mais avant que la nouvelle ne parvienne à Rome. Il n'avait aucun plan visant à régner en Orient. Son but était de libérer les autochtones chrétiens de l'occupation arabe et turque et de restaurer une souveraineté byzantine en Asie Mineure et en Syrie. Transportés par le courage et la foi, les croisés se sont également emparés de Jérusalem. Leurs chefs ont instauré un système féodal et une hiérarchie d'États autonomes,

le comté d'Édesse, la principauté d'Antioche, le comté de Tripoli et le royaume de Jérusalem, essentiel.

*Les divisions existant dans le monde islamique, pas seulement la rivalité entre les Fatimides d'Égypte et le califat de Bagdad pris par les Seldjoukides turcs, mais également les divisions locales en Syrie et en Palestine, entre Arabes et entre Turcs, se traduisent par la fragmentation du Moyen-Orient en de nombreux émirats musulmans. Les États croisés se fondent dans cette mosaïque et sont acceptés dans l'ordre des choses. Plutôt que de réagir à la chute de Jérusalem par un appel aux armes, les seigneurs musulmans locaux cherchent à trouver des compromis avec les Francs (*Franj*, comme on les appelle en arabe) mais aussi avec quiconque originaire d'Europe occidentale.*

Les Francs sont bien accueillis par la population chrétienne indigène, comme le montrent les célébrations à Bethléem, Édesse et ailleurs. Ils le sont également par les musulmans, qui apprécient la protection qu'ils apportent contre les déprédations des Turcs. Au début, les Francs considéraient les musulmans comme des ennemis, mais, progressivement, ils ont changé d'attitude, en partie parce que certains ont commencé à apprendre l'arabe, mais aussi parce qu'en formant des alliances avec les musulmans, ils ont appris à respecter la société islamique. L'Outremer, comme on appelle les États croisés, devient une société prospère et progressiste et une source d'échanges fructueux de biens et d'idées entre l'Europe latine et l'Orient musulman.

Les Templiers s'installent pour garantir la sécurité des pèlerins contre les bandits en maraude, successeurs de ces membres de tribus vivant de pillages et ayant causé des ennuis tout le long du règne musulman. Mais, à part ces perturbations locales, l'Outremer est en paix. Ce n'est que plus tard, face à une nouvelle agression turque, que l'heure des Templiers va sonner. Ils se battront jusqu'à la mort pour défendre et assurer la survie de la Terre sainte.

Les origines des Templiers

Le 17 juillet 1099, deux jours après la reconquête de Jérusalem, les barons croisés se réunissent pour choisir un chef, démarche allant à l'encontre des souhaits des Tafurs, qui attendent à tout moment le Second Avènement et ne veulent aucun gouvernement. Parmi les barons, le candidat préféré aurait été Adhémar de Monteil, le légat du pape, mais il est mort l'année précédente, à Antioche. À sa place, c'est le nom de Raymond de Toulouse qui est retenu. Son âge, sa richesse, son expérience et sa proximité avec Bohémond de Tarente et l'empereur byzantin Alexis Ier Comnène rendent ce choix presque inévitable. Mais Raymond de Toulouse sait qu'il n'est pas aimé et ses propres soldats souhaitent rentrer chez eux. Il refuse donc, à contrecœur. Parmi les autres candidats, Bohémond de Tarente s'est déjà autoproclamé prince d'Antioche après avoir attaqué la ville. Tancrède est considéré comme un vulgaire appendice de son oncle et Robert de Normandie fait savoir qu'il préfère rentrer en Europe. La couronne est donc proposée le 22 juillet à Godefroy de Bouillon, qui répond avec délicatesse qu'il ne portera aucune croix là où Jésus a porté une couronne d'épines et ne se permettra pas de porter le titre de roi dans la ville sainte du Christ, mais qu'il accepterait des pouvoirs sous le titre d'*Advocatus Sancti Sepulchri*, « avoué du Saint-Sépulcre ».

Certains, en particulier le patriarche latin de la ville, souhaitent que Jérusalem devienne une théocratie sous l'autorité d'un patriarche et dépendante de Rome. Mais la papauté n'a jamais considéré la croisade comme une expédition impériale. En outre, dans l'année qui suit, Godefroy de Bouillon meurt et son frère lui succède, Baudouin de Boulogne, n'ayant lui aucun scrupule à gouverner un royaume de Jérusalem laïque sous le titre de Baudouin Ier. Après avoir confié le comté d'Édesse à son cousin Baudouin de Bourcq, Baudouin Ier s'installe à Jérusalem. Les Seldjoukides avaient transformé le Mont du Temple en acropole militarisée, y installant leurs troupes. Les croisés sont attirés par ses associations bibliques. Baudouin Ier utilise comme palais la mosquée al-Aqsa, censée se situer à l'endroit où était érigé le Temple de Salomon. Les Grecs l'appelaient Ναός του Σολομώντα, *naos* signifiant à la fois « temple » et « palais », tandis qu'en latin, il est appelé Templum Solomonis, *templum* voulant également dire « palais ». À l'époque, les chrétiens lui attribuent d'ailleurs le sens de « palais »[170]. Le dôme du Rocher, que les croisés prennent logiquement pour un édifice byzantin, est considéré comme se trouvant sur le site du Temple juif. Considéré par les chrétiens tout au long de l'occupation musulmane de Jérusalem comme le saint des saints, il devient une église chrétienne, le Templum Domini, « Temple du Seigneur », sous l'égide des chanoines augustins du Saint-Sépulcre, même si la croix ne prendra place au sommet du dôme que bien plus tard.

Le moment est venu pour Jérusalem de redevenir une grande cité, une capitale royale. À l'exception de l'époque des Umayyades qui l'ont promue et embellie, Jérusalem a été réduite par les musulmans à une ville de province dépendant de l'autorité administrative et militaire

170 John Wilkinson, Joyce Hill et W. F. Ryan, *Jerusalem Pilgrimage, 1099-1185*, The Hakluyt Society, Londres, 1988, p. 28.

de Ramla et des capitales impériales qu'étaient Le Caire et Bagdad. Lors des décennies suivantes, les Francs remplaceront toutes les églises détruites par les musulmans et en construiront de nombreuses autres. Ils bâtiront des monastères, des bibliothèques, des hôpitaux, des bains publics, des marchés couverts et d'autres institutions. Et ils érigeront un palais royal et renforceront les remparts de la ville. L'affluence croissante des pèlerins depuis la libération des lieux saints orchestrée par les Francs est essentielle à la renaissance de Jérusalem et de tout l'Outremer.

Saewulf of Canterbury, qui se rend en Terre sainte en 1102, décrit les périls guettant les pèlerins en chemin. Débarquant dans le port de Jaffa au moment où se prépare une tempête, il se réfugie rapidement à l'intérieur des terres. Mais, sur les trente navires amarrés au port, seuls sept résistent aux coups de bélier du vent et de la houle.

> « Certaines personnes étaient terrorisées et se noyaient çà et là. D'autres – et cela semble incroyable à bon nombre – s'accrochaient aux éléments en bois du navire, mais j'en ai vu taillées en pièces ou projetées avant de sombrer dans les eaux profondes. [...] Plus d'un millier de personnes des deux sexes périrent ce jour-là. »[171]

De telles catastrophes expliquent l'installation d'autels, à la fois à l'intérieur de l'église du Saint-Sépulcre et du dôme du Rocher, en l'honneur de saint Nicolas, le saint patron des marins, devant lesquels des pèlerins prient pour leur sécurité en mer.

Mais un refuge pour les pèlerins n'est que le prélude de l'apparition de nouveaux dangers. Les Bédouins ont ravagé la Palestine depuis la conquête arabe et des tribus turques ont plus récemment ajouté à la violence et au désordre ambiants. Saewulf of Canterbury décrit comment les groupes de pèlerins débarquant à Jaffa et empruntant la route de montagne menant à Jérusalem se font attaquer. Les pèlerins

171 Saewulf of Canterbury, *in* John Wilkinson, Joyce Hill and W. F. Ryan, *op. cit.*, p. 100.

épuisés qui s'arrêtent en route ou les groupes dont la taille modeste les rend vulnérables sont une proie idéale pour les bandes de Bédouins nomades qui vivent dans le désert avoisinant. Les bandits n'hésitent pas à tuer pour s'emparer de l'argent cousu dans les vêtements des voyageurs. Les pèlerins laissent les cadavres de leurs compagnons le long de la route menant à Jérusalem car il est trop dangereux de prendre le temps de procéder à un enterrement décent.

> « Quiconque ayant emprunté cette route », écrit Saewulf of Canterbury, a vu les nombreux cadavres humains sur la route ou à proximité. D'innombrables corps ont été déchiquetés par des bêtes sauvages. On peut se demander pourquoi tant de cadavres de chrétiens restent là à même le sol, mais ce n'est guère surprenant. Il y a peu de terre sur ces sols et les roches sont difficiles à déplacer. Et, même s'il y avait de la terre en quantité, qui serait assez stupide pour quitter ses frères et rester seul à creuser une tombe ? Quiconque ferait cela creuserait une tombe non pas pour son prochain, mais pour lui-même ! »[172]

Daniel, un abbé russe, a eu besoin de tout son courage lorsque son pèlerinage en Terre sainte de 1106-1107 l'a amené près de la ville de Baisan, en Galilée. « Le Christ lui-même s'est baigné dans cet étang avec ses disciples et on peut voir aujourd'hui l'endroit où il a pris place, sur un rocher. » Mais une menace pèse sur les lieux, car une forêt dense de grands palmiers se trouve à proximité de la ville et de grands roseaux poussent le long de la rive, au bord de l'eau et dans les prairies souvent inondées. « L'endroit est terrible et difficile d'accès car de féroces Sarrasins païens vivent là, n'hésitant pas à attaquer les voyageurs au niveau des gués. »[173] Les tribus ne constituent pas le seul problème. Une attaque particulièrement épouvantable se déroule à Pâques 1119. Un groupe de 700 pèlerins non armés, constitué d'hommes et de femmes, est parti de Jérusalem pour le site traditionnel du baptême de Jésus, sur le Jourdain, à l'est de Jéricho.

---

172 *Ibid*, p. 100-101.

173 L'abbé Daniel, *in* John Wilkinson, Joyce Hill and W. F. Ryan, *Ibid*, p. 156.

Aux dires du chroniqueur allemand Albert d'Aix, ils voyageaient « avec joie et de bon cœur »[174] quand des Fatimides sont sortis d'Ascalon, sur la côte au sud de Jaffa, pour les attaquer. 300 pèlerins ont péri et 60 ont été capturés pour servir d'esclaves.

L'ordre des Templiers naît de ces conditions d'insécurité sur les routes et des meurtres, des viols, de l'esclavagisme et des vols dont sont victimes les pèlerins non armés. Ce n'est que peu de temps auparavant qu'un groupe de neuf chevaliers français, dont en particulier Hugues de Payns, chevalier de Champagne qui a combattu lors de la première croisade, et Geoffroy de Saint-Omer, en Picardie, propose au patriarche de Jérusalem, Gormond de Picquigny, et au roi Baudouin II, qui a succédé à son cousin en 1118, de former, afin de sauver leurs âmes, une communauté laïque, voire de se retirer dans un monastère pour adopter une vie méditative. Mais Baudouin II, sensible à l'urgence des dangers auxquels sont confrontés les voyageurs dans son royaume, parvient à persuader Hugues de Payns et ses compagnons de sauver leur âme en protégeant les pèlerins sur les routes contre les bandits. Le massacre de Pâques sur la route menant au Jourdain a pour effet de mettre en avant le point de vue du roi et, à Noël 1119, de Payns et ses compagnons prononcent leurs vœux devant le patriarche en l'église du Saint-Sépulcre, se surnommant les *Pauperes commilitones Christi*, les Pauvres Chevaliers du Christ.

Le roi et le patriarche ont probablement vu en la création d'une garde permanente pour les voyageurs une mesure complémentaire à la contribution des Hospitaliers qui prennent soin des pèlerins à leur arrivée à Jérusalem. L'hôpital est situé au sud de l'église du Saint-Sépulcre. Ses ruines se voyaient encore à la fin du XIXe siècle, jusqu'à ce qu'elles soient rasées par les Ottomans afin de créer le réseau de rues commerciales qui existe aujourd'hui – encore appelé Muristan (« hôpital »). En 600 déjà, le pape Grégoire le Grand a commandé la construction d'un hôpital à Jérusalem pour soigner les pèlerins et, deux cents ans plus tard, Charlemagne, empereur du Saint-Empire romain, l'a agrandi pour le doter d'une auberge et d'une bibliothèque.

174 Deutéronome 28:47.

C'est en ces lieux que Bernard le Moine a séjourné pendant sa visite à Jérusalem, en 870. Mais, en 1009, il a été détruit lors des violentes persécutions antichrétiennes du calife fatimide al-Hakim. Vers 1070, des marchands d'Amalfi obtiennent des Fatimides l'autorisation de reconstruire l'hôpital, dirigé par des moines bénédictins et dédié à Saint Jean-Baptiste[175]. Mais, après la première croisade, l'hôpital est déchargé de l'autorité des Bénédictins et bâtit son propre ordre, les Hospitaliers de Saint-Jean, reconnu par le pape en 1113 et placé sous la seule juridiction de ce dernier. De récents travaux de recherche sur l'origine des Templiers laissent penser que les chevaliers étaient probablement associés aux chanoines augustins, les gardiens du Saint-Sépulcre, qui les ont hébergés au sein de l'hôpital jusqu'à ce qu'ils reçoivent l'autorisation de former un groupe séparé[176].

L'acceptation officielle de ce nouvel ordre intervient en janvier 1120, à Naplouse, lorsque les neuf membres des Pauvres Chevaliers du Christ sont officiellement présentés à une assemblée de dirigeants laïques et spirituels d'Outremer. Cette année-là, ils attirent l'attention d'un puissant visiteur en Outremer, Foulque, comte d'Anjou, qui, de retour chez lui, leur accorde un revenu annuel, mesure vite adoptée par d'autres nobles français, ce qui s'ajoute à l'allocation qu'ils reçoivent déjà des chanoines de l'église du Saint-Sépulcre. Le revenu global n'en demeure pas moins modeste. Pris individuellement, les Pauvres Chevaliers sont réellement pauvres et ne s'habillent que des vêtements qu'on leur donne. Ils ne possèdent donc pas d'uniforme distinctif (le blason en forme de croix rouge sur la tunique blanche n'apparaîtra que plus tard). Leur sceau fait allusion à cette fraternité dans la pauvreté en représentant deux chevaliers, peut-être Hugues de Payns et Geoffroy de Saint-Omer, chevauchant un même cheval.

175 Selon Guillaume de Tyr, l'hôpital a d'abord été dédié à saint Jean l'Aumônier, charitable patriarche d'Alexandrie du VIIe siècle. On a dit par la suite qu'il était dédié à saint Jean-Baptiste. Mais, pour les experts actuels, l'hôpital était dédié dès le départ à Jean-Baptiste. Voir Helen Nicholson, *The Knights Hospitaller*, Boydell Press, Woodbridge, 2001, p. 2-3.

176 Malcolm Barber et Keith Bate, éd. et trad., *The Templars*, Manchester University Press, Manchester, 2002, p. 2.

Les Templiers reçoivent également un autre don. Après la conquête de Jérusalem en 1099, le roi a fait de la mosquée al-Aqsa son palais. Mais, maintenant qu'il s'est fait construire un nouveau palais dans la partie ouest, au sud de la tour de David, dans lequel il prend place progressivement, il cède l'ancienne mosquée aux Pauvres Chevaliers. Dans la mesure où la mosquée al-Aqsa était connue sous le nom de Templum Solomonis, les chevaliers ont très vite repris cette association dans leur nom : *Pauperes Commilitones Christi Templique Solomonici*, les Pauvres Chevaliers du Christ et du Temple de Salomon ou, en un mot, les Templiers.

Le rôle des Templiers n'en reste pas moins modeste et, au cours des années 1120, ils demeurent étroitement associés à l'hôpital, leur mission consistant à s'occuper des pèlerins en tant que force de police de la route. Il y aurait plus de choses à dire si les archives des Templiers nous étaient parvenues. Celles-ci furent transportées à Chypre après la chute de l'Outremer, à la fin du XIIIe siècle, puis probablement détruites lorsque les Ottomans envahirent l'île en 1571. Cela explique sans doute pourquoi tout ce que nous savons ou presque des Templiers provient de tierces sources – d'entités telles que les chanoines du Saint-Sépulcre, les communautés de marchands italiennes, les Hospitaliers et les divers chroniqueurs et pèlerins venus en Terre sainte, des archives du Vatican et des minutes du procès français du début des années 1300, lorsque les Templiers furent condamnés pour hérésie et leurs chefs envoyés sur le bûcher. Néanmoins, ces nombreuses sources auraient dû suffire pour illustrer l'activité en Outremer des Templiers lors de la première moitié du XIIe siècle, mais, jusqu'à l'arrivée de la deuxième croisade en 1148, ils sont rarement mentionnés dans les archives historiques, puis seulement dans un rôle mineur.

C'est en droite ligne avec la situation sur le terrain. L'Outremer vit très largement en paix avec ses voisins musulmans. Selon Ibn al Jawzi, savant et chroniqueur musulman, lorsque le qadi – à savoir le juge – de Damas se rend à Bagdad en août 1099 et livre à la cour abbasside un compte rendu plein d'émotion de la chute de Jérusalem face aux croisés le mois précédent, nombre de membres de l'auditoire fondent en larmes, mais aucune proposition concrète n'est faite, « les gens restant en retrait »[177]. Les habitants musulmans de Syrie et de Palestine, écrit le chroniqueur arabe al-Muqaddasi, « ne montrent aucun enthousiasme pour le *djihad* »[178]. C'est plutôt le pragmatisme qui prévaut. En 1108, l'*atabeg* de Damas Tughtigin, Turc qui s'est affranchi du joug seldjoukide, signe avec le royaume de Jérusalem un armistice qui fait du plateau du Golan une zone démilitarisée et qui prévoit une répartition des recettes générées par les terres agricoles fertiles : un tiers pour Damas, un tiers pour les croisés et un tiers pour les paysans locaux qui labourent la terre. L'année suivante, un accord similaire est signé dans la vallée de la Bekaa, au Liban. Ces dispositions sont restées valables jusqu'à ce que Saladin s'empare de Jérusalem en 1187 et ne sont même pas remises en cause lorsque les signataires s'attaquent occasionnellement en d'autres lieux. En ce qui concerne la côte, depuis Le Caire, selon le chroniqueur égypto-syrien Ibn Zafir, on estime qu'il est préférable que les Francs occupent les ports de Syrie et de Palestine « afin qu'ils puissent empêcher les Turcs d'étendre leur influence jusqu'en Égypte »[179].

Pour les États croisés, le plus grand danger provient des Turcs, à Alep, qui, par deux fois, en 1119 et 1122, infligent de cuisantes défaites aux armées chrétiennes d'Antioche et d'Édesse et menacent les deux villes. Mais les agressions musulmanes sont sporadiques et facilement contrées au sein du royaume de Jérusalem. Avant que Saladin n'entame ses campagnes contre les Francs à la fin des années 1170, la région montagneuse de Jérusalem n'est attaquée qu'à deux reprises, en 1124, puis en 1152, le second assaut s'avérant moins véhément que le premier. C'est d'Ascalon que les Fatimides lancent leurs attaques, mais, en 1118, la garnison de la ville n'est pas assez robuste pour contrer une modeste expédition contre l'Égypte dirigée par le roi Baudouin Ier. Et l'attaque contre Jérusalem depuis Ascalon en 1124 n'est possible que parce que toute l'armée franque est mobilisée pour le siège de Tyr.

177 Carole Hillenbrand, *The Crusades*, p. 78.
178 *Ibid*, p. 103.
179 *Ibid*, p. 45.

La plaine côtière au nord de Jaffa ne subit aucune menace jusqu'à la fin des années 1180 et, bien avant cette époque, en 1153, le pouvoir d'Ascalon est brisé et la ville prise par les Francs. La région entourant Naplouse, à une soixantaine de kilomètres au nord de Jérusalem, subit deux incursions en provenance de Damas, en 1113 et en 1137. À cette occasion, les Turcs tuent beaucoup de chrétiens de Naplouse et brûlent leurs églises, mais ils sont une nouvelle fois chassés.

Ce sont là les troubles ayant frappé la Palestine pendant les quatre-vingts ans ayant suivi la première croisade. Il s'est écoulé de longues périodes de calme entre ces incursions, parfois sur une génération entière, pendant lesquelles les Francs s'installent dans le pays, fréquentent les habitants, instaurent une certaine sécurité et construisent une structure politique au sein du royaume de Jérusalem et dans tout l'Outremer. Un certain ordre règne bientôt en Orient. Dans le royaume de Jérusalem, la sécurité des voyageurs et fermiers « n'était guère différente du climat de sécurité sur les routes et dans les zones rurales européennes de l'époque »[180]. Grâce aux Francs, la Palestine jouit pendant la majeure partie du XIIe siècle d'une période de paix et de prospérité qui tranche considérablement avec la violence et les destructions du siècle précédent sous le règne des musulmans.

En 1128, les Francs ont libéré tous les lieux de pèlerinage associés, dans les Évangiles, à la vie de Jésus. Ils se sont installés militairement et politiquement en Outremer, où demeurent toujours des connotations et lieux saints chrétiens, mais où il reste beaucoup à reconstruire.

Le Mont du Temple est le centre de l'univers pour les juifs mais aussi pour les musulmans. Dans la mesure où il est à découvert et coiffé par le dôme du Rocher brillant, il semble dominer l'horizon de Jérusalem. Mais, à l'ouest, une autre colline, plus élevée, surplombe la ville et, bien au-dessus de son versant est se trouve l'église du Saint-Sépulcre, le dôme de sa rotonde (ou Anastasis – « résurrection » en grec) s'élevant bien au-dessus des bâtiments alentours. C'est là que

---

180 Ronnie Ellenblum, *Frankish Rural Settlement in the Latin Kingdom of Jerusalem*, Cambridge University Press, Cambridge, 1998, p. 19.

les Templiers prêtent serment le jour de Noël 1119. Ensuite, les églises des Templiers seront souvent rondes, à l'instar de l'Anastasis. Pour les chrétiens du Moyen Âge, l'église du Saint-Sépulcre est le centre du monde, le point exact se trouvant dans la cour entre la chapelle du Golgotha, marquant le lieu de la Crucifixion, et la tombe située sous le dôme, marquant le lieu de la Résurrection[181]. Le Mont des Oliviers est encore plus haut, à l'est de la ville, en face de la vallée du Cédron (la vallée de Josaphat dans la Bible). Au sommet se trouve l'église de l'Ascension, bâtie en 392 et renfermant les deux empreintes de pieds de Jésus qui marquent l'endroit d'où il est monté au ciel quarante jours après la Résurrection (Actes des apôtres 1:2-9)[182]. Après que les croisés ont repris Jérusalem, les pèlerins découvrent d'autres empreintes de pieds de Jésus, cette fois-ci dans le Temple du Seigneur, l'église qui a été le dôme du Rocher, empreintes directement incrustées dans le rocher, rappel des nombreuses visites de Jésus sur le Mont du Temple.

L'enthousiasme des croisés pour l'association du Mont du Temple à divers événements bibliques est partagé par les chrétiens de Palestine et les pèlerins de toute la chrétienté car, depuis la conquête de Jérusalem par Omar, les chrétiens n'étaient pas autorisés à se rendre sur le Mont du Temple, devenu donc un endroit mystérieux. On découvre désormais tout un ensemble d'associations merveilleuses. Le sacrifice d'Isaac par Abraham (Genèse 22:1-9 ; Chroniques 3:1), la rencontre de David avec l'ange et l'achat de l'aire de battage d'Araunah (Second Livre de Samuel – 24:15-25:1 ; Premier Livre des Chroniques – 21:15-28) se sont tous déroulés sur le Mont du Temple. Le dôme du Rocher, converti en église, consacre l'endroit où Jésus a expulsé du Temple tous ceux qui faisaient du commerce et achetaient (Matthieu 21:12 ; Jean 2:14-16), Temple qui avait été construit et consacré par Salomon (Premier Livre des Rois 6-8). C'est là qu'a eu lieu la Présentation du

181 Le point marquant le centre du monde se trouve aujourd'hui sous le transept de la nouvelle basilique adjacente à la rotonde construite par les Francs entre les années 1140 et 1160 afin de remplacer la basilique de Constantin, détruite par al-Hakim.

182 Le Mont du Temple culmine à 745 mètres, la colline ouest à 770 mètres et le Mont des Oliviers à 793 mètres.

Christ – c'est-à-dire la présentation au Seigneur de Jésus par ses parents – et que Siméon a prédit que cet enfant serait la « lumière pour éclairer les nations et gloire d'Israël, ton peuple » (Luc 2:22-32). En outre, on a repéré que la maison de Siméon, où la sainte famille avait séjourné et qui renfermait le lit de la Vierge Marie et le berceau de Jésus, était située à l'angle sud-est du Mont, à deux pas du quartier général des Templiers. Dans le Temple, le jeune Jésus a conversé avec les docteurs (Luc 2:46). Dans la grotte située sous le dôme du Rocher, l'ange Gabriel a annoncé que Zacharie aurait un fils, Jean-Baptiste (Luc 1:5-22). Dans cette même grotte, Jésus a pardonné à la femme adultère (Jean 8:2-11), le transformant en un lieu adapté pour que les pèlerins viennent s'y confesser.

Avec leur quartier général installé sur le Mont du Temple, les Templiers sont quotidiennement en contact avec ces lieux et parfaitement conscients de leur connotation avec l'histoire sainte. Et en protégeant les groupes de pèlerins partant des ports pour rallier Jérusalem, Bethléem et le Jourdain, les Templiers connaissent mieux que quiconque ces lieux saints. Les pèlerins leur demandent des renseignements et des explications et les Templiers se retrouvent à fournir des réponses et à leur servir de guides. Ils commencent également à interpréter cet environnement saint pour eux-mêmes, par exemple en faisant passer la Via Dolorosa par le Mont du Temple, itinéraire auparavant interdit aux chrétiens par les musulmans. Selon les Templiers, après que Jésus s'est présenté devant Ponce Pilate au prétoire, contre le versant nord du Mont du Temple, a été battu, s'est fait cracher dessus, a été raillé et forcé de porter la couronne d'épines, on l'a conduit sur le Mont, où il est brièvement resté avec sa croix, l'endroit étant matérialisé par un dôme sur le quart nord-ouest, dénommé Trône de Jésus. C'est là que Simon de Cyrène a aidé Jésus à porter la croix (Matthieu 27:32, Marc 15:21, Luc 23:26) alors qu'il franchissait la porte aujourd'hui nommée Bab el Nazir, sur la partie ouest du Mont. Il monta ensuite lentement jusqu'au Golgotha, site occupé par l'église du Saint-Sépulcre, où il fut crucifié, enterré et ressuscita le troisième jour. Le bien le plus sacré de l'Église chrétienne, but de chaque pèlerin, le chemin de croix sur la Via Dolorosa, à Jérusalem, a été réinterprété, développé et sauvegardé par les Templiers – jusqu'en 1187, année où Saladin a débarrassé le Mont du Temple de toute caractéristique chrétienne et où la Via Dolorosa a été détournée.

À l'automne 1127 ou au début 1128, Baudouin II envoie des émissaires en Occident afin de consolider les fondations de son royaume. Quand il était comte d'Édesse, il avait épousé une princesse arménienne, avec qui il avait eu quatre filles mais aucun fils. Pour assurer sa succession, lui et ses barons ont décidé d'offrir la main de Mélisende, sa fille aînée, à Foulque V, comte de la riche maison d'Anjou, celui-là même qui est devenu un solide soutien des Templiers après son pèlerinage à Jérusalem en 1120. Veuf, le comte a le sentiment qu'il est temps de consacrer le restant de son existence à la cause chrétienne en Orient. Confiant la maison d'Anjou à son fils, il accepte de retourner en Outremer pour épouser Mélisende. À cet égard, la mission de Baudouin II est un succès total. En temps utile, le couple accèdera au trône et, en attendant, leur union renforce les liens du royaume avec l'Occident.

Mais ce n'est pas le seul objet de la mission. Parmi les émissaires envoyés par Baudouin II en Occident figure Hugues de Payns, maître des Templiers, certainement impliqué dans les arrangements ayant conduit Foulque V à Jérusalem, mais dont le but est aussi de lever des fonds et de recruter un maximum de chevaliers pour que Baudouin II assouvisse son ambition de toujours, conquérir Damas. Malgré l'existence d'un traité avec Jérusalem, Damas représente une menace permanente, comme le démontre l'attaque contre Naplouse de 1113. En outre, dans la mesure où l'Outremer n'est guère qu'une longue et fine bande de terre longeant le littoral méditerranéen et allant des monts Amanus au nord au golfe d'Aqaba au sud, s'emparer de Damas permettrait aux croisés de s'octroyer une profondeur territoriale stratégique.

Mais, à l'époque, les Templiers connaissent une certaine désaffection, une crise de confiance ou une apparente perte de foi dans l'orientation qu'ils prennent. Une lettre écrite vers 1128 illustre le trouble qui règne au sein de l'Ordre. L'auteur a signé Hugo Peccator,

Hugues le Pécheur. On estime qu'il s'agit d'Hugues de Payns. Quel qu'en soit l'auteur, la lettre est directement adressée aux Templiers, disant qu'un grand nombre de leurs membres ont été dérangés par des gens sans sagesse qui « prétendent que votre vocation de consacrer votre vie à porter les armes contre les ennemis de la foi et de la paix pour la défense des chrétiens, que cette vocation, dis-je, est soit illégitime soit pernicieuse »[183].

Ce serait donc un péché ou un obstacle à des progrès. Il poursuit en disant que c'est tenter le diable, qui, sous le prétexte de la piété, essaie de les piéger. Le diable dit aux chevaliers du Christ de déposer les armes, de ne pas faire la guerre, de fuir les tumultes, de rechercher les étendues désertes afin de connaître la véritable humilité. Selon lui, il n'y a de plus grande fierté que de désobéir aux ordres de Dieu.

Clairement, des voix s'élèvent contre le principe d'un ordre de moines maniant l'épée et cette opinion se retrouve au sein même de l'ordre du Temple. On a d'abord demandé aux Templiers d'endosser un rôle défensif de milice de protection des pèlerins allant d'un lieu saint à l'autre. Mais le plan de Baudouin II consistant à attaquer Damas a nécessité que l'on demande aux Templiers d'exécuter une tâche offensive afin de remplir des objectifs stratégiques nécessaires à la survie de l'Outremer. « Ils vainquent l'adversaire lorsqu'ils luttent, en temps de paix, par le jeûne et l'abstinence, contre l'orgueil, et en temps de guerre, avec les armes, contre les ennemis de la paix. »[184] Les Templiers, prévient Hugo Peccator, ne doivent pas céder aux arguments d'une fausse piété ou humilité, mais accepter qu'ils ne pèchent pas en accomplissant leur mission, mais agissent conformément à la volonté de Dieu. Cette lettre a été écrite à un moment décisif de l'orientation de l'Ordre, destinée à faire taire les sceptiques et à renforcer la détermination pendant que Hugues de Payns était en mission en Occident afin d'obtenir ressources et soutien.

Selon *The Anglo-Saxon Chronicle*, la campagne de recrutement

---

183 Simonetta Cerrini, *La Révolution des Templiers : une histoire perdue du XIIe siècle*, Perrin, Paris 2007, p. 106. (NdT)

184 *Ibid*, p. 111. (NdT)

d'Hugues de Payns fut un fantastique succès : « Il a convoqué des gens pour les emmener à Jérusalem. Le suivit une foule qui n'avait plus été aussi dense depuis la première expédition, à l'époque du pape Urbain II. »[185] Quelle que soit la réalité, Baudouin II s'est doté des ressources nécessaires pour organiser une attaque contre Damas fin 1129.

Alors que Baudouin II conduit son armée vers Damas, il envoie des détachements, composés principalement d'hommes arrivés d'Occident, rassembler vivres et provisions. Mais ils sont indisciplinés et ne se prient pas pour vagabonder, distraits par les occasions d'amasser eux-mêmes des butins. Ils sont surpris puis submergés par la cavalerie turque. Seuls 46 d'entre eux parviennent à s'enfuir. Néanmoins, Baudouin II et le gros de son armée, qui comprend de nombreux Templiers, accélèrent le pas pour passer à l'attaque. Cependant, les cieux se déchirent et il se met à pleuvoir à torrents, le sol se transformant en boue. Le chemin devient impraticable et Baudouin II ne peut que se résoudre à battre en retraite en ordre vers Jérusalem. Les archives ne disent pas si les détachements taillés en pièces par la cavalerie turque étaient composés d'hommes recrutés spécifiquement pour les Templiers par Hugues de Payns. Nous savons simplement que certains Templiers appartenaient à l'armée principale. Et nous n'entendrons pratiquement plus parler des Templiers jusqu'à l'arrivée de la deuxième croisade en 1148.

Ce silence à propos des Templiers est d'autant plus surprenant que c'est précisément l'époque où ils commencent à occuper le devant de la scène en Occident. Baudouin II a dépêché par bateau Hugues de Payns en Occident non seulement pour le compte du royaume de Jérusalem, mais également afin que les plus hautes sphères de l'Église et des États d'Europe apportent leur soutien et leur reconnaissance aux Templiers. Le roi a préparé le terrain à Hugues de Payns en écrivant à

---

185 *The Anglo-Saxon Chronicle*, trad. D. Whitelock, Eyre et Spottiswoode, Londres, 1961, p. 194-195. *The Anglo-Saxon Chronicle* était régulièrement actualisée dans les années 1150, bien avant l'invasion normande de l'Angleterre anglo-saxonne.

Bernard, abbé du monastère cistercien de Clairvaux, pour lui expliquer que les Templiers recherchent la reconnaissance de leur ordre par le pape. Il espère obtenir de l'argent pour financer la bataille contre les ennemis de la foi, lesquels menacent l'existence même du royaume de Jérusalem. Baudouin connaît bien l'homme. Bernard de Clairvaux a déjà écrit au pape pour s'opposer à la proposition d'un autre abbé qui souhaite diriger une mission de Cisterciens en Orient, en disant que la Terre sainte a plutôt besoin de « chevaliers combattants et non de moines chanteurs qui gémissent »[186].

Bernard de Clairvaux, sanctifié vingt ans après sa mort, est l'un des personnages les plus charismatiques et influents de l'Église médiévale. Jeune homme versatile et passionné, issu d'une famille d'aristocrates, il est particulièrement dévoué à la Vierge Marie. Dans les dernières années de sa vie, alors qu'il se tient devant une statue de la Vierge à implorer qu'elle soit sa mère, la statue s'anime et lui offre ses seins à téter. Il a sciemment choisi l'ordre cistercien, forme plus stricte des Bénédictins et connu pour son austérité. En 1113, il entre au monastère de Cîteaux. Trois ans plus tard, à l'âge de 26 ans, il fonde une nouvelle maison cistercienne et en devient l'abbé. Il la baptise monastère de Clairvaux, qui signifie « vallée de la lumière ». Quand le pape Honorius II est élu en 1124, Bernard de Clairvaux est déjà considéré comme l'un des ecclésiastiques les plus remarquables de France. Il assiste à des assemblées ecclésiastiques importantes et les légats du pape sollicitent régulièrement son avis.

Il est significatif que Clairvaux ait été bâti sur une terre donnée à Bernard par Hugues, comte de Champagne, dont le vassal est Hugues de Payns, futur maître fondateur des Templiers. Lorsque Hugues de Payns part en bateau vers l'est en 1127 ou 1128, de Clairvaux est déjà bien informé sur l'Orient et sur ce qui est nécessaire là-bas. Le frère de sa mère est André de Montbard, l'un des neufs Templiers des débuts. Le premier protecteur de Bernard de Clairvaux, le comte de

186 Lettres de Bernard de Clairvaux, citées dans Malcolm Barber, *The New Knighthood: A History of the Order of the Temple*, Cambridge University Press, Cambridge, 1995, p. 13.

Champagne, s'est déjà rendu trois fois en pèlerinage en Terre sainte. La dernière fois, en 1125, il a renoncé lui aussi à ses biens matériels et a rejoint les Templiers.

Pratiquement dès l'arrivée d'Hugues de Payns en France, à l'automne 1127, les Templiers bénéficient de concessions, d'argent, de chevaux et d'armures. L'été suivant, le maître se rend en Angleterre, où il est reçu avec tous les honneurs par le roi Henri Ier. Ce dernier offre de l'or et de l'argent à l'Ordre. De Payns ouvre la première Maison du Temple à Londres, à l'extrémité nord de Chancery Lane, et il se voit donner plusieurs autres sites dans tout le pays. Il bénéficie d'autres dons lorsqu'il va plus au nord, en Écosse. En septembre, Hugues de Payns retraverse la Manche pour être reçu par Geoffroy de Saint-Omer. Ensemble, ils récoltent d'autres concessions et trésors, tous donnés pour la défense de la Terre sainte et le salut de l'âme des donateurs.

La tournée d'Hugues de Payns atteint son apogée en janvier 1129 à Troyes, capitale des comtes de Champagne, quand Théobold, successeur d'Hugues de Champagne, accueille un rassemblement de responsables religieux, parmi lesquels figurent sept abbés, dix évêques et deux archevêques. Un cardinal, légat pontifical, préside la réunion, laquelle se caractérise tout de même par la présence d'un abbé, Bernard de Clairvaux. Le Concile de Troyes accepte clairement les Templiers en tant qu'ordre religieux. Hugues de Payns s'adresse à l'assemblée et décrit la fondation de l'ordre du Temple, présentant leur règle, adaptée des préceptes suivis par les chanoines de l'église du Saint-Sépulcre. Cette règle stipule la présence aux offices en compagnie des chanoines, la prise de repas en commun, le port de vêtements d'une même couleur, une apparence simple et aucun contact avec les femmes. Dans la mesure où leurs devoirs les font sortir de l'église, ils peuvent remplacer leur présence aux offices par la récitation du Notre-Père. Ils disposent d'un cheval et de quelques serviteurs. Bien que l'Ordre soit sous la juridiction du patriarche de Jérusalem, ils obéissent individuellement au maître. Ce règlement constitue la base à partir de laquelle, après un examen minutieux et de nombreuses discussions de la part des ecclésiastiques réunis, Bernard de Clairvaux va bâtir la Règle primitive, constituée de 72 clauses.

La Règle primitive de Bernard de Clairvaux ordonne aux Templiers de renoncer à leurs volontés, de rester modestes en matière de questions matérielles et de ne pas avoir peur de se battre, mais d'être toujours prêts à mourir, à prendre le calice du salut et à accepter le repos éternel. Mais de Clairvaux fait plus que codifier des pratiques et coutumes existantes chez les Templiers. Il crée de nouvelles conditions, imposant une philosophie en partie absente auparavant.

La Règle proprement dite en est la preuve. Elle indique clairement que les Templiers ont d'abord eu une vie différente. Il y a par exemple la règle concernant le traitement des frères mariés, ce qui indique clairement que la chasteté n'était pas obligatoire à l'origine, mais « il ne semblerait pas juste aussi que de tels confrères habitassent dans une maison où les frères ont promis la chasteté à Dieu ». Au tout début, il y avait également au sein de l'Ordre des membres féminins, mais Bernard de Clairvaux a mis fin à cette pratique. « La compagnie des femmes est une chose dangereuse. Nombreux sont ceux que, par la fréquentation des femmes, le Diable a rejetés du droit sentier du paradis. Que les dames, en qualité de sœurs, ne soient jamais reçues en la Maison du Temple. Pour cela, très chers frères, comme il est dit ci-dessus, il ne convient pas de vous accoutumer de cet usage et que la fleur de chasteté apparaisse en tout temps entre vous. »

Mais la chasteté en matière de relations avec les femmes peut encourager l'activité homosexuelle, laquelle est également supprimée, via une série d'interdictions indirectes. Les chaussures pointues et les lacets sont connues « pour être abominables », comme le sont « les choses superflues dans les cheveux et les robes », à savoir tout ce qui marque la féminité. Ils doivent avoir les cheveux courts, mais tous les chevaliers Templiers portent la barbe, car ils n'ont pas le droit de se raser.

Les chevaliers doivent s'habiller tout de blanc, pour signifier qu'ils ont abandonné la vie ténébreuse et sont entrés dans un état de chasteté éternelle. Ils ont l'interdiction de mal parler, de se mettre en colère et d'évoquer leurs conquêtes sexuelles passées. Les questions de propriété, les conversations informelles et les lettres et cadeaux offerts ou reçus doivent faire l'objet de l'approbation préalable du maître. La discipline est renforcée par un système de pénitences, parmi lesquelles l'expulsion, sentence prononcée dans les cas les plus extrêmes.

Les Templiers sont donc soumis comme des moines à des règles strictes, mais, en matière de conseils militaires, Bernard de Clairvaux se contente de quelques ordres pratiques. Il est cependant bien conscient qu'en créant « un nouveau type d'ordre dans les lieux saints », associant chevalerie et religion, les Templiers ont besoin de posséder des terres, des édifices, des serfs, de percevoir des dîmes, et ils sont habilités à bénéficier d'une protection légale contre ce que la Règle primitive appelle « les persécuteurs sans nombre de la Sainte Église »[187].

La ratification de l'ordre du Temple par le concile de Troyes est ensuite confirmée par le pape Honorius II. Ces succès sont en grande partie dus à l'investissement personnel de Bernard de Clairvaux, prestement sollicité par Hugues de Payns pour l'écriture d'une solide défense de l'ordre du Temple destinée à une large diffusion.

De Laude Novae Militiae est le nom du panégyrique de Bernard de Clairvaux, *Éloge de la nouvelle chevalerie*, dans lequel il désigne les Templiers comme les champions d'une lutte supérieure au cours de laquelle l'homicide, mal aux yeux des chrétiens, consiste à tuer la malice, à savoir le diable, acte jugé comme faisant le bien. La Terre sainte, écrit Bernard de Clairvaux, renferme la marque de la vie de Jésus – Bethléem, Nazareth, le Jourdain, le Mont du Temple et l'église du Saint-Sépulcre – elle recouvre les lieux de la crucifixion, de l'enterrement et de la résurrection de Jésus. Les Templiers sont les protecteurs de ces lieux saints, voire servent de guides aux pèlerins. Mais, par leur proximité et familiarité quotidienne avec cette immersion dans la vie de Jésus, les Templiers ont aussi l'avantage et le devoir de rechercher la pure vérité et la signification spirituelle de ces lieux saints. Grâce à l'*Éloge de la nouvelle chevalerie* de Bernard de Clairvaux, les Templiers sont renforcés dans leur mission, cernant pleinement leur rôle, lequel va au-delà du maintien de l'ordre sur les routes du pèlerinage et consiste désormais à défendre la Terre sainte proprement dite.

187 Tiré du site www.templiers.org. (NdT)

Après la mort d'Hugues de Payns, en 1136, son successeur, Robert de Craon, deuxième maître, consolide les éléments obtenus à Troyes grâce à une série de bulles pontificales (du latin *bullum*, sceau, qui correspond à un décret officiel) bénéficiant aux Templiers. En 1139, le pape Innocent II publie *Omne Datum Optimum*, qui fait des Templiers un ordre indépendant et permanent au sein de l'Église catholique. Ils rendent des comptes au seul pape et deviennent les défenseurs de l'Église et les agresseurs des ennemis du Christ. Le maître doit être choisi parmi les chevaliers templiers libres de toute ingérence extérieure. Ils obtiennent également leur propre clergé, qui rend des comptes au maître, même si celui-ci n'est pas ordonné. L'Ordre est donc indépendant des évêques des diocèses d'Outremer et d'Occident. Ils ont le droit de disposer de leur propre rhétorique et de leurs propres cimetières. Les Templiers sont exemptés de toute dîme, mais peuvent en collecter sur leurs domaines. Les butins récupérés lors de batailles contre les infidèles leur sont acquis de droit et les dons reçus sont placés sous la protection du Saint-Siège.

Ces privilèges ont ensuite été confirmés et étendus par deux autres bulles, *Milites Templi*, publiée par le pape Célestin II en 1144, et *Militia Dei*, par le pape Eugène III, en 1145. Avec *Omne Datum Optimum*, elles mettent les Templiers à l'abri des reproches et constituent les fondations de leurs richesses et succès futurs. C'est également sous Eugène III que les Templiers obtiennent le droit de porter le célèbre habit de tissu blanc orné d'une croix rouge, qui signifie qu'ils sont prêts à souffrir le martyre en défendant la Terre sainte.

Les chevaliers templiers deviendront l'une des organisations militaires et financières les plus riches et les plus puissantes du Moyen Âge, même s'il demeure des vides dans les récits historiques sur leur origine, ainsi que des contradictions. Quand l'ordre du Temple a-t-il été fondé ? Combien étaient-ils ? Pourquoi y a-t-il si peu d'informations sur leurs trois premières décennies d'existence ? Qu'a-t-on dit de leur ascension fulgurante ? Une partie de la difficulté de trouver les réponses à ces questions tient à la nature des sources proprement dites.

Le premier chroniqueur de l'histoire des Templiers est Guillaume, archevêque de Tyr. Né vers 1130 dans une famille française ou italienne installée à Jérusalem, il étudie le latin, le grec et l'arabe avant de poursuivre ses études, entre 1146 et 1165 environ, à Paris et à Bologne. Une fois de retour en Outremer, il écrit, entre autres, une histoire du Moyen-Orient en 23 volumes, à partir de la conquête de Jérusalem par Omar, sur la base de sources arabes. Il commence cette *Historia Rerum in Partibus Transmarinis Gestarum*, ou *Histoire d'Outremer*, vers 1175. À sa mort, vers 1186, l'ouvrage n'est pas achevé. La majeure partie de cette œuvre concerne la première croisade et des événements historiques ultérieurs au sein du royaume de Jérusalem, événements auxquels Guillaume de Tyr n'est pas totalement étranger. En effet, il a été impliqué dans les plus hautes affaires du royaume et de l'Église. En tant qu'archevêque et prétendant à la charge de patriarche de Jérusalem, il est naturellement jaloux de toute réduction de l'autorité ecclésiastique et accepte donc mal l'indépendance des Templiers et leur accession à la richesse et au pouvoir.

Deux autres chroniqueurs parmi les plus anciens sont Michel le Syrien, patriarche jacobite d'Antioche, mort en 1199, et Gautier Map, archidiacre d'Oxford, qui décède vers 1209. Michel le Syrien a des lacunes sur les questions étrangères à sa propre expérience et à son époque, tandis que Gautier Map préfère une bonne histoire à une solide enquête historique. En outre, ses préjugés à l'encontre des Templiers sont déterminants car il est radicalement opposé à la notion d'ordre de moines combattants. Malgré ses a priori sur les Templiers, Guillaume de Tyr est considéré comme le chroniqueur le plus fiable des trois. Il a passé au crible, avec diligence, les sources à sa disposition pour glaner des faits sur les événements survenus avant son époque et a mis un point d'honneur à interroger les témoins directs encore en vie.

Guillaume de Tyr n'a cependant commencé à écrire son histoire que vers la moitié des années 1170, soit cinquante-cinq ans après la fondation de l'ordre du Temple, et il n'existe aucune source antérieure. Les chroniqueurs de la première croisade, comme Foucher de Chartres, Baudry de Dol, Robert le Moine et Guibert de Nogent, ont tous terminé leurs travaux dans la décennie ayant suivi la reconquête de Jérusalem de 1099 et bien avant la création de l'ordre du Temple, en 1119 – ou 1118 ? Selon Guillaume de Tyr, c'est plutôt 1118, mais il avait la réputation de manquer de précision sur les dates, tout en faisant preuve de méticulosité dans d'autres domaines. Dans l'ensemble, les experts fixent la naissance de l'ordre du Temple à 1119. Quelle que soit l'année exacte de sa création, personne n'a semble-t-il rédigé un récit direct de la cérémonie de fondation de l'ordre du Temple au sein de l'église du Saint-Sépulcre, le jour de Noël. À l'époque, elle n'a pas été considérée comme un événement important.

Nous ne connaissons même pas le nombre précis de membres fondateurs. Guillaume de Tyr dit qu'ils étaient neuf et cite Hugues de Payns et Geoffroy de Saint-Omer comme les deux plus importants. D'autres sources mentionnent également Archambaud de Saint-Aignan, Payen de Montdidier, André de Montbard, Geoffrey Bissot, un chevalier du nom de Rossal ou peut-être Roland, un autre chevalier dont le nom est Gondemar, et deux autres dont le nom n'a pas été retrouvé. En outre, Guillaume de Tyr soutient que, même au moment du concile de Troyes, en 1129, il n'y avait toujours que neuf chevaliers templiers. Mais, pourquoi neuf hommes ont-ils attiré autant l'attention du concile et du pape et pourquoi Bernard de Clairvaux aurait-il consenti autant d'efforts pour louer leur valeur et promouvoir leur réputation ? Dans ce cas précis, Michel le Syrien semble en effet être plus fiable quand il dit que 30 chevaliers ont créé l'ordre du Temple. Et, une décennie plus tard, ils étaient sans doute beaucoup plus nombreux.

Néanmoins, le principe selon lequel l'ordre du Temple avait neuf membres au départ, puis a poursuivi sa mission dans cette configuration pendant une décennie, tient peut-être plus du symbolisme numérique médiéval que de la réalité factuelle. Le chiffre neuf était considéré comme incorruptible car, quel que soit le chiffre par lequel vous le multipliez, la somme des chiffres formant le nombre obtenu est égale à neuf. Ce symbolisme aurait ancré le neuf dans le mythe de la fondation des Templiers, mythe propagé par les générations ultérieures auprès desquelles Guillaume de Tyr a recueilli ces informations.

Si nous devons à Guillaume de Tyr l'hypothèse selon laquelle les Templiers n'étaient qu'au nombre de neuf jusqu'en 1129, il revendique également l'état de pauvreté et de simplicité de l'Ordre dans les premières décennies de son existence. Les Templiers se sont certainement penchés sur leur passé avec ce même idéal, de sorte qu'en 1167, alors qu'ils étaient très riches, ils ont adopté ce sceau montrant deux chevaliers sur un même cheval. Cette représentation provenait peut-être aussi de leur fondateur cistercien ascète d'Occident, Bernard de Clairvaux. Aussi humble que soit la vie des chevaliers sur le plan individuel, l'Ordre en tant que tel n'a jamais été indigent, même au départ quand il recevait un revenu de la part des chanoines de l'Église du Saint-Sépulcre ainsi que des dons conséquents de puissants barons français.

Mais le fait, pour Guillaume de Tyr, de décrire des Templiers aussi pauvres, humbles et peu nombreux les premières années a ensuite été bien pratique pour les égratigner dans son histoire critique. Dans les années 1170, selon Guillaume de Tyr, « avec peine, pourrait-on trouver, d'un côté ou de l'autre de la mer, une terre de chrétiens où cet ordre n'ait aujourd'hui ni maisons, ni frères, ni grandes rentes »[188]. Il compare la situation avec la précédente simplicité des Templiers, laissant entendre qu'ils se sont trahis d'une manière ou d'une autre. Mais, il semble plutôt qu'il se plaigne de ce que le soutien dont ils jouissent en Occident les rend indépendants de tout pouvoir en Outremer, et plus particulièrement de celui de l'Église représentée par Guillaume, archevêque de Tyr et patriarche de Jérusalem en puissance :

> « Au commencement, ils se conduisirent sagement, avec beaucoup d'humilité, comme des gens qui avaient quitté le monde pour Dieu. Mais ensuite, quand affluèrent les richesses, pour commencer, ils s'émancipèrent du patriarche de Jérusalem. Ils obtinrent du pape que celui-ci n'eût aucun pouvoir sur eux, alors qu'au début, c'est lui qui les avait établis et fondés avec les biens même de son église. Ils se mirent à prendre, aux autres religieux et aux églises qui leur avaient donné tant de belles aumônes, les dîmes, les prémices et autres rentes

188 Tyr, Guillaume de, *Chronique du royaume franc de Jérusalem*, L'intermédiaire des chercheurs et curieux, 1999, vol. 1. (NdT)

> qu'elles avaient possédées jusqu'alors. Ils nuisirent à leurs voisins, et leur firent des procès de maintes façons, comme ils font encore. »[189]

Cela marque le début des critiques à l'encontre des Templiers formulées par certains dont les intérêts se trouvent contrariés. Certains les appellent les sauveurs de l'Orient et les défenseurs de la chrétienté, tandis que d'autres trouvent qu'ils « nuisent » et les accusent d'être arrogants, avides, secrets et coupables d'escroquerie. Leur destruction est écrite. Quand il n'y aura plus d'Orient à sauver, les Templiers seront voués à la disparition.

189 *Ibid.* (NdT)

L'Outremer

Foucher de Chartres, qui a rédigé la chronique du discours du pape Urbain II au concile de Clermont en 1095 et s'est rendu en Orient avec la première croisade, a fini par devenir chanoine de l'église du Saint-Sépulcre et il est resté à Jérusalem pour le restant de ses jours. Avant de mourir en 1127[190], Foucher de Chartres a consigné les grands changements auxquels il a assisté en Outremer, pendant les années où soldats, commerçants, colons et pèlerins se mélangeaient et se mariaient avec les autochtones, formant une société et une culture orientales qui se caractérisaient par un regain de vitalité.

« Nous qui étions Occidentaux, nous sommes devenus Orientaux ; celui qui était Romain ou Franc est devenu Galiléen ou Palestinien, l'habitant de Chartres ou de Reims, Tyrien ou Antiochien. Nous avons oublié les lieux de notre origine ; plusieurs d'entre nous les

190 On entend parler pour la dernière fois de Foucher de Chartres à Jérusalem en 1127. On pense qu'il est mort de la peste cette année-là, mais rien ne confirme la date exacte de son décès.

> ignorent ou même n'en ont jamais entendu parler. Un tel possède ici des maisons en propre et des domestiques comme par droit d'héritage, tel autre a épousé une femme non parmi ses compatriotes, mais Syrienne, Arménienne, parfois même une Sarrasine baptisée. Un autre a beau-père, belle-mère, gendre, descendance, parenté. Celui-ci à des petits-enfants et neveux. Celui-ci possède des vignes, celui-là des champs. On se sert alternativement des diverses langues du pays et les langues jadis parlées à l'exclusion les unes des autres sont devenues communes à tous et la confiance rapproche les races les plus éloignées. La parole de l'Écriture se vérifie : "Le lion et le bœuf mangeront au même râtelier."[191] Le colon est maintenant devenu presque un indigène ; qui était étranger s'assimile à l'habitant. »[192]

Il convient de noter la remarque de Foucher de Chartres sur le fait que les Francs s'adonnent à des activités rurales telles que la culture des vignes et des champs. Cela témoigne de la stabilité régnant en Outremer et de la vie sociale et professionnelle des Francs aux côtés de la population indigène. Cela vient contredire les affirmations de certains historiens modernes selon lesquelles les Francs ne jouissaient d'aucune sécurité et restaient à part, comme Jonathan Riley-Smith, qui a écrit : « Au sein du royaume de Jérusalem, la majeure partie de la population franque vivait dans des villes ou châteaux. La campagne était peuplée presque exclusivement de Syriens, aussi bien chrétiens que musulmans. »[193] Comme nous le voyons, il existe de nombreuses preuves solides, en dehors de Foucher de Chartres, qui démontrent que cette perception est erronée.

Foucher de Chartres dit également que les Francs ont appris les langues locales, à savoir le grec, l'arménien, le syriaque et l'arabe, par opposition aux Arabes et Turcs, au sujet desquels il existe bien peu de preuves qu'ils aient su parler des langues étrangères ou aient pris la peine d'apprendre la langue des pays qu'ils avaient conquis et des peuples qu'ils avaient oppressés.

191 Isaïe 11:7.

192 Robert Delort, *Les Croisades*, Seuil, Paris, 1988, p. 263.

193 Jonathan Riley-Smith, ed., *The Atlas of the Crusades*, Times Books, Londres, 1991, p. 40.

L'endogamie a cours dans toutes les strates de la société, pas seulement au sein de l'aristocratie. À l'époque où Foucher de Chartres décrit le mélange de l'Orient et de l'Occident, la première génération de Francs d'Outremer est en fin de vie et disparaît totalement avec la mort de Baudouin II en 1131. À Baudouin II succèdent désormais Foulque V et Mélisende, qui est à moitié arménienne et règne en tant que reine de plein droit. Comme elle, ses sœurs cadettes sont des femmes influentes : Alix est princesse d'Antioche, Hodierne comtesse de Tripoli, et, grâce au poids de Mélisende, Yvette est devenue abbesse au couvent Saint-Lazare de Béthanie, non loin de Jérusalem, site de pèlerinage célèbre pour ses associations à l'Évangile, à travers Lazare et Marie-Madeleine. L'Outremer passe alors aux mains d'une nouvelle génération née sur place.

La mosquée al-Aqsa s'est déjà retrouvée délabrée sous le règne seldjoukide et, lorsque Baudouin II accède au trône en 1118, le Temple de Salomon, nom sous lequel les croisés le connaissent, à savoir le Templum Solomonis, est dans un triste état. Bien que le roi en ait fait son palais et en cède bientôt une aile aux Templiers, Foucher de Chartres fait remarquer que « la structure du toit a besoin de réparations. [...] C'est dû à notre manque de ressources ». La situation est telle que le précédent roi, Baudouin Ier, vend le plomb qui tombe du toit et on dit même qu'il a ordonné qu'on le démonte afin qu'il puisse vendre le plomb aux marchands[194]. Mais, après le concile de Troyes, Baudouin II ou ses successeurs, le roi Foulque V et la reine Mélisende, emménagent dans leur palais fraîchement achevé près de la tour de David, dans la partie ouest, et accordent aux Templiers l'entier usufruit du Temple de Salomon, ainsi que toute l'extrémité est du Mont du Temple.

Avec les terres, dîmes et autres dons que les Templiers commencent à récupérer et à développer en Occident suite à la mission d'Hugues

194 Adrian J. Boas, *Domestic Settings: Sources on Domestic Architecture and Day-to-Day Activities in the Crusader States*, Brill, Leiden, 2010, p. 72. Foucher de Chartres, révision de 1118, dans l'ouvrage de John Wilkinson, Joyce Hill et W. F. Ryan, *Jerusalem Pilgrimage, 1099-1185*, p. 45.

de Payns, leurs effectifs enflent et ils disposent également des fonds nécessaires pour réparer, agrandir et embellir le Templum Solomonis. L'ancien palais est non seulement le quartier général administratif, mais également un lieu de vie. Ils y résident et stockent des armes, des vêtements et de la nourriture, et ils transforment en écurie une grande cave souterraine située dans le secteur sud-est du Mont du Temple.

Le temple est également un lieu de prière car, malgré leur réputation de guerriers, les chevaliers templiers sont avant tout des moines dont la vie monacale est réglée sur les heures canoniques. Lever à 4 h pour les matines et s'occuper des chevaux, puis retour au lit. Les offices commencent à 6 h avec les Laudes et se poursuivent avec les Tierces à 9 h et le Sexte vers midi. Entre ces offices, ils font travailler et pansent les chevaux. À midi, les chevaliers prennent un déjeuner à base de viande cuite, dans un silence complet, pendant que le chapelain lit la Bible. La None, office de l'après-midi, est programmée à 15 h, suivie des Vêpres à 18 h, puis du souper. À 21 h, les Templiers assistent aux Complies, après lesquelles ils reçoivent un verre de vin et d'eau. Puis viennent les ordres pour le lendemain. Ils vont alors soigner les chevaux. Ils se couchent à minuit dans un silence complet, jusqu'à 4 h.

Mais les Templiers ne sont pas les seuls à prier sur le Mont du Temple, ni les chanoines du Temple, qui sont logés près du Templum Domini, le dôme du Rocher. Contrairement aux musulmans qui, pendant leur occupation de Jérusalem, interdisaient l'entrée du Mont du Temple aux non-musulmans, les Francs permettent aux croyants musulmans l'accès à la plateforme du dôme du Rocher. Le pèlerin Jean de Würzburg fait remarquer vers 1170 que « de très nombreux Sarrasins viennent encore aujourd'hui prier devant cet autel »[195]. Les juifs, dont la loi leur interdit de se tenir dans ce qui fut le saint des saints, le tombeau central de leur temple, et qui ne sont pas certains de son emplacement exact, préfèrent rester en dehors du Mont et prient alors, comme de nos jours, au niveau du mur ouest.

195 Jean de Würzburg dans l'ouvrage de John Wilkinson, Joyce Hill et W. F. Ryan, *op. cit.*, p. 247.

Bien que les Templiers du Mont du Temple servent toujours de guides et de gardes aux pèlerins circulant sur les routes du royaume de Jérusalem, ils jouent un rôle plus militaire dans la péninsule Ibérique.

En Espagne, le roi Alphonse Ier d'Aragon a repris de grands territoires aux musulmans et est attiré par le recours aux ordres militaires pour les conserver, plutôt que de les laisser à ses barons, susceptibles d'installer des places fortes en marge de la couronne. Lorsqu'il meurt, sans enfants, en 1134, il lègue l'intégralité de son royaume, à parts égales, aux Templiers, aux Hospitaliers et à l'église du Saint-Sépulcre. Bien que son testament soit contesté et ajusté, un accord est conclu avec les Templiers en 1143, qui leur accorde dix grands châteaux en Aragon, un dixième des recettes royales et un cinquième des terres qui seront conquises à l'avenir au détriment des musulmans. Les Templiers deviennent donc une force d'envergure de la *Reconquista* contre les forces de l'islam. Les Templiers sont le premier ordre dans la péninsule Ibérique, suivis, vers 1150, par les Hospitaliers.

Les Templiers jouent un rôle similaire dans l'ouest de la péninsule Ibérique, région au sein de laquelle une nouvelle nation est en train d'émerger dans la lutte contre les musulmans, le royaume indépendant du Portugal. L'engagement des Templiers dans la croisade contre l'islam en fait des alliés idéaux. Sans grever les ressources portugaises existantes, on leur octroie des terres par anticipation. Par conséquent, lorsque les frontières s'agrandissent au détriment des musulmans, pendant les années 1130 et 1140, les Templiers obtiennent leur part des terres récemment reconquises et prennent en charge les châteaux frontaliers.

Cependant, en Outremer, des sources médiévales rapportent qu'ils n'ont participé qu'à trois engagements militaires entre 1119 et l'arrivée de la deuxième croisade, en 1148. Ils sont du siège avorté de Damas en 1129, prennent part à une campagne destinée à défendre un avant-poste du comté de Tripoli et qui se solde par une défaite en 1137, et ils se font battre lors d'une escarmouche à Hébron, en 1139. Les Templiers prennent la responsabilité de surveiller les cols menant à Antioche depuis l'Asie Mineure par les monts Amanus vers 1136. Sinon, les archives qui existent encore ne disent rien des premières décennies passées par les Templiers en Orient.

Dans la même veine, on n'entend pas beaucoup parler des exploits militaires des Hospitaliers en Orient pendant ces premières décennies, malgré la conservation de leurs archives. Les Templiers et les Hospitaliers sont tous deux des ordres religieux, mais si l'ordre du Temple a été fondé par des chevaliers laïques dont la mission est de protéger les pèlerins par la force des armes, les Hospitaliers, qui regroupent aussi bien des moines que des religieuses, ont par essence une vie monacale et le dessein de servir les nécessiteux et les malades. Cependant, en 1128, les Hospitaliers se voient confier le village et la tour de Calansué (aujourd'hui Qalansuwa) sur la plaine située entre Jaffa et Césarée. En 1136, l'année même où les Templiers sont dépêchés dans le nord pour surveiller les cols, les Hospitaliers prennent en charge le village et la forteresse de Beth Gibelin, l'une des quelques nouvelles implantations dans les environs d'Ascalon, tenue par les Fatimides.

Mais ces débuts sont bien moins tonitruants sur le plan militaire qu'ils ne le paraissent. Les trois châteaux édifiés par les Templiers dans les monts Amanus ne sont pas une référence sur le plan de la construction, s'appuyant tous, pour leur défense, sur le terrain montagneux escarpé. Ils ne sont guère conçus pour les conflits longs. Deux itinéraires traversent les montagnes, un au nord d'Alexandretta (aujourd'hui Iskenderun), où les Templiers bâtissent les châteaux de Trapesac et de la Roche de Roissol, ce dernier se trouvant en fait sur un sommet, et l'autre route se trouve au sud d'Alexandretta, le célèbre col de Belen, par lequel Alexandre le Grand a chassé le roi perse Darius III, lors de la bataille d'Issos, où les Templiers construisent le château de Baghras. Ces châteaux ne constituent pas une frontière entre les États croisés et les Turcs seldjoukides, les cols permettant de relier la principauté d'Antioche et la nouvelle patrie arménienne de Cilicie, établie après la catastrophe d'Ani. En particulier, le col de Belen, connu également sous le nom de Portes de la Syrie, débouche directement au sud de la ville d'Antioche proprement dite. Il n'est pas étonnant que ces châteaux aient vu le jour peu de temps après l'accession au trône de la reine Mélisende. Étant à moitié arménienne, avec une sœur mariée au prince d'Antioche, elle avait naturellement le souci de voir se former une alliance entre l'Outremer et les Arméniens.

Les châteaux des Templiers dans les monts Amanus ne bloquent pas directement les cols – servant plutôt de bases sécurisées depuis lesquelles ils peuvent attaquer les forces turques tentant de franchir les montagnes –, ils servent surtout à cette époque à protéger les deux itinéraires qu'empruntent les commerçants, les pèlerins et les escortes militaires, ces échanges se déroulant entre alliés arméniens et francs. Par conséquent, le rôle des Templiers dans les monts Amanus, tout du moins au départ, est une extension de leur mission de gendarmerie sur les routes du royaume de Jérusalem.

Les activités des Hospitaliers à Calansué et Beth Gibelin sont encore plus empreintes d'humilité. Calansué est un État fondé par Godefroy de Flujeac sur la plaine de Sharon, au nord de Jaffa et à l'ouest de Naplouse. Le village est doté d'une tour de pierre à deux étages que l'on pense avoir été érigée par Flujeac avant qu'il ne cède son domaine aux Hospitaliers. Près de cette tour se trouvent un château et trois autres structures avec des voûtes, ajoutées plus tard. Mais la tour et les autres bâtiments ne sont entourés d'aucune enceinte. Il est donc difficile d'affirmer qu'ils constituaient une forteresse. Mais, même si c'était le cas, leur but premier n'était pas défensif, car Calansué est éloigné de tout danger. Les propriétaires terriens francs construisaient souvent des tours ou d'autres structures que l'on peut décrire comme des fortifications, pas tant dans un esprit défensif mais pour pousser les gens à s'installer dans leurs domaines. Il se déroule alors la même chose en Europe, où les villages fortifiés se répandent à partir du xe siècle malgré l'absence de menace extérieure ou intérieure. C'est même l'inverse, les villages fortifiés fleurissent dans un climat de sécurité renforcé et de prospérité grandissante. Comme l'écrit le géographe historien Ronnie Ellenblum dans *Frankish Rural Settlement in the Latin Kingdom of Jerusalem* : « Il est maintenant communément admis que la forteresse était plus un symbole de pouvoir et le noyau d'une nouvelle implantation qu'une réponse à des besoins accrus de sécurité. La construction de nouveaux villages et de nouvelles forteresses est jugée comme le résultat d'une amélioration de la sécurité et de la situation économique et non de sa détérioration. »[196]

Beth Gibelin, bâti dans une campagne vallonnée de l'intérieur des terres, à 40 kilomètres d'Ascalon, et cédé aux Hospitaliers par le roi Foulque V et la reine Mélisende en 1136, est une autre implantation aux fortifications impressionnantes. Du temps des Romains figurait à cet emplacement la cité d'Éleuthéropolis. Lorsque le village franc voit le jour, les vestiges de l'amphithéâtre antique servent à l'érection d'une forteresse concentrique dotée d'un dédale intérieur et extérieur de remparts, d'une tour et de douves. Élément déterminant, Beth Gibelin est construit une fois seulement qu'Ascalon cesse d'être une menace sérieuse pour les Francs. Il ne s'agit pas d'un avant-poste destiné à surveiller la frontière. Il sert de point d'appui aux attaques lancées contre la garnison fatimide d'Ascalon. Pendant les troubles en Égypte, les Francs profitent de leur supériorité militaire. Pendant ce temps, tout le sud de la Palestine jouit d'un climat de sécurité et Beth Gibelin est surtout une communauté agricole[197].

La disparition des archives des Templiers fait qu'il existe moins de preuves de leur implantation, mais des fouilles archéologiques permettent de combler les vides, comme à Wadi al-Haramiya, sur la route menant de Jérusalem à Naplouse, où les Templiers ont possédé une source, construit une tour et mis en place une communauté agricole. Cela laisse penser que « les Templiers ont peut-être contribué ici à la naissance de domaines, comme l'ont fait les Hospitaliers à Bait Jibrin [Beth Gibelin] et Qalansuwa [Calansué] »[198].

Après ces débuts modestes, les Templiers et les Hospitaliers deviennent non seulement de riches promoteurs en Orient, mais font également progresser leurs carrières militaires. Quand Thoros II, prince d'Arménie, parcourt le royaume de Jérusalem dans les années 1160, il fait remarquer à Baudouin II : « Quand je suis arrivé sur vos terres et que j'ai demandé à qui appartenaient ces châteaux,

196 Ronnie Ellenblum, *Frankish Rural Settlement in the Latin Kingdom of Jerusalem*, p. 32.

197 *Ibid*, p. 210.

198 Denys Pringle, *Fortification and Settlement in Crusader Palestine*, Addendum, Ashgate, Aldershot, 2000, p. 7.

on me répondait parfois : "Celui-ci appartient à l'ordre du Temple." Ailleurs, on me répondait : "C'est à l'Hôpital." Je n'ai trouvé aucun château ou ville vous appartenant, à l'exception de trois. »[199] Ce n'est pas exagéré. Les Templiers et les Hospitaliers rendent directement compte à la papauté, tout en bénéficiant des faveurs de toutes les strates de la société, ce qui les place au-dessus des querelles féodales locales, mais également des antagonismes des nations et de leurs rois. En tant qu'entités, ces ordres sont éternels, leurs effectifs à l'abri des fluctuations dues aux maladies ou aux décès. Ils sont capables de drainer en permanence de jeunes nobles européens désireux de remplir les obligations morales et religieuses de la chevalerie. Les Templiers et les Hospitaliers se voient offrir des propriétés en Europe, lesquelles, avec leurs projets de développement en Outremer, contribuent à leur enrichissement. Très rapidement, les seigneurs d'Outremer vendent ou cèdent des forteresses à ces ordres. En 1166, seuls trois châteaux du royaume de Jérusalem échappent à leur contrôle.

C'est plus la mythologie que l'histoire qui nous révèle la colonisation de l'Orient par les croisés. En fait, les trois quarts des participants à la première croisade ne sont jamais arrivés à Jérusalem, emportés par des batailles ou maladies en cours de route. Et nombre de survivants sont rentrés chez eux, où leurs exploits ont fait l'objet de célébrations à travers des chansons épiques telles que la *Chanson d'Antioche* et la *Chanson de Jérusalem* – qui ont renforcé le mythe associé aux États croisés encore dans les mémoires aujourd'hui. Mais la colonisation de l'Outremer a été l'œuvre de personnes très différentes.

L'Outremer a finalement été balayé et presque toutes les archives locales qui auraient pu révéler l'histoire sociale de cette région ont été détruites. Mais çà et là ont survécu des documents, dont la liste détenue par les Hospitaliers des habitants de Beth Gibelin et du village de Magna Mahomeria (al-Bira), situé à une quinzaine de kilomètres au nord de Jérusalem et fondé par l'église du Saint-Sépulcre vers 1128.

---

199 Tiré de la chronique d'Ernoul, *in* Alan Forey, *The Military Orders*, Macmillan, Basingstoke, 1992, p. 59-60.

Ces listes révèlent les lieux d'origine et les professions des colons[200]. Elles sont tout d'abord frappantes parce qu'elles révèlent qu'aucun habitant de ces deux sites ne vient du nord de la France, dont sont pourtant originaires la majorité des croisés. Les colons de Beth Gibelin et de Magna Mahomeria viennent du centre et du sud de la France, d'Italie et d'Espagne. Il s'agit de gens du sud de l'Europe et du bassin méditerranéen, qui connaissent cet environnement, apportent en Outremer leurs compétences et leur enthousiasme, comme ils l'ont fait en Occident, où leurs anciennes terres sont en train d'être libérées de l'occupation musulmane. La première croisade a défini les limites de l'implantation franque, mais n'a pas déterminé la composition démographique de l'Outremer, laquelle dépend d'un processus migratoire plus large, également en marche en Europe à cette époque, où les entrepreneurs voyagent loin en quête de lieux offrant de meilleures conditions sociales et économiques. Il y a bien ceux qui s'aventurent en Orient aussi bien pour nourrir leur âme que pour saisir des occasions, mais, sinon, il s'agit du même genre de personnes qui s'installent en Sicile ou en Espagne, régions récemment reconquises suite à l'occupation musulmane, ou s'implantent dans n'importe quelle contrée d'Europe. Également venues par hasard, elles auraient pu tout aussi bien se poser ailleurs, mais sont arrivées au Levant. Ronnie Ellenblum a affirmé : « On peut douter qu'il existe dans l'esprit des Lombards ou des Bourguignons une grande différence entre s'installer en Languedoc et en Catalogne et s'implanter au sein de l'Orient franc. »[201]

Il existe cependant une différence entre les colons d'Outremer et ceux qui débarquent dans des endroits comparables en Occident. Par rapport aux villageois du Languedoc, par exemple, les listes montrent que les habitants de Beth Gibelin et de Magna Mahomeria sont très qualifiés et spécialisés. C'est probablement vrai pour le village templier de Wadi al-Haramiya, situé à 5 kilomètres au nord de Magna Mahomeria, et pour tout l'Outremer. Outre les bouchers, boulangers

200 Ronnie Ellenblum, *Frankish Rural Settlement in the Latin Kingdom of Jerusalem*, p. 76-77, 82-84. La liste de Magna Mahomeria concerne l'année 1156 et celle de Beth Gibelin concerne 1168.

201 *Ibid*, p. 79.

et cordonniers classiques, les colons orientaux comptent dans leurs rangs un nombre inhabituellement élevé de maçons, charpentiers, menuisiers et forgerons. On dénombre également une concentration d'experts dans des domaines tels que les potagers, les vignobles, la culture des céréales, l'élevage des cochons, des chèvres et des chameaux. Après des siècles au cours desquels les autochtones chrétiens se sont vu interdire par leurs maîtres musulmans de construire des églises ou même de les réparer, la population indigène a perdu une grande part de ses connaissances en matière de construction d'édifices d'envergure. Face à la nécessité de retrouver ces compétences, on a fait appel à des maçons, charpentiers, menuisiers et ferronniers francs, qui se sont également retrouvés impliqués dans des activités militaires telles que la construction de forteresses et d'engins de siège et ont également ferré les chevaux. L'élevage de cochons et la viticulture conduisent à faire appel à la population chrétienne et franque et l'augmentation de la production d'huile d'olive illustre au moins en partie l'utilisation de ce produit dans les nouvelles églises, de plus en plus nombreuses. Les experts francs prospèrent pour leur part dans l'élevage d'animaux tels que les chèvres et les chameaux, domaines qui étaient auparavant la chasse gardée des musulmans.

La réussite franque au sein du royaume de Jérusalem en matière de développement rural a été considérable. De récentes fouilles archéologiques ont mis au jour plus de 200 nouvelles implantations, reliées par un réseau de routes. Ils construisaient des ponts, rénovaient des aqueducs, bâtissaient des moulins à eau et à vent. Dans un environnement accablé par la sécheresse, ils maîtrisaient les techniques traditionnelles complexes d'irrigation. Les ordres militaires ont joué un rôle prépondérant. Outre l'installation de villages, les Templiers et les Hospitaliers ont développé l'économie rurale en mettant sur pied des moulins à eau et des greniers à céréales. Les Hospitaliers se sont également investis dans l'industrie du sucre et les Templiers dans la fabrication du verre.

Les Francs représentent alors environ un quart de la population de la Palestine, soit 100 000 personnes sur 400 000 à 500 000 habitants[202], renforçant la dimension chrétienne de la Palestine, dont la population rurale était « encore chrétienne à la veille de la conquête des croisés » et dont la principale ville était Jérusalem, « dans laquelle vivaient certainement en majorité des chrétiens pendant toute cette période [l'occupation musulmane] »[203]. Mais, à l'époque arabe, certaines régions de Palestine – l'est de la Galilée, par exemple, et la rive ouest du Jourdain autour de Naplouse – avaient subi de fréquentes attaques et déprédations de la part des nomades, forçant les fermiers sédentaires à abandonner leurs terres, récupérées ensuite par les musulmans. Cette situation a influé sur le mode d'implantation des Francs, ces derniers préférant s'installer parmi d'autres chrétiens, créant de nouveaux sites dans des endroits chrétiens et épousant des chrétiennes du cru, voire vivant dans les villages chrétiens orientaux et partageant les mêmes églises. Ils sont restés à distance respectable des zones où la population était musulmane et très intrusive, se comportant plus comme des envahisseurs que comme des autochtones convertis à l'islam.

Pendant longtemps, les musulmans ne se sont pas impliqués dans la vie quotidienne et la culture de personnes qu'ils considéraient comme leur possession, les chrétiens et les juifs, « tolérés » comme *dhimmis* sous le règne islamique. Et ils affichaient les mêmes sentiments, voire exacerbés, envers les Francs. Très peu de musulmans se donnaient la peine d'apprendre les langues parlées par les Francs ou étaient même au courant que ces derniers parlaient diverses langues.

---

202 *Ibid*, p. 31 ; voir également Ronnie Ellenblum, « Settlement and Society Formation in Crusader Palestine », *in* Thomas E. Levy, *The Archaeology of Society in the Holy Land*, p. 504.

203 Moshe Gil, *A History of Palestine*, p. 171-172. Les sources de Gil sont al-Arabi, Muqaddasi et les documents de la Geniza. Dans *Frankish Rural Settlement in the Latin Kingdom of Jerusalem*, p. 21-22, Ronnie Ellenblum rejette l'hypothèse, émise par nombre d'experts et qu'il juge sans fondement, selon laquelle la majorité de la population de Palestine aux XIe et XIIe siècles était musulmane. Il attire également l'attention sur le rythme variable d'islamisation dans le Moyen-Orient, faisant remarquer que, pas plus tard qu'en 1932, les chrétiens pouvaient toujours affirmer être majoritaires au Liban.

Ils les considéraient comme un peuple parlant tous une seule et même langue. Le diplomate et chroniqueur arabe Oussama Ibn Munqidh dit à leur propos avec dédain : « Ces gens ne parle que le franc ; nous ne comprenons pas ce qu'ils disent. »[204] Les Arabes n'ont pas plus cherché à comprendre les Turcs, ni l'inverse, d'ailleurs. Il existe très peu de preuves qu'ils aient appris la langue les uns des autres. Oussama Ibn Munqidh souligne ce point quand il ajoute, pour faire bonne mesure, qu'il ne comprend pas non plus le turc. Comme l'admet Carole Hillenbrand, l'une des meilleures spécialistes de l'*imperium* turc, cette morgue, ou ignorance linguistique, jette un doute sur les chroniques musulmanes de l'époque, dans lesquelles « des dialogues dans un arabe grandiloquent » sont attribués à des commandants et sultans turcs, mais « n'ont jamais été prononcés »[205].

À tel point que, lorsque les musulmans parlent des Francs, c'est pour les agonir d'injures, les traiter d'incarnations du diable, de chiens et de porcs. Pour leur part, les chroniqueurs musulmans ne peuvent écrire une page sur les Francs sans les invectiver, les traiter d'« êtres maudits » ou d'« ennemis de Dieu ». Des expressions injurieuses comme « que Dieu les maudisse » et « que Dieu les damne » sont pléthore dans les écrits des musulmans à propos des Francs[206], mais les chroniques de ces Francs connaissant l'Orient sont généralement vierges de telles injures envers les musulmans. Comme le fait observer Foucher de Chartres, les Francs ont bien appris l'arabe, mais aussi le syriaque et l'arménien : « L'un et l'autre emploient le discours et les expressions idiomatiques des différentes langues. »[207] La connaissance des langues locales facilite le commerce et permet aux Francs de travailler avec la population indigène au développement du pays via l'agriculture, la construction de routes, l'édification de bâtiments, etc., de vivre en voisins et de se marier avec eux. Les Francs parviennent très bien à créer un environnement politique, social et culturel reposant

---

204 Carole Hillenbrand, *The Crusades*, p. 331. Voir également Philip Hitti, *History of Syria*, p. 621.

205 Carole Hillenbrand, *op. cit.*, p. 331.

206 *Ibid*, p. 303.

207 Foucher de Chartres in A. C. Krey, *The First Crusade*, p. 281.

sur la population chrétienne indigène, générant ainsi une tolérance et une ouverture d'esprit étrangères à la société musulmane. Après plusieurs siècles d'occupation étrangère, l'Outremer revient dans le giron méditerranéen.

Le *djihad* de Zengi

En 1138, le diplomate arabe Oussama Ibn Munqidh est dépêché à Jérusalem par le gouverneur turc de Damas, Mu'in ad-Din Unur, pour évoquer avec le roi Foulque la possibilité d'une alliance contre Imad al-Din Zengi, confirmé une décennie plus tôt par le sultan seldjoukide comme *atabeg* (ou gouverneur) de Mossoul, dans le nord de l'Irak, et d'Alep, dans le nord de la Syrie. Mais la dynastie seldjoukide est en plein déclin et n'exerce qu'un contrôle très relâché sur ses laquais, le calife abbasside de Bagdad ou les autres, laissant les hommes forts tels que Zengi se disputer le pouvoir dans la région. Guillaume de Tyr dit de celui-ci qu'il s'agit d'« un homme vicieux »[208] et les habitants de Damas sont du même avis. Ils ont fait l'expérience de sa brutalité lors du siège infructueux de leur ville en 1135. À Jérusalem, la mission d'Oussama Ibn Munqidh bénéficie donc du soutien populaire. Pendant deux ans, il va et vient pour négocier une alliance et se faire

208 Guillaume de Tyr, *Histoire des régions d'Outremer depuis l'avènement de Mahomet jusqu'à 1184*, traduit par François Guizot.

des amis. Zengi menace de nouveau Damas en 1140, mais sa peur d'être pris en tenaille le force à battre en retraite, événement célébré plus tard cette même année quand Oussama Ibn Munqidh accompagne Mu'in ad-Din Unur dans le cadre d'une visite d'État dans le royaume de Jérusalem.

Pendant son séjour à Jérusalem et dans le restant du royaume, Oussama Ibn Munqidh observe de près les Francs et leur comportement et il décrit ses rencontres dans ses Mémoires, même si c'est souvent sur un ton respirant l'autosatisfaction à travers ce qu'il perçoit comme la supériorité de sa culture sur celle de ces Francs. Il est par exemple frappé par la grande liberté octroyée aux femmes par les Francs :

> « Les Francs n'ont pas la moindre bribe d'honneur ni de jalousie. Chez eux, un homme se promène avec sa femme ; s'il en rencontre un autre, celui-ci la prend à l'écart et s'entretient avec elle, tandis que le mari reste planté à côté, attendant qu'elle ait fini de causer. S'il trouve que l'entretien se prolonge, il la laisse parler avec l'autre, et va son chemin. »[209]

Lors d'une visite à Saint-Jean-d'Acre, Oussama Ibn Munqidh rencontre un chevalier franc influent venu en pèlerinage. Il le côtoie souvent et ils deviennent très bons camarades, à tel point que le chevalier commence à l'appeler « mon frère » et que naît une réelle amitié. Mais quand le chevalier est prêt à s'embarquer pour rentrer chez lui et propose d'emmener le fils adolescent d'Oussama pour qu'il séjourne quelque temps chez lui, forme de tutelle courante dans la noblesse européenne, Oussama décline l'offre, faisant remarquer dans ses Mémoires que, même si son fils devait être emprisonné, sa captivité ne pourrait être pire que de se retrouver en territoire franc[210].

Arabe né à Shaizar, en Syrie, en 1095, année où est lancée la première croisade, Oussama est très lu et d'une grande culture. Sensibilisé

209 *Ibid.* (NdT)

210 Oussama ibn Mounkidh, *Ousama ibn Mounkidh. Un émir syrien au premier siècle des croisades (1095-1188)*, A. Lanier, Paris, 1887.

étant jeune à l'art de la chasse et de la guerre, il a contribué, dans ses jeunes années, à la défense de Shaizar contre tous ceux qui l'attaquaient. Il s'est battu contre les Francs à Tripoli et Antioche, ainsi que contre les Turcs à Hama et Homs, mais aussi contre les Assassins qui bâtirent leur château de Masyaf, non loin de Shaizar, de l'autre côté de la vallée de la rivière Oronte. Mais, en 1131, il est exilé par son oncle, l'émir de Shaizar, qui craint qu'il n'ourdisse un complot contre lui. Ensuite, il erre au Moyen-Orient, au service d'un souverain puis d'un autre et se forge une réputation d'intrigant politique sans scrupule. Il est accusé d'avoir organisé l'assassinat d'un calife fatimide et de son vizir, ainsi que de conspirer contre Mu'in ad-Din Unur, le souverain de Damas, dont il était néanmoins l'émissaire diplomatique. Mais son talent et son charme lui ouvrent de nombreuses portes et il se lie d'amitié avec de nombreux personnages d'Orient, dont des Templiers et le roi Foulque V. Oussama meurt à Damas en 1188, un an après la prise de Jérusalem par Saladin, un autre de ses amis.

Oussama Ibn Munqidh a appris à très bien connaître les Templiers. Il souligne qu'ils n'ont pas manqué de lui trouver un endroit pour prier dans leur quartier général du Mont du Temple, même s'il ne peut s'empêcher de raconter dans ses Mémoires des histoires contre les Francs.

« Je vais donner un exemple de l'inhumanité de ces gens-là – Dieu les avilisse ! Lors d'une visite à Jérusalem, j'entrai dans la Mosquée éloignée, sur le côté de laquelle il y avait un petit oratoire que les Francs avaient converti en église. Quand j'allais à la Mosquée éloignée, où se trouvaient mes amis les Templiers, ils laissaient libre pour moi ce petit oratoire, et j'y faisais mes prières. »[211]

Oussama Ibn Munqidh s'est arrangé pour prier en direction de La Mecque, qui se trouve au sud de Jérusalem, alors que les églises chrétiennes sont généralement orientées vers l'est. Un Franc a remarqué la

211 André Miquel, *Des enseignements de la vie, souvenirs d'un gentilhomme syrien du temps des Croisades*, Imprimerie nationale, 1983. (NdT)

façon dont se tournait Oussama pour prier et lui a indiqué sèchement l'est en lui disant : « C'est de cette façon-là que tu dois prier ! »[212] Les amis templiers d'Oussama se sont précipités pour éloigner l'homme, mais, lorsque leur attention fut attirée par autre chose, l'homme revint à la charge en lui répétant : « C'est de cette façon-là que tu dois prier ! » Les Templiers sont de nouveau intervenus pour emmener le Franc, s'excusant auprès de leur ami musulman et ajoutant que l'importun venait d'arriver d'Occident et n'avait jamais vu quelqu'un prier de cette façon. Oussama en a conclu que « tous les nouveaux arrivés en terre franque ont un comportement plus inhumain que ceux qui y sont acclimatés et ont fréquenté les musulmans. Ceux-là sont meilleurs que les autres nouvellement installés dans leurs pays, mais constituent l'exception qu'on ne saurait ériger en règle »[213].

Pendant l'occupation musulmane, les chrétiens n'ont absolument pas le droit de se rendre sur le Mont du Temple, tandis qu'Oussama est traité comme un roi par les Francs. Mais les Francs sont des animaux, écrit-il, possédant la vertu du courage et se montrant combatifs, mais rien d'autre, simplement forts et capables de porter des charges. Il s'agit là du vieux mépris que les musulmans ont pour les *dhimmis*, lequel remonte à plusieurs siècles en arrière. Concernant sa remarque selon laquelle les Francs « ont colonisé notre terre », elle sonne bizarrement dans la bouche d'un homme dont la famille est bien installée à Shaizar, lieu depuis peu aux mains des Byzantins et ayant été le siège d'un évêque. Cette ville connue des Byzantins sous le nom de Sezer a fait partie pendant un millénaire de la Syrie gréco-romaine, jusqu'à ce que les Arabes s'en emparent en 638, même si elle est ensuite récupérée en 999. Mais, en 1081, pratiquement à la veille de la première croisade et quelque quatorze ans avant la naissance d'Oussama Ibn Munqidh, Sezer est prise par les Banu Munqidh, le clan d'Oussama. Ce ne sont donc pas vraiment les Francs qui ont « colonisé notre terre » au détriment de la population indigène, mais plutôt les Banu Munqidh.

---

212 *Ibid.* (NdT)
213 *Ibid.* (NdT)

Début 1099, les participants de la première croisade, après la capture d'Antioche, marchent vers le sud et Jérusalem. Cette armée suit d'abord la vallée de la rivière Oronte, dans laquelle les croisés sont bien accueillis par le clan des Banu Munqidh de Shaizar, ravi d'aider tout ennemi des Turcs. L'émir de Shaizar, l'oncle d'Oussama Ibn Munqidh, leur fournit des chevaux et des vivres et leur donne des guides pour s'orienter dans la vallée et la trouée d'Homs, d'où l'armée émerge au nord de Tripoli. Là, un autre clan arabe, les Banu Ammar, apporte lui aussi son concours aux croisés dans leur progression sur le littoral jusqu'en territoire fatimide, avant de grimper les montagnes, depuis Jaffa, jusqu'à Jérusalem.

Cependant, à l'époque d'Oussama, les souverains musulmans locaux, qu'ils soient arabes ou turcs, ont changé d'attitude vis-à-vis de l'impérialisme turc, passant de la résistance à l'acceptation, surtout parce qu'ils sont contraints à la soumission à cause de l'ambition dynastique d'une succession de guerriers : Imad al-Din Zengi, son fils Nur al-Din et le successeur de Nur al-Din, Salah al-Din, célèbre en Occident sous le nom de Saladin. Un historien a succinctement décrit la technique de Zengi comme « une politique consistant à s'abstenir délibérément d'attaquer sérieusement les États latins afin de concentrer ses assauts sur ses rivaux musulmans. Son programme de statu quo vis-à-vis des Francs est bien entendu destiné à lui donner une marge de manœuvre totale pour battre ses ennemis musulmans »[214].

En 1127, le Turc Zengi exploite la faiblesse du sultan seldjoukide de Bagdad pour que ce dernier le nomme *atabeg* (gouverneur) de Mossoul, dans le nord de l'Irak. Un an plus tard, après avoir conclu une trêve avec le comte franc d'Édesse, Zengi pénètre dans le nord de la Syrie et s'autoproclame également *atabeg* d'Alep. À coup de guerres et d'intimidations, Zengi étend très vite son autorité sur une grande partie de la Syrie musulmane et il n'est pas loin de s'emparer également de Damas, mais ne parvient pas à ses fins à cause de l'alliance, conclue

214 Robert L. Nicholson, « The Foundation of the Latin States », *in* Kenneth M. Setton, ed., *A History of the Crusades*, University of Pennsylvania Press, Philadelphie, 5 vols, 1955-85, vol. I, p. 429.

en 1139 par Oussama Ibn Munqidh, entre son souverain turc, Mu'in ad-Din Unur, et le roi Foulque V et la reine Mélisende de Jérusalem.

L'ambition de Zengi de s'emparer de Damas l'a déjà amené à entrer en conflit avec les Francs, mais aussi les Templiers. En 1137, Zengi assiège la ville syrienne d'Homs, dépendance de Damas, mais Raymond II, comte de Tripoli, vole à son secours, ne serait-ce que pour maîtriser Zengi et l'empêcher d'acquérir trop de pouvoir. À l'approche des Francs, Zengi lève le siège et se retire au nord dans la vallée de l'Oronte, où il investit le château de Montferrand, avant-poste du comté de Tripoli. Raymond suit Zengi au nord tout en sollicitant l'aide de Jérusalem. Le roi Foulque V répond et se précipite vers Tripoli en empruntant la trouée d'Homs, à la tête d'une petite armée comprenant un certain nombre de Templiers[215]. Malgré le fait que les Templiers ne dépendent que du pape, ils entretiennent dès le début une relation étroite avec la famille régnante de Jérusalem, ont une place de choix à la cour et jouent un rôle politique et militaire important au sein du royaume. La participation des Templiers à l'assaut manqué contre Damas en 1129 et cette marche vers le nord et la vallée de l'Oronte sont les premiers témoignages consignés de l'implication guerrière de l'Ordre en Orient, qui change de ses interventions de maintien de l'ordre. Dans les deux cas, les Templiers rendent service au roi. Mais, comme la débâcle de Damas, cette aventure se solde par un horrible désastre.

Alors que Raymond II et Foulque V marchent contre Zengi à Montferrand, ce dernier interrompt son encerclement du château et s'abat par surprise sur les Francs, décime leur infanterie et fait prisonnier Raymond II et de nombreux chevaliers. Foulque V et ses forces, dont les Templiers, abandonnent leurs vivres et cherchent asile à Montferrand, que Zengi assiège très vite. L'assistance est en route. Une conscription massive de combattants de Jérusalem, Antioche et Édesse fonce vers l'Oronte. Ils sont si nombreux que les musulmans

---

215 La seule source mentionnant la présence de Templiers est Orderic Vital, chroniqueur d'Occident du XIIe siècle. Voir Orderic Vital, *The Ecclesiastical History of Orderic Vitalis*, trad. et éd. Marjorie Chibnall, Oxford University Press, Oxford, 1978, vol. 6, p. 496-497.

croient à l'arrivée d'une nouvelle croisade. C'est le genre de défense qu'adoptent les Francs dans les premières années de l'Outremer. Plutôt que de s'appuyer sur d'énormes châteaux et de livrer une guerre statique, les Francs déploient rapidement leurs forces pour venir en aide à la ville ou à la forteresse attaquée ou assiégée, laquelle ne doit donc tenir que quelques jours, le temps que l'aide massive parvienne sur place. Mais les Francs se sont précipités à l'intérieur du château sans emporter leurs vivres et ils sont maintenant affamés, contraints de manger leurs chevaux. Isolés et ne sachant pas que des forces amies approchent, ils négocient les conditions de leur reddition. Zengi est d'accord pour les laisser partir, à la seule condition que Montferrand capitule. Stupéfaits, dans un premier temps, de cette générosité, les Francs apprennent très vite qu'une armée est en route pour leur venir en aide et se reprochent d'avoir capitulé trop tôt. Parmi les hommes libérés figurent 18 Templiers humiliés. Quant à Zengi, il s'est épargné une bataille féroce contre les Francs. S'il l'avait perdue, cela aurait profité à son ennemi véritable, Damas. Mais il a donc récupéré Montferrand, ce qui empêche les Francs de percer par la trouée d'Homs pour déboucher dans la vallée de l'Oronte, et lui offre le contrôle d'Homs et de la ville voisine d'Hama, que les Francs ne parviendront jamais à récupérer. Un an plus tard, dans des circonstances plutôt semblables, Zengi se montrera moins magnanime avec ses frères musulmans. Alors qu'il assiège Baalbek, dépendance de Damas, il garantit la sécurité de la garnison si celle-ci rend les armes. Mais, une fois la reddition effective, il écorche vif le commandant de la garnison et crucifie tous les autres soldats.

Cependant, tout juste trois ans plus tard, toujours sans mener une vraie campagne contre les Francs, Zengi proclame ses velléités djihadistes avec une série d'inscriptions sur les bâtiments publics d'Alep : « Dresseur d'infidèles et de polythéistes, chef de ceux qui mènent la guerre sainte, mécène des armées, protecteur du territoire des musulmans. »[216]

Ces inscriptions sont probablement l'œuvre de religieux musulmans

---

216 Carole Hillenbrand, *The Crusades*, p. 111.

qui appellent également au *djihad,* au marché et dans la mosquée. C'est le début de l'alliance entre les commandants turcs et les autorités religieuses, dont les intérêts communs seront favorisés en montant l'opinion publique contre les Francs. Mais Zengi, Nur al-Din et Saladin ont surtout l'ambition de bâtir leur propre empire. La lutte contre les Francs n'est qu'accessoire. Ces trois personnages appellent au *djihad,* non seulement pour leurs campagnes occasionnelles contre les Francs, mais également pour leurs guerres bien plus nombreuses et violentes contre leurs rivaux musulmans. Ils prennent comme prétexte qu'un *djihad* contre les Francs ne serait possible qu'après s'être débarrassés des musulmans dans l'erreur, hérétiques ou qui tergiversent – excuses masquant le fait que ni Zengi, ni Nur al-Din, ni Saladin n'apprécient le soutien des souverains musulmans, sans parler de la population musulmane au sens large, qui lutte souvent aux côtés des Francs contre ces guerriers saints autoproclamés[217].

La peur est la notion que l'on associe le plus souvent à Zengi dans les chroniques musulmanes. C'était « une personnalité d'une nature impitoyable qui faisait froid dans le dos et inspirait littéralement la terreur aussi bien au sein de son armée que parmi ses sujets »[218], écrit Carole Hillenbrand. Selon le chroniqueur perse Imad al-Din al-Isfahani, qui servira par la suite aux côtés de Nur al-Din et Saladin, « Zengi était tyrannique et frappait avec une irresponsabilité systématique. Il avait le caractère du léopard, la fureur du lion, ne s'interdisait aucune sévérité et ne montrait jamais aucun signe de gentillesse »[219]. Oppressant, perfide et effroyable envers ses frères musulmans, sa brutalité fut néanmoins pardonnée par les chroniqueurs musulmans pour une seule raison, sa conquête d'Édesse. « Ce fut la plus belle de toutes les victoires de la veine de celle de Badr », exultait le chroniqueur kurde

217 Voir par exemple Thomas Asbridge, *The Crusades: The War for the Holy Land,* Simon and Schuster, Londres, 2010, p. 193. Andrew S. Ehrenkreutz, *Saladin*, p. 236. Malcolm Cameron Lyons et D. E. P. Jackson, *Saladin*, p. 111.

218 Carole Hillenbrand, *op. cit.*, p. 112-113.

219 *Ibid*, p. 133, citant Al-Bundari, *Zubdat al-nusra*, éd. M. T. Houtsma, Leiden, 1889, p. 205.

Ibn al-Athir, qui compare la prise de la ville par Zengi à une des premières batailles décisives de Mahomet, ajoutant que ceux y ayant assisté sont devenus « dévoués au *djihad*, animés de la plus forte des convictions »[220].

Voyant contrarié son grand objectif, à savoir la prise de Damas, Zengi porte son attention ailleurs sur des ennemis moins importants. Kara Arslan, de la dynastie turque artukide de la région de Diyarbakir, dans l'est de l'Asie Mineure, est l'un des princes musulmans que Zengi est déterminé à détruire. Voyant Zengi ravager ses terres, Kara Arslan s'allie à Josselin II, comte d'Édesse, mi-arménien mi-franc, qui se dirige vers le nord à l'automne 1144 avec une grande partie de ses soldats, laissant une modeste garnison à Édesse, la ville n'ayant comme protection que ses remparts. Quand Zengi apprend par des rapports que la ville est exposée, il fait immédiatement route vers le sud et se retrouve devant Édesse après des marches forcées. Il encercle alors la ville à l'aide de son immense armée.

Zengi a bien cerné l'importance stratégique d'Édesse, la ville étant le rempart des États francs contre toute agression musulmane. Les autres États d'Outremer bordent la Méditerranée, alors qu'Édesse n'a pas d'accès à la mer. Elle se trouve à un jour de cheval à l'est de l'Euphrate et donne sur la route commerciale reliant Mossoul à Alep et séparant les musulmans d'Irak des Seldjoukides de Roum, en Asie Mineure. Les Occidentaux visitent rarement la ville et seule une minorité des habitants est franque. Ces Francs, à l'instar de la famille régnante dont est issue la reine Mélisende de Jérusalem, se marient principalement avec les autochtones. Le restant de la population est majoritairement arménien. On dénombre également des orthodoxes syriens. Édesse est célèbre pour constituer un des premiers centres du christianisme. C'est là qu'ont été traduits en syriaque les Évangiles vers 150 apr. J.-C. Et au xe siècle, elle comptait 300 églises, dont une cathédrale dotée d'un plafond en voûte recouvert de mosaïques, classée parmi les plus grandes merveilles du monde. Les architectes d'Édesse sont recherchés partout en Orient, par les Fatimides, pour le compte

220 *Ibid*, p. 144, citant Ibn al-Athir, *Al-tarikh al-bahir fi l'dawlat al-atabakiyya*.

desquels ils dessinent les portes de Bab al-Futuh et Bab al-Nasr, au Caire. Par conséquent, quand Zengi assiège la ville, il tombe sur ses formidables remparts. Mais Guillaume de Tyr fait preuve de dédain envers les habitants d'Édesse, leur reprochant d'être plus dévoués au commerce que doués dans le maniement des armes.

« Toutes ces défenses pourraient servir contre l'ennemi si seulement il y avait des hommes désireux de combattre pour leur liberté, des hommes prêts à résister vaillamment à l'ennemi. Ces défenses seraient cependant inutiles si, parmi les assiégés, aucun ne souhaitait se muer en défenseur. Les tours, les murailles et les ouvrages de terre ont peu de valeur s'ils ne sont pas exploités par des hommes. Zengi a découvert une ville privée de défenseurs, ce qui l'a considérablement encouragé. »[221]

Mais les habitants d'Édesse ne manquent pas de courage et, quand Zengi les appelle à capituler, ils répondent d'un air de défi par l'intermédiaire de leurs chefs, l'évêque Papios, un Latin, Basilius Bar Shumanna, un Syrien, et Iwannis (Jean), un Arménien. Ayant toute confiance dans les Francs, auxquels ils demeurent fidèles, ils refusent d'accéder à la demande de Zengi et le siège s'installe à la fin novembre.

Josselin II appelle à l'aide les autres États francs d'Outremer, mais, ayant été longtemps en désaccord avec le prince d'Antioche, lequel l'ignore désormais, les renforts envoyés de Tripoli et de Jérusalem arrivent trop tard. Pendant ce temps-là, les hommes de Zengi bombardent la ville de pierres à l'aide de catapultes, alors que d'autres creusent des tunnels sous les remparts afin de les faire s'écrouler. Selon les chroniqueurs syriaques, et contrairement aux commentaires dédaigneux de Guillaume de Tyr, la population d'Édesse se bat héroïquement et tente d'empêcher que l'on sape les murailles. Tout le monde est sollicité. Épuisés, les femmes, les filles et les garçons transportent des pierres, de l'eau et d'autres matériaux aux ouvriers qui tentent de consolider les fondations. Même quand une section des

---

221 Guillaume de Tyr, *in* James Brundage, *The Crusades*, p. 80.

remparts s'écroule, on travaille d'arrache-pied à la reconstruire. Mais les hommes de Zengi s'engouffrent dans la brèche et déferlent dans les rues et maisons de la ville. Nous sommes à la veille de Noël 1144.

« Ils tuent à coups d'épée les gens qu'ils croisent, sans distinction d'âge, d'état ou de genre »[222], écrit Guillaume de Tyr. Ils réduisent ensuite les survivants en esclavage. Les chroniqueurs syriaques détaillent encore plus l'opération. 6 000 personnes perdent la vie rien que ce jour-là et, pendant trois jours, Zengi laisse libre cours à ce déchaînement de violence. Selon le récit de Michael Rabo, patriarche orthodoxe syrien d'Antioche :

> « Les prêtres étaient tués, les diacres massacrés, les sous-diacres mutilés, les églises pillées et les autels renversés. Quelle calamité ! Les pères abandonnaient leurs propres enfants et les mères n'avaient plus de compassion pour leur progéniture. Certains s'enfuyaient dans la montagne, tandis que d'autres rassemblaient leurs enfants comme les poules leurs poussins, dans l'attente de la mort ou de la captivité. »[223]

Les Turcs, ajoute-t-il, laissent la vie sauve à quelques Arméniens, Syriens et Grecs, mais ils sont sans pitié envers les Francs. Ils leur dérobent d'abord tous leurs biens, puis séparent les prêtres et dignitaires des autres, leur ôtent tous leurs vêtements et les envoient, nus, en captivité à Alep. Ils séparent également les artisans des prisonniers, par métier, avant de les asservir également. Quant aux autres, certains sont torturés, d'autres servent de cibles aux archers turcs et d'autres encore sont carrément passés au fil de l'épée. De toutes les manières, tous succombent.

Les chroniqueurs musulmans vont dans le même sens que les sources syriaques sur le grand nombre d'Arméniens et de Francs tués et la destruction et la profanation des églises, certaines étant transformées en greniers à céréales ou en écuries. Ibn al-Athir écrit que Zengi

222 *Ibid*, p. 81.

223 Michael Rabo, *in* Matti Moosa, *The Crusades: Conflict between Christendom and Islam*, Gorgias Press, Piscataway, NJ, 2008, p. 556.

s'empare d'Édesse à la force de l'épée et que ses hommes continuent ensuite de tuer et de piller. « Il a déclaré la ville ouverte au carnage perpétré par ses hommes. Ils ont renversé les croix, supprimé les prêtres et les moines, tué les chevaliers et les hommes courageux et se sont rempli les poches. » Ibn al-Athir cite également le Coran, 11:102 : « Telle est la rigueur de la prise de ton Seigneur quand il frappe les cités lorsqu'elles sont injustes. Son châtiment est bien douloureux et bien dur. »[224]

Certains habitants de la ville fuient vers Jérusalem, où ils trouvent refuge dans des couvents qui leur offrent tant bien que mal un abri et de la nourriture. D'autres restent à Édesse, où plus d'une centaine de jeunes femmes épousent des Turcs et sont converties à l'islam.

Suite à sa conquête d'Édesse, des poètes musulmans de l'époque font le panégyrique de Zengi, l'un d'eux écrivant qu'il « se tournera demain vers Jérusalem », un autre fixant lui aussi Jérusalem comme prochaine étape du *djihad* : « Si la conquête d'Édesse est la haute mer, Jérusalem et le Sahil [la côte de la Palestine et de la Syrie] sont son littoral. » Et le calife de Bagdad honore Zengi d'une kyrielle de titres, parmi lesquels « la parure de l'islam, le roi d'inspiration divine, le soutien des croyants »[225].

L'année suivante, alors que Zengi assiège la forteresse franque de Jabar, sur l'Euphrate, il est assassiné dans sa tente. Les versions varient mais, selon plusieurs sources musulmanes, Zengi était ivre quand il a été tué par un esclave franc. Dans le chaos qui s'ensuit et dans la mesure où ses fils se battent pour lui succéder, les souverains musulmans locaux réclament ce qu'ils peuvent des domaines de Zengi. Mu'in ad-Din Unur, l'*atabeg* de Damas, récupère Baalbek, Homs et Hama, tandis que les Artukides prennent de nouveau possession de leurs territoires autour de Diyarbakir. Édesse aspire également à se débarrasser du joug turc. Ses habitants chrétiens envoient secrètement une missive à Josselin II, puis à la forteresse de Turbessel, la capitale

224 Ibn al-Athir, *in* Matti Moosa, *op.cit.*, p. 559.

225 Les poètes Ibn Munir et Ibn al-Qaysarani sont cités dans l'ouvrage de Carole Hillenbrand, *The Crusades*, p. 115. Les titres honorifiques, cités par Ibn Wasil, sont mentionnés à cette même page.

de ce qui reste du comté d'Édesse, à l'ouest de l'Euphrate. Elle dit que les Turcs ont pratiquement abandonné Édesse et qu'ils lui ouvriront les portes. Mais entre-temps, parmi les fils de Zengi, c'est Nur al-Din qui lui a succédé. Quand ce dernier apprend que Josselin II a pris Édesse, il part de Mossoul, à la tête d'une immense armée. Josselin II se montre incapable de déloger la garnison turque de la citadelle de la ville. Craignant de se retrouver piégé entre les Turcs encore à l'intérieur de la ville et ceux arrivant de Mossoul, il sort de la ville à cheval pour faire face aux Turcs en terrain découvert. Mais lorsque les Francs chargent, les lignes turques s'effacent, puis se referment derrière eux et attaquent Josselin II et son armée par l'arrière. En pleine confusion, les Francs s'enfuient. Josselin II est blessé par une flèche, mais parvient à s'échapper.

Le 3 novembre 1146, les musulmans se retrouvent de nouveau à la tête d'Édesse. Tout d'abord, les Arméniens et les autres chrétiens sont passés au fil de l'épée, parfois torturés et éventrés. Puis le pillage commence. Quand Zengi avait pris la ville en 1144, les exactions avaient duré trois jours. Cette fois-ci, elles durent une année entière. Les Turcs arpentent la ville à la recherche de caches secrètes, fouillent les fondations, démontent les toits. Les églises, maisons et monastères sont mis à nu et détruits. Édesse n'est plus qu'horreur et désolation. La ville devient la demeure de chacals qui dépècent les cadavres et personne ne peut entrer, à l'exception des chercheurs de trésors. Les chroniqueurs musulmans évitent cependant de fournir des détails sur l'attaque d'Édesse. Ibn al-Qalanisi dit que les cœurs musulmans se réjouissent de la victoire. Les chroniqueurs chrétiens racontent pour leur part une tout autre histoire. Michael Rabo, le patriarche orthodoxe syrien d'Antioche, mentionne :

« [...] la nuit de mort, l'aube infernale et la journée de désolation qui stupéfient les fils de cette misérable ville. [...] Les corps des prêtres, diacres, moines, dignitaires et pauvres gens ont été entassés. Ceux qui mouraient avaient plus de chance que ceux qui avaient survécu. Les personnes encore en vie subissaient d'incroyables supplices. Ils se sont retrouvés en proie à l'immense colère des Turcs qui leur faisaient ôter leurs vêtements et chaussures. Ils leur liaient les mains dans le dos, les battaient et les forçaient, les hommes comme les femmes, à marcher nus à côté de leurs chevaux. Les Turcs fouettaient le ventre de ceux qui tombaient, éreintés par les tortures, puis laissaient leurs corps devenir putréfaction et servir de nourriture aux rapaces. »[226]

Michael Rabo estime que lors des deux occupations turques d'Édesse, en 1144 et 1146, quelque 30 000 habitants ont été massacrés et 16 000 faits prisonniers, alors que seuls 1 000 hommes sont parvenus à se mettre en lieu sûr. Ni femme ni enfant ne sont restés en ville. Certains ont été tués, tandis que les autres ont été conduits à Alep pour être vendus comme esclaves, puis éparpillés dans tout l'Orient. On venait de rejouer le drame d'Ani.

226 Michael Rabo, *in* Matti Moosa, *op. cit.*, p. 571-572.

La deuxième croisade

Par la suite, les chroniqueurs arabes se sont penchés sur la destruction d'Édesse et ont souligné qu'elle marque le début du *djihad* qui chassera les Francs d'Orient. En Occident, la perte d'Édesse lance la deuxième croisade, grande campagne maritime et terrestre dirigée par deux rois européens. Mais cette croisade n'aurait peut-être jamais atteint la Terre sainte sans les Templiers. Et lorsqu'elle a échoué de manière inattendue, ils sont devenus les boucs émissaires idéaux. Face au regroupement des forces musulmanes du *djihad*, l'Outremer n'aurait pas survécu cent cinquante ans supplémentaires sans la conviction, le sacrifice et les prouesses militaires des chevaliers templiers.

Tout au long de l'année 1145, des pèlerins rentrent d'Orient en rapportant qu'Édesse est tombée, et des émissaires d'Arménie, d'Antioche et de Jérusalem sont envoyés en Occident. Le pape Eugène III est bouleversé par ces terribles événements et, le 1er décembre, il appelle à prendre les armes en publiant une bulle pontificale, *Quantum Praedecessores,* connue pour son introduction, « Combien nos prédécesseurs les pontifes romains ont œuvré pour la libération de l'église d'Orient… »[227]. La bulle poursuit en accordant la rémission des péchés à tous ceux qui prendront part à la croisade. Mais il n'est mentionné nulle part une quelconque réponse d'aucune sorte. L'appel du pape semble ne pas avoir été entendu.

Il n'est pas certain que le roi de France Louis VII ait eu vent de cette bulle, mais il a sûrement des échos de ce qui se passe en Orient. À Noël 1145, il convoque ses barons et leur parle de son désir de venir en aide aux chrétiens d'Orient. Mais il ne mentionne pas le pape et ne fait pas référence à une croisade et à ses diverses récompenses, dont la rémission des péchés. Louis VII ne dit rien de plus que ce qui fut dit quelque seize ans plus tôt lorsque le maître des Templiers, Hugues de Payns, s'est rendu en France pour recruter des combattants dans l'optique de l'attaque de Damas. En l'occurrence, les barons du roi sont indifférents à son appel et l'abbé Suger de Saint-Denis, l'homme d'État le plus chevronné de la cour de Louis VII, s'oppose carrément à l'entreprise, affirmant que la place du roi est au pays.

Louis VII n'a pas l'étoffe d'un seigneur de guerre. Après la mort de son frère aîné, il accède au trône sept ans plus tard, à l'âge de 17 ans seulement, alors que personne ne l'attend. Fils cadet de Louis VI, il était plutôt pressenti pour l'Église. Il est austère et pieux et Aliénor d'Aquitaine, la jeune femme pleine d'entrain qui avait 15 ans quand il l'a épousée, se plaint d'avoir pris pour époux, non pas le roi qu'elle attendait, mais un moine. Louis VII et ses barons conviennent d'en parler à Bernard de Clairvaux, puis se réunissent de nouveau à Pâques 1146 à Vézelay, en Bourgogne.

De Clairvaux refuse de prendre la décision à la place de Louis VII et de ses nobles, disant que c'est du ressort du pape. Louis VII envoie donc un émissaire à Eugène III, qui se fait une joie d'enrôler le jeune roi dans la croisade pontificale. Eugène III autorise Bernard de Clairvaux à prêcher à sa place pour la croisade, mais, dans le même temps, le 1er mars 1146, il insiste sur le rôle du pontife en publiant de nouveau *Quantum Praedecessores*, répétant ainsi ce qui avait été dit.

227 Eugène III, *Quantum Praedecessores*, *in* Michel Villey, *La Croisade, essai sur la formation d'une théorie juridique*, Vrin, Paris, 1942, p. 92.

« Combien nos prédécesseurs les pontifes romains ont œuvré pour la libération de l'Église d'Orient, le récit des anciens nous l'a fait savoir. Pour notre prédécesseur le pape Urbain II, que sa mémoire soit bénie, cela ressemblait à une mission divine pour laquelle il fallait réveiller les esprits en vue de la libération des fils de la Sainte Église romaine en divers endroits de la Terre. »[228]

En citant Urbain II, la bulle cherche délibérément à s'inspirer de la première croisade.

En attendant, Eugène III et Louis VII s'arrangent pour que Bernard de Clairvaux intervienne dans la grande abbaye de Vézelay, connue pour abriter les os de Marie-Madeleine. Cette abbaye, qui a vu le jour au IXe siècle après qu'une attaque arabe a détruit un couvent se trouvant sur le site, se trouve sur un grand itinéraire de pèlerinage allant de France à Saint-Jacques-de-Compostelle, dans le nord-ouest de l'Espagne, poste avancé dans la guerre contre l'occupation musulmane de la péninsule Ibérique. De Clairvaux est non seulement l'ami des papes et des rois (Eugène III a été moine à Clairvaux et le frère du roi a récemment rejoint les Cisterciens, également à Clairvaux), mais son ascétisme, sa conviction et son éloquence en font également le personnage spirituel incontournable de l'époque. En apprenant qu'il va prendre la parole, une foule d'aristocrates et d'admirateurs de toute la France se rend à Vézelay. À tel point que, comme à Clermont quand le pape Urbain II a appelé la première croisade, la basilique Sainte-Marie-Madeleine, pourtant vaste, n'est pas assez grande pour accueillir tout le monde. Une plateforme est donc dressée dans un champ, en dehors de la ville.

Le discours de Bernard de Clairvaux n'a pas été transmis, mais ses lettres, qu'il a diffusées immédiatement après, traduisent indéniablement la passion et reprennent les thèmes abordés ce jour-là. C'est une époque exceptionnelle, dit à la foule Bernard de Clairvaux. Dieu

228 Eugène III, *Quantum Praedecessores*, *in* Ernest F. Henderson, trad., *Select Historical Documents of the Middle Ages*, George Bell and Sons, Londres, 1910, p. 333.

a trouvé de nouveaux moyens de sauver les fidèles. La chute d'Édesse est un cadeau de Dieu. C'est le moyen qu'il a trouvé de sauver l'âme des hommes. « Regardez avec quelle habileté il vous sauve. Considérez toute la profondeur de son amour et soyez stupéfaits, pauvres pécheurs. [...] C'est un projet qui n'émane pas d'un homme, mais du cœur de l'amour divin. » Au cri de « *Deus le volt !* », les membres de l'assistance s'avançant pour prendre la croix sont si nombreux que Bernard de Clairvaux doit donner lui-même son habit pour y tailler des croix. Le roi Louis VII est l'un d'entre eux, suivi de ses barons, dont bon nombre sont les fils et petits-fils de croisés de la première heure. De Clairvaux écrit au pape quelques jours plus tard : « Vous avez ordonné, j'ai obéi. J'ai ouvert la bouche et j'ai parlé, et aussitôt [les croisés] se sont multipliés. Les villes et les châteaux sont déserts, et vous trouveriez difficilement un homme pour sept femmes. On ne voit partout que des veuves dont les maris sont encore vivants. »[229]

Bernard de Clairvaux diffuse son message ailleurs, se rendant dans le nord de la France et en Flandre. Il envoie également une lettre au peuple d'Angleterre, dans laquelle il explique que Jésus, fils de Dieu, est en train de perdre la terre qu'il a foulée pendant plus de trente ans parmi les hommes. Bernard de Clairvaux dit ceci aux Anglais : « C'est à vous maintenant, peuple riche et fécond en jeunes et valeureux guerriers, à vous dont le monde entier connaît la gloire et célèbre le courage, c'est à vous, dis-je, de vous lever comme un seul homme. Croisez-vous, mes frères, et vous êtes assurés de gagner l'indulgence de tous vos péchés après que vous les aurez confessés avec un cœur contrit. Cette croix d'étoffe ne vaut pas grand-chose si on l'estime à prix d'argent ; mais, placée sur un cœur dévoué, elle ne vaut rien moins que le royaume des cieux. »

Parmi ceux s'engageant dans la croisade figurent la propre femme de Louis VII, Aliénor d'Aquitaine (dont l'oncle est Raymond d'Antioche), plusieurs évêques et de nombreux nobles et chevaliers de France, de Flandre et d'Angleterre, ainsi qu'un groupe de chevaliers emmené par Évrard des Barres, maître des chevaliers templiers de

229 Pierre Aubé, *Saint Bernard de Clairvaux,* Fayard, Paris, 2003. (NdT)

France. On se donne ensuite un an pour se préparer et prévenir les souverains étrangers de l'arrivée de la croisade.

Lorsque la nouvelle de la croisade se répand dans la population du nord de la France et de Germanie, elle déclenche des pogroms, dont l'ampleur n'atteint cependant pas celle de la première croisade, en grande partie grâce aux efforts de Bernard de Clairvaux, qui s'empresse d'aller sur place condamner ces atrocités. « Au lieu de persécuter les juifs et de les mettre à mort, vous ne devez pas même, selon l'Écriture, les chasser du milieu de vous. » Il tient cependant à protéger les juifs afin de garantir le salut chrétien. Les juifs « ne sont-ils pas pour nous le témoignage et le mémento vivant de la passion de Notre-Seigneur ? Voilà pourquoi ils sont dispersés dans toutes les régions, qu'il leur arrive de payer la peine d'un si grand crime et qu'ils peuvent être les témoins de notre rédemption »[230].

La rédemption est la clé de la deuxième croisade. La première croisade a permis de libérer un grand nombre de chrétiens d'Orient, ainsi que les lieux saints, de l'occupation musulmane. Malgré toutes les réactions émotionnelles à la chute d'Édesse, la ville n'est pas un endroit particulièrement saint aux yeux des Occidentaux et tout le restant de la Terre sainte est bien sécurisé par les Francs. Par conséquent, la deuxième croisade a dès le début pour but, non pas tant la libération des terres d'Outremer que la rédemption des âmes chrétiennes. Comme le dit Bernard de Clairvaux : « J'appelle à la bénédiction de la génération qui sera capable de saisir une occasion d'une indulgence telle que celle-ci, bénédiction pour être en vie en cette année de jubilé, cette année du choix de Dieu. Cette bénédiction touche le monde entier, qui vient en masse recevoir cette marque d'immortalité. »[231] De Clairvaux ne doute pas un instant du succès de l'expédition, est convaincu que Dieu va accomplir des miracles pour ses soldats, comme il l'a fait pour les héros de la première croisade. Mais, l'accent mis sur la rédemption signifie que, lorsque s'est produit l'incompréhensible, à

230 Lettre à l'Est de la France et à la Bavière pour promouvoir la deuxième croisade, 1146, *in* Scott James, trad., *The Letters of St. Bernard of Clairvaux*.

231 Scott James, *ibid.*

savoir l'échec de la deuxième croisade, ce dernier ne pouvait être que l'expression d'une punition de Dieu pour la pauvreté spirituelle et les péchés de l'homme.

Pour contrôler et orienter les sentiments du peuple, Bernard de Clairvaux prêche la croisade au réticent roi Conrad III de Germanie. Il lui a déjà demandé de prendre la croix en novembre 1146, mais il a catégoriquement refusé. Un mois plus tard cependant, le 27 décembre, de Clairvaux se trouve à la cour du roi. À l'occasion d'une messe, il insiste subitement pour faire un sermon. Ses derniers mots sont pour Conrad III, l'homme et non le roi. Il présente théâtralement Conrad III au moment du jugement devant le Christ, qui énumère toute la chance du roi : sa richesse, sa sagesse, son courage, sa vigueur physique et sa fonction de roi. Puis le Christ dit à Conrad III : « Ô homme, qu'y a-t-il que j'aurais dû faire pour vous et que je n'ai pas fait ? » Honteux de sa propre ingratitude, Conrad III s'écrie alors : « Je suis prêt à Le servir », et les gens présents s'écrient la même chose, sur quoi Bernard de Clairvaux donne au roi la bannière de l'autel pour conduire son armée jusqu'à la Terre sainte[232]. Mais le revirement de Conrad III en faveur de la croisade n'a peut-être pas été aussi soudain qu'on le raconte. Des échanges diplomatiques ont eu lieu tout au long de l'année 1146 entre la Germanie et Constantinople. Depuis, Manuel Ier Comnène, l'empereur byzantin, a envoyé un émissaire chez Conrad III pour implorer son aide contre le retour de la menace turque en Orient. Par le même canal, Conrad III a peut-être également appris la seconde chute d'Édesse le 3 novembre, confirmant l'avertissement prononcé par de Clairvaux, selon lequel c'était un prélude à une attaque lancée contre Jérusalem.

Mais l'Orient n'est pas le seul objectif de la croisade. Au printemps 1147, le pape Eugène III donne sa bénédiction à la campagne d'Alfonso VII de Castille contre l'occupation musulmane de l'Espagne, la qualifiant de croisade. En mai, des croisés de Flandre, de Normandie et de Germanie rejoignent les croisés écossais et anglais à Dartmouth,

---

232 Watkin Wynn Williams, *Saint Bernard of Clairvaux*, Manchester University Press, Manchester, 1935, p. 214.

Vue aérienne, datant du début des années 1930, du Mont du Temple, depuis le sud. Le dôme du Rocher est au centre sur le site du Temple juif, tandis qu'au premier plan se situe la mosquée al-Aqsa, dont les Templiers firent leur quartier général pendant une grande partie du XIIe siècle.

Photo du XIXe siècle de la mosquée al-Aqsa, prise depuis le nord. Les trois arcades centrales de la façade sont l'œuvre, magnifique, des Templiers.

Recouvert de marbre et de mosaïques, le dôme du Rocher fut décrit comme « une œuvre purement byzantine ». Il reproduit la rotonde surmontée d'un dôme de l'église du Saint-Sépulcre.

La rotonde surmontée d'un dôme de l'église du Saint-Sépulcre, au premier plan sur la gauche, est perchée sur la colline ouest de Jérusalem et surplombe le dôme du Rocher. On aperçoit le Mont des Oliviers au loin.

Bethléem accueillit en libérateurs les membres de la première croisade. Au XIe siècle, la Palestine était très majoritairement chrétienne.

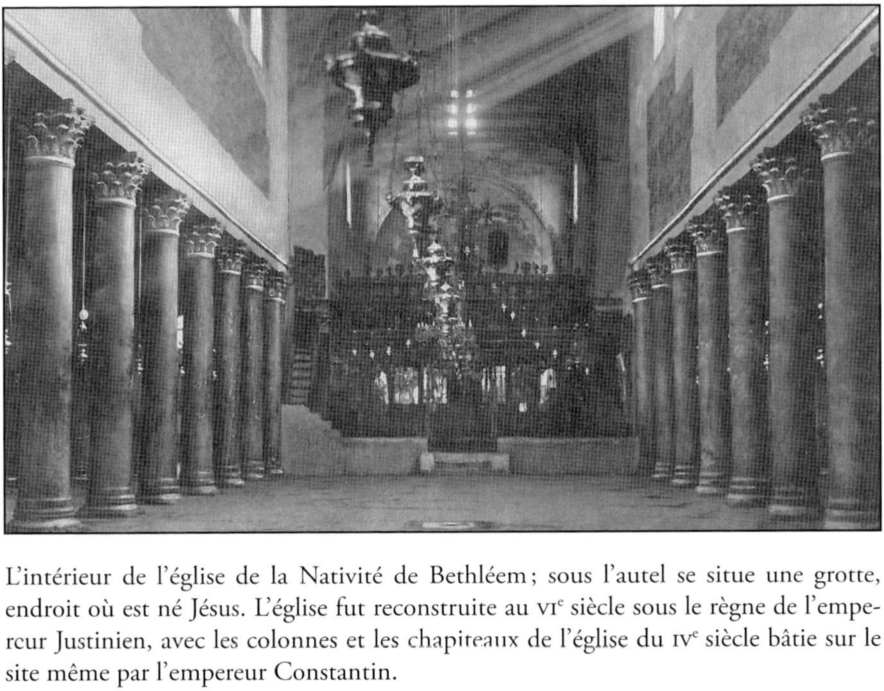

L'intérieur de l'église de la Nativité de Bethléem ; sous l'autel se situe une grotte, endroit où est né Jésus. L'église fut reconstruite au VIe siècle sous le règne de l'empereur Justinien, avec les colonnes et les chapiteaux de l'église du IVe siècle bâtie sur le site même par l'empereur Constantin.

Photo du XIXe siècle de Béthanie, de l'autre côté du Mont des Oliviers de Jérusalem. C'est là que, selon les Évangiles, Jésus ramena Lazare d'entre les morts. Un grand monastère fut construit à Béthanie par la reine Mélisende et le roi Foulque V au XIIe siècle. On en voit les vestiges sur la photo, au-dessus du village, sur la droite.

L'ancienne route de Jérusalem pour rallier le site traditionnel du baptême de Jésus, sur le Jourdain, à l'est de Jéricho. C'est un massacre de pèlerins survenu sur cette route à Pâques 1119 qui conduisit à la création de l'ordre du Temple. À droite, sur la colline, se trouve un château de la période des croisés.

La cathédrale Notre-Dame-de-Tortose (aujourd'hui Tartous). Élégant édifice bâti en 1123, elle marqua la transition entre le style roman et le style gothique. Tortose était un bastion des Templiers jusqu'à ce que les Francs soient chassés d'Orient en 1291.

Grand château concentrique, le Krak des chevaliers était une forteresse des Hospitaliers protégeant la trouée d'Homs.

Chastel Blanc, à Safita, était un château templier situé dans le djebel Ansarieh, non loin de la forteresse des Assassins de Masyaf. À l'instar du Krak des chevaliers situé non loin, Chastel Blanc défendait également la trouée d'Homs. La configuration des maisons, autour du donjon central, donne une idée de la disposition des murs concentriques disparus depuis longtemps.

La citadelle d'Alep. Ce pont et cette entrée, monumentaux, furent bâtis par l'un des fils de Saladin.

Château-Pèlerin, la forteresse des Templiers, était si solide, selon un pèlerin admiratif et impressionné, que « le monde entier ne suffirait pas pour le prendre ». Dernière forteresse des Templiers en Orient, Château-Pèlerin fut détruit par la suite par les Mamelouks, au même titre que tous les autres châteaux, villes et villages du littoral.

L'angle sud-ouest du Mont du Temple avec, au loin, le Mont des Oliviers. Le dôme signale la mosquée al-Aqsa, connue par les Francs sous le nom de Templum Solomonis, devenue le quartier général des Templiers.

Les remparts de Jérusalem furent reconstruits au XVIe siècle par le sultan ottoman Soliman le Magnifique. Leur tracé est précisément celui de l'époque des croisés. Vue vers le sud des remparts ouest. La tour de David est le bastion carré, au centre, surmonté d'un minaret. Le palais des rois et des reines de Jérusalem se trouvait juste derrière.

La rotonde, ou Anastasis, de l'église du Saint-Sépulcre. La structure centrale est l'édicule (ou chapelle) marquant l'endroit de la tombe et le lieu de la résurrection de Jésus.

Des pèlerins musulmans attendant d'entrer dans l'édicule recouvrant la tombe de Jésus. L'islam considère Jésus comme un prophète mortel et un précurseur de Mahomet.

Le Golgotha (ou Calvaire) de l'église du Saint-Sépulcre est vénéré par les pèlerins comme le site de la crucifixion de Jésus depuis l'époque de l'empereur Constantin et de sa mère, Hélène.

Le Cénacle est une jolie salle gothique bâtie par les Francs au XIIe siècle dans l'église Sainte-Marie du Mont Sion. Les pèlerins s'y rendent depuis au moins le IVe siècle, car c'est là que se seraient déroulées la Cène et la Pentecôte.

La reine Mélisende repose dans une tombe située dans cette alcôve sur le côté de l'escalier menant à la tombe de la Vierge Marie, dans la vallée du Cédron de Jérusalem.

Les Cornes de Hattin, étrange affleurement volcanique à deux sommets situé à l'ouest de Tibériade, enveloppées dans une tempête de sable. Le 4 juillet 1187, l'armée croisée, assoiffée, fut anéantie en avançant vers les forces de Saladin installées au premier plan. Jérusalem tomba deux mois plus tard.

Ce tunnel secret des Templiers court sous les rues de la ville de Saint-Jean-d'Acre, vers leur forteresse bâtie sur la mer.

Après la chute de Saint-Jean-d'Acre en 1291, la forteresse des Templiers fut détruite. Seules les fondations sont encore présentes sur les hauts-fonds méditerranéens.

Les fondations de la forteresse des Templiers de Saint-Jean-d'Acre sont situées à un endroit très prisé des pêcheurs.

À Saint-Jean-d'Acre, ce qui n'a pas été détruit s'est retrouvé enfoui sous la surface et les décombres. Des fouilles récentes ont mis au jour des salles, des cours et le cloître du quartier général des Hospitaliers. Cette immense chambre a été baptisée réfectoire des chevaliers, mais il s'agissait peut-être d'une crypte, au-dessous de laquelle se trouvait probablement une autre salle.

Porte datant de la période croisée, dans une ruelle de Saint-Jean-d'Acre.

Ce grand arc gothique en marbre appartient à la façade de la madrasa du sultan mamelouk al-Nasr, au Caire. Magnifique butin provenant de l'église Saint-André de Saint-Jean-d'Acre, il rappelle la conquête de l'Outremer.

d'où ils partent pour la Méditerranée. Mais ils essuient une tempête et mouillent à Oporto. Là, ils apprennent que le roi du Portugal fait la guerre aux Almoravides, dynastie berbère fondamentaliste qui occupe tout le sud du Portugal et l'Espagne, et qu'il vient d'assiéger Lisbonne, plus au sud sur la côte. Le 1er juillet, les nordistes se joignent au siège et, le 24 octobre, la ville tombe. Certains croisés restent au Portugal mais, après l'hiver, les autres poursuivent leur voyage vers l'Orient. La deuxième croisade devient rapidement une croisade internationale contre les forces de l'islam, aussi bien sur le front oriental qu'occidental.

À cause de la destruction des archives des Templiers, on n'a qu'une idée sommaire de leurs toutes premières activités en Outremer. Mais cela révèle peut-être une réalité les concernant : jusqu'au retour de la menace turque, les Templiers n'étaient qu'une force de police montée destinée à protéger les pèlerins et autres voyageurs sur les routes. Ils se sont cependant battus dans la péninsule Ibérique et leurs effectifs sont nombreux dans le vivier voisin qu'est la France. L'importance grandissante des Templiers se mesure au fait que, le 27 avril 1147, le roi Louis VII et le pape Eugène III se rendent à la Maison du Temple de Paris, devenue le quartier général européen de l'Ordre, pour évoquer l'organisation de la deuxième croisade. Sont également présents quatre archevêques et 130 chevaliers templiers, accompagnés d'au moins autant de sergents et d'écuyers.

Cela contraste avec le nombre de Templiers présents en Orient. Entre 1129, lorsque Hugues de Payns revient à Jérusalem en provenance de France, et 1148, année d'arrivée de la deuxième croisade en Outremer, seuls neuf Templiers sont cités dans les statuts des États croisés : Robert de Craon, maître de l'Ordre, William, sénéchal de l'Ordre, et les frères William Falco, Geoffroy Foucher, Osto de Saint Omer et Ralph of Patingy, tous basés à Jérusalem, Gosselin et Drogo à Antioche et Ralph Caslan à Tripoli. On peut peut-être en ajouter deux à cette liste : Odo de Montfaucon, mort dans une échauffourée près d'Hébron en 1139, selon Guillaume de Tyr, et André de Montbard, probablement un oncle de Bernard de Clairvaux, qui le mentionne dans ses lettres. Par rapport à cette poignée de Templiers « orientaux », on en identifie 210 en Occident à la même époque. Plus de preuves écrites concernant les Templiers ont peut-être été perdues en Orient qu'en Occident, mais il n'en demeure pas moins vrai que, en ces premières années de paix en Outremer, il faut plus de guerriers templiers en Espagne et au Portugal. Par ailleurs, le pouvoir central des Templiers se trouve en Occident, leur richesse provenant des dîmes, de l'octroi de terres et d'autres dons, plus particulièrement en Espagne, en France et en Angleterre. Maintenant, on demande aux Templiers de mettre leur énergie et leurs ressources à contribution pour contrer la nouvelle agression turque en entrant dans les rangs de la deuxième croisade.

À Paris, il est convenu que les Templiers vont accompagner l'armée française en Orient. C'est probablement à cette occasion que le pape leur accorde le droit d'arborer la croix rouge sur leurs tuniques blanches. Le pape habilite également le trésorier de l'ordre du Temple à percevoir la taxe portant sur tous les biens de l'Église afin de financer la croisade. C'est le début d'une relation décisive, qui va durer plus d'un siècle et demi, avec la Maison du Temple de Paris, véritable trésorerie de la France.

Évrard des Barres, maître des Templiers de France, est envoyé par le roi en éclaireur à Constantinople afin de négocier, avec l'empereur byzantin Manuel Ier Comnène, le passage des armées de France et de Germanie. Tout semble normal en septembre 1147 quand l'armée de Conrad III arrive à Constantinople et traverse le Bosphore, suivie, un mois plus tard, de l'armée de Louis VII.

Le premier désastre se produit à la fin octobre. Conrad III mène son armée à travers l'Asie Mineure, en empruntant un trajet direct, jusqu'à la frontière du territoire seldjoukide où, à Dorylée, le 25 octobre, les Germains sont attaqués par les Turcs. Contrairement à la première croisade, qui avait enregistré une victoire sur les Seldjoukides au même endroit, les Germains sont battus à plate couture. Les survivants, dont l'empereur Conrad III, battent en retraite vers Nicée et rejoignent les Français, qui ont choisi pour leur part l'itinéraire plus sûr passant par Smyrne et Éphèse sur la mer Égée. Mais, dès la croisade parvenue à Éphèse, Conrad III tombe malade et retourne à Constantinople avec ses forces, tandis que les Français, insuffisamment approvisionnés par les Byzantins, marchent vers l'est à travers la vallée du Méandre et affrontent l'hiver. Franchissant péniblement les cols étroits du Mont Cadmus, début janvier 1148, les chevaliers français aux lourdes armures représentent des proies faciles pour la cavalerie légère seldjoukide, douée pour tirer des flèches en plein galop. Chez les Français, une rumeur court selon laquelle Manuel Ier Comnène essaie délibérément d'affaiblir la croisade, sachant que les Byzantins, qui sont en guerre avec Roger II, roi normand de Sicile, viennent de négocier un traité avec les Seldjoukides. Dans l'esprit de beaucoup de croisés, ce compromis avec l'infidèle a tout de la trahison et Louis VII envoie en personne des lettres en France dans lesquelles il impute aux Byzantins nombre de ses problèmes.

Avec une armée proche de la désintégration, Louis VII abandonne ses responsabilités à Évrard des Barres, maître templier, qui divise ses forces en unités de 50 individus, chacune sous le commandement d'un chevalier templier, auquel elles jurent obéissance. Les Templiers font de l'armée une formation organisée qui maîtrise l'impétuosité des chevaliers et se prémunit contre les attaques turques. Pour maintenir un certain ordre dans les rangs et ne pas gaspiller d'énergie dans des poursuites inutiles, l'armée apprend à lancer des assauts uniquement sur ordre, à cesser la poursuite une fois le signal donné et à maintenir une configuration de marche au sein de laquelle chaque homme conserve sa position. Les archers à pied sont placés à l'arrière pour combattre les archers turcs, et les nobles ayant perdu leurs chevaux et leur équipement les rejoignent. Lors de cette marche à travers l'Asie Mineure, les Templiers adoptent l'approche des batailles qui caractérisera l'Ordre et en fera la première armée permanente et institutionnalisée de la chrétienté occidentale, avec une discipline connue pour l'heure seulement dans les monastères.

Grâce à l'audace et au sens de l'organisation des Templiers, vers la fin janvier, l'armée est mise à l'abri à Attaleia (aujourd'hui Antalya), sur la Méditerranée. Mais les Templiers ne peuvent faire guère plus et l'armée française n'est pas encore au bout de ses peines, car la flotte byzantine attendue est trop modeste pour les emmener en Terre sainte et des tempêtes empêchent l'arrivée d'autres vaisseaux. Attaleia est une possession byzantine, mais les Turcs se trouvent devant ses portes. Les Français sont dans l'impossibilité de se procurer de nouvelles montures ou de faire brouter leurs chevaux. La ville est pleine de soldats, la nourriture commence à se faire rare, les prix augmentent et la maladie s'installe. Finalement, Louis VII décide d'embarquer avec ses barons à bord des navires disponibles, laissant sur place une grande partie de son armée. Les Français restés succombent alors à la peste ou sont tués en essayant de s'échapper et de marcher vers Antioche.

Quand Louis VII arrive à Saint-Siméon, le port d'Antioche, début mars 1148, lui et Aliénor d'Aquitaine sont chaleureusement accueillis et reçus en grande pompe par le prince Raymond d'Antioche, oncle d'Aliénor. Le prince d'Antioche a été l'un des premiers à envoyer un message à l'Occident pour demander de l'aide face à la menace grandissante des Turcs et cela fait alors trois ans qu'il attend avec impatience l'armée de Louis VII. Mais le plan de Raymond d'Antioche n'est pas de reprendre Édesse, complètement détruite. Il compte sur le soutien français pour mener une campagne contre les forteresses d'Alep et de Shaizar détenues par Nur al-Din. Si ces villes pouvaient être prises, cela diminuerait la pression infligée par les Turcs sur les frontières des États croisés. Mais Louis VII n'est pas enthousiaste. Ses ressources se sont grandement amenuisées et le coût de l'approvisionnement et du transport est si élevé qu'il doit emprunter de l'argent pour pouvoir poursuivre la croisade. En dépêchant Évrard des Barres à Saint-Jean-d'Acre, où ce dernier lève suffisamment d'argent, grâce aux ressources des Templiers, pour couvrir le coût de l'expédition française – cette somme représente plus de la moitié des impôts perçus annuellement par la France –, Louis VII n'a d'autre intention immédiate que de se rendre à Jérusalem comme simple pèlerin.

Les finances et la piété sont peut-être des arguments suffisants à l'esprit de Louis VII pour qu'il tourne le dos aux plans de Raymond d'Antioche et file vers Jérusalem. Mais Aliénor d'Aquitaine est peut-être une autre raison valable. Raymond d'Antioche a diverti sa jeune nièce pleine d'entrain grâce aux plaisirs et distractions d'Antioche. Haut en couleur, bel homme et sociable, Raymond d'Antioche présente toutes les qualités manquant à son mari. L'ayant ensorcelée, il l'entraîne dans ses projets de capture d'Alep et de Shaizar et, selon la rumeur qui court, dans une liaison passionnée et incestueuse. Quand Louis VII rejette la campagne de Raymond d'Antioche visant à s'emparer d'Alep et annonce qu'il se rendra plutôt à Jérusalem, Aliénor refuse de partir et dit qu'elle va faire annuler leur mariage pour cause de consanguinité (elle et Louis VII sont cousins au quatrième degré), menace à laquelle Louis VII répond en enlevant sa femme dans le palais de son oncle et en l'emmenant de force à Jérusalem.

Guillaume de Tyr dit d'Aliénor d'Aquitaine que c'est une femme stupide – bien qu'il ne l'ait pas rencontrée lorsqu'elle s'est rendue en Outremer puisque, à l'époque, il étudiait à Paris et Bologne. D'autres récits indiquent qu'elle avait énormément de volonté, ne mâchait pas ses mots, était plus intelligente que son mari et que ses disputes avec Louis VII à Antioche concernaient autant la politique et la stratégie que son badinage amoureux avec son oncle. Aliénor finira par divorcer une fois la croisade terminée et épousera Henri de Plantagenêt, duc de Normandie et comte d'Anjou, un cousin au troisième degré de neuf ans son cadet et qui deviendra très vite Henri II, roi d'Angleterre. Elle lui donnera cinq fils, dont trois accéderont au trône d'Angleterre, parmi lesquels Richard Ier (dit Cœur de Lion), grand adversaire de Saladin lors de la troisième croisade. En tant que duchesse d'Aquitaine, elle est l'une des femmes les plus riches et influentes d'Europe. En tant que reine, tout d'abord de France, puis d'Angleterre, elle est la marraine des troubadours et des poètes. Le tout premier poème sur le roi Arthur et la Table ronde est né au sein de la cour d'Aliénor. Femme passionnante et passionnée, elle est présente dans deux des plus grandes histoires du Moyen Âge : la légende du Saint-Graal et le roman des chevaliers templiers.

Si la première mention des Templiers dans la littérature remonte à l'année 1220, dans *Parzival*, du chevalier et poète germain Wolfram von Eschenbach, son origine ramène à Aliénor d'Aquitaine. Von Eschenbach s'est appuyé sur le roman de Chrétien de Troyes, *Perceval, l'histoire du Graal*, pour commencer son roman en 1181 et qu'il n'aura pu finir avant sa mort en 1190. L'association de Chrétien à Troyes est significative : cette ville est la capitale des comtes de champagne, lesquels ont joué un rôle important dans la fondation de l'ordre du Temple et dans la promotion de leur figure de proue, Bernard de Clairvaux. Troyes traduit à l'évidence un lien avec l'Orient par le biais de la protectrice de Chrétien, la comtesse Marie de Champagne, fille d'Aliénor d'Aquitaine, la reine aventureuse qui a bravé les dangers d'un voyage en Orient avec la deuxième croisade et avait des histoires à raconter.

À l'instar de Guillaume de Tyr, Bernard de Clairvaux n'a pas une très bonne opinion de la très libre d'esprit Aliénor d'Aquitaine, qu'il trouve volage et peu convenable. Mais elle constitue un excellent personnage pour un poète, et l'on imagine facilement Chrétien de Troyes s'en inspirant pour créer le personnage de Guenièvre dans son roman *Lancelot ou le Chevalier de la charrette*, qu'il a écrit à la demande de Marie de Champagne.

Le Graal est inventé à la fin du XIIe siècle par Chrétien de Troyes. Il n'en a jamais été fait mention auparavant. Curieusement, le Graal de Chrétien de Troyes n'a rien d'explicitement religieux. Il ne s'agit pas de la coupe ou du calice de la Cène. Il ne le décrit donc pas comme une coupe ou un calice, mais comme un plat, signification originale en vieux français du mot *graal*. Mais la première apparition du Graal dans l'histoire de Chrétien de Troyes, au début de la fête d'un homme riche, a quelque chose de merveilleux. Elle est d'autant plus magnifique et étrange que Chrétien de Troyes n'a jamais terminé son histoire. Voici l'extrait en question :

> « Alors survinrent deux autres valets qui tenaient en leurs mains des chandeliers d'or fin incrustés de nielle. Très beaux étaient les valets qui portaient les chandeliers. Sur chaque chandelier brûlaient dix chandelles à tout le moins. Un graal entre les deux mains, une demoiselle venait avec les valets, belle, gracieuse, parée avec élégance.

> Quand elle fut entrée dans la salle avec le graal qu'elle tenait, une si grande clarté se répandit que les chandelles en perdirent leur éclat comme les étoiles ou la lune quand le soleil se lève. »[233]

Cette apparition du Graal est captivante car Perceval, le héros du roman, sait exactement ce que c'est, mais ne nous le dit pas avant que l'histoire s'interrompe (à la mort de Chrétien de Troyes). Est-ce une allégorie ? Cela fait plus de huit cents ans que l'on débat de cette hypothèse. Et, s'il s'agit d'une allégorie, est-elle religieuse ? Aucune réponse n'a été apportée à cette question non plus. Mais cette image obsédante a très vite incité des écrivains à terminer l'histoire, dont Wolfram von Eschenbach qui, dans *Parzival*, adaptation allemande du XIIIe siècle, fait apparaître les chevaliers templiers en en faisant des gardiens du Graal.

Chrétien de Troyes est en activité quand la société médiévale occidentale, si attachée à ses traditions, commence à s'ouvrir à un monde plus large, celui de la Méditerranée, celui de l'Orient, celui d'idées et de croyances en train d'être découvertes ou redécouvertes, notamment grâce aux croisades. Mentionner le Graal dans ses écrits signifie aborder cette quête culturelle et spirituelle. Pourtant, aussi étrange que cela puisse paraître, cela a toujours été un genre, malgré ses accents religieux, plutôt adopté par les écrivains laïques, jamais par l'Église. Guillaume de Tyr et Bernard de Clairvaux ont certainement dû afficher leur désapprobation – comme ils l'ont fait à l'égard d'Aliénor d'Aquitaine. Mais, libres de toute doctrine et de tout canon, le Graal et l'histoire de Guenièvre, ses amants et ses chevaliers, ont pu être réinventés à l'infini jusqu'à aujourd'hui.

Malgré les pertes françaises en Asie Mineure, les forces croisées qui parviennent enfin en Terre sainte sont loin d'être négligeables, augmentées par l'arrivée tardive des croisés de Provence. La flotte de croisés ayant contribué à la prise de Lisbonne est également arrivée, sans compter les survivants de l'armée de Germanie en provenance

233 Chrétien de Troyes, *Perceval ou le conte du Graal*, Flammarion, Paris, 2003.

de Constantinople venus par la mer, avec Conrad III. C'est en fait la plus grande armée jamais déployée par les Francs en Orient depuis la première croisade.

Le 24 juin 1148, les seigneurs et chefs militaires se trouvant alors en Outremer assistent à un grand concile à Saint-Jean-d'Acre. Le roi Foulque V est mort d'un accident de chasse en 1143 et Baudouin III, le fils de 17 ans qu'il a eu avec Mélisende, préside l'assemblée, constituée des rois de Germanie et de France, d'Hospitaliers, de Templiers et des barons et des responsables du clergé du royaume de Jérusalem. Sans surprise, Mélisende, avec ses ascendances et sympathies arméniennes, soutient le plan de Raymond d'Antioche, qui consiste à attaquer Alep, la base de Nur al-Din du nord de la Syrie située sur la route d'Édesse, et son général, Mannassas, est d'accord. Ce n'est pas non plus une question de sentiment. Malgré les doutes formulés par Guillaume de Tyr sur l'aptitude au combat des marchands d'Édesse, la population arménienne du comté d'Édesse a déjà fourni d'excellents combattants auxiliaires aux forces franques et la perte de ce vivier est grave. Bien qu'Édesse soit désormais en ruines, la capture d'Alep pourrait étendre les frontières nord-est de l'Outremer aux dépens des Turcs et peut-être les maintenir de l'autre côté de l'Euphrate. Mais Louis VII demeure résolument opposé au plan de Raymond d'Antioche.

D'autres parlent de l'Égypte, mais la route au sud est bloquée par Ascalon, ville puissamment fortifiée toujours aux mains des Fatimides. La troisième possibilité est Damas, qui, ancienne alliée des Francs, a attiré l'attention de ces derniers bien avant l'expédition du roi Baudouin II en 1129. Pour les États d'Outremer, dangereusement accolés à la côte méditerranéenne, il demeure toujours stratégiquement nécessaire de gagner en profondeur, de conquérir Alep, Damas ou Le Caire. Damas est une ville riche et vénérable dont la conquête offrirait aux Francs le contrôle des carrefours du commerce et des communications en Orient et séparerait les forces musulmanes du nord de la Syrie et d'Irak de celles d'Égypte. Par ailleurs, l'immensité désertique allant vers l'est au-delà de Damas offrirait aux États francs une frontière naturelle. La conquête de Damas ou d'Alep offre des avantages stratégiques similaires, mais Damas est plus proche, offre une meilleure défense à Jérusalem et serait plus facile à conserver ; et, grâce aux associations bibliques dont est dépourvue Alep, Damas constitue une cause bien plus séduisante pour les croisés occidentaux. Guillaume de Tyr dit que Damas est la métropole de la petite Syrie, citant Ésaïe 7:8 : « Car Damas est la tête de la Syrie. » S'il existe l'argument selon lequel entrer en guerre contre Damas, c'est se mettre dans les griffes de Nur al-Din, la réponse est que la ville prend déjà cette orientation sans l'aide des Francs. Depuis que Zengi a fait la démonstration de son pouvoir destructeur à Édesse, Mu'in ad-Din Unur, l'*atabeg* de Damas, s'est pris de sympathie pour Nur al-Din, à qui il a donné sa fille en mariage. La force grandissante de Zengi et Nur al-Din et la propagande du *djihad* permettent d'être certain que Damas n'est plus l'alliée des Francs qu'elle était autrefois. Après des débats animés sur les différents plans d'action, l'assemblée prend « une décision à l'unanimité »[234]. Le roi Louis VII, Conrad III, Baudouin II, les barons d'Outremer et les Templiers sont pour une expédition visant Damas.

L'armée de la deuxième croisade, la plus grande montée en Outremer depuis 1099, qui compte quelque 50 000 cavaliers et fantassins selon Ibn al-Qalanisi, chroniqueur arabe témoin des événements[235], part de Galilée à destination de Damas fin juillet 1148. Bien approvisionnée au milieu des vergers et à proximité d'un cours d'eau, l'armée campe devant les remparts ouest et se prépare au siège. Mais les vergers sont également utiles aux détachements damascènes, qui s'en servent pour mener régulièrement des attaques contre les croisés. Louis VII et Conrad III répondent en choisissant d'attaquer les remparts est, devant lesquels un grand espace ouvert leur permet de mieux déployer leur cavalerie lourde. Mais les remparts de la ville sont plus hauts dans cette partie du désert sans eau et le siège s'éternise tandis que la cavalerie et l'infanterie turques se dirigent vers Damas en provenance

234 Conrad III, roi de Germanie à Wilbald, abbé de Stavelot et Corvey, septembre-novembre 1148, *in* Malcolm Barber et Keith Bate, *The Templars*, p. 47.
235 Ibn al-Qalanisi, in Francesco Gabrieli, *Chroniques arabes des croisades*.

d'autres régions de Syrie. « De nombreuses sources avertirent les Francs que les musulmans fonçaient sur eux pour les attaquer et les balayer, écrit Ibn al-Qalanisi. Ils sentirent que leur défaite était inéluctable. Ils se concertèrent et décidèrent que le seul moyen de se défaire du piège ou de l'abîme qui se profilait à l'horizon était de prendre la fuite. » À l'aube, au bout de quatre jours seulement, ils battent en retraite « dans une confusion et un désordre lamentables », poursuivis par les Turcs, qui leur envoient une pluie de flèches et tuent un grand nombre des membres de l'arrière-garde, de leurs chevaux et bêtes de somme. « D'innombrables cadavres d'hommes et de superbes montures furent retrouvés sur leurs bivouacs et le chemin de leur retraite, les corps sentant si fort que les oiseaux en tombaient pratiquement du ciel. » La deuxième croisade est donc un échec sans même que les croisés aient livré bataille, se terminant en fiasco retentissant et renforçant la conviction des musulmans selon laquelle les Francs peuvent être battus. « La population accueillit avec joie cette faveur que Dieu leur avait accordée et multiplia les actions de grâce à l'adresse du Très-Haut qui les avait comblés en exauçant les vœux qu'ils lui avaient présentés pendant ces jours d'épreuve. Louange et reconnaissance à Dieu pour toute cette grâce. »[236] Six ans plus tard, Damas tombe face à Nur al-Din et l'encerclement de l'Outremer par un pouvoir musulman uni commence.

Le retrait de Damas refroidit les relations entre l'Outremer et l'Occident qui durent depuis une génération. Du point de vue de l'Orient, les rois Louis VII et Conrad III ne sont pas parvenus à récupérer Édesse, ni à compenser ce revers en prenant Damas ou n'importe quelle autre ville. Ce gâchis dont ils sont responsables fragilise considérablement l'Outremer par rapport à la situation régnant avant le début de la croisade.

En Occident, cet échec provoque un choc et incite un grand nombre d'Européens de l'Ouest à s'inscrire contre la notion de croisade. Aussi bien la papauté que l'Occident dans son ensemble ont

---

236 *Ibid*, p. 85.

souffert de cet échec. En l'occurrence, la deuxième croisade était destinée à être la dernière expédition au sein de laquelle les armées étaient accompagnées de grands groupes de pèlerins et d'autres personnes non combattantes. Les futures croisades seront plus strictement militaires, à l'instar des campagnes victorieuses au Portugal et en Espagne. Le choc est d'autant plus grand que les opérations ont été menées par les puissants rois de Germanie et de France et la croisade prêchée par Bernard de Clairvaux, le plus grand personnage spirituel de l'époque. Certains incriminent les Francs d'Orient, auparavant alliés au souverain de Damas. Certains chroniqueurs germains désireux de protéger Conrad III rejettent la faute sur les Templiers, disant qu'ils ont délibérément organisé la retraite. Conrad III lui-même, sans vouloir citer de noms, écrit : « La traîtrise est venue d'une source que nous ne soupçonnions pas car “ils” nous ont garanti que ce côté de la ville ne pouvait être pris. Ils nous ont sciemment orientés vers un autre côté où l'armée ne bénéficiait d'aucun approvisionnement en eau ni d'un véritable accès. »[237] Le chroniqueur anonyme de Würzburg évoque la cupidité des Templiers et leur trahison par l'acceptation d'un énorme pot-de-vin. Les Français reprochent aux Byzantins de les avoir laissés tomber lors de la traversée de l'Asie Mineure et Louis VII se sent « trahi et trompé » à Damas, écrit John of Salisbury, qui a peut-être réellement entendu ces mots prononcés par le roi, car il résidait à la cour pontificale lorsque Louis VII a rendu visite au pape à son retour d'Outremer. « Certains imputent la traîtrise aux Templiers, d'autres à ceux mus par le désir de rentrer chez eux. Le roi lui-même s'est sans doute toujours efforcé de disculper les frères de l'ordre du Temple »[238] – ce qui s'explique car les Templiers ont soutenu tout du long l'expédition. Comme l'explique John of Salisbury après avoir entendu le récit de Louis VII, c'est Conrad III en personne qui, très vite, a donné du poids à l'option de ceux souhaitant abandonner le siège, Louis VII ne s'y conformant que plus tard et à contrecœur. S'il y a beaucoup à

237 Conrad III, roi de Germanie à Wilbald, abbé de Stavelot et Corvey, septembre-novembre 1148, *in* Malcolm Barber et Keith Bate, *op. cit.*, p. 47.

238 John of Salisbury, *John of Salisbury's Memoirs of the Papal Court*, trad. Marjorie Chibnall, Thomas Nelson, Londres, 1956, p. 57-58.

dire sur le cafouillage royal, il n'existe aucune preuve de traîtrise de la part des Templiers, traîtrise née en fait d'une incompréhension. On a entrepris la croisade afin d'obtenir la rédemption. Dans la mesure où elle était guidée par Dieu, comment pouvait-elle échouer ? Le plus déçu est Bernard de Clairvaux, sanctifié moins de vingt ans après sa mort. La question que lui et l'Europe entière posent est : pourquoi ? Pourquoi Dieu appellerait-il ses chevaliers à se rendre en Terre sainte afin d'être massacrés par les infidèles ? Pourquoi condamnerait-il et déshonorerait-il les rois ayant tenté d'accomplir sa volonté ? Bernard de Clairvaux répond à cela que les armées de la chrétienté ont échoué à cause des péchés commis par l'Europe. Ce n'est pas de sa faute, ni de celle du pape, mais bien la responsabilité de chaque homme et femme d'Europe devant se laver de péchés. Pour que les croisades soient un succès, l'Europe doit se purifier.

Le besoin de régénération morale est le thème de prédilection de la papauté, des réformateurs monastiques ainsi que des instigateurs des première et deuxième croisades au moins depuis la moitié du XIe siècle. C'est également un des sujets favoris de l'ordre du Temple, qui offre aux jeunes chevaliers la chance de rechercher le salut au sein d'un ordre monastique sans abandonner une vie pleine d'action. C'est en ce sens que les Templiers sont dans l'air du temps spirituel de l'Europe.

Partie 4

Les Templiers et la défense de l'Outremer

Si les rois de Germanie et de France rejettent la responsabilité de leur échec à Damas sur les autres, tandis que saint Bernard l'impute à l'Europe pécheresse, c'est aux Francs d'Outremer que revient la délicate mission de gérer la menace turque, particulièrement aux ordres militaires, et surtout aux Templiers. À partir des années 1160, quand il devient évident que l'Outremer ne peut pas se battre sur plusieurs fronts à la fois, on en appelle encore et toujours à l'Europe pour obtenir du soutien en termes d'effectifs,

de finances et d'approvisionnement, soutien indispensable pour se défendre contre des Turcs aux ressources presque illimitées issues des vastes territoires qu'ils ont conquis.

Le problème, c'est que plus les Francs d'Outremer comptent sur l'aide financière et militaire de l'Occident, plus le rôle de l'Occident deviendra crucial si les choses tournent mal. L'enthousiasme est bien présent, mais une défaite se paierait au prix fort, non seulement sur le plan moral, mais également aux yeux de Dieu.

Bernard de Clairvaux dit des Templiers qu'ils se couvrent le corps d'une armure de fer et l'âme d'une armure de foi. Le moral et la force spirituelle des Templiers, sans parler de leur férocité sur le champ de bataille, sont rudement mis à l'épreuve par les djihads *de Nur al-Din, puis par l'encerclement de l'Outremer par Saladin.*

Mais, depuis Jérusalem, les Turcs semblent encore bien loin. La confiance et l'optimisme sont bien plus grands qu'un sentiment de menace ou de sombre destin. Jérusalem fête sa renaissance comme but ultime de tout pèlerinage chrétien avec l'érection de magnifiques édifices.

La vue depuis le Mont du Temple

Les rois de France et de Germanie sont rentrés chez eux et la deuxième croisade est terminée quand, fin 1149, André de Montbard, sénéchal de l'ordre du Temple, écrit à Évrard des Barres, élevé au rang de maître des Templiers plus tôt dans l'année et rentré en Europe avec Louis VII afin d'obtenir un nouveau soutien en faveur de l'Outremer. « Après que vous nous avez quittés, nos péchés étaient tels qu'ils nous ont conduits à perdre le prince d'Antioche, tué au cours d'une bataille avec tous ses barons et ses hommes. » Nur al-Din a assiégé la forteresse d'Inab, au nord d'Antioche, le 29 juin 1149. Le prince Raymond d'Antioche, oncle d'Aliénor d'Aquitaine, est parti à cheval pour la défendre avec une modeste force de cavaliers francs accompagnée de leurs alliés les Assassins.

Le courage de Raymond d'Antioche a failli porter ses fruits. Croyant qu'il s'agit du détachement d'une armée bien plus nombreuse, Nur al-Din bat en retraite dans un premier temps, avant de porter son attaque une fois le pot aux roses découvert. En grande infériorité numérique, la troupe de Raymond d'Antioche est anéantie, ce dernier tué et Antioche vulnérable à un assaut turc. Comme l'explique André de Montbard, la rapidité d'intervention des Templiers permet de sauver la situation : « Nos frères ont rejoint le roi de Jérusalem afin de voler au secours d'Antioche après avoir constitué une armée de 120 chevaliers et un millier d'écuyers et sergents bien armés. » Ils tiennent la ville contre l'ennemi, mais « beaucoup de ceux qui étaient dans notre armée sont morts [...]. Aussi vite que vous arriviez, nous pensons que vous ne nous trouverez pas vivants, mais venez sans perdre un instant ; tel est notre souhait, notre message et notre requête ». Appelant Évrard des Barres à revenir en Outremer avec des chevaliers, des sergents, des armes et de l'argent, André de Montbard conclut : « Bien que nous sachions que vous n'arriverez pas très vite, venez malgré tout. L'heure est venue pour nous de respecter notre serment envers Dieu, à savoir le sacrifice de nos âmes pour nos frères et pour la défense de l'Église d'Orient et du Saint-Sépulcre. »[239]

En l'occurrence, la bravoure et la ténacité des Templiers empêchent Antioche de tomber aux mains de Nur al-Din et, en 1153, les Templiers jouent un rôle essentiel lors de l'attaque d'Ascalon, détenue par les Fatimides. En Occident, des voix s'élèvent pour dire que, sans les Templiers, Jérusalem et toute la Palestine auraient été conquises par les Turcs. Si les rois et les nobles témoignent d'une autorité incertaine, les Templiers se montrent pour leur part disciplinés, expérimentés et déterminés. Ils sont prêts à donner jusqu'à la dernière goutte de leur sang pour défendre la Terre sainte. Jusque dans les années 1160, les habitants du royaume de Jérusalem sont bien loin de la guerre avec les Turcs. Mais la crise demeure d'actualité puisque Nur al-Din continue de harceler et de pénétrer le nord de l'Outremer, l'amputant de la principauté d'Antioche et effectuant même des incursions dans le comté de Tripoli.

---

239 André de Montbard à Évrard des Barres, fin 1149 ou début 1150, *in* Malcolm Barber et Keith Bate, trad., *Letters from the East: Crusaders, Pilgrims and Settlers in the 12th–13th Centuries*, Ashgate, Farnham, 2010, p. 47f.

Comme son père Zengi avant lui, Nur al-Din prône le *djihad*. Son triomphe total sur les Francs à Inab, avec la mort, sur le champ de bataille, du prince Raymond d'Antioche, est particulièrement exploité. Dans tous ses domaines, Nur al-Din encourage la construction de nouvelles mosquées et de madrasas, dans lesquelles les prêcheurs, poètes et enseignants déchaînent le peuple, l'unifient et lui donnent une orientation. Mais, bien que le poète Ibn Munir conseille vivement à Nur al-Din de combattre les Francs « jusqu'à ce que vous voyiez Jésus fuir Jérusalem »[240], le *djihad* de Nur al-Din ne vise pas tant les Francs que les musulmans chiites d'Alep, dont les coreligionnaires, les Assassins, se sont associés à Raymond d'Antioche contre les Turcs. La pratique de l'islam sunnite est imposée. Mais Nur al-Din vise également la ville sunnite de Damas, dénonçant le tort qu'elle a causé à l'islam par ses alliances avec les Francs. À la longue, Nur al-Din impose sa propagande djihadiste en prenant également pour cibles les Fatimides d'Égypte. À l'instar des Assassins, ce sont des ismaéliens, branche dualiste de l'islam chiite, mais surtout, comme à Damas, leur crime est de s'opposer à sa volonté d'assujettir les musulmans du Moyen-Orient. Quels que soient l'ambition personnelle et le cynisme politique animant son *djihad*, Nur al-Din se servira de ce dernier dans les années qui suivront pour créer un sentiment d'unité et même d'exaltation chez les musulmans. Le *djihad* justifiera également à leurs yeux les efforts fournis pour dominer une fois de plus la population d'Outremer retorse à forte majorité chrétienne[241]. En attendant, Nur al-Din se contente d'un geste symbolique contre les Francs. Il envoie le crâne du prince Raymond d'Antioche présenté dans un coffre en argent à son chef religieux suprême, impuissant, le calife de Bagdad.

Le conflit a désormais atteint un nouveau stade. Contrairement aux conquêtes musulmanes, les croisades ne sont pas destinées à contrôler le monde, mais constituent des entreprises limitées ayant des objectifs bien précis. Les Francs ont repoussé les Turcs, libéré les chrétiens

240 Ibn Munir, cité dans l'ouvrage de Carole Hillenbrand, *The Crusades*, p. 150.

241 En dehors des sources citées plus haut dans le présent ouvrage, Steven Runciman, dans son *Histoire des Croisades*, décrit la population d'Outremer comme très majoritairement chrétienne.

d'Orient du joug étranger, récupéré les lieux saints et créé des États chrétiens autonomes. Les rois de Jérusalem, les comtes d'Édesse et de Tripoli et les princes d'Antioche n'ont pas tenté d'imposer une vision universelle, mais ce sont des seigneurs féodaux classiques, désireux de protéger et de développer leurs biens en s'alliant aux autochtones chrétiens avec qui ils ont un ennemi commun, les Turcs. Il n'existe pas de plan d'envergure, tout comme il n'y a pas d'enthousiasme excessif pour la guerre sainte après la deuxième croisade. D'un autre côté, les Turcs sont en train de transformer le conflit franco-turc en choc des civilisations, véritable guerre de l'islam contre le christianisme. En s'efforçant d'unifier l'univers musulman qu'ils contrôlent, les Turcs n'accroissent pas seulement la pression pesant sur l'Orient chrétien, mais font de ce conflit ce qu'en avaient fait les Arabes, à savoir un nouvel épisode de l'impérialisme islamique. Pendant tout le XIIe siècle, les Turcs continuent d'attaquer les terres chrétiennes récemment reconquises en rassemblant toutes les forces générées par leur immense migration. Les chroniqueurs francs n'ont de cesse de décrire les hordes innombrables dont l'ennemi dispose. Les effectifs turcs ahurissants finiront par submerger les colons francs d'Outremer et pratiquement détruire la société chrétienne indigène, comme les Turcs ont commencé à le faire en Asie Mineure. Mais nous n'en sommes pas encore là.

Malgré le revers de Damas et la menace de Nur al-Din, un climat de confiance règne dans une Jérusalem en expansion alors que l'Outremer en est à sa troisième génération. Les remparts de la ville sont réparés, de nouveaux marchés voient le jour et de nombreuses petites églises sont construites pour remplacer les édifices détruits sous le règne musulman. La population augmente de 30 000 habitants environ, atteignant le niveau de celle de Florence ou Londres et affichant une remarquable diversité. Jean de Würzburg observe que la ville est pleine de « Grecs, Bulgares, Latins, Germains, Hongrois, Écossais, Navarrais, Bretons, Anglais, Francs, Ruthéniens, Bohémiens, Géorgiens, Arméniens, Jacobites, Syriens, Nestoriens, Indiens, Égyptiens, Coptes,

Capheturici, Maronites et de plein d'autres gens encore »[242]. Les Francs sont tête nue et bien rasés, les Grecs portent une longue barbe et les Syriens taillent la leur. La mode est aux chaussures pointues à lacets et, quand c'est la saison, les hommes et les femmes portent de la fourrure. Le pèlerinage est le facteur le plus important de revitalisation de Jérusalem, renaissance que l'on doit principalement aux ordres militaires, les Hospitaliers qui soignent et logent les voyageurs, et les Templiers qui sécurisent les routes pour les pèlerins. Les costumes contribuent à offrir de la variété à l'environnement, les Templiers et leur cape blanche à capuche toute simple avec une croix rouge sur la poitrine, les Hospitaliers et leur cape noire avec une croix blanche, les deux ordres portant des bottes et non des chaussures fantaisie. Rien ne traduit plus l'énergie et l'exaltation de cette époque que l'explosion de l'activité architecturale à l'église du Saint-Sépulcre, à l'hôpital des Chevaliers de Saint-Jean et, surtout, au quartier général des Templiers sur le Mont du Temple.

L'immense église du Saint-Sépulcre, bâtie par l'empereur Constantin au début du IVe siècle, a subi de nombreuses attaques, émanant tout d'abord des Perses en 614, puis par la suite, à plusieurs reprises, sous le règne des musulmans. À chaque fois, la rotonde s'élevant au-dessus de la tombe de Jésus a été restaurée, tout comme la grande basilique se prolongeant vers l'est, mais sous une forme moins imposante. Mais quand le calife fatimide al-Hakim ordonne la destruction totale de l'église en 1009, la basilique est rasée, la tombe de Jésus est taillée en pièces et la rotonde transformée en tas de ruines, à tel point que sa restauration demeure impossible pendant de longues années pour une communauté chrétienne appauvrie et opprimée. Après la mort d'al-Hakim, les chrétiens peuvent s'estimer heureux d'être autorisés à venir célébrer leur culte, même si c'est sur un champ de ruines. Cependant, grâce aux fonds alloués par l'empereur byzantin, la reconstruction de l'église démarre, certes modestement, concernant exclusivement la rotonde, dont les travaux sont achevés en 1047. Par conséquent, en juillet 1099, quand les croisés mènent une action

242 Jean de Würzburg, *in* Adrian J. Boas, *Jerusalem in the Time of the Crusades*, p. 35.

de grâce au sein du cœur spirituel de la chrétienté, ils découvrent une rotonde reconstruite, avec plusieurs absides ornant l'édifice, et découvrent côté est, de l'autre côté d'une cour extérieure, la chapelle du Golgotha, située sur le site de la crucifixion de Jésus. Le tout occupe une surface quatre fois moins importante que celle de l'église originale de Constantin.

Pour le prestige, mais aussi pour accueillir l'important flux de pèlerins venant à Jérusalem, les Francs souhaitent construire une toute nouvelle église sur les ruines de l'ancienne basilique, cependant il faudra attendre plusieurs décennies avant qu'ils ne disposent des ressources nécessaires pour mettre leur projet à exécution. C'est sous le règne du roi Foulque V, de la reine Mélisende et de leur fils Baudouin III, principaux mécènes de l'église du Saint-Sépulcre, que cette entreprise se concrétise. C'est également à cette époque que Zengi détruit Édesse et que Nur al-Din menace Antioche, Jérusalem bénéficiant alors d'un climat de sécurité. En 1149, les Francs consacrent de nouvelles chapelles ornées de mosaïques sur l'affleurement fissuré du Golgotha. En 1153, s'ajoute un clocher de cinq étages adjacent à la magnifique façade de l'entrée, dans un style roman et orné de motifs orientaux locaux. Toujours dans ce style roman qui est aussi celui des grandes cathédrales bâties sur l'itinéraire du pèlerinage, en France et en Espagne – à Tours, Limoges, Conques, Toulouse et Saint-Jacques-de-Compostelle –, les Francs entament le remplacement de la basilique de Constantin dans les années 1130, travaux qui s'achèveront dans les années 1160.

Mais le peu d'espace disponible entre la rotonde et les chapelles côté est, représentant les divers lieux saints, impose une construction sur un seul plan. On se passe de nef et le chœur est donc bâti presque immédiatement à l'est de la rotonde, les deux éléments étant séparés par un transept très large qui remplace en fait la nef. Le chœur est entouré d'un déambulatoire qui donne sur de nombreuses chapelles, permettant à une foule de pèlerins de circuler librement dans l'église et de s'arrêter pour prier à l'intérieur des chapelles. Le Golgotha est l'avant-dernier arrêt observé par les pèlerins, où ils laissent les croix qu'ils ont portées tout au long du pèlerinage. Enfin, ils prient devant la tombe vide du Christ, au centre de la rotonde, lieu le plus sacré du christianisme. À l'exception de quelques éléments endommagés par Saladin et ses successeurs, l'église avait essentiellement l'aspect qu'on lui connaît de nos jours.

Pendant que se déroulent les travaux de l'église du Saint-Sépulcre, les Hospitaliers construisent leur hôpital à l'opposé, côté sud. En outre, selon Guillaume de Tyr, celui-ci était bien plus haut et plus coûteux que l'église consacrée par le précieux sang de notre Sauveur. À l'instar des Templiers, les Hospitaliers ne dépendent que du pape et, à Jérusalem, bien que leur hôpital soit situé dans les quartiers du patriarche, ils conservent une stricte autonomie qui entraîne des frictions, et même une sérieuse dispute au cours de laquelle les chevaliers de Saint-Jean font sonner toutes leurs cloches pour contrarier le patriarche qui prononce son sermon dans l'église du Saint-Sépulcre.

Malgré ce comportement, les Hospitaliers sont cependant bien considérés – essentiellement pour leurs actions de charité au sein de la ville. Jean de Würzburg, qui se rend à Jérusalem vers 1165, décrit un hôpital « dans lequel sont rassemblés à l'intérieur de diverses chambres un grand nombre de malades, des hommes comme des femmes, qui sont soignés et remis sur pied tous les jours à très grands frais ». Au moment de sa visite, l'hôpital prend en charge 2 000 patients, dit-il, et il « nourrit autant de personnes à l'intérieur qu'à l'extérieur de l'établissement ». Les Hospitaliers dirigent également des châteaux « pour la défense de la terre chrétienne contre les incursions des Sarrasins »[243].

Dans ses écrits sur les Hospitaliers, Jean de Würzburg les compare aux Templiers, qui « font aussi considérablement la charité aux pauvres du Christ, mais dix fois moins que les Hospitaliers »[244]. Jacques de Molay, dernier maître de l'ordre du Temple, livre une explication succincte dans une note, en 1305 : « Les Hospitaliers ont été fondés pour prendre soin des malades et, au-delà de ça, ils portent des armes [...] alors que les Templiers ont été spécifiquement fondés pour des

243 Jean de Würzburg, *in* Denys Pringle, *The Churches of the Crusader Kingdom of Jerusalem, A Corpus*, 4 vol., Cambridge University Press, Cambridge, 1993-2009, vol. III, p. 194.

244 *Ibid.*

missions militaires. »[245] Si les Hospitaliers sont issus d'un groupe de moines bénédictins dissidents et ont ensuite accepté des religieuses dans leurs rangs, les Templiers sont à la base des chevaliers laïques. Dans les deux ordres, l'initié jure d'« être serf et esclave », mais, pour les Hospitaliers, c'est vis-à-vis des malades, tandis que pour les Templiers, c'est vis-à-vis de l'Ordre proprement dit. La défense de l'Outremer est la toute première priorité des Templiers, à qui ils donnent leurs ressources et leur vie. Pour les Hospitaliers, la guerre est un prolongement de leur mission envers les malades et les pauvres, et, proportionnellement, ils octroient une part moins importante de leurs ressources à la construction de châteaux et aux activités militaires. Il se trouve que les Templiers sont bien plus représentatifs de la société médiévale que les Hospitaliers. L'ordre du Temple est ouvert à tout le monde, des nobles les plus riches aux paysans les plus pauvres, mais il fait également bien la distinction entre les sergents et les chevaliers. Contrairement aux Hospitaliers, les chevaliers templiers bénéficient d'une aura considérable, en tant que membres d'une élite combattante, qui les met à part. Par contre, en répartissant leurs actions entre la guerre et la charité, les Hospitaliers gardent le contact avec les courants fluctuants de la société médiévale. L'ordre du Temple a pour *raison d'être*[246] la lutte pour la Terre sainte et si ce combat doit se solder par un échec, cela se traduira par la chute de l'institution.

Aujourd'hui, il ne reste rien de l'hôpital de Jérusalem, à part le nom, Muristan, qui signifie « hôpital », nom que porte maintenant le marché ottoman de la fin du XIXe siècle situé à cet endroit. Après la conquête de Jérusalem par Saladin en 1187, diverses parties de l'hôpital ont été converties en mosquées et en un collège islamique. En 1868, ce n'était plus qu'un tas de ruines. Après la « purification » du Mont du Temple par Saladin, il ne reste pas non plus grande trace des Templiers, principalement des fragments de structure à l'intérieur de la mosquée al-Aqsa et du dôme du Rocher, qui attestent de

245 Jacques de Molay, *in* Jonathan Riley-Smith, *Templars and Hospitallers as Professed Religious in the Holy Land*, University of Notre Dame Press, Notre Dame, IN, 2010, p. 61.
246 En français dans le texte. (NdT)

la présence d'un atelier à l'extrémité sud du Mont du Temple. C'est là que de nombreuses et magnifiques œuvres architecturales ont été créées, représentant une synthèse unique des styles byzantin, européen de l'Ouest et levantin.

Mais, dans les décennies qui suivent la deuxième croisade, les personnes se rendant sur le Mont du Temple sont impressionnées par les aménagements réalisés par les chevaliers templiers. Après avoir prié dans l'église du Saint-Sépulcre, dotée de chapelles associées à la crucifixion, à l'enterrement de Jésus et à la découverte de la Vraie Croix, les pèlerins marchent jusqu'au Mont du Temple, où ils empruntent la porte ouest près du flanc sud du dôme du Rocher, le Templum Domini ou « Temple du Seigneur », église servie par les chanoines de l'ordre des Augustins. Dans la cour extérieure, les chanoines et les Templiers ont bâti des maisons et créé des jardins.

Selon Theoderich, pèlerin germain qui a relaté par écrit son séjour en Terre sainte, en 1172, le Temple du Seigneur porte une inscription qui dit : « C'est ici la Maison du Seigneur, solidement bâtie. Elle est fondée sur la pierre ferme. » Mais, comme les pèlerins avaient l'habitude d'emporter des morceaux du rocher sacré, sa surface a été recouverte de marbre et entourée d'une grande protection joliment décorée en fer forgé dressée entre les colonnes. En choisissant d'identifier le dôme du Rocher et la mosquée al-Aqsa au Temple et au palais de Salomon, les Francs les intègrent à l'héritage biblique du christianisme. Plutôt que de les détruire, ils les préservent pour que les chrétiens puissent les utiliser.

Du Temple du Seigneur, poursuit Theoderich, les pèlerins se dirigent vers le sud jusqu'au quartier général des Templiers, à l'intérieur de la mosquée al-Aqsa, ou plutôt ce qu'il appelle le palais de Salomon :

> « [...] qui est oblong et soutenu à l'intérieur par des colonnes, comme une église, et en fin de compte rond comme un sanctuaire et coiffé d'un grand dôme rond. Cet édifice, avec toutes ses dépendances, est tombé aux mains des chevaliers templiers qui résident à l'intérieur et dans d'autres bâtiments reliés. Ils y disposent de nombreux magasins d'armes, de vêtements et de nourriture et sont sans cesse aux aguets

pour protéger le pays. Dessous se trouvent des écuries bâties jadis par Salomon en personne, adjacentes au palais, extraordinaire bâtiment complexe reposant sur des colonnes et doté de tout un réseau d'arcs et de voûtes. Selon nos calculs, les écuries peuvent accueillir dix mille chevaux avec leurs palefreniers. Aucun homme ne peut tirer une flèche avec un arc d'un bout à l'autre de l'édifice, que ce soit dans le sens de la longueur ou de la largeur. Au-dessus se trouvent une multitude de pièces, chambres solaires et bâtiments adaptés à tous les usages. Ceux qui marchent sur le toit tombent sur de nombreux jardins, cours, antichambres, vestibules et bassins d'eau de pluie. En contrebas, on découvre un nombre incroyable de bains, entrepôts, greniers et magasins pour le stockage du bois et d'autres provisions indispensables. »

Visiblement, les Templiers ont considérablement rénové ce qui était un bâtiment tronqué et délabré. Mais ils font bien plus encore :

« De l'autre côté du palais, à savoir la partie ouest, les Templiers ont érigé un nouveau bâtiment. Je pourrais préciser la hauteur, la longueur et la largeur de ses caves, de ses réfectoires, de ses escaliers et de son toit, lequel est très pentu, contrairement aux toits plats de ce pays, mais mon auditoire aurait du mal à me croire. Ils ont bâti un nouveau cloître, qui vient s'ajouter à celui qui se trouvait dans une autre partie du bâtiment. En outre, ils font les fondations d'une nouvelle église d'une taille extraordinaire et demandant une maîtrise exceptionnelle, à côté de la grande cour. »[247]

La partie sud du Mont du Temple est donc devenue le centre administratif, militaire et religieux des Templiers, avec une vaste écurie en dessous. Le Mont du Temple est le centre nerveux de tout l'ordre du Temple, non seulement pour l'Outremer, mais également pour l'Europe entière. La France, l'Angleterre, l'Aragon, le Poitou, le Portugal, les Pouilles et la Hongrie disposent chacun d'un maître provincial

247 Theoderich, *Description of the Holy Places*, trad. Aubrey Stewart, Palestine Pilgrims' Text Society, Londres, 1896, p. 30-32.

qui rend des comptes au maître de l'Ordre. Mais le maître, malgré ses pouvoirs considérables, ne règne pas en autocrate. Avant de prendre les décisions importantes, comme partir faire la guerre, décider d'une trêve, aliéner des terres ou acquérir un château, il doit consulter le chapitre général, lequel est composé de membres chevronnés.

Le maître, élu par des membres expérimentés de l'Ordre, y a ses quartiers, ainsi que son entourage, constitué d'un chapelain, de deux chevaliers, d'un ecclésiastique, d'un sergent, d'un scribe musulman qui sert d'interprète, ainsi que de serviteurs et d'un cuisinier. Le sénéchal, le maréchal, le commandeur du royaume de Jérusalem et le frère drapier sont aussi présents avec leurs serviteurs. Le sénéchal est l'adjoint et le conseiller du maître. Le frère drapier est le gardien des habits. Il fournit les vêtements et la literie, confisque des choses aux chevaliers considérés comme nantis et distribue les cadeaux offerts à l'Ordre. Le maréchal est responsable des décisions militaires telles que l'achat d'équipement et de chevaux. Il exerce également une autorité sur les commandeurs régionaux. Ces derniers sont : le commandeur du royaume de Jérusalem, qui joue le rôle de trésorier de l'Ordre et possède, au sein du royaume, les mêmes pouvoirs que le maître ; le commandeur de la cité de Jérusalem, qui, au sein de la ville, possède les mêmes pouvoirs que le maître ; et les commandeurs de Saint-Jean-d'Acre, de Tripoli et d'Antioche, chacun avec les pouvoirs du maître au sein de leur domaine respectif. On dénombre également environ 300 chevaliers et 1 000 sergents, ainsi que la cavalerie légère syrienne, les turcopoles, employée par l'Ordre, sans oublier de nombreux auxiliaires, à savoir des palefreniers, maréchaux-ferrants, armuriers et tailleurs de pierres. Nombre de ces personnes sont peut-être logées sur le Mont du Temple.

Le Mont du Temple est un endroit qui grouille de monde, même si, à l'instar de n'importe quel monastère, son centre demeure des plus silencieux. En effet, les Templiers respectent les heures canoniales comme n'importe quel moine cistercien ou bénédictin. Sinon, ils s'occupent de leurs chevaux. Les Écuries de Salomon sont en fait une sous-structure de voûtes et d'arcs bâtie par Hérode afin d'agrandir la plateforme du Mont. Par la suite, les Umayyades et les Templiers ont entrepris des travaux de reconstruction. Les Templiers s'en sont servis comme écuries, mais Theoderich exagère quand il dit que celles-ci pouvaient héberger 10 000 chevaux. D'autres voyageurs évaluent leur capacité à 2 000 chevaux, avec de la place pour les écuyers et les palefreniers. Des pèlerins y dorment même peut-être. Le nombre de chevaux présents en même temps dans ces écuries était plus de l'ordre de 500. Une porte construite par les Templiers dans le mur sud du Mont du Temple donne directement accès au quartier général et aux écuries.

Ces moines guerriers constituent une force considérable en cette Terre sainte dont la défense leur incombe de plus en plus depuis la deuxième croisade. Le système féodal n'a fourni que 1 000 chevaliers dans tout l'Outremer, même si le roi de Jérusalem dispose de suffisamment de ressources pour engager des mercenaires. En revanche, dans les années 1170, les Templiers comptent à eux seuls 300 chevaliers et 1 000 sergents basés à Jérusalem et un effectif équivalent réparti entre Tripoli, Antioche, Tortose et Baghras. Autrement dit, 600 chevaliers et 2 000 sergents en tout. Une fois les Hospitaliers inclus, les ordres militaires représentent le plus gros contingent de la force militaire des États croisés en Orient[248].

Contrairement à la croyance populaire, les Templiers ne sont pas des fanatiques cherchant en permanence à combattre l'infidèle. En règle générale, ils se montrent pragmatiques, avec une approche conservatrice de la politique et de la guerre, en tout cas plus que les comtes et rois d'Outremer obnubilés par leurs ambitions dynastiques et personnelles du moment. En devenant chevalier templier, chaque homme se voue corps et âme à l'Ordre, comme l'attestent les paroles d'une recrue : « Je renonce à la vie laïque et à son faste, abandonnant tout. Je me donne au Seigneur et au royaume du Temple de Salomon de Jérusalem, que je servirai toute ma vie suivant ma force dans la pauvreté pour Dieu. »[249]

248 Jonathan Riley-Smith, ed., *The Atlas of the Crusades*, Times Books, Londres, 1991, p. 36. Adrian J. Boas, *Archaeology of the Military Orders*, Routledge, Londres et New York, 2006, p. 4. Malcolm Barber, *The New Knighthood: A History of the Order of the Temple*, Cambridge University Press, Cambridge, 1995, p. 93-94.
249 Malcolm Barber, *op. cit.*, p. 55.

À la volonté personnelle se substitue une mise au service de l'Ordre et de ses objectifs. Les Templiers se vouent à la défense permanente de la Terre sainte. Au Moyen Âge, les conflits se résument plus à des sièges de villes et de châteaux qu'à des batailles rangées, plus imprévisibles et risquées, même dans les circonstances les plus favorables. En Outre-mer, la patience porte ses fruits, car les coalitions musulmanes contre les chrétiens finissent toujours à la longue par péricliter. C'est donc avec une certaine confiance que les Templiers contemplent Jérusalem et l'avenir depuis leur quartier général perché sur le Mont du Temple.

La défense de l'Outremer

Depuis la mort du roi Foulque V en 1143, sa femme et cosouveraine Mélisende règne sur le royaume de Jérusalem de plein droit mais également en tant que régente de leur fils, Baudouin III. Pour ce faire, compte tenu de l'âge du garçon, elle peut compter sur le soutien des Templiers. Cependant, en 1150, alors qu'il est majeur depuis longtemps, Baudouin III exige le droit de régner en tant que co-monarque aux côtés de sa mère. Lors des deux années suivantes, des tensions apparaissent dans la noblesse car des factions sont en faveur de Baudouin III tandis que d'autres soutiennent Mélisende. On craint une guerre civile, mais le problème est réglé en 1152, quand Baudouin III montre sa puissance de manière convaincante et que sa mère se retire à Naplouse. Des signes laissent penser que les Templiers ont soutenu Mélisende jusqu'au bout, mais ne se sont pas pour autant brouillés avec Baudouin III. Dépendant uniquement du pape, ils n'en ont pas moins toujours soutenu la personne en place sur le trône de Jérusalem.

En tout cas, deux ans plus tard, en 1152, Mélisende et Baudouin III sont réconciliés et, bien qu'elle soit toujours installée à Naplouse, où elle peut demeurer à vie, Mélisende continue d'exercer une certaine influence à la cour. Son expérience est appréciée et elle remplace Baudouin III quand il est en campagne.

La première grande campagne de Baudouin III concerne Ascalon, qu'il assiège en juillet 1153. Cette ville, dont la garnison est composée de Fatimides d'Égypte, constitue le dernier avant-poste musulman sur la côte palestinienne et a servi de base pour des attaques contre le royaume de Jérusalem et des opérations de piraterie. Mais, bien que l'Égypte fatimide soit en perte de vitesse, Ascalon demeure puissamment fortifiée et le siège s'éternise jusqu'en été, la ville ne tombant qu'en août. Le butin est énorme et la reconquête chrétienne de la Palestine totale. Les Templiers jouent un rôle clé dans ce triomphe puisqu'ils sont les premiers à s'engouffrer dans la brèche lorsqu'une section des remparts s'écroule, même si Guillaume de Tyr s'est montré prévisible en retournant cet événement contre eux. Il a en effet affirmé dans sa chronique que l'impatience des Templiers était due à leur avidité pour les butins, thème qu'il a développé et qui sera ensuite repris par d'autres. Le ressentiment de Guillaume de Tyr envers les Templiers tient à leur indépendance, ordre uniquement assujetti au pape et qui échappe à tout contrôle de l'Église ou de l'État. Homme d'église qui voit son ambition de devenir patriarche de Jérusalem contrecarrée, il ne manque pas une occasion de trouver de basses motivations aux succès des Templiers, tendance qui finira par trouver un écho favorable. En fait, à Ascalon, il n'est point question d'avidité mais de sacrifice, car les Templiers ont perdu environ 40 chevaliers dans l'opération et leur maître est même mort lors de l'attaque.

Le siège d'Ascalon orchestré par Baudouin III se paiera en fait très cher. Presque immédiatement après le siège raté de Damas lors de la deuxième croisade, son *atabeg*, Mu'in ad-Din Unur, reprend son ancienne alliance avec Jérusalem, par pur calcul politique contre son plus grand ennemi, Nur al-Din. Mais, en 1149, Mu'in ad-Din Unur meurt. Sous son successeur, Mujin al-Din Ibn al-Sufi, Damas subit à plusieurs reprises des attaques et sièges de Nur al-Din. Dans un effort désespéré pour maintenir l'indépendance de la ville, Mujin al-Din reconnaît d'un côté la souveraineté de Nur al-Din, mais ne rompt pas son alliance avec Jérusalem de l'autre. Pendant ce temps, la propagande djihadiste de Nur al-Din porte ses fruits sur les musulmans de la ville. Les chrétiens sont restés majoritaires à Damas au moins jusqu'au xe siècle, voire xie siècle[250], et même jusqu'au milieu du xiie siècle ils représentent presque la moitié de la population. Mais, face à l'intimidation incessante de Nur al-Din, couplée à sa propagande – et alors que les forces de Baudouin III viennent d'arriver à Ascalon et que le royaume de Jérusalem manque des ressources nécessaires pour venir en aide à Damas –, en avril 1154, une frange de la population musulmane ouvre les portes de la ville à Nur al-Din.

Immédiatement après avoir occupé Damas, Nur al-Din impose le même climat de ferveur religieuse qu'à Alep, créant de nouvelles madrasas et mosquées où prêcher le *djihad*. Et, comme à Alep, il oriente l'énergie de ses sujets non pas contre les Francs, mais à l'encontre les États musulmans ailleurs en Syrie qui résistent à son autorité. En fait, il renouvelle le traité de paix avec Jérusalem et consent même à verser un tribut aux Francs, tout en soumettant Baalbek, détenue par les musulmans, et en s'emparant par la force de terres seldjoukides d'Asie Mineure. Pendant le restant de sa vie, Nur al-Din ne se lancera pas dans un *djihad* contre les Francs. Mais il possède désormais la plus grande ville de Syrie, au-delà de laquelle se trouve l'Égypte, plus au sud.

Baudouin III tombe malade et meurt en février 1163. Il n'avait pas d'enfants et, avant sa mort, il a nommé comme successeur Amaury, son frère cadet. Mais, au sein de la noblesse et de l'Église, certains sont opposés à son accession au trône pour cause d'inceste – affirmant que lui et sa femme Agnès de Courtenay sont cousins au troisième degré (ils avaient le même arrière arrière-grand-père) et ont donc un lien de parenté trop proche. Agnès est la fille de Josselin II d'Édesse, mais,

250 Ross Burns, *Damascus: A History*, Routledge, Abingdon, 2005, p. 134.

après la destruction de la ville où elle est née, elle est venue à Jérusalem. C'est là qu'elle a épousé Amaury et lui a donné trois enfants. Mais, pour accéder au trône, Amaury accepte d'annuler son mariage, à condition que ses enfants soient considérés comme légitimes. Deux finiront par régner, son fils, sous le nom de Baudouin IV, le « roi lépreux », et sa fille Sibylle, en devenant reine à la mort de son frère. Pendant son règne, Amaury charge Guillaume de Tyr, devenu un ami intime, d'écrire une histoire de l'Outremer.

Quelques mois après être devenu roi, Amaury doit faire face à la dégradation de la situation en Égypte. Le régime fatimide du Caire est devenu faible et instable, deux vizirs jouant de rivalité afin de contrôler le califat affaibli. Chaque vizir recherche du soutien en dehors d'Égypte, attirant dans leur différend Amaury de Jérusalem et Nur al-Din de Damas. Le bénéfice potentiel est énorme pour les Francs : en installant un gouvernement allié au Caire, le royaume de Jérusalem aurait non seulement accès aux ressources exceptionnelles d'Égypte, mais il protégerait également son flanc sud. Cependant, la perspective n'est pas moins prometteuse pour Nur al-Din : en s'emparant de l'Égypte, il contrôlerait la route commerciale allant de Damas au Caire, tout en encerclant complètement les États chrétiens. La garnison fatimide d'Ascalon a pris le contrôle de la route menant au delta du Nil et au Caire, ligne d'attaque également prise par les Arabes lorsqu'ils avaient envahi l'Égypte en 640 après avoir conquis la Syrie et la Palestine. Lorsque le roi Baudouin III s'est emparé d'Ascalon avec le concours des Templiers en 1153, cela a ouvert la porte de l'Égypte aux Francs. Amaury entrera à trois reprises en Égypte, en 1164, puis en 1167 et en 1168, afin d'empêcher que le pays ne tombe aux mains de Nur al-Din.

Nur al-Din bouge le premier en envoyant son général kurde Shirkuh en Égypte afin d'installer au pouvoir le vizir Shawar. Mais, très vite, Shawar ne supporte pas la main de fer de Shirkuh et, face à la perspective d'une guerre ouverte entre eux deux, Shawar demande de l'aide à Amaury. En 1164, Amaury est à la tête d'une armée franque, renfermant un gros contingent de Templiers, qui entre en Égypte et assiège Shirkuh à Bilbéis, dans la partie est du delta. Au bout de trois mois, alors que Bilbéis est sur le point de tomber, Nur al-Din vole au secours de Shirkuh, dans une situation désespérée, en assiégeant Harim, située entre Antioche et Alep. Quand Harim tombe en août, les têtes des défenseurs chrétiens sont envoyées à Bilbéis, Shirkuh ayant comme instruction de les exposer sur les remparts afin d'effrayer les assiégeurs. Le pire, c'est qu'en essayant de venir en aide à Harim, une armée franque est battue par Nur al-Din, et ses chefs, Bohémond III d'Antioche et Raymond III de Tripoli, ainsi que plusieurs autres, sont capturés et détenus en attente d'une rançon. Bohémond III est libéré un an plus tard et Raymond III seulement en 1173. Pour pallier la situation d'urgence du nord de l'Outremer, Amaury accepte de se retirer d'Égypte si Shirkuh en fait autant, laissant ainsi irrésolu le problème du califat fatimide en décrépitude.

Mais, comme l'ont immédiatement compris les Templiers, l'aventure a révélé au grand jour la vulnérabilité de l'Outremer. Bertrand de Blanquefort, maître de l'ordre du Temple, écrit dans une lettre adressée en novembre 1164 au roi Louis VII :

> Bien que notre roi Amaury soit, grâce à Dieu, grand et magnifique, il ne peut monter quatre armées pour défendre Antioche, Tripoli, Jérusalem et Babylone [comme s'appelait Fostat au Moyen Âge, capitale arabe d'origine de l'Égypte[251]]. […] Mais Nur al-Din peut toutes les attaquer en même temps s'il le souhaite tellement il compte de chiens dans ses rangs.[252]

En très grande supériorité numérique, les Turcs menacent d'écraser l'Outremer.

Et les Turcs ne combattent pas seuls. Sous Nur al-Din, leurs effectifs s'étoffent grâce aux Kurdes, peuple montagnard qui vit dans certaines régions du Caucase, de Mésopotamie, de Perse et de l'est

251 Fostat, fondée par les Arabes en 641, est connue au Moyen Âge sous le nom de Babylone, d'après la forteresse romaine de Babylone qui était située à proximité. Le Caire, au nord, a été fondée par les Fatimides en 969.

252 Malcolm Barber et Keith Bate, trad., *Letters from the East: Crusaders, Pilgrims and Settlers in the 12th–13th Centuries*, Ashgate, Farnham, 2010, p. 266.

de l'Asie Mineure. Les généraux de Nur al-Din, Shirkuh et son frère Ayyub, sont kurdes et leur importance au sein de l'armée de Nur al-Din attire leurs compatriotes en très grand nombre. En revanche, les Arabes jouent un rôle négligeable, voire nul, lors des campagnes de Nur al-Din. Par peur qu'ils ne se révoltent contre leurs suzerains turcs, ils sont plutôt activement éliminés. Les Kurdes sont des musulmans sunnites, à l'instar des Turcs, et entrent à merveille dans le plan de conquête de l'Égypte fatimide de Nur al-Din. En revanche, les Fatimides sont non seulement arabes, mais également ismaéliens, ramification de l'islam chiite, véritable hérésie pour les sunnites dont ils sont également les rivaux dans l'optique d'une domination universelle. Si les deux siècles de règne fatimide ont été marqués par des influences chiites considérables chez les musulmans d'Égypte, Nur al-Din est malgré tout déterminé à employer l'arme du *djihad* pour ramener l'Égypte dans une certaine orthodoxie et la maintenir sous contrôle.

La rivalité entre sunnites et chiites est un atout pour Amaury. Les chiites l'ont appelé en Égypte pour les défendre contre les sunnites. Mais Amaury a un autre avantage. L'élite régnante musulmane est concentrée sur Le Caire et la ville portuaire d'Alexandrie. « Ailleurs, la population chrétienne copte indigène d'Égypte est majoritaire »[253] – cinq cents ans après la conquête arabe, l'Égypte demeure un pays majoritairement chrétien, comme l'attestent des travaux récents de l'historien égyptien Tamer el-Leithy, qui « discrédite la notion de conversion massive avant le XIIIe siècle »[254].

La lutte pour le contrôle de l'Égypte entre Amaury et Shirkuh, le général kurde à la tête de l'armée de Nur al-Din, dure cinq ans. En raison de la situation géographique, des ressources et de la main-d'œuvre de l'Égypte, parvenir à la rallier sa cause peut s'avérer décisif pour l'un des deux adversaires.

---

253 Thomas Asbridge, *The Crusades*, p. 266.

254 Christopher MacEvitt, *The Crusades and the Christian World of the East: Rough Tolerance*, University of Pennsylvania Press, Philadelphie, 2008, p. 218, note de bas de page 12. Il est ici fait référence à l'étude d'el-Leithy, « Coptic Culture and Conversion in Medieval Cairo ».

Nur al-Din est une nouvelle fois le premier à agir. En 1167, il envoie Shirkuh en Égypte et Amaury vient encore au secours de Shawar. Cette fois-ci, le vizir paie généreusement les services du roi. Dans un traité probablement rédigé par Geoffroy Foucher, membre éminent de l'ordre du Temple, Shawar accepte de verser un tribut annuel en supplément de 400 000 besants d'or, la moitié immédiatement, à condition que les Francs s'engagent à détruire Shirkuh et son armée ou à les bouter hors d'Égypte. Amaury se trouvant au Caire, Shirkuh se replie au sud vers Minya, où les Francs infligent aux Turcs, lors d'une bataille livrée dans le désert, à al-Babayn, des pertes s'élevant à 1 500 morts, contre 100 de leur côté. Les forces de Nur al-Din s'accrochent une dernière fois en se barricadant dans Alexandrie. Leur commandant est un jeune Kurde, le neveu de Shirkuh, Salah al-Din, plus connu en Occident sous le nom de Saladin, qui, après deux ou trois mois d'une famine grandissante dans la ville, se rend aux Francs, lesquels les escortent en dehors pour leur propre sécurité car la population aurait taillé Saladin et ses hommes en pièces pour toutes les souffrances qu'ils lui avaient fait endurer. Alors que l'armée d'Amaury, accompagnée des Templiers, traverse les rues de la ville de Saint-Marc, leur triomphe est synonyme de libération du dernier des grands sièges patriarcaux. Et, en haut de ce qui reste du phare d'Alexandrie, ancienne merveille du monde du temps où la ville était la capitale culturelle de la civilisation occidentale, ils installent l'étendard de Jérusalem. Pour s'assurer que les forces de Nur al-Din ne reviendront pas, Amaury installe une garnison au Caire et des représentants francs dans le palais du califat. L'Égypte devient ainsi un protectorat. Puis Amaury et son armée rentrent chez eux.

Mais l'importante faiblesse du régime fatimide est toujours d'actualité et ce n'est qu'une question de temps avant que Nur al-Din ou Amaury ne porte le *coup de grâce*[255]. En août 1167, juste après son retour d'Égypte, Amaury épouse Marie Comnène, l'arrière-petite-nièce de Manuel Ier Comnène, l'empereur byzantin. Dans les mois qui suivent, voit le jour le plan d'une expédition militaire franco-byzantine

255 En français dans le texte. (NdT)

visant à conquérir, diviser et annexer l'Égypte, les Francs s'emparant de l'intérieur des terres et les Byzantins de la côte. L'ami et conseiller d'Amaury, l'historien Guillaume de Tyr, récemment nommé archidiacre de Tyr, rédige un traité d'alliance officiel et est dépêché avec les pleins pouvoirs par Manuel Ier Comnène afin de ratifier l'accord en présence de l'empereur. Mais, avant que Guillaume n'ait eu le temps de rentrer à Jérusalem, Amaury a déjà frappé, marchant sur l'Égypte en octobre 1168. Shawar a refusé de payer le tribut convenu et des rumeurs courent jusqu'à Jérusalem selon lesquelles le vizir s'est tourné vers Nur al-Din, cette fois-ci pour se débarrasser de la garnison et des représentants francs installés au Caire. Mais les raisons pour lesquelles Amaury n'attend pas ses alliés byzantins demeurent obscures. On dit que lui ou ses barons estimaient pouvoir s'emparer de l'Égypte sans partager le pays avec les Byzantins. Il se murmure également qu'Amaury était harcelé par les Hospitaliers. Quelles que soient ses motivations, les Templiers s'opposent et refusent de participer à l'expédition.

Si la décision soudaine d'envahir l'Égypte prise par Amaury est conditionnée par une urgence, il est ensuite critiqué par Guillaume de Tyr pour son absence d'objectif et un manque d'enthousiasme. Tout d'abord, l'armée franque s'empare de Bilbéis sur le delta et est prise d'un accès de folie meurtrière, massacrant nombre de ses habitants, dont de nombreux chrétiens. Puis c'est au tour du Caire d'être assiégée. Après l'épisode de Bilbéis, Shawar est déterminé à défendre sa ville jusqu'au bout, tout en refusant d'abandonner Fustat aux Francs et en la réduisant en cendres, incendie qui durera cinquante-quatre jours. Pendant tout ce temps, alors qu'Amaury et Shawar chicanent sur le tribut et que l'argent est remis en plusieurs versements, Amaury, apparemment conformément à l'accord, se retire du Caire. Mais Shirkuh, le général de Nur al-Din, fait son apparition dans le delta et, en janvier 1169, après avoir échappé discrètement à l'armée d'Amaury, il entre dans Le Caire sans rencontrer de résistance, s'empresse de décapiter Shawar et s'installe comme vizir. Son règne sera de courte durée. En mars, Shirkuh meurt et c'est son neveu Saladin qui lui succède.

La conquête de l'Égypte par les forces de Nur al-Din est une calamité stratégique pour les Francs. Le protectorat qu'ils y ont installé prend fin, les avantages stratégiques et économiques obtenus sont perdus et la Syrie et l'Égypte sont désormais unies sous l'influence turque. L'encerclement final de l'Outremer vient de débuter.

Et pourquoi les Templiers ont-ils refusé de participer à une aventure si vitale ? Depuis, cette question a fait l'objet de suppositions et de débats. On aurait pu s'attendre à ce que Guillaume de Tyr, chargé par Amaury d'écrire son histoire du royaume de Jérusalem, condamne sans ménagement les Templiers. Pourtant, Guillaume de Tyr n'est lui-même pas d'accord avec cette campagne et indique que les Templiers se sont élevés contre cette opération pour des raisons morales. « Il semblait contre leur conscience »[256] de rompre le traité qu'ils avaient contribué à négocier avec Shawar en 1167. En outre, malgré toute l'importance stratégique de l'Égypte, ils ont pris en compte d'autres positions. En 1164, lorsque le gros des troupes des Templiers bat la campagne en Égypte avec Amaury, Nur al-Din en profite pour attaquer au nord, infligeant de lourdes pertes à l'armée du prince d'Antioche. Geoffroy Foucher, précepteur de l'ordre du Temple, écrit à Louis VII en septembre de cette année-là : « Rien ne peut réprimer leur sauvagerie. Des six cents chevaliers et douze mille soldats à pied, on n'en connaît guère à en avoir réchappé. »[257] Parmi ces prisonniers et ces victimes figurent 60 chevaliers templiers, tous morts, et de nombreux sergents et turcopoles qui subissent le même sort, dans la région des monts Amanus où les Templiers tiennent les rênes de châteaux constituant le dernier rempart de l'Outremer. L'expérience a peut-être fait prendre conscience aux Templiers de la nécessité de bien gérer leurs ressources et de les concentrer là où le besoin se fait le plus sentir.

Néanmoins, Guillaume de Tyr ne peut laisser passer l'occasion de critiquer les Templiers. En dehors d'autres raisons éventuelles, les Templiers ont refusé de participer à la campagne d'Égypte de 1168, suggère-t-il, à cause de leur supposée jalousie vis-à-vis des Hospitaliers,

---

256 Guillaume de Tyr, *in* Malcolm Barber, *The New Knighthood*, p. 97.
257 Malcolm Barber et Keith Bate, *Letters from the East*, p. 59.

qui ont été les premiers à pousser Amaury à organiser cette expédition et ont déjà réclamé Péluse, située à l'extrémité du delta du Nil. L'éternelle rivalité entre les deux ordres pose problème. Il est rare que l'on puisse les persuader de mener campagne ensemble et chacun suit sa propre ligne de conduite, quelle que soit la politique officielle du royaume de Jérusalem. En fait, les Hospitaliers sont indépendants de l'autorité laïque, mais leur image est adoucie par la charité et les soins qu'ils prodiguent aux pèlerins, alors que celle des Templiers repose exclusivement sur leurs prouesses militaires et leur implication dans les affaires financières. L'indépendance de ces ordres risque d'être source de ressentiment et, dans le cas des Templiers, elle génère des critiques, selon lesquelles l'Ordre est surtout axé sur la protection et le développement de ses propres intérêts.

Outre les vœux de pauvreté, de chasteté, et d'obéissance, chaque nouvel entrant dans l'ordre des chevaliers templiers jure de « conserver ce qui est acquis dans le royaume de Jérusalem et de conquérir ce qui n'est pas encore acquis »[258]. Pour remplir leurs obligations, une discipline de fer s'impose, laquelle a fait forte impression sur un pèlerin anonyme en visite à Jérusalem peu après la moitié du XIIe siècle.

> « Les Templiers sont d'excellents soldats. Ils portent une cape blanche ornée d'une croix rouge et, lorsqu'ils partent à la guerre, ils sont précédés d'un étendard à deux couleurs appelé baussant[259]. Ils progressent en silence. Leur première attaque est la plus terrible. Ce sont les premiers à arriver et les derniers à repartir. Ils attendent les ordres de leur maître. Lorsqu'ils s'estiment prêts à faire la guerre et que la trompette a sonné, ils chantent en chœur le Psaume de David “Non pas à nous”[260], s'agenouillant dans le sang et sur le cou de l'ennemi, à moins qu'ils ne l'aient forcé à battre en retraite ou carrément taillé en pièces. Si l'un d'eux, pour quelque raison que ce soit, tourne le

---

258 Judith Upton-Ward, trad. *The Rule of the Templars: The French Text of the Rule of the Order of the Knights Templar*, Boydell Press, Woodbridge, 1992.

259 Ces deux couleurs sont le noir et le blanc, disposées horizontalement.

260 Psaume 115:1 : « Non pas à nous, Éternel, non pas à nous, mais à ton nom donne gloire, à cause de ta bonté, à cause de ta fidélité ! »

> dos à l'ennemi, revient vivant [d'une défaite] ou emploie son arme contre les chrétiens, il est sévèrement puni. La cape blanche avec la croix rouge, signe de sa chevalerie, lui est retirée avec ignominie. Il est rejeté de la confrérie et mange à même le sol, sans serviette, pendant un an. Si les chiens l'attaquent, il n'ose pas les chasser. Mais, au bout d'un an, si le maître et la confrérie pensent qu'il a suffisamment fait pénitence, ils lui redonnent son ancienne ceinture de chevalier. Ces Templiers vivent selon des règles religieuses très strictes, obéissent avec humilité, n'ont aucun bien personnel, mangent frugalement, se vêtissent modestement et vivent dans des tentes. »[261]

Tout ceci conformément à la Règle, qui stipule que si un frère quitte le champ de bataille sans autorisation :

> « [...] la grande justice en serait prise, et l'habit ne pourrait lui demeurer. [...] Nul ne doit bouger de l'escadron pour plaie ou pour blessure sans congé ; et s'il est si gravement atteint qu'il ne puisse prendre congé, il doit envoyer un frère afin qu'il le prenne pour lui. Et s'il advenait que la chrétienté tournât en déconfiture, ce dont Dieu l'en garde, aucun frère ne doit partir du champ pour retourner à la garnison tant que le gonfanon baussant y est ; car s'il en partait, il en perdrait la maison pour toujours. »[262]

Chaque Templier est un chevalier monté extrêmement bien entraîné qui coûte cher. Dans la France de la seconde moitié du XIIe siècle, il faut à un chevalier monté 750 acres pour s'équiper et s'entretenir. Un siècle plus tard, ce coût a été multiplié par cinq, pour atteindre 3 750 acres.

Pour un templier opérant en Outremer, la facture est même supérieure car il faut importer beaucoup de biens et notamment les chevaux. Chaque chevalier templier a trois chevaux et, comme ces

261 Pèlerin anonyme, Aubrey Stewart, trad., *Anonymous Pilgrims*, I-VII (XIe et XIIe siècles), V. 2, Palestine Pilgrims' Text Society 6, Londres, 1894.

262 Règle française, vers 1165, qui s'ajoute à la Règle primitive de saint Bernard. Tiré du site web templiers.org.free.fr.

derniers sont touchés par la guerre et la maladie et ne vivent que vingt ans, il faut les renouveler plus fréquemment que l'élevage local ne le permet. Entre le XIIe et le XIIIe siècle, le prix des chevaux est multiplié par 6. De plus, ces animaux mangent cinq à six fois plus qu'un homme et il faut les nourrir même s'ils ne font rien. En cas de mauvaise récolte en Orient, il faut expédier en urgence de la nourriture pour les hommes et les bêtes.

Chaque Templier dispose également d'un écuyer chargé de s'occuper des chevaux. Il ne faut pas oublier les sergents, moins lourdement armés que les chevaliers, mais qui ont un cheval, même s'ils jouent aussi le rôle d'écuyer. Les sergents sont souvent recrutés localement et portent une tunique marron ou noire, et non blanche. En fait, chaque Templier est entouré d'environ neuf personnes qui l'aident. Ce n'est guère différent de la guerre moderne, pour laquelle chaque soldat de première ligne est assisté de quatre ou cinq militaires qui ne voient pas l'ombre d'un combat, sans parler des milliers de civils produisant les armes, le matériel, les vêtements, la nourriture et se chargeant des transports.

Les responsabilités grandissantes des Templiers augmentent considérablement leurs dépenses. Dans l'incapacité d'entretenir et de défendre leurs châteaux et fiefs, les seigneurs laïques confient ces missions aux ordres militaires. Seules les vastes propriétés d'Outremer et plus particulièrement d'Occident permettent aux Templiers de fonctionner à une telle échelle et de se remettre des pertes et échecs afin de continuer à défendre la Terre sainte.

Jusque dans les années 1160, les Francs affichent une supériorité militaire sur le champ de bataille et cultivent une stratégie offensive. Si les Turcs sont capables de réunir des armées très fournies constituées de cavaliers légers et d'archers, leurs forces ne représentent qu'une modeste menace, même pour les châteaux peu défendus, à partir du moment où les Francs sont capables de venir à leur secours en l'espace de quelques jours. Une troupe franque à l'approche, même le simple écho de son arrivée, suffit généralement à faire cesser le siège organisé par les Turcs. En outre, quand les Francs attaquent des positions musulmanes fortifiées, ils disposent des artisans et ingénieurs nécessaires pour transporter sur place leurs grosses poutres et autres équipements en bois, puis bâtir leurs engins de siège. C'est ainsi qu'Antioche, Jérusalem, Tyr, Ascalon et de nombreuses autres villes sont tombées aux mains des Francs. Mais un tournant se produit au cours des expéditions égyptiennes. Pendant qu'Amaury est cloué au Caire, à Alexandrie ou sur le delta, il s'avère incapable de venir rapidement à la rescousse des villes et châteaux d'Outremer attaqués par Nur al-Din. Plus les Francs progressent dans une direction, plus ils s'exposent ailleurs. Et, pendant ce temps, les effectifs turcs ne cessent d'augmenter, vaste migration comparable aux invasions barbares ayant détruit l'Empire romain en Occident plusieurs siècles en arrière. Les Turcs apprennent également des Francs l'art d'organiser un siège.

Les Francs répondent en modifiant radicalement leur architecture militaire, se mettant à construire des châteaux plus robustes capables de résister plus longtemps aux sièges. Il s'agit donc d'ériger des remparts plus élevés, d'opter pour les tours rondes, de créer des poternes pour les sorties, de concevoir des douves plus profondes et plus larges et de construire des glacis, à savoir des talus lisses et inclinés en pierre empêchant d'escalader les fortifications et exposant au feu les assaillants. En outre, les Francs dotent désormais leurs châteaux de vastes chambres destinées à stocker de la nourriture et de l'eau pour pouvoir tenir plusieurs mois, voire des années. Mais surtout, caractéristique première des châteaux francs d'Orient, ils ajoutent des murs de défense extérieurs concentriques formant plusieurs anneaux de murailles autour du donjon central, à l'image des châteaux de Saphet, Beaufort, Margat, Chastel Blanc et Krak des chevaliers.

Les châteaux ne sont pas que des avant-postes militaires et leur mission n'est pas principalement guerrière. Comme en Europe, les châteaux servent à développer de nouvelles implantations et sont des centres de production et d'administration. Les maisons de campagne sont protégées par des remparts, renferment des moulins à grains et des pressoirs à olives et sont entourées de jardins, de vignobles, de vergers et de champs. Dans certains cas, les terres couvrent des centaines de villages et abritent des dizaines de milliers de paysans. Les exportations de bois vers l'Égypte, d'herbes, d'épices et de sucre vers l'Europe sont essentielles. Tout au long des XIIe et XIIIe siècles, l'approvisionnement de l'Europe en sucre est assuré par l'Orient latin.

Mais, à partir des années 1160, les Francs se retrouvent de plus en plus sur la défensive et la nature militaire de ces châteaux prend de l'importance. Souvent imposants, sophistiqués et constamment améliorés grâce aux dernières innovations en matière de science militaire, ils sont au nombre de 50 en Outremer. Nombre d'entre eux servent de sentinelle à des endroits stratégiques des frontières. Les États croisés sont étroits et tout en longueur et manquent donc de profondeur pour être bien défendus. La principauté d'Antioche, le comté de Tripoli et le royaume de Jérusalem s'étendent sur plus de 700 kilomètres du nord au sud, mais font rarement plus de 80 à 120 kilomètres de large, le comté de Tripoli se limitant dangereusement à la largeur de la plaine littorale, de quelques kilomètres, entre Tortose (aujourd'hui Tartous) et Jableh. À l'intérieur des terres, les villes d'Alep, Hama, Homs et Damas ont toutes été prises par les Turcs, qui désormais occupent également l'Égypte. Les Francs bénéficient eux d'une ligne de défense naturelle, les montagnes, et ils construisent des châteaux afin de sécuriser les cols.

Les coûts de construction et de réorganisation de ces châteaux ne cessent d'augmenter et l'implantation de garnisons en leur sein dépasse les niveaux de ressource des seigneurs féodaux locaux. Dans cette situation, les ordres militaires se font une place car ils disposent des ressources, de l'indépendance et du dévouement nécessaires, autant d'éléments qui expliquent leur pouvoir grandissant. Après la deuxième croisade, les Hospitaliers et les Templiers deviennent l'ossature de la résistance aux musulmans. Les ordres militaires prennent possession en temps utile des grands châteaux, tâche qui leur convient parfaitement. Les châteaux frontaliers sont des endroits reculés qui n'attirent pas la chevalerie laïque d'Outremer. Mais, en raison des vœux monastiques prononcés par les ordres militaires, la vie austère au sein des châteaux leur sied à merveille. Ce sont des lieux où les fortifications intérieures servent de monastères aux frères. Leurs membres sont célibataires et donc plus faciles à contrôler. Ils n'ont en outre aucun intérêt privé extérieur. Formidablement entraînés et très disciplinés, les Hospitaliers et les Templiers sont dirigés par des chefs d'une grande habileté militaire. Les capacités de ces ordres contrastent particulièrement avec les institutions laïques d'Outremer.

À son entrée au Moyen-Orient, la première croisade a franchi le col de Belen, à environ 25 kilomètres au nord d'Antioche. En 1136, la défense du col est confiée aux Templiers. Leur principale forteresse est Baghras, qui s'élève au-dessus du col. Les Templiers en ont construit plusieurs autres dans les monts Amanus. Quand le danger représenté par Zengi et Nur al-Din grandit, ces châteaux forment un rideau le long de la frontière nord. Dans cette région, les Templiers évoluent comme de véritables seigneurs, en toute indépendance vis-à-vis de la principauté d'Antioche.

Lorsqu'ils prennent les rênes de Gaza pendant l'hiver 1149-1150, les Templiers prennent également en charge la frontière sud avec l'Égypte du royaume de Jérusalem. Gaza est alors inhabitée et en ruine, mais les Templiers reconstruisent une forteresse au sommet d'une petite colline et les Francs font lentement revivre la ville qui l'entoure. C'est le premier grand château dont héritent les Templiers. Son rôle est de compléter le blocus d'Ascalon, petit territoire à 16 kilomètres au nord. Avant-poste fatimide gênant, Ascalon tombe finalement aux mains de Baudouin III, roi de Jérusalem, en 1153, grâce à une attaque audacieuse des Templiers.

Tortose (Tartous), sur la côte syrienne, est un autre site stratégique vital et lieu important pour les pèlerins. Considérée comme l'endroit où l'apôtre Paul a dit sa première messe, une chapelle dédiée à la Vierge Marie y a été construite au IIIe siècle, bien avant que le christianisme soit officiellement toléré au sein de l'Empire romain. Elle renferme une icône de la Vierge Marie qui aurait été peinte par saint Luc. Pour aider les pèlerins venant y prier, les croisés ont exploité cette histoire en construisant la cathédrale Notre-Dame-de-Tortose en 1123, édifice élégant qui marque architecturalement le passage du style roman au style gothique. Mais, en 1152, Nur al-Din capture et brûle la ville, la laissant déserte et détruite. Et, comme le comté de Tripoli manque de moyens pour la restaurer, Tortose est confiée aux bons soins des Templiers, qui améliorent considérablement ses défenses en érigeant un énorme donjon et des couloirs au sein d'un triple serpentin de remparts, avec une poterne dans la digue permettant à la ville d'être approvisionnée par la mer.

Tortose tient son importance stratégique d'une ouverture dans la chaîne de montagnes qui s'étend vers l'intérieur et la ville musulmane d'Homs. Vers l'extrémité orientale de cette trouée d'Homs, l'imposant Krak des chevaliers, récupéré par les Hospitaliers en 1144, surplombe la route reliant l'intérieur des terres à la mer. Dans les montagnes entre le Krak et Tortose se trouve la forteresse de Chastel Blanc, désormais connue sous le nom de Safita, déjà aux mains des Templiers peu avant 1152. Du sommet du donjon de Chastel Blanc, dont l'aménagement des rues et des maisons est la seule trace de ses fortifications concentriques, on peut voir à la fois le Krak des chevaliers à l'est et le château des Templiers d'al-Arimah à l'ouest, sur le littoral méditerranéen, au sud de Tortose. En bref, les Templiers, avec les Hospitaliers, contrôlent entièrement la route entre l'intérieur de la Syrie et la mer. Ils disposent en outre d'une souveraineté absolue sur leurs territoires, avec une autorité totale sur la population, le droit de se partager les trésors de guerre et la liberté de traiter avec les puissances musulmanes voisines.

Dans les années 1160, les Templiers s'emparent d'autres châteaux, cette fois-ci sur le Jourdain, à Ahamant (aujourd'hui Amman), et en Galilée, à Saphet (également appelée Safed), auxquels vient s'ajouter la forteresse du Chastelet, plus connue sous le nom de Gué de Jacob (Vadum Iacob), en 1178, tous octroyés aux Templiers par les rois de Jérusalem. Les forteresses de Gaza, Ahamant, Saphet et le Gué de Jacob appartiennent toutes au royaume de Jérusalem, mais sont situées au niveau de ses frontières et revêtent donc un caractère défensif. Le Gué de Jacob est le passage le plus au nord du Jourdain, ancien point faible emprunté par Saladin en provenance de Damas pour attaquer facilement les chrétiens. Saladin est si alarmé par l'installation des Templiers au Chastelet qu'il lance immédiatement une attaque, qui se solde par un échec en juin 1179. Mais, deux mois plus tard, il prend d'assaut le château, fait 700 prisonniers, qu'il massacre ensuite. Le chef des Templiers se jette pour sa part dans le vide pour éviter d'être capturé.

Avec son emplacement plus central au carrefour de la route menant de Jérusalem à Saint-Jean-d'Acre via la Galilée, se trouve La Fève. Château acquis par les Templiers vers 1170, c'est un important dépôt d'armes, d'outils et de vivres qui abrite une garnison imposante. Il deviendra le point de départ de l'expédition qui aboutira à la défaite désastreuse de la bataille de la Fontaine du cresson, le 1er mai 1187, présageant la catastrophe de Hattin.

Outre la défense du royaume de Jérusalem, les Templiers continuent de remplir leur mission originale de protection des pèlerins venant des ports de Saint-Jean-d'Acre, d'Haïfa et de Jaffa pour visiter les lieux saints, ou descendant de Jérusalem pour se rendre sur le Jourdain. Le chef des Templiers de Jérusalem dispose toujours en réserve de dix chevaliers pour accompagner les pèlerins sur le Jourdain et d'un troupeau d'animaux destinés à transporter les vivres et les voyageurs épuisés. Sur le Jourdain, les Templiers ont un château qui surplombe le site où Jésus a été baptisé. L'édifice sert non seulement à protéger les pèlerins, mais également les moines locaux suite à l'assassinat gratuit de six d'entre eux par Zengi.

Ils acquièrent des châteaux, mais aussi des terres autour de Baghras, Tortose et Saphet. Dans ces régions, les Templiers détiennent de nombreux villages, moulins et terres agricoles. Le détail précis de ces possessions n'est pas connu, car les archives des Templiers ont été détruites à Chypre par les Turcs ottomans au XVIe siècle. Mais, de ce que l'on a pu recueillir, il semble que les ordres (Hospitaliers et Templiers) aient détenu près d'un cinquième des terres d'Outremer vers la moitié du XIIe siècle et, en 1187, l'année de la bataille de Hattin, environ un tiers.

La richesse des Templiers

Depuis leurs débuts, les Templiers sont une organisation internationale tournée vers la Terre sainte mais dont le soutien provient d'Europe, où ils possèdent des terres, perçoivent la dîme et reçoivent des dons de la part des fidèles. Ils organisent des marchés et des foires, administrent leurs domaines et font le commerce de tout, de la laine aux esclaves, en passant par le bois et l'huile d'olive. Avec le temps, ils se constituent une formidable flotte marchande en Méditerranée, capable de transporter des pèlerins, des soldats et des vivres entre l'Espagne, la France, l'Italie, la Grèce et l'Outremer.

Bien que l'on décrive d'habitude les Templiers comme des chevaliers montés se lançant dans la bataille, très concrètement, leurs forces de frappe reposent sur un vaste réseau de soutien, constitué non seulement de sergents et de turcopoles, mais également d'hommes tels qu'Odo de Wirmis, frère au service des Templiers mais n'ayant jamais fait la guerre. De Wirmis fera partie des individus arrêtés par les agents du roi de France Philippe le Bel, à l'aube du vendredi 13 octobre 1307, pour hérésie, blasphème et autres crimes atroces. Âgé de 60 ans le jour de son arrestation, il a rejoint tardivement l'Ordre, à l'âge de 44 ans, soit un âge bien trop avancé pour être un chevalier monté. En fait, il n'a jamais vu de champ de bataille et n'est probablement jamais sorti de sa France natale. Il a été recruté par l'Ordre pour ses talents de menuisier, tout comme d'autres dirigent les commanderies des Templiers en Occident en tant qu'administrateurs, ouvriers agricoles et artisans de toutes sortes. Dans les années 1160, les Templiers ont déjà divisé leurs possessions européennes d'envergure ou modestes, des propriétés données par les fidèles, en sept grandes provinces allant de l'Angleterre au Monténégro, sur la côte est de l'Adriatique. Ces propriétés foncières représentent la base de leur pouvoir.

Parmi ces propriétés figurent Cressing Temple, située dans le comté de l'Essex, le long de la route reliant Londres à Colchester. Elle fut cédée aux Templiers en 1137 par la reine Mathilde de Boulogne, épouse du roi Étienne d'Angleterre et nièce de Baudouin Ier, premier roi de Jérusalem. Contrairement aux autres sites des Templiers, construits en pierre, les monuments de Cressing Temple sont deux vastes granges en bois, structures magnifiques qui dominent encore aujourd'hui le paysage alluvial plat. Les intérieurs en bois ont la dimension d'une cathédrale. La grange de blé et la grange d'orge, construites entre 1206 et 1256, sont les deux plus belles granges d'Europe bâties par les Templiers, la grange d'orge étant pour sa part la plus vieille grange en bois du monde.

Cressing Temple, qui s'étend à l'origine sur plus de 5 500 hectares, occupe un site fertile doté de bonnes liaisons par voies routières et fluviales. En y établissant un marché, les Templiers développent une entreprise agricole d'envergure. La propriété est dirigée par un percepteur accompagné de deux ou trois chevaliers ou sergents, un chapelain, un intendant et de nombreux serviteurs. Les terres sont pour leur part cultivées par plus de 160 métayers. À l'époque, le domaine est constitué d'un manoir et de dépendances comprenant une boulangerie, une brasserie, une laiterie, un grenier et une forge, ainsi que des jardins, un pigeonnier, une chapelle, un cimetière, un moulin à eau et un moulin à vent, les surplus formant un bénéfice qui permet de financer les activités de l'Ordre en Outremer.

Le même réseau de propriétés européennes fondé par les Templiers en Outremer et dans la péninsule Ibérique s'est naturellement mué en système financier international. On met traditionnellement en lieu sûr les documents et objets précieux dans les monastères, mais à une époque se caractérisant par des déplacements d'ampleur en raison des croisades et de la croissance du commerce et des pèlerinages, le réseau de commanderies (à savoir les maisons et domaines) de l'ordre du Temple en Occident est capable d'offrir un meilleur service. Les Templiers développent un système d'avoirs permettant de retirer de l'argent dans une autre commanderie que celle dans lequel il a été déposé, à condition de présenter cet avoir. Cette procédure exige une tenue des comptes honnête et scrupuleuse, ce en quoi les Templiers excellent.

Disciplinés, pieux et indépendants, les Templiers inspirent confiance dans toute la société médiévale. Que ce soit à Paris, à Saint-Jean-d'Acre ou ailleurs, les Templiers consignent quotidiennement les détails des transactions, avec le nom du déposant, le nom du caissier de service, la date et la nature de la transaction, le montant déposé et le compte sur lequel le dépôt doit être effectué. Ces écritures quotidiennes sont ensuite transférées sur un registre général faisant partie d'immenses archives définitives. Les Templiers publient également des relevés plusieurs fois par an récapitulant les crédits et débits, l'origine et la destination de chaque élément. Avec leurs agences, si l'on peut dire, aux deux extrémités de la Méditerranée et avec les importants bastions des temples de Paris et Londres, ils peuvent non seulement encaisser les dépôts mais également mettre à disposition les fonds à l'étranger si besoin.

L'extension logique de l'activité consistant à conserver les documents et l'argent des croisés est de rendre ces fonds disponibles lors des expéditions proprement dites. Les Templiers disposent de navires contenant de précieux trésors, proches du littoral, où les chevaliers, nobles et rois en campagne peuvent procéder à des retraits en urgence.

Pour ce genre de services, ainsi que ceux proposés par les bureaux de change de Jérusalem et des ports d'Outremer aux croisés, pèlerins et marchands, ils prennent des frais qui leur permettent de dégager des bénéfices. Le roi Louis VII en personne dynamise leurs activités et reconnaît leur potentiel lorsqu'il doit leur emprunter une somme importante après s'être retrouvé financièrement dans l'embarras au cours de la deuxième croisade. Cela marque le début de l'étroite collaboration financière entre les Templiers et la monarchie française, puisqu'ils deviennent ainsi ses trésoriers. Cet épisode marque également le début de leur carrière de banquiers de l'Europe, évolution involontaire et imprévue mais somme toute naturelle vu leur situation.

Du financement des croisades à l'entrée dans le système financier européen, il n'y a qu'un pas pour les Templiers. Le roi Jean d'Angleterre emprunte au maître du Temple de Londres à peu près au moment où il signe la Grande Charte, en 1215. Après la quatrième croisade, au cours de laquelle les Latins renversent les empereurs byzantins et placent un Franc sur le trône, l'empereur latin de Constantinople Baudouin II emprunte une énorme somme garantie contre la Vraie Croix. Bien que cela n'apparaisse pas clairement sur les documents, ils font payer des intérêts sur les prêts, parfois sous forme de dépenses, afin de contourner les réticences médiévales envers les intérêts, même s'il leur arrive aussi de les mentionner courageusement en toute transparence. En 1274, par exemple, Édouard Ier d'Angleterre rembourse aux Templiers la somme de 27 974 livres tournois ainsi que 5 333 livres, 6 sous, 8 deniers pour « administration, dépenses et intérêts », le coût total du prêt avoisinant les 20 %[263]. Les marchands italiens financent et assurent déjà les cargaisons de grains, mais l'impulsion apportée par les croisades et les activités des Templiers sont à l'origine de la naissance d'un système international qui s'étend dans toute l'Europe et le Levant.

En échange de ces services et outre les frais qu'ils font payer et les intérêts perçus, les Templiers bénéficient de divers privilèges et concessions.

263 Malcolm Barber, *The New Knighthood*, p. 277.

Ils reçoivent ainsi, par l'intermédiaire d'une bulle pontificale et de décrets des rois français et anglais, la juridiction pleine et entière sur leurs terres et les habitants qui l'occupent. Ils décrochent également le consentement royal pour l'organisation de marchés agricoles hebdomadaires et de foires annuelles mettant en valeur le commerce local et rapportant à l'Ordre des revenus conséquents, tant grâce aux droits versés par les participants qu'à la dynamisation de l'économie locale en général. En associant l'agriculture et le capital, les Templiers rencontrent un succès considérable dans l'exploitation commerciale de leurs domaines, mais aussi par le biais de l'élevage de moutons en Angleterre, par exemple. Dans cette activité, leurs capacités en matière de crédit en font des fournisseurs de laine de tout premier plan. Parmi les avantages dont ils bénéficient figure notamment l'exportation en toute liberté de biens et de fonds de l'Occident vers l'Outremer.

Si leurs propriétés foncières propulsent fort naturellement les Templiers dans l'univers de la finance internationale, ils deviennent également des commerçants dotés de leur propre marine marchande. La plupart des produits qu'importent les Templiers, tels que les chevaux, le fer et le blé, leur parviennent par la mer. Dans un premier temps, les Templiers passent des accords avec des transporteurs et agents commerciaux, mais, au début du XIIIe siècle, ils commencent à se constituer leur propre flotte. Ils sont présents en masse dans tous les ports importants d'Outremer : Césarée, Tyr, Sidon, Gibelet (qui s'appelait Byblos dans l'Antiquité, et aujourd'hui Jbeil), Tripoli, Tortose, Jebel et Port Bonnel, au nord d'Antioche. Mais leur port d'attache est Saint-Jean-d'Acre, ville fortifiée bâtie sur une langue de terre offrant une excellente protection grâce à son double port.

En 1191, après la prise de Jérusalem par Saladin, Saint-Jean-d'Acre devient la capitale du royaume de Jérusalem et le nouveau quartier général des Templiers en Terre sainte. Selon le chroniqueur du XIIIe siècle connu sous le nom de Templier de Tyr : « Le fort était le plus fort lieu de la ville, et était sur mer en grand lieu, comme un château, car il avait sur l'entrée une haute et forte tour dont le mur était épais de 28 pieds. » Il mentionne également une autre tour, bâtie si près de la mer que les vagues déferlaient contre elle, « en quoi le Temple tenait son trésor »[264].

Après 1218, les Templiers agrandissent leurs infrastructures à Saint-Jean-d'Acre en se dotant d'une nouvelle forteresse, à une cinquantaine de kilomètres au sud. Aujourd'hui connue sous le nom d'Athlit, les Templiers l'appellent Château-Pèlerin car elle a été construite sur un promontoire rocheux avec l'aide de pèlerins. Selon un pèlerin germain qui la visite au début des années 1280, ce château « est situé au cœur de la mer, fortifié par des murs, remparts et barbacanes si solides et crénelés, que le monde entier ne suffirait pas pour le prendre »[265].

Depuis leurs ports d'Outremer, les navires des Templiers voguent vers l'ouest. En France, leur principal port d'attache est Marseille, où ils chargent pèlerins et marchands avant de mettre le cap vers l'est. Les ports italiens de l'Adriatique sont également importants, surtout Brindisi, qui présente l'avantage d'être proche de Rome. À Bari et Brindisi, on trouve du blé, des chevaux, des armes, des vêtements, de l'huile d'olive, du vin et des pèlerins. Messine, en Sicile, sert à la fois de circuit d'exportation depuis le continent et d'entrepôt pour les cargaisons provenant de Catalogne et de Provence. Les Templiers construisent également des navires dans les ports européens, partout entre l'Espagne et la côte dalmate.

Autre chargement des Templiers, les esclaves blancs, transportés en très grand nombre de l'est vers l'ouest, où ils participent au fonctionnement des maisons de l'ordre du Temple, surtout en Italie et en Aragon. Les Hospitaliers exploitent également des esclaves et s'adonnent à ce commerce florissant pour tous, même les pouvoirs maritimes italiens, plus particulièrement à Gênes, et surtout dans les États musulmans orientaux. Dans les dernières décennies de l'Outremer, alors que les villes tombent les unes après les autres aux mains des Turcs, les hommes sont généralement massacrés, mais les femmes et les enfants sont emmenés sur les marchés aux esclaves d'Alep et de

264 Philippe de Navarre et Gérard de Montréal, *Les Gestes des Chiprois : Recueil de chroniques françaises écrites en Orient aux* XIII*e et* XIV*e siècles*, Société de l'Orient latin, Paris, 1887, p. 252-253.

265 Bouchard du Mont Sion, cité dans l'ouvrage de Malcolm Barber, *op. cit.*; p. 163.

Damas. Des milliers de femmes, filles et garçons francs ont connu ce destin.

À la fin du XIIIe siècle, la plaque tournante du commerce des esclaves est le port d'Ayas du royaume arménien de Cilicie, sur la Méditerranée. Marco Polo débarque à Ayas en 1271 afin d'entamer son périple vers la Chine, à peu près au moment où les Templiers y ouvrent un comptoir. Les esclaves, qui sont turcs, grecs, russes et circassiens, ont été récupérés suite à des luttes intertribales, parce que des parents pauvres ont décidé de vendre leurs enfants ou parce qu'ils ont été enlevés. Ils sont acheminés à Ayas par des marchands d'esclaves turcs et mongols.

Les jeunes hommes robustes des steppes russes du Sud ou du Caucase, sélectionnés, sont généralement envoyés en Égypte, où ils sont convertis à l'islam et servent de soldats esclaves d'élite appelés Mamelouks. En 1250, les Mamelouks prennent le pouvoir en Égypte et mènent le *djihad* final qui boute les Francs hors d'Outremer.

La Maison du Temple de Paris est le quartier général des Templiers en France. Le quartier n'était qu'un marais, jusqu'à ce que les chevaliers templiers assèchent le terrain dans les années 1140 et y bâtissent leur quartier général dans la partie nord, à l'époque à l'extérieur des remparts de la ville. Aujourd'hui, il ne reste de la Maison du Temple que le nom de la rue, dans le quartier du Temple, dans la partie nord du quartier du Marais de la capitale, qui se trouve sur la rive droite de la Seine, à l'ouest de la Bastille. Mais, du XIIe au XIVe siècle, elle est l'un des principaux centres financiers du nord-ouest de l'Europe.

La Maison du temple est entourée de murailles dotées de tourelles. L'intérieur est constitué d'un ensemble impressionnant de bâtiments et, vers la fin du XIIIe siècle, les Templiers ajoutent un majestueux donjon d'une cinquantaine de mètres de haut, soit près de deux fois la hauteur de la tour Blanche située au centre de la tour de Londres. Ce donjon de l'Ordre est le cœur de la banque des Templiers et la trésorerie des rois de France. Pendant la Révolution française, c'est là que sera enfermé Louis XVI et d'où il partira, en janvier 1793, pour être guillotiné sur la place de la Concorde. En 1808, le donjon sera détruit par Napoléon, désireux d'éradiquer tous les éléments susceptibles de générer de la compassion pour la famille royale.

Le Temple de Londres ou Nouveau Temple, comme on l'appelle, aurait été comparable à celui de Paris, mais seule reste aujourd'hui l'église du Temple, sacrée en 1185, au milieu des Inns of Court au sud de Fleet Street. La nef de l'église du Temple est ronde, comme c'est la tradition dans les églises des Templiers respectant les plans de l'église du Saint-Sépulcre de Jérusalem. Le roi Jean réside en fait au Nouveau Temple quand est signée la Grande Charte, en 1215. Le maître du Temple de Londres l'accompagne pour la célèbre réunion avec les barons, à Runnymede. Mais, si les rois d'Angleterre mandatent les Templiers sur les plans militaire, diplomatique et financier, ils prennent toujours soin de conserver le trésor royal dans la maison royale, où il est géré par des fonctionnaires royaux. Le Nouveau Temple n'est donc qu'une chambre forte supplémentaire.

L'expérience des Templiers les rend utiles à la monarchie française et à la papauté, toutes deux souhaitant empocher un maximum de recettes par le biais des taxes et réformer l'administration de leurs finances. Par exemple, pendant les trente-trois ans du règne de Philippe II, de la fin du XIIe siècle au premier tiers du XIIIe, ses recettes augmentent de 120 % grâce à la gestion mise en place par les Templiers.

Cependant, les biens en possession des Templiers ne sont jamais complètement à l'abri. Seule la Maison du Temple de Paris représente une formidable garantie contre une attaque. Ailleurs en France, les maisons du Temple subissent les assauts du roi. Le Temple de Londres est attaqué par les rois d'Angleterre aux XIIIe et XIVe siècles lorsqu'ils ont des besoins impérieux. Et, en Espagne, les rois d'Aragon en font autant. Mais il s'agit à chaque fois d'événements ponctuels lorsque la situation est désespérée et le butin est ensuite restitué. En définitive, la meilleure protection n'est pas les murs de pierre de leurs trésoreries mais des contraintes pratiques et morales. Les rois ont trop besoin des Templiers et de leurs services pour se les aliéner. Ils ne peuvent pas non plus se permettre de pencher du mauvais côté d'une cause spirituelle.

C'est cependant dans leur réussite en tant que banquiers et financiers que réside une des causes essentielles de leur chute. À l'instar de l'Église et des croisades, les Templiers ont une dimension internationale, mais aux XIIIe et XIVe siècles, les rois européens, surtout de France, créent des États-nations. Si les Templiers lèvent des fonds afin de défendre la Terre sainte avec leurs armes, ils financent également le nouveau nationalisme émergeant en Occident. Mais la France en tant qu'État-nation doit à son tour « nationaliser » les Templiers et les détruire.

Partie 5

Saladin et les Templiers

En 1171, alors que le calife Fatimide al-Adid est mourant, Saladin ordonne que des prières s'élèvent des mosquées du Caire, pas pour le dernier souverain chiite d'Égypte, mais pour le fantoche Nur al-Din, calife sunnite de Bagdad. Al-Adid est le dernier souverain arabe du Moyen-Orient. Les

Arabes autrefois impériaux sont désormais gouvernés par les Turcs.

Saladin est un Kurde turquifié, né à Tikrit, dans le nord de l'Irak, où son père Ayyub est nommé gouverneur par le sultan seldjoukide. Ayyub et son frère Shirkuh se sont coupés de leur environnement kurde et servent avec enthousiasme Zengi et Nur al-Din comme généraux. Ayyub a été placé aux commandes de la citadelle de Baalbek par Zengi et sera par la suite impliqué dans la capitulation de Damas au profit de Nur al-Din. Saladin grandit à Baalbek et Damas où, en dehors d'étudier le Coran, on dit qu'il apprend par cœur le Hamasa *d'Abu Tammam, anthologie de poésie arabe véhiculant les valeurs et attitudes de l'époque héroïque des tribus, quand celles-ci ont envahi la péninsule Arabique et conquis la Perse, le Moyen-Orient et l'Égypte.*

Saladin connaît certes l'arabe, mais il commande en turc car son armée, comme celles de Zengi et de Nur al-Din, si elle renferme des Kurdes, est composée en très grande majorité de Turcs. Sa garde rapprochée est un corps de soldats-esclaves mamelouks turcs. Il lui arrive de faire appel à des mercenaires d'autres groupes ethniques, dont parfois des Bédouins arabes[266]*, mais c'est surtout un recrutement local. L'armée de Saladin « était aussi étrangère que les forces turques, berbères, soudanaises et autres de ses prédécesseurs. Lui-même kurde, il mit en place un régime et une armée de type turc, surtout imposés par les Seldjoukides et les* atabegs *d'Orient »*[267]*. Quand il s'empare de l'Égypte et au cours de toutes ses guerres contre les musulmans de Syrie et les Francs d'Outremer, Saladin n'est pas un libérateur, comme les Seldjoukides, Zengi et Nur al-Din, mais un étranger à la tête d'une armée étrangère de conquête et d'occupation.*

---

266 Pour en savoir plus sur la composition des armées de Saladin, voir Carole Hillenbrand, *The Crusades*, p. 444.

267 P. M. Holt, Ann K. S. Lambton and Bernard Lewis, ed., *The Cambridge History of Islam*, 4 vols, Cambridge University Press, Cambridge, 1977, vol. IA, p. 205.

Tolérance et intolérance

Après la mort du calife fatimide al-Adid, Saladin conserve ses fonctions de vizir, soi-disant à la tête de l'Égypte au nom de Nur al-Din, mais en fait pour son propre compte. Pour consolider sa position, il entame la construction de la citadelle du Caire et l'extension des remparts de la ville. Ces mesures sont destinées à le protéger de son suzerain, qui le soupçonne d'échapper à son emprise, à se préserver d'une possible invasion des Francs, mais aussi à se prémunir contre la population locale. En 1169, les émirs égyptiens et le peuple se joignent au soulèvement des soldats nubiens. Et en 1172 se déroulent au Caire des émeutes d'envergure contre les Turcs coupables d'exactions. « Quand un Turc voyait un Égyptien, il lui prenait ses vêtements », écrit Ibn Abi Tayy, chroniqueur d'Alep, et il ajoute : « à tel point que lorsqu'une maison plaisait à un Turc, il en chassait le propriétaire et s'y installait »[268].

268 Malcolm Cameron Lyons et D. E. P. Jackson, *Saladin*, p. 59.

Saladin conduit les soldats fatimides jusqu'en Haute-Égypte, puis envoie son frère aîné Turan-Shah les combattre. Comme la majorité des Égyptiens, les Nubiens sont chrétiens. Pour intimider les autochtones et empêcher les Nubiens de trouver de l'aide ou un refuge le long des berges de la partie nord du Nil, Turan-Shah torture les ecclésiastiques et massacre les animaux d'élevage des chrétiens, prenant un plaisir tout religieux à tuer un très grand nombre de cochons, et il détruit églises et monastères, dont le monastère Saint-Siméon d'Assouan, bâti au VIIe siècle juste avant l'invasion arabe et figurant parmi les plus beaux d'Égypte. Une autre tentative de soulèvement, en 1174, est sur le point de bénéficier de l'aide d'Amaury et d'une flotte du royaume normand de Sicile appareillant d'Alexandrie, mais Saladin découvre le pot aux roses et crucifie les responsables de l'insurrection, signant l'échec du projet. Saladin crucifie également ses propres soldats quand ils lui désobéissent.

Pendant ce temps-là, bien que Saladin continue de faire croire qu'il est le vassal de Nur al-Din en Égypte, la tension continue de croître entre les deux hommes. Mais, en mai 1174, parvient soudain la nouvelle de la mort de Nur al-Din. Son royaume, qui s'étend sur la Mésopotamie et la Syrie, se désintègre immédiatement. Face à des complots destinés à attenter à sa vie, le fils de Nur al-Din s'enfuit de Damas pour rejoindre Alep, où un eunuque turc, jouant ostensiblement le rôle de gardien du garçon, se place aux commandes. Le neveu de Nur al-Din s'empare de Mossoul et s'émancipe. Damas profite de sa soudaine liberté pour négocier une trêve avec Jérusalem. Saladin réagit en s'autoproclamant sultan d'Égypte, puis en s'empressant de s'emparer de Damas. Mais, alors qu'il progresse vers le nord afin de prendre Homs, Hama et Alep, il se heurte à la résistance des émirs locaux, qui font appel aux Assassins pour de se débarrasser de lui. La propagande djihadiste désormais développée par Saladin n'impressionne pas les émirs. À leurs yeux, il est l'un des leurs, motivé par son intérêt personnel et la soif de pouvoir. Après s'être emparé d'Homs, Saladin affirme : « Notre intention n'était pas de nous emparer d'un royaume mais d'asseoir l'essence même du *djihad*. Ces hommes étaient devenus des ennemis empêchant l'accomplissement de notre but vis-à-vis de cette guerre. »[269] Autrement dit, Saladin justifie ses guerres contre ses frères musulmans par leur satisfaction de vivre en paix en Outremer. La tentative d'assassinat a échoué, mais, début 1175, Saladin abandonne son attaque contre Alep et se retire du nord de la Syrie, heureux d'être en vie, d'avoir pris Hama et Homs et de détenir Damas et Le Caire.

En théorie, l'islam forme une seule communauté, l'*umma*, théocratie guidée par le successeur du prophète, le calife. Dans la réalité, depuis sa naissance, l'islam est une religion se caractérisant par des divisions. Il n'y a pas une seul *umma* ni un seul califat, mais des clans ou dynasties familiales qui font vivre une organisation, la légitimité dynastique reposant sur l'identification à un aspect fondamental de l'islam. Zengi a montré la voie en décrétant le *djihad*, puis son fils Nur al-Din lui a emboîté le pas. Avec des membres de sa famille, Saladin occupe les fonctions les plus importantes d'Égypte et a besoin d'une justification religieuse. Par conséquent, à l'instar de ses prédécesseurs, il s'empare de l'étendard de la guerre sainte pour combattre ses frères musulmans.

De retour en Égypte, Saladin poursuit la voie qui est la sienne depuis le décès du calife al-Adid, à savoir faire disparaître complètement la foi ismaélienne qui s'est implantée au cours des deux siècles du règne fatimide. La mosquée Al-Azhar, fondée par les Fatimides, ferme ses portes et tombe en ruine. Il est maintenant interdit de prêcher l'ismaélisme, forme dualiste de l'islam chiite. Saladin s'attelle à imposer l'orthodoxie sunnite aux musulmans d'Égypte. Il promeut le soufisme en tant qu'alternative orthodoxe mais ésotérique à l'ismaélisme et fait bâtir des khanqahs (monastères soufis). Il met également en place des madrasas, écoles religieuses enseignant une version acceptable de la religion. De nombreux khanqahs et madrasas voient le jour au Caire et dans toute l'Égypte dans le but de répondre à l'aspiration de Saladin, combattre et éliminer ce qu'il considère comme l'hérésie ismaélienne. Zengi avait débarrassé Alep du chiisme et Nur al-Din avait fait de même à Damas. Saladin répète le même schéma au Caire.

---

269 Carole Hillenbrand, *The Crusades*, p. 186.

La volonté de Saladin d'imposer l'orthodoxie influe également sur les chrétiens d'Égypte, encore majoritaires dans la population[270], mais aussi sur les juifs. En dépit des persécutions d'al-Hakim, juifs et chrétiens occupaient des postes à responsabilité sous les Fatimides. Cependant, avec le démantèlement de l'ancien régime, ils se retrouvent maintenant de plus en plus marginalisés et maltraités.

Comparé au régime sunnite de Saladin en vigueur au Caire, l'Outremer est un remarquable lieu de tolérance. À Gaza, par exemple, totalement en ruine lorsque Baudouin III la cède en 1149 aux Templiers, lesquels reconstruisent la forteresse et redonnent vie à la ville, l'évêque est un Grec orthodoxe. Les Templiers rendent des comptes directement au pape et s'attendaient peut-être à disposer d'un évêque latin, surtout dans la mesure où Gaza est située à la frontière sud avec l'Égypte du royaume de Jérusalem et que la sécurité et la fidélité de la ville sont primordiales. Pourtant, bien que la ville se repeuple autant avec des Francs qu'avec des chrétiens orthodoxes du cru, les Templiers sont contents d'avoir un évêque orthodoxe et non un Franc. Ils préfèrent peut-être cet arrangement à des risques de friction avec un ecclésiastique de leur propre Église. Ils apprécient leur autonomie et ne s'entendent pas toujours bien avec les autorités de l'Église latine d'Outremer, comme l'illustre le mécontentement affiché envers eux par le chroniqueur et archevêque Guillaume de Tyr. Mais en fait, l'autonomie est une tradition en Outremer. Les groupes ethniques et religieux sont livrés à eux-mêmes. Comme le dit Michel le Syrien, patriarche jacobite d'Antioche de la fin du XIIe siècle : « Les Francs n'ont jamais causé de problèmes en matière de religion ni tenté d'imposer des croyances chez des chrétiens aux caractéristiques ethniques et linguistiques différentes. Ils considéraient comme chrétien quiconque vénérant la Croix, sans chercher à en savoir plus. »[271]

Ce climat de tolérance en Outremer existe malgré le schisme de

---

270 El-Leithy, « Coptic Culture and Conversion in Medieval Cairo », *op. cit.*
271 Michael Gervers et James M. Powell, ed., *Tolerance and Intolerance: Social Conflict in the Age of the Crusades*, Syracuse University Press, Ithaca, NY, 2001, p. 57.

1054 entre les Églises orientale et occidentale, qui n'a jamais été une rupture officielle et a plutôt résulté d'un conflit entre deux ecclésiastiques de haut rang de Rome et de Constantinople. Il n'était cependant pas de mise lors des premiers siècles du christianisme, lorsque les conciles successifs de l'Église ont établi des positions théologiques devenues l'orthodoxie de Rome et de Constantinople et qu'ils ont qualifié d'hérésies les variantes de la croyance chrétienne adoptées par les jacobites et les nestoriens de Syrie et de Palestine et par les coptes d'Égypte. Mais l'Outremer fait désormais montre de pragmatisme, d'un sens de la coopération et de tolérance. Aussi bien des personnes que des pans entiers de la société parviennent à travailler en bonne harmonie.

Parfois cependant, des perturbations viennent entraver les contacts entre l'Orient et l'Occident, comme dans le village de Béthanie, situé juste au-dessus du Mont des Oliviers surplombant Jérusalem. Béthanie était déjà un centre de pèlerinage très fréquenté du temps de Constantin en raison de son association à Lazare, que Jésus (d'après l'Évangile selon saint Jean 11:39-44) a ressuscité. Jésus venait souvent chez Lazare et connaissait ses sœurs, Marie et Marthe. Simon le lépreux vivait également à Béthanie et c'est dans sa maison que Jésus reçut l'onction (Évangile selon saint Marc 14:3). Jésus revint à Béthanie après son entrée triomphale dans Jérusalem (Évangile selon saint Marc 11:11) et il monta au paradis près de Béthanie (Évangile selon saint Luc 24:50). Égérie, venue de Gaule, ou peut-être de Galice, dans le nord de la péninsule Ibérique, se rendit sur la tombe de Lazare en 410, le septième samedi du carême et décrivit la scène : « À une heure pile, tout le monde arrive au Lazarium, à Béthanie [...] le temps qu'ils arrivent, tant de gens se sont rassemblés qu'ils remplissent non seulement le Lazarium mais également les champs alentours. »[272] À la fin de l'office, le début de Pâques fut annoncé.

En 1143, la reine Mélisende et son mari, le roi Foulque V, reconstruisent la vieille église de Béthanie et la consacrent à sainte Marie et

272 John Wilkinson, *Egeria's Travels to the Holy Land*, Aris and Phillips, Warminster, 1999, p. 150-151.

sainte Marthe. Ils bâtissent également l'église de Saint-Lazare au-dessus du tombeau, mais aussi un magnifique couvent bénédictin, également consacré à sainte Marie et sainte Marthe, qu'ils dotent de grands domaines près de Jéricho et d'une fortification, sous la forme d'une grande tour en pierre. Peu de temps après, Yvette, la sœur cadette de Mélisende, en est élue abbesse, à 24 ans, ce qui en fait la responsable de l'un des couvents les plus riches du royaume de Jérusalem et l'un des plus célèbres du monde.

Une grande partie de la puissance de Béthanie aux yeux des pèlerins occidentaux tient à son association à Marie-Madeleine qui, selon la tradition, fuit la Palestine après la crucifixion pour vivre en France, où elle mourut. Ses reliques ont été placées dans l'abbaye de Vézelay, en Bourgogne, là où Bernard de Clairvaux a lancé la deuxième croisade.

Les apparitions de Marie-Madeleine dans les Évangiles sont brèves mais révélatrices. Elle est présente aux moments les plus cruciaux de l'histoire de Jésus, à savoir sa mort et sa résurrection. Quand Jésus est crucifié, ses disciples se cachent par peur, mais Marie-Madeleine est présente devant la croix et la tombe et c'est elle qui annonce aux disciples incroyants sa résurrection (Évangile selon Matthieu 27:56, 28:1 ; Évangile selon saint Marc 15:40 ; Évangile selon saint Jean 19:25, 20:1). Les religieuses de Béthanie sont les héritières de cette grande histoire de la vie, de la mort et de la résurrection de Jésus. Les pèlerins occidentaux arrivant à Béthanie ont la joie de pénétrer les lieux même du drame ayant conduit au salut de l'humanité. Les pèlerins savent que c'est vrai, car cet épisode fait partie de la tradition de l'Église romaine depuis l'époque du pape Grégoire le Grand, dont l'homélie XXXIII, en 591, dit que Marie-Madeleine, libérée de sept démons par Jésus (Évangile selon saint Luc 8:2-3), n'était pas seulement la disciple de Jésus, témoin de sa crucifixion et ayant vu sa tombe vide, mais aussi l'anonyme surprise en adultère et amenée devant Jésus par les Pharisiens (Évangile selon saint Jean 8:3-12). Marie-Madeleine, dit le pape, est : « Celle que Luc appelle une pécheresse, et que Jean nomme Marie, nous croyons qu'elle est cette Marie de laquelle, selon Marc, le Seigneur a chassé sept démons. Et que désignent ces sept démons, sinon l'universalité de tous les vices ? » Le pape dit clairement que Marie-Madeleine était une prostituée qui avait précédemment utilisé les huiles appliquées à Jésus : « Cette femme, autrefois adonnée à des actions défendues, s'était servi de parfum pour donner à sa chair une odeur [agréable]. »[273] Le siècle suivant, Bède le Vénérable ajoutera que la pécheresse libérée de ses démons par Jésus était la sœur de Marthe et de Lazare, celle-là même qui était aux côtés de Jésus, à Béthanie, quand ce dernier a ramené Lazare d'entre les morts, et qui a également versé de l'onguent sur les pieds de Jésus puis les a lavés avec ses cheveux (Évangile selon saint Matthieu 26:6 ; Évangile selon saint Marc 14:3 : Évangile selon saint Luc 10:39 ; Évangile selon saint Jean 12:3). Cela entraînera une autre association, celle de Marie-Madeleine avec la femme anonyme qui versa de l'huile sur la tête de Jésus dans la maison de Simon le lépreux à Béthanie. Ces associations font de Béthanie un grand site de pèlerinage, que confirme le nom donné à l'église et à l'abbaye, d'après sainte Marthe et sainte Marie-Madeleine.

Mais les pèlerins arrivant en Outremer rencontrent des jacobites et des chrétiens orthodoxes grecs qui leur disent que cette histoire n'est pas du tout la vraie. Toutes ces Marie et cette femme anonyme sont en fait différentes personnes et, à part Marie, la sœur de Lazare, et la femme anonyme de la maison de Simon le lépreux, elles ne sont pas liées à Béthanie. Jean de Würzburg, pèlerin occidental, a été confronté à ces histoires contradictoires lorsqu'il a atteint Béthanie et Jérusalem. Il en est reparti l'esprit confus. « Si quelqu'un désire en savoir plus sur ces éléments, qu'il vienne en personne et interroge les sujets les plus intelligents de cette terre sur l'ordre et la vérité de cette histoire. Personnellement, je n'en ai pas découvert assez dans les Saintes Écritures pour l'expliquer. »[274]

Cette incertitude est si troublante pour les pèlerins que Gérard de Nazareth, moine bénédictin et évêque de Lattaquié, ville située sur la côte syrienne, est déterminé à éclaircir le mystère. Dans son traité rédigé dans les années 1160 contre la tradition des églises orientales,

---

273 Tiré du site web jésusmarie.free.fr. (NdT)

274 Jean de Würzburg, *in* Michael Gervers et James M. Powell, *Tolerance and Intolerance*, p. 108.

il réaffirme la position de l'Église de Rome, selon laquelle Marie-Madeleine est la Marie citée dans les Évangiles et la sœur de Marthe. Ce n'est pas une question banale d'erreur sur la personne, car les enjeux de cette affaire sont considérables. Des plus, logiquement, si Marie-Madeleine ne pouvait plus être associée à Béthanie, son abbaye perdrait de son attrait et connaîtrait la faillite. Pire, les pèlerins seraient exposés à des opinions opposées, ce qui aurait pour conséquence de saper les traditions de l'Église romaine et donc l'autorité de celle-ci en Orient. Si l'Église latine se fourvoyait sur Marie-Madeleine, ses interprétations de la Bible pourraient être remises en question, tout comme bon nombre de ses rituels et pratiques, sans parler de ses arguments ayant conduit au schisme ou servant à revendiquer la suprématie de Rome. Quelle autorité, quelle ascendance resterait-il aux Latins en Orient ?

On peut être accusé d'hérésie et puni en conséquence pour moins que ça. Mais pas en Outremer, où Gérard de Nazareth se montre modéré : « Il n'existe là aucune erreur pernicieuse majeure et on peut croire l'un ou l'autre sans grand danger. Mais il serait de bon ton, si possible, de s'en tenir à ce qui est le plus près de la vérité, non seulement en l'espèce mais également dans toutes les polémiques. »[275]

Derrière ce climat de tolérance transparaît une réalité : les chrétiens d'Orient se sentent plus proches des chrétiens d'Occident que des Arabes musulmans ou des Turcs. Au XIIe siècle, la majeure partie de la population parle arabe mais n'est pas encore arabisée sur le plan culturel. Le grec, l'arménien et le syriaque ont tous survécu, non seulement comme langues liturgiques, mais également au quotidien. En outre, les Turcs et leurs alliés kurdes ne parlent généralement pas arabe, ni syriaque, arménien ou grec, alors que les Francs, qui partagent la religion de la population autochtone, fait un effort pour apprendre les langues locales. Mais c'est l'existence d'un ennemi commun, les Turcs, qui a probablement le plus poussé les Francs et les autochtones d'Outremer à s'entendre[276]. Les Turcs

275 Gérard de Nazareth, *in* Michael Gervers et James M. Powell, *op. cit.*, p. 110.

276 Ronnie Ellenblum, *Frankish Rural Settlement in the Latin Kingdom of Jerusalem*, Cambridge University Press, Cambridge, 1998, p. 27-30.

étaient non seulement les ennemis des chrétiens, mais aussi de la plupart des musulmans.

Ibn Jubayr, musulman espagnol qui s'est rendu en pèlerinage à La Mecque, a écrit ceci à propos de son périple en Outremer de 1184, alors qu'il allait de Damas à Saint-Jean-d'Acre :

> « Nous avons quitté Tibnin [Toron, dans le royaume de Jérusalem] par une route nous faisant passer devant des fermes où vivent des musulmans qui prospèrent sous les Francs – qu'Allah nous préserve d'une telle tentation ! D'après les règles qui s'imposent à eux, ils doivent céder la moitié de leur récolte de céréales et payer une taxe d'un dinar et sept qirats, ainsi qu'une modeste taxe sur leurs arbres fruitiers. Les musulmans sont propriétaires de leur maison et régissent leur vie à leur manière. C'est ainsi que les fermes et les grands villages sont organisés en territoire franc. Nombre de musulmans sont fortement tentés de s'installer là quand ils voient les conditions loin d'être satisfaisantes dans lesquelles vivent leurs frères dans les régions dirigées par les musulmans. Malheureusement, les musulmans ont toujours des raisons de se plaindre des injustices commises par leurs chefs sur les terres gouvernées par leurs coreligionnaires, alors qu'ils ne peuvent que louer l'attitude des Francs au sens de la justice toujours présent. »[277]

Visiblement, les fermiers musulmans n'ont pas été dépossédés de leurs terres par les Francs, tandis que les taxes et paiements en nature dont ils s'acquittent correspondent aux montants versés par les fermiers chrétiens. En fait, les musulmans ont plus d'argent que les chrétiens car ces derniers, en plus de ce qu'ils doivent verser à leurs suzerains, ont l'obligation de verser une dîme aux églises, impôt dont sont exemptés les musulmans.

Le récit d'Ibn Jubayr est d'autant plus frappant qu'il était farouchement opposé aux Francs. Mais il ne peut nier que ses frères musulmans

277 Ibn Jubayr, *The Travels of Ibn Jubayr*, trad. R. J. C. Broadhurst, Jonathan Cape, Londres, 1952, p. 316-317.

sont traités avec respect par ces derniers. Ainsi, en approchant de Saint-Jean-d'Acre, il découvre que des musulmans étaient employés au sein de l'administration locale. « Ce lundi-là, nous fîmes une halte dans une ferme, à une parasange[278] de Saint-Jean-d'Acre. Son responsable est un musulman, nommé par les Francs pour superviser les ouvriers musulmans. Il a généreusement offert l'hospitalité à tous les membres de la caravane. »[279] À Saint-Jean-d'Acre, il s'aperçoit que, si deux mosquées ont été transformées en églises, les musulmans ont tout loisir de les utiliser pour se rassembler et prier en se tournant vers La Mecque. Cela n'a rien d'exceptionnel. Oussama Ibn Munqidh a évoqué l'hospitalité des Templiers, qui l'ont invité à prier dans leur chapelle, sur le Mont du Temple de Jérusalem, au sein de la mosquée al-Aqsa.

Ibn Jubayr, musulman sunnite, loue certes le régime sunnite de Saladin implanté au Caire, mais il avoue que la majorité des musulmans d'Outremer et de Syrie ont des croyances hétérodoxes. Selon lui, les « dissidents musulmans, composés de chiites, ismaéliens et *Nusayriyah* [alawites] […], sont plus nombreux que les sunnites ». Il y a aussi les druzes, ramification des ismaéliens ayant abandonné l'islam. Aucun de ces mouvements ne voit d'un bon œil la perspective d'une adhésion au sunnisme imposée par Saladin. Ils s'allient donc aux Francs[280].

Les ismaéliens, les alawites et les druzes sont tous dualistes, à savoir qu'ils croient que l'univers renferme à la fois le bien et le mal, car ces deux notions sont également en Dieu. Ils considèrent le mal non pas comme l'absence du bien, mais comme un élément du monde et de son créateur, lequel pourrait être une émanation d'un Dieu ultime et inconnaissable. Le dualisme est profondément ancré en Orient et a pénétré l'islam grâce à Mani, Perse du IIIe siècle, qui a encouragé par ses concepts la naissance du zoroastrisme, du bouddhisme et du mandéisme babylonien, ainsi que du christianisme. En fait, le terme

---

278 Unité de mesure perse correspondant à un peu plus de 5 km.

279 *Ibn Jubayr, op. cit.*, p. 317.

280 Ibn Jubayr, *in* Philip Hitti, *History of Syria*, p. 622.

manichéen, attribué par certains chroniqueurs français aux Cathares, est employé par les Byzantins pour décrire les conceptions dualistes de Mani. Mais les ismaéliens, les alawites et les druzes vont au-delà de leur foi religieuse, car ce sont également des sociétés secrètes initiatrices avec des objectifs politiques à tendance apocalyptique. En rejetant l'orthodoxie islamique, qui enseigne que Dieu est bon et unique, leurs ennemis sont les sunnites, qui, sous Zengi, Nur al-Din et désormais Saladin, sont déterminés à les éliminer. Le fief de la résistance dualiste correspond aux régions peu accessibles de l'Orient, en particulier les montagnes du littoral.

Il se trouve que la bataille entre les dualistes musulmans et l'islam sunnite a commencé au moment où les Cathares faisaient leur apparition en France, dans les années 1140. Il existe des similitudes entre les deux. Le dualisme cathare prend sa source en Orient et remonte aux gnostiques chrétiens qui prospéraient aux IIe et IIIe siècles avant Jésus-Christ tout autour des côtes orientales de la Méditerranée, en Égypte, en Syrie et en Palestine, voire en Asie Mineure et en Grèce. *Gnosis* veut dire « connaissance » en grec et les gnostiques pensent que le salut réside dans la compréhension de la vraie nature de la création. Ils croient qu'il existe deux mondes, le monde matériel décadent créé par un démiurge mauvais, ennemi de l'homme, et le monde de lumière où réside le dieu primordial. L'homme contient une catastrophe qui n'est pas l'œuvre de Dieu, mais les gnostiques disent qu'ils connaissent le secret du salut. Au moment de la faute cosmique, des étincelles de la lumière divine ressemblant à des éclats de verre brisé se sont retrouvées emprisonnées dans une partie du genre humain. Ces gens sont les élus et le but des gnostiques est de les ramener vers Dieu. La crucifixion et la résurrection ne figurent pas dans la foi gnostique, la mission de Jésus étant de descendre d'un Dieu primordial et de transmettre à ses disciples la tradition secrète du *gnosis*.

À l'instar des gnostiques, les ismaéliens pensent que l'homme possède des éclats de l'étincelle divine qui, en raison de la possession de la connaissance secrète, peuvent réunir l'homme avec le Dieu inconnu. Les ismaéliens revendiquent cette connaissance. Et à l'autre extrémité de la Méditerranée, plus particulièrement en Languedoc, source essentielle de revenus et vivier de recrues pour les Templiers, les Cathares revendiquent eux aussi la connaissance de ce secret divin.

Pendant les XIIe et XIIIe siècles, le Languedoc est le centre d'une vie religieuse riche et complexe faisant se côtoyer les juifs, les catholiques et les communautés hérétiques des ariens, vaudois et manichéens. Les ariens sont les survivants d'une hérésie vieille de neuf cents ans née à Alexandrie et dont le courant de pensée tend à saper la divinité de Jésus-Christ. Pour leur part, les vaudois sont un nouveau mouvement du XIIe siècle tourné vers la pauvreté qui appelle à la distribution de biens aux pauvres, rejette l'autorité du clergé et affirme que tout le monde peut prêcher. Ils sont convaincus que leur lecture littérale de la Bible suffit au salut. Selon Pierre des Vaux de Cernay, autre chroniqueur du XIIIe siècle, les vaudois « étaient mauvais ; mais, comparés aux autres hérétiques, ils étaient beaucoup moins pervers, car ils s'accordaient en beaucoup de choses avec nous, ne différant que sur quelques-unes »[281]. Les « autres hérétiques » sont les manichéens, également connus sous le nom de Cathares, terme qui vient du grec *katharos*, « pur ». Les Templiers doivent leur expansion d'envergure dans la région au soutien de la noblesse à laquelle ils sont étroitement liés. L'association des terres des nobles et du capital des Templiers favorise l'établissement de nouvelles communautés et le développement de territoires précédemment non cultivés. Certains de ces protecteurs des Templiers sont réputés être favorables aux Cathares.

Après l'apparition du catharisme dans le sud de la France vers le milieu du XIIe siècle, ses adeptes sont devenus nombreux et sont très bien organisés, élisant des évêques, levant des fonds et distribuant de l'argent aux pauvres. Mais ils n'acceptent pas le fait que, s'il n'y a qu'un Dieu, que Dieu est le créateur et qu'il est bon, il demeure malgré tout de la souffrance, des maladies et la mort au sein de son univers.

La solution des Cathares à ce problème du mal dans le monde est de dire qu'il existe deux créateurs et deux mondes. Ils sont dualistes, en ce sens qu'ils croient au principe du bien et du mal, le bien étant le

281 Pierre des Vaux de Cernay, *Histoire de l'hérésie des Albigeois et de la sainte guerre entreprise contre eux*, Paris, 1824. (NdT)

créateur du monde invisible et spirituel (c'est le Christ céleste et son épouse est Marie-Madeleine), et le mal le créateur de notre monde matériel (le pseudo-Christ terrestre dont Marie-Madeleine n'était pas la femme mais la concubine)[282].

Tout ce qui est matériel est mal parce que c'est l'œuvre du diable, mais le renoncement idéal à ce monde s'avère difficilement applicable. Par conséquent, bien que les Cathares mènent une vie apparemment normale, s'engageant à ne renoncer à l'univers du mal que sur leur lit de mort, quelques-uns adoptent la vie austère des « parfaits ».

Dans la mesure où les créatures humaines et animales perpétuent de la matière, les parfaits s'abstiennent de consommer des œufs, du lait, de la viande et d'avoir des relations avec les femmes. Mais, ordinaires ou parfaits, les Cathares partagent activement la croyance selon laquelle le Christ ne fait pas partie de l'univers du mal. En tant que créature céleste, il n'est donc pas vraiment l'enfant de la Vierge Marie, n'est pas un être de chair et de sang et n'a pas ressuscité. Le salut ne provient pas de sa mort ni de sa résurrection, lesquelles ne sont qu'une mise en scène. En revanche, la rédemption est obtenue en suivant les enseignements de Jésus.

En 1200, l'hérésie cathare est si répandue qu'elle éveille des craintes au sein de la papauté. Le pape Innocent III dit que les Cathares sont « pires que les Sarrasins », car le catharisme remet non seulement en question l'Église, mais menace également la survie même de la race humaine en condamnant la procréation. En 1209, une croisade est lancée contre eux (la croisade contre les Albigeois, puisque de nombreux Cathares vivent alors dans la région d'Albi), puis une inquisition. Cette année-là, le noyau de la résistance cathare se replie dans le château de Montségur, au sommet d'une grande colline, dans les Pyrénées orientales, où ils résistent aux assauts et sièges jusqu'à leur capture en 1244. 200 Cathares refusent toujours d'abjurer leurs croyances religieuses. Ils sont attachés ensemble et placés dans un enclos, sous le château, pour y être brûlés sur un énorme bûcher funéraire.

---

282 Yuri Stoyanov, *The Other God: Dualist Religions from Antiquity to the Cathar Heresy*, Yale University Press, New Haven, CT, et Londres, 2000, p. 279.

Les Templiers ne jouent aucun rôle dans la croisade contre les Albigeois, laquelle est destinée à attaquer certains de leurs protecteurs, qui protègent aussi les Cathares. Leur éventuelle contamination par l'hérésie cathare n'est pas non plus prouvée. Mais, à l'instar des ismaéliens et autres ramifications chiites d'Orient, les Cathares se voient accusés d'hérésie pour des raisons politiques. Comme Zengi, Nur al-Din et Saladin, qui se sont lancés dans un *djihad* contre les musulmans hétérodoxes dans le but de favoriser leurs dynasties, les rois de France montrent leurs muscles à travers la croisade contre les Albigeois et se récompensent eux-mêmes en faisant entrer le Languedoc dans le giron français. Politiquement parlant, les destins des Templiers et des Cathares sont inextricablement liés. Depuis sa naissance, l'ordre du Temple est protégé par le pape. Aucune Église ni autorité laïque ne peuvent agir contre les Templiers sans l'aval du pape. Mais le mécanisme de l'Inquisition utilisé contre les Cathares n'a pas disparu avec eux. Il réapparaîtra, activé à des fins laïques par Philippe le Bel, en 1307, lorsqu'il fait arrêter tous les membres de l'ordre du Temple à l'aube du vendredi 13 octobre, qu'il accuse d'hérésie et de blasphème.

Alors que les Turcs sunnites sous Zengi et Nur al-Din s'imposent en Syrie, les ismaéliens se retirent dans la région montagneuse du littoral, le djebel Ansarieh, encerclés par les forteresses des Templiers et des Hospitaliers de Tortose, Chastel Blanc, Margat et Krak des chevaliers, où le mouvement assume sa forme militante et meurtrière connue sous le nom d'Assassins. Depuis les forteresses d'al-Ullayqa, Qadmus, Qalaat al-Kahf et surtout Masyaf, quartier général du chef des Assassins, le cheikh al-Jebel (Vieil Homme de la montagne), ils appliquent une stratégie reposant sur les assassinats afin d'asseoir leur influence, surtout sur les sunnites mais parfois aussi sur les chrétiens, susceptibles de menacer leur indépendance.

Marco Polo, qui a rencontré une branche des Assassins à Alamut, en Perse, dans la seconde moitié du XIIIe siècle, a parfaitement décrit leur mode de recrutement. Les qualifiant de *malahida*, à savoir « impies » ou « hérétiques », comme ils sont appelés en Perse, il révèle qu'ils utilisent des drogues (dont du haschich, d'où est tiré le mot

« assassin ») pour convaincre les novices destinés à devenir des *fedayin* (qui se sacrifient) qu'ils vont entrer dans un jardin rempli de joie où, des fontaines, coulent du lait, du miel et du vin, et où les *houris*, ces vierges du paradis, sont facilement accessibles. On dit alors aux initiés revenus dans leur état normal qu'ils ont bien visité le paradis, dans lequel ils séjourneront éternellement s'ils obéissent aux ordres de l'imam des Assassins.

Un récit postérieur, publié en 1307 par l'historien vénitien Marino Sanudo, raconte que, alors qu'il rendait visite aux Assassins, le comte Henri de Champagne vit deux jeunes hommes habillés de blanc assis au sommet d'une grande tour. Quand le chef des Assassins lui demanda si ses sujets étaient aussi obéissants, le comte n'eut pas le temps de répondre que les deux jeunes hommes reçurent un signal et se jetèrent immédiatement dans le vide, chutant vers une mort certaine. Leur volonté de se sacrifier rend les attaques des *fedayin* très déroutantes. Leur mission est de semer la peur de la secte tout en affaiblissant la détermination de leurs ennemis en tuant des personnages importants. Les Assassins infiltrent les rangs de leurs adversaires et, quand ils ont gagné leur confiance, ils les tuent, toujours à l'aide d'un couteau. Il s'agit d'attaques-suicides car, apparemment, ils périssent eux-mêmes lors de l'opération. Mais les assassins ne prennent apparemment pas de haschich au préalable, car les effets de la drogue risqueraient de les rendre inefficaces.

Parmi les rares victimes chrétiennes des Assassins figurent Raymond II, comte de Tripoli, en 1152, Conrad de Montferrat, roi de Jérusalem, en 1192, et un autre Raymond, héritier des trônes d'Antioche et de Tripoli, qui, en 1213, est poignardé à mort devant la cathédrale Notre-Dame-de-Tortose. Mais la plus célèbre tentative des Assassins vise Saladin, en 1176. Chantre de l'orthodoxie sunnite et chef de la résurgence musulmane, Saladin a déjà renversé les Fatimides chiites d'Égypte et est désormais en guerre contre les musulmans indépendants dans tout l'Orient. Il pénètre dans le djebel Ansarieh pour assiéger Masyaf, mais ses soldats lui rapportent de mystérieux phénomènes, tandis que lui-même est en proie à des cauchemars terribles. Une nuit, il se réveille subitement et trouve sur son lit des pains que les Assassins sont les seuls à cuisiner, accompagnés d'un poignard empoisonné et d'un verset menaçant. Convaincu que Rashid al-Din Sinan, le Vieil Homme de la montagne, est entré en personne dans sa tente, Saladin craque. Il envoie un message à Sinan, implorant son pardon et lui promettant de mettre un terme à sa campagne contre les Assassins à condition qu'il dispose d'un sauf-conduit. Saladin est pardonné et s'empresse de retourner au Caire.

La seule organisation efficace contre les Assassins est celle des Templiers. En tant qu'entité éternelle, l'ordre du Temple ne peut être intimidé par la mort de l'un de ses membres. Les Assassins avouent n'avoir jamais tué un maître parce qu'ils savent que quelqu'un prendra immédiatement sa place.

Dans l'expression de leur haine des sunnites, les Assassins se retrouvent parfois alliés aux chrétiens et, même dans des circonstances éprouvantes, ils sont tolérés par les États croisés et les Templiers. Après que les Assassins ont tué Raymond II, comte de Tripoli, en 1152 (pour une raison inconnue, à moins que la femme de Raymond II ait commandité son assassinat), les Templiers menacent de les attaquer. Mais les Assassins achètent facilement leur protection en acceptant de verser un tribut annuel de 2 000 besants d'or. Les Assassins et les chrétiens ont un ennemi commun et il est dans l'intérêt des deux camps de rester en paix.

Cependant, en une occasion significative, la méfiance des Templiers vis-à-vis des Assassins les pousse à s'opposer à la politique du roi Amaury de Jérusalem, entré en pourparlers avec le Vieil Homme de la montagne. Les ismaéliens ont toujours considéré leur chef comme l'incarnation du Dieu inconnaissable, mais, en 1164, à un moment apocalyptique, Rashid al-Din Sinan renonce ouvertement à l'islam et déclare que la résurrection s'est produite. Le chroniqueur syrien contemporain Kamal al-Din décrit des scènes de frénésie dans le djebel Ansarieh, au cours desquelles « des hommes et des femmes se mélangeaient lors de beuveries, aucun homme ne s'abstenait face à sa sœur ou sa fille, les femmes portaient des vêtements d'homme et l'une d'elle déclara que Sinan était Dieu »[283]. En fait, selon le voyageur espagnol musulman Ibn Jubayr, tout le monde accorde ce statut divin au Vieil Homme de la montagne car tous ses disciples le considèrent comme Dieu.

C'est neuf ans après ces événements, en 1173, qu'Amaury de Jérusalem tente de négocier une alliance avec Sinan. L'une des conditions est que les Assassins se convertissent au christianisme et qu'en échange les Templiers renoncent à leur tribut. Mais, alors que l'émissaire de Sinan repart de Jérusalem à destination de Masyaf, portant un sauf-conduit du roi Amaury, il tombe dans une embuscade tendue par des chevaliers templiers qui le tuent. Amaury ne parvient que très difficilement à convaincre Sinan qu'il n'a rien à voir avec cette attaque. Dans l'intervalle, il accuse les Templiers de trahison et de conduire le royaume « au bord de la ruine »[284] en réduisant à néant l'espoir d'une alliance prometteuse. Pour le chroniqueur Guillaume de Tyr, ce meurtre a un mobile financier, car la paix aurait signifié la fin du tribut versé par les Assassins aux Templiers. Un autre chroniqueur, Gautier Map, écrit que les Templiers ont tué l'émissaire pour la raison suivante : « Si la paix s'installe, que deviendra le glaive ? Pour cette raison on dit qu'il leur est déjà arrivé d'éviter la paix. »[285] Autrement dit, la guerre justifie l'existence des Templiers, lesquels craignent que la paix s'installe. Ni le patriarche ni le roi, poursuit Map, ne peuvent se venger des Templiers parce que « Rome impose en tout lieu la captivité par la bourse, chose impossible pour le roi, plus petit que leur petit doigt »[286].

L'argument de la cupidité des Templiers est caractéristique de Guillaume de Tyr, l'Ordre n'ayant pas besoin du tribut payé par les Assassins. Cependant, les Templiers s'inquiètent vraisemblablement que le roi ne se fasse berner. Ils ont conscience que, quelle que soit la religion prônée par les Assassins, il ne s'agit que d'une apparence,

---

283 Bernard Lewis, *The Assassins*, Phoenix, Londres, 2003, p. 111.

284 Guillaume de Tyr, *in* Malcolm Barber et Keith Bate, éd. et trad., *The Templars*, p. 76.

285 Gautier Map, *Contes pour les gens de cour*, Brepols, 1993. (NdT)

286 Gautier Map *in* Malcolm Barber et Keith Bate, *op. cit.*, p. 77.

comme l'a été l'islam. Les Assassins voient ce monde comme une simple illusion et, même s'ils se convertissent au christianisme, leurs croyances intérieures et secrètes resteront. Les Templiers contrôlent des châteaux importants à proximité immédiate de l'enclave des Assassins, châteaux qui dominent les cols donnant sur l'intérieur des terres contrôlées par les sunnites, qui sont encore plus dangereux. Baisser la garde face au discours d'une telle secte serait particulièrement irresponsable et coûterait aux Templiers leur crédibilité en Occident.

En l'occurrence, les négociations n'ont jamais repris. L'année suivante, en 1174, Amaury meurt de dysenterie à l'âge de 38 ans et lui succède son jeune fils Baudouin IV, qui souffre de la lèpre. Raymond III, comte de Tripoli, est nommé régent et, comme son père a été tué par les Assassins, il partage la méfiance des Templiers, bien que les Assassins soient un précieux allié contre les sunnites. Les Francs paient les conséquences de leur incapacité à prendre l'Égypte, tout comme ils n'étaient pas parvenus à s'emparer de Damas. Saladin est un ennemi unique qui contrôle pour la première fois Le Caire et Damas et est déterminé à éliminer toutes les formes d'islam autres que la sienne et à détruire également l'Outremer.

Le *djihad* de Saladin

Baudouin IV a à peine 13 ans quand il devient roi de Jérusalem, en 1174. Et il n'avait que 9 ans quand son père a confié son éducation à Guillaume de Tyr. C'est ce dernier qui découvre chez l'enfant les symptômes de la lèpre, un jour qu'il joue avec d'autres nobles garçons. Les enfants commencent à se pincer les mains et les bras. Les autres manifestent leur douleur en criant, mais, alors qu'ils ne l'épargnent pourtant pas, Baudouin la supporte trop patiemment, comme s'il ne la ressentait pas. Au début, de Tyr pense que cela illustre la résistance du garçon, mais il découvre qu'environ la moitié de la main et du bras droit de Baudouin est engourdie. Il en parle à son père. L'enfant consulte des médecins, qui prescrivent des fomentations, des onctions et même des médicaments toxiques afin d'améliorer son état, mais rien n'y fait. Comme ils le comprendront plus tard, c'est le début d'une maladie incurable, ce qui émeut particulièrement Guillaume de Tyr. Alors que l'enfant devient pubère, il est manifeste qu'il souffre de cette terrible maladie qu'est la lèpre. Chaque jour, son état empire. Ses extrémités et son visage sont les plus affectés, ce qui touche profondément les fidèles qui le regardent.

Mais Baudouin est toujours jeune et fort, affiche une grande curiosité, a l'esprit vif et montre le même talent que son père sur le terrain. Les pouvoirs laïque et ecclésiastique du royaume souhaitent de concert qu'il accède au trône. Il est donc sacré et couronné solennellement en l'église du Saint-Sépulcre le 15 juillet, soit quatre jours après la mort de son père[287].

La personnalité de Baudouin IV se révèle trois ans plus tard, en novembre 1177. Le jeune roi de 16 ans conduit sa troupe franque en infériorité numérique contre l'armée de Saladin en provenance d'Égypte. Les Templiers envoient tous les chevaliers disponibles défendre Gaza, mais Saladin va directement à Ascalon. Rassemblant un maximum d'hommes en armes, Baudouin IV s'empresse de le contrer. Avec la Vraie Croix et le chef de son armée, Renaud de Châtillon, il parvient à franchir les remparts d'Ascalon avant l'arrivée de Saladin. Mais, au lieu de lancer une attaque, Saladin laisse une modeste force faire le siège d'Ascalon et, avec 25 000 hommes, il met le cap sur la ville de Jérusalem, non défendue. Baudouin IV envoie un message aux Templiers leur disant d'abandonner Gaza et de le rejoindre. Lorsqu'ils approchent, Baudouin IV s'échappe d'Ascalon et prend en chasse Saladin, se dirigeant vers le nord le long de la côte, puis à l'intérieur des terres. Les troupes franques comprennent 450 chevaliers, dont 85 Templiers, et quelques milliers de fantassins. Le 25 novembre, l'armée de Saladin est en train de traverser un ravin à Montgisard, près de Ramla et à proximité de la route Jaffa-Jérusalem, quand Baudouin IV et les Templiers fondent sur elle et la prennent par surprise. Le roi est lui-même à l'avant-garde. Renaud de Châtillon et Balian d'Ibelin l'aident à triompher et certains voient saint Georges, dont l'église est à proximité, à Lydda, combattre en personne à leur côté.

Mais ce sont les Templiers qui ont infligé le plus de dégâts à l'ennemi. Un témoin de la bataille, apparemment un pèlerin de retour à Londres, a fait le récit suivant à Ralph of Diss, doyen de la cathédrale Saint-Paul.

---

287 Guillaume de Tyr, *Histoire des régions d'Outremer depuis l'avènement de Mahomet jusqu'à 1184*, traduit par François Guizot.

> « Odo, maître des chevaliers du Temple, autre Judas Maccabée, avait à ses côtés 84 chevaliers de son ordre. Il prit part à la bataille avec ses hommes, conforté par le symbole de la croix. Fonçant comme un seul homme, ils lancèrent l'assaut en ne tournant ni vers la gauche ni vers la droite. Ils reconnurent le bataillon à la tête duquel Saladin commandait de nombreux chevaliers, l'approchèrent vaillamment et l'enfoncèrent immédiatement, le renversèrent, l'éparpillèrent, le frappèrent et l'écrasèrent. Saladin fut pris d'admiration en voyant ses hommes dispersés de toutes parts, mis en fuite et passés au fil de l'épée aux quatre coins du champ de bataille. Il pensa à sa sécurité et prit la fuite, abandonnant sa cotte de mailles pour s'échapper au plus vite sur le dos d'un chameau, seulement accompagné de quelques-uns de ses hommes. »[288]

En tout, les Francs perdent environ 1 100 hommes. Mais ils infligent à Saladin une cuisante défaite, décimant 90 % de son infanterie et de sa cavalerie, soit environ 23 000 hommes. Saladin parvient de justesse à s'échapper en Égypte, où il s'accroche au pouvoir à coups de mensonges sur une prétendue défaite des Francs au cours de cette bataille.

La bataille de Montgisard s'avère une grande victoire et la parfaite illustration des qualités de combattants des Francs et de l'avantage qu'ils parviennent à prendre grâce à des opérations rapides tournées vers l'offensive, en particulier grâce aux Templiers. Si cette bataille permet de sauver pour l'heure le royaume de Jérusalem, elle n'altère cependant pas la situation fondamentale. Si Baudouin IV avait les forces nécessaires pour poursuivre l'ennemi jusqu'au Caire ou lancer une attaque éclair sur Damas, il infligerait peut-être à Saladin un coup terrible. Malgré l'ampleur de sa défaite, Saladin dispose encore des énormes ressources et effectifs pléthoriques de l'Égypte, et ce n'est qu'un début. Comme le fait remarquer son conseiller Al-Qadi al-Fadil, Saladin se servira de la richesse de l'Égypte pour conquérir

288 Ralph of Diss, *in* Helen Nicholson, *The Knights Templar*, Sutton Publishing, Stroud, 2001, p. 66.

la Syrie, la richesse de la Syrie pour prendre la Mésopotamie et la richesse de la Mésopotamie pour s'emparer de l'Outremer[289]. Alors qu'il mène toujours aussi vite les guerres contre ses rivaux musulmans, ses ressources deviennent presque inépuisables et ses forces si nombreuses que, dans la décennie suivant la bataille de Montgisard, les Francs sont contraints de modifier progressivement leur stratégie. Ils passent de l'organisation d'attaques à la frontière musulmane et de la construction de châteaux afin d'étendre leur territoire frontalier à l'utilisation des châteaux à des fins défensives.

L'année précédant la bataille de Montgisard, le royaume de Jérusalem perd toute chance de faire perdurer sa précieuse alliance avec l'Empire byzantin. Grâce à la première croisade, les Byzantins sont parvenus à compenser une grande partie des dommages subis lors du désastre de Manzikert, en 1071, et ont recouvré leur autorité sur une grande partie de l'Asie Mineure. Mais cette résurrection est anéantie en 1176, quand l'empereur byzantin Manuel Ier Comnène conduit son armée vers l'est dans l'intention de s'emparer de Konya (Iconium), capitale du sultanat seldjoukide de Roum. Stoppée au niveau d'un col de la chaîne Sultan Dagi, près de la forteresse de Myriokephalon, au nord-est du lac Egirdir, l'armée byzantine essuie un revers terrible. L'empereur lui-même compare cette bataille à celle de Manzikert, à la différence près qu'elle se situait à 1 300 kilomètres à l'est. Suite au désastre de Myriokephalon, à seulement 320 kilomètres de la mer Égée, les Byzantins ne s'accrochent une nouvelle fois plus qu'à la région côtière.

Avec la renaissance du sultanat seldjoukide de Roum, Saladin et l'Empire byzantin affaibli se découvrent un ennemi commun. En 1181, ils signent donc un traité de paix. Les Byzantins optent également pour une politique de neutralité et rompent leurs liens avec l'Outremer. L'alliance avec les Byzantins contre l'Égypte dont bénéficiait le roi Amaury de Jérusalem n'a donc aucune chance de survivre. Les Francs sont maintenant plus exposés et isolés que jamais.

---

289 Malcolm Cameron Lyons et D. E. P. Jackson, *Saladin*, p. 369.

En attendant, le siècle passé à repousser les attaques turques a mis à mal le commerce byzantin et sa marine marchande, offrant là l'occasion aux marchands et flottes italiens en provenance de Pise, Gênes, Amalfi et Venise d'implanter des colonies marchandes assez imposantes à Constantinople. Le ressentiment grec envers la prospérité et l'emprise des Latins, qui contrôlent pratiquement l'intégralité de l'économie de la ville, couve depuis quelque temps et atteint son paroxysme après la mort de Manuel Ier Comnène, en 1180. C'est le début d'une période d'instabilité à Constantinople, marquée par diverses revendications du trône impérial. L'un des prétendants, Andronic Comnène, est connu pour sa haine envers les Latins. Quand il pénètre dans Constantinople avec son armée en 1182, la population grecque se retourne contre les étrangers. De nombreux membres de la communauté latine, laquelle compte environ 60 000 personnes, parviennent à s'enfuir, mais des milliers sont massacrés par la foule.

Des chroniqueurs grecs, arabes et francs décrivent le massacre, parmi lesquels Guillaume de Tyr. Il écrit ainsi que les Grecs saisissent tous ceux qui semblent capables de résister, mettent le feu à leur maison et réduisent rapidement tout le quartier en cendres. Femmes, enfants, personnes âgées et malades périssent tous dans les flammes. Les moines et les prêtres sont les principales victimes de leur folie, mourant dans d'atroces tortures. Parmi eux figure un homme vénérable prénommé Jean, sous-diacre de la Sainte Église romaine, que le pape a envoyé à Constantinople. Ils s'emparent de lui, lui coupent la tête et attachent celle-ci à la queue d'un chien crasseux afin d'insulter l'Église. Même ceux qui semblent montrer plus d'égards vendent comme esclaves aux Turcs et aux autres infidèles les fugitifs à qui ils ont fait croire qu'ils s'en sortiraient. On dit que plus de 4 000 Latins de tout âge, sexe et condition ont été ainsi livrés aux nations barbares contre rétribution[290].

Outre l'effet qu'il a eu sur l'opinion occidentale de Byzance, le massacre des Latins a poussé les villes-États, en particulier Gênes et Venise, à rechercher de nouveaux marchés en Orient. C'est alors

290 Guillaume de Tyr, *Histoire des régions d'Outremer.*

qu'elles ont noué des relations commerciales fructueuses avec l'Égypte, « à la fois l'ennemi le plus dangereux des croisés et la source de bénéfices considérables pour les républiques commerciales chrétiennes de la Méditerranée »[291].

Particulièrement confiant suite à la victoire chrétienne sur Saladin à Montgisard, Baudouin IV décide de renforcer les défenses de son royaume le long de la frontière syrienne et, en octobre 1178, sur l'insistance des Templiers, il construit le château de Chastelet. Cette forteresse, plus connue sous le nom de Gué de Jacob, est délibérément bâtie sur la frontière musulmane. « Les Templiers de la terre de Jérusalem sont venus voir le roi pour lui dire de construire un château en territoire musulman », écrit le chroniqueur franc Ernoul[292]. Le château a pour mission de contrôler le seul passage du Jourdain entre le lac de Tibériade et ses sources sur le plateau du Golan, à l'endroit même où Jacob de l'Ancien Testament aurait lutté avec l'ange (Genèse 32:24). Mais la forteresse est détruite dix mois après sa naissance, au cours d'un désastre qualifié de « début de la fin » des Templiers.

Le Gué de Jacob surplombe le Jourdain. Constitués de 20 000 énormes blocs de pierre, faisant chacun plus de 2 mètres de long et disposés pour former un immense rectangle, ses murs font plus de 6 mètres d'épaisseur. Ce n'était que la première phase d'un plan consistant à entourer la structure intérieure d'un rectangle extérieur, de façon à créer un château concentrique qui serait le plus grand d'Europe et d'Orient. Saladin est si inquiet de voir un château érigé à un endroit des plus stratégiques qu'il offre 100 000 dinars pour sa démolition. Mais Baudouin IV refuse. Par conséquent, en août 1179, avant que les défenses extérieures soient sorties de terre, Saladin lance une attaque. Ses soldats grimpent la pente en force en creusant des marches avec leurs haches et le génie mine les murs. Dans la mesure où des renforts francs se rassemblent à Tibériade, les soldats du génie

291 J. J. Saunders, *Aspects of the Crusades*, University of Canterbury Publications, Christchurch, 1962, p. 35.

292 Ernoul, *in* Ronnie Ellenblum, *Crusader Castles and Modern Histories*, Cambridge University Press, Cambridge, 2007, p. 262.

travaillent nuit et jour sans relâche, jusqu'à ce qu'à l'aube du sixième jour, ils parviennent à abattre une section des remparts, les récits musulmans faisant part avec stupéfaction du suicide du chef des Templiers qui se jette dans les flammes. La garnison demande à pouvoir se rendre à certaines conditions, mais Saladin refuse et 800 défenseurs sont tués, leurs corps débarrassés de leurs armures, puis jetés dans une citerne. Mais toutes les victimes ne succombent pas sur le champ de bataille. Saladin interroge personnellement beaucoup de prisonniers et en exécute de sang-froid un grand nombre, dont tous les archers, qui ont infligé les plus grandes pertes aux assiégeants, ainsi que tous les musulmans s'étant convertis au christianisme, ceci conformément à la loi islamique. Le château est détruit, et ses 700 défenseurs survivants, dont 80 chevaliers, sont faits prisonniers et emmenés à Damas. Un millier d'armures appartenant aux chevaliers et sergents, ainsi que 100 000 armes, sont également emportées.

Pour la première fois, les soldats musulmans du génie ont montré leur efficacité contre une fortification franque d'envergure, même si elle était en cours de construction, donc inachevée. Jusqu'à présent, les Francs avaient une longueur technologique d'avance, mais ces progrès musulmans dans l'art de la guerre de siège présagent la suite des événements.

L'histoire de ce château et de son siège a été dévoilée par des recherches récemment entreprises par le professeur Ronnie Ellenblum, de l'Université hébraïque de Jérusalem[293]. « Nous découvrons littéralement le début de la fin des chevaliers templiers », dit Ellenblum.

> « Jusqu'à la bataille du Gué de Jacob, en 1179, le chef musulman Saladin essuie revers sur revers dans ses tentatives visant à chasser les croisés de la Terre sainte. La chance a tourné avec la bataille du Gué de Jacob. Les forces de Saladin sont non seulement parvenues à raser un grand château, tuant toute la garnison et emportant ses trésors, mais elles ont également écrasé une armée considérée jusqu'à présent comme pratiquement invincible. »

---

293 Ronnie Ellenblum, *ibid*, chapitre 16.

La victoire de Saladin au Gué de Jacob sape la confiance des Francs. Toute la Galilée et l'Outre-Jourdain deviennent une région frontalière à portée d'attaque de la part des musulmans, tandis que les Francs évitent de plus en plus les engagements frontaux avec l'ennemi. Ils délaissent en outre la stratégie mobile et offensive employée lors de la bataille de Montgisard, pour adopter une mentalité militaire axée sur le siège.

En mai 1180, en raison d'une extrême sécheresse qui menace les moissons en Syrie et en Outremer, Baudouin IV et Saladin concluent une trêve de deux ans. Mais cette trêve ne s'applique pas au comté de Tripoli, que Saladin envahit cet été-là, ravageant les riches terres agricoles que les Francs appellent la Bocquée – ces étendues vallonnées de la trouée de Homs qui regorgent de blé et de maïs, de figuiers, notamment de Barbarie, de vignes et de tournesols. Elles s'apparentent à la Provence ou au Languedoc et s'offrent à la vue du Krak des chevaliers, la grande forteresse des Hospitaliers, et du Chastel Blanc des Templiers. Guillaume de Tyr narre l'expédition de Saladin dans les champs « et plus particulièrement au milieu des cultures. Sans opposition, il erra partout, librement, mit le feu aux moissons, certaines ayant déjà subi le battage, d'autres déjà mises en gerbes et d'autres encore en attente d'être récoltées, vola le bétail et dépeupla toute la région ». Mais les chevaliers ne s'aventurent pas en dehors de leur château, n'osant pas « lancer d'attaques imprudentes »[294].

Pour Saladin, cette trêve avec le royaume de Jérusalem est précieuse, car elle lui permet de poursuivre son siège d'Alep, ville aux mains du fils de Nur al-Din. Quant à Baudouin IV, il peut ainsi gagner du temps. Pour ce qui est des marchands chrétiens et musulmans, la trêve leur offre la possibilité de traverser librement le territoire de chacun. Mais Renaud de Châtillon, soldat talentueux, courageux, et seigneur d'Outre-Jourdain (territoire à cheval sur la ligne de communication de Saladin entre Le Caire et Damas), rompt la trêve l'année suivante. Depuis son château de Kerak, il voit les riches caravanes musulmanes

294 Guillaume de Tyr, *in* Malcolm Barber, *The New Knighthood*, p. 98.

se rendre à Médine et La Mecque et attaque l'une d'elles pour s'enfuir avec ses biens. Saladin se plaint alors à Baudouin IV et exige réparation, mais Renaud de Châtillon refuse de restituer le butin. En 1182, de Châtillon va même plus loin en lançant une flotte de navires dans le golfe d'Aqaba pour descendre la mer Rouge, où ils attaquent des ports d'Égypte et d'Arabie, dont ceux desservant La Mecque et Médine. Mais une force navale sous la direction du frère de Saladin, al-Adil, les refoule. Bien que certains Francs se rendent à al-Adil à la condition que leur vie soit épargnée, Saladin insiste pour qu'ils soient exécutés, malgré les objections de son frère. Le meurtre de sang-froid des prisonniers est de plus en plus pratiqué par Saladin, l'exécution étant effectuée par des religieux de son entourage. Ces décapitations, puisque c'est le mode d'exécution généralement adopté, servent à promouvoir son *djihad* contre les Francs et constituent même son principal mode d'action contre ses frères musulmans. Le sacrifice sanguin est conforme à l'idéologie du *djihad*, « qui affirmait que les terres étaient rendues impures par la présence des Francs et que la guerre sainte avait pour but de les reconquérir et de les purifier »[295].

Début 1186, Saladin tombe gravement malade à Harran, non loin d'Édesse. Incapable de rester debout et à peine conscient, on s'attend à ce qu'il meure. Son dévoué secrétaire Imad al-Din recueille ses dernières volontés et rédige son testament. Depuis 1171 et son accession au sommet du sultanat d'Égypte, Saladin a passé treize mois à combattre les Francs. Mais il axe son *djihad* contre ses frères musulmans, bien souvent hétérodoxes mais loin d'être hérétiques pour la plupart, quoi qu'en aient dit les propagandistes de Saladin. Depuis, les historiens se sont demandé quelle image il aurait laissée s'il était mort à Harran. Serait-il simplement apparu comme « un soldat moyennement brillant, un administrateur avec une conception de l'économie digne de celle d'un officier de cavalerie et un souverain habitué à se servir de l'islam dans son propre intérêt »[296] ? Aurait-on gardé de lui

295 Michael Gervers et James M. Powell, *Tolerance and Intolerance*, p. 13.
296 Malcolm Cameron Lyons et D. E. P. Jackson, *Saladin*, p. 240.

le souvenir de quelqu'un ayant seulement « accumulé sans scrupule des plans et campagnes destinés à accroître son influence personnelle et celle de sa famille »[297] ?

Trois ans plus tôt, en 1183, après s'être finalement emparé d'Alep, Saladin écrit au calife de Bagdad pour justifier ses années de guerre contre ses frères musulmans. Il dit être venu en Syrie pour combattre les incroyants, éradiquer l'hérésie des Assassins et remettre les musulmans dans le droit chemin. La situation aurait peut-être évolué plus vite, dit-il, si Alep s'était conformée à son point de vue, si Mossoul avait reconnu sa souveraineté et si la Syrie n'avait pas été frappée par la sécheresse. Mais, une fois Mossoul conquise dans le nord de l'Irak, cela déboucherait sur la conquête de la Géorgie dans le Caucase, des Almohades au Maroc et en Espagne, de Constantinople et de Jérusalem, « jusqu'à ce que seule compte la parole de Dieu et que le califat abbasside ait nettoyé le monde en transformant les églises en mosquées »[298]. Les ambitions impériales et dynastiques de Saladin transparaissent dans cette lettre au calife car il se trouve que les Almohades ne pouvaient être attaqués sans la conquête préalable de toute l'Afrique du Nord. La Géorgie et Constantinople ne pouvaient être prises sans renverser le sultanat seldjoukide de Roum. Et, dernière étape et non des moindres, après avoir imposé son autorité à tout l'univers musulman, Saladin pourrait s'occuper de l'Outremer. Selon Imad al-Din, qui ne manifestait jamais le moindre scepticisme envers son maître, la maladie de Saladin « fut envoyée par Dieu pour détourner les péchés […] et le réveiller du sommeil de la négligence »[299] – et le remettre sur la voie de sa mission religieuse, à savoir détruire l'Outremer via le *djihad*.

Mais Saladin est un général toujours prudent qui s'appuie sur une force écrasante et il hésite à combattre les Francs tant que ses troupes demeurent dispersées. L'événement qui aidera Saladin à changer d'attitude est le traité qu'il signera par la suite, en 1186, qui lui permettra

297 Andrew S. Ehrenkreutz, *Saladin*, p. 237.
298 Malcolm Cameron Lyons et D. E. P. Jackson, *op. cit.*, p. 194.
299 *Ibid*, p. 241.

au final de conquérir Mossoul. Le libérant de plusieurs années de lutte à l'est de l'Euphrate, il peut enfin porter toute son attention sur l'Outremer. Sa prise de conscience de la stratégie défensive adoptée par les Francs, loin de batailles risquées en terrain découvert, auxquelles ils préfèrent des positions de repli dans leurs châteaux, l'encourage également. Entre-temps, les Turcs ont appris à construire et transporter de gros engins de siège, aussi bien des pièces d'artillerie, comme les catapultes, que les tours mobiles, diminuant ainsi la traditionnelle supériorité franque en matière d'architecture militaire et de sièges. Les rôles sont inversés. Saladin est prêt à livrer une guerre plus offensive et mobile et n'hésite plus à s'enfoncer en territoire franc pour se battre.

Les Francs sont loin d'afficher une unité stratégique. Il règne au sein de l'Outremer une division grandissante entre ceux qui souhaitent mener une politique agressive contre Saladin et ceux désireux de trouver un compromis. Parmi les premiers figure Renaud de Châtillon, tandis que parmi les adeptes de la seconde solution se trouvent le comte Raymond III de Tripoli et le roi mourant. Mais Saladin a sa propre politique, qui consiste à annihiler les États chrétiens, États dont les différences internes rendent leur destruction plus faciles. Le danger devient réel en 1183, quand Saladin s'empare d'Alep et contrôle du même coup toute la Syrie. Sa distraction du moment est Mossoul, mais il se tournera tôt ou tard vers les chrétiens.

Après l'encerclement de l'Outremer, les maîtres hospitaliers et templiers appareillent ensemble en 1184, en compagnie d'Héraclius, le patriarche de Jérusalem, pour aller chercher de l'aide en Occident. Les rois de France et d'Angleterre et le Saint Empereur romain les reçoivent avec tous les honneurs et débattent des plans d'une grande croisade. Mais ils fournissent des motifs purement internes pour ne pas aller eux-mêmes en Orient et décident de donner tout juste l'argent nécessaire pour couvrir l'entretien de quelques centaines de chevaliers pendant une année. Pendant son séjour à Londres début 1185, Héraclius d'Auvergne en profite pour consacrer la nouvelle Église du Temple, qui est encore présente aujourd'hui. Quant au maître Templier, il tombe malade en cours de route et meurt à Vérone.

À peu près au moment où Héraclius d'Auvergne consacre la nouvelle Église du Temple à Londres, Gérard de Ridefort est élu maître par les Templiers de Jérusalem, sa nomination coïncidant avec le point culminant des conflits entre les factions du royaume. Baudouin IV meurt en mars 1185 et est enterré à l'église du Saint-Sépulcre. Son successeur, l'enfant-roi Baudouin V, meurt en 1186 alors qu'il n'a pas 9 ans. Raymond III de Tripoli, chef du camp recherchant un compromis avec Saladin, est alors le régent du petit garçon conformément au testament du père, lequel stipulait que, si l'enfant mourait avant ses 10 dix ans, c'est Raymond qui devait demeurer régent en attendant le choix d'un nouveau roi grâce à l'arbitrage du pape, du Saint Empereur romain et des rois de France et d'Angleterre.

Mais la mère du garçon, Sibylle, qui est la sœur du roi lépreux et la petite-fille de la redoutable Mélisende, revendique le trône pour elle-même et son mari Guy de Lusignan. Appuyés par le camp en faveur d'une politique agressive à l'encontre de Saladin, au sein duquel figurent Renaud de Châtillon, seigneur d'Outre-Jourdain, Gérard de Ridefort, maître des Templiers, Héraclius d'Auvergne, patriarche de Jérusalem et peut-être amant de la mère de Sibylle, Sibylle et Guy sont rapidement couronnés à Jérusalem. Tous les barons d'Outremer acceptent ce qui se révèle être un coup d'État, à l'exception de Raymond de Tripoli, qui se sent injustement privé de la royauté, et son proche allié Balian d'Ibelin.

Passant de la rivalité entre factions à la trahison, le comte Raymond de Tripoli conclut un accord secret avec Saladin, qui s'applique non seulement à la ville de Tripoli, mais aussi à la principauté de Galilée de sa femme, bien que ce territoire fasse partie du royaume de Jérusalem, lequel va bientôt être en guerre contre les musulmans. Saladin promet également de soutenir le projet de Raymond de Tripoli consistant à renverser Sibylle et Guy de Lusignan et à s'autoproclamer roi. En avril 1187, Guy de Lusignan répond en convoquant ses fidèles barons pour se diriger vers le nord et tenter d'obtenir la soumission de la Galilée avant que ne débute l'attaque attendue des musulmans. Mais, craignant les conséquences d'une guerre civile, Balian d'Ibelin persuade de Lusignan de le laisser emmener une délégation sur le lac de Tibériade pour essayer de négocier une réconciliation entre Raymond de Tripoli et le roi. Cette délégation est formée des maîtres des Hospitaliers et des Templiers que d'Ibelin doit rencontrer au château des Templiers de La Fève, le 1er mai.

Pendant ce temps, Saladin a demandé à Raymond de Tripoli l'autorisation d'envoyer ce même jour en reconnaissance des troupes d'esclaves mamelouks en Galilée. Et, bien que cela tombe mal, de Tripoli est obligé de donner son aval en vertu de l'accord secret. Mais il impose des conditions : les musulmans doivent traverser son territoire de jour et en être sortis à la nuit tombée, sans attaquer aucun village ou ville. Raymond de Tripoli fait passer l'information selon laquelle le camp musulman traversera son territoire et invite la population à rester chez elle. Mais, quand il arrive à La Fève en milieu de matinée du 1er mai, d'Ibelin n'est pas au courant et s'attend à y retrouver les membres de la délégation. Le château est vide et, après avoir attendu en silence pendant une ou deux heures, il s'apprête à partir vers Tibériade, pensant que les autres sont partis devant, quand un chevalier templier ensanglanté surgit soudain au galop et hurle qu'un grand désastre s'est produit.

Le message de Raymond de Tripoli à propos du groupe musulman est parvenu à La Fève la veille au soir, le 30 avril, où Gérard de Ridefort a appris la nouvelle. Il convoque alors immédiatement les Templiers des alentours et, à la tombée de la nuit, 90 hommes le rejoignent. Dans la matinée, ils partent vers le nord, par Nazareth, où 40 chevaliers laïques se joignent à la chasse menée contre le groupe de reconnaissance ennemi. Mais, lorsqu'ils franchissent la colline située derrière Nazareth, ils voient une expédition d'envergure comptant peut-être 7 000 cavaliers d'élite mamelouks faisant boire leurs montures dans la Fontaine du cresson située plus bas dans la vallée. Le maréchal templier et le maître hospitalier conseillent alors de se replier, mais Gérard de Ridefort, le maître templier, insiste pour lancer une attaque. Les 130 chevaliers descendent donc furieusement la colline pour se heurter à la cavalerie musulmane massive. Ils se font tailler en pièces et seuls trois Templiers, dont Gérard de Ridefort, parviennent à prendre la fuite.

C'est en tout cas le récit fourni par un chroniqueur anonyme qui a obtenu la majeure partie de ses informations de la chronique perdue d'Ernoul, membre de l'entourage de Balian d'Ibelin. Mais ni d'Ibelin ni Ernoul n'ont assisté à cette bataille. Tout récit émanant du camp de Balian d'Ibelin est susceptible d'offrir la pire description de l'adversaire de leur faction, Gérard de Ridefort. Une autre chronique, l'*Itinerarium Regis Ricardi*, reposant apparemment sur le journal perdu d'un chevalier anglais rédigé vers 1191, contredit l'histoire selon laquelle de Ridefort s'est imprudemment précipité sur l'ennemi. Ce journal dit, de manière plus plausible, que les Templiers se sont fait prendre au dépourvu et ont essuyé une attaque des musulmans. Quoi qu'il en soit, l'expédition de Saladin a tenu l'engagement passé avec Raymond de Tripoli car ses cavaliers sont rentrés bien avant la tombée de la nuit et n'ont attaqué aucun village ou ville de Galilée. Mais, accrochées à la pointe des lances mameloukes, se trouvent bien des têtes de chevaliers templiers.

Honteux de cette tragédie, dont il est en quelque sorte à l'origine, Raymond de Tripoli rompt son accord avec Saladin et se rend à Jérusalem pour faire la paix avec le roi. Devant cet immense péril, Guy de Lusignan ne peut qu'accueillir favorablement la loyauté retrouvée envers le royaume de Raymond de Tripoli car, au même moment, Saladin est en train de rassembler une grande armée à la frontière. De Lusignan mobilise tous les hommes valides à Saint-Jean-d'Acre, vide les villes et châteaux de tous les combattants. Forte de 18 000 hommes, dont 1 200 chevaliers montés, cette armée est tout ce que l'Outremer peut offrir. De son côté, Saladin compte sur les occupants turcs et kurdes d'Égypte, d'Irak et de Syrie, ainsi que sur ses troupes d'esclaves mamelouks et quelques Arabes. Sa force d'invasion est donc constituée d'environ 42 000 hommes, dont 12 000 cavaliers[300]. Le 1er juillet 1187, il traverse le Jourdain à Senabra, à l'extrémité sud du lac de

300 Les sources donnent différents chiffres sur les deux armées, mais indiquent généralement que les musulmans étaient deux à trois fois plus nombreux que les chrétiens.

Tibériade, là où le fleuve ressort du lac.

Le lendemain, alors que Saladin assiège Tibériade, l'armée croisée adopte une solide position défensive, bien alimentée en eau et disposant de nombreux pâturages pour les chevaux, à 25 kilomètres à l'ouest de Séphorie (aujourd'hui Tzipori). Les Templiers et les Hospitaliers sont présents, ainsi que le comte Raymond de Tripoli, Renaud de Châtillon, Balian d'Ibelin et de nombreux autres seigneurs avec leurs aides, sans oublier l'évêque de Saint-Jean-d'Acre, qui porte la Vraie Croix. Leur plan, auquel adhère le roi, est d'attendre, assurés que Saladin ne pourra maintenir très longtemps sa grande armée dans la campagne aride sous cette chaleur estivale. Mais, ce soir-là, arrive un message de la femme de Raymond de Tripoli, Échive, comtesse de Tripoli, disant qu'à Tibériade elle doit faire face à une attaque de Saladin. Le roi Guy de Lusignan tient une assemblée dans sa tente où bon nombre de chevaliers sont émus par la situation désespérée de la comtesse et souhaitent partir à son secours. Mais Raymond de Tripoli se lève pour prendre la parole et avance qu'il serait imprudent d'abandonner leur position favorable actuelle pour se livrer à une marche dangereuse dans une région aride sous la terrible chaleur de juillet.

« Tibériade est ma cité et ma femme s'y trouve », dit de Tripoli, selon la chronique *De Expugnatione Terrae Sanctae per Saladinum* :

« Aucun de vous n'est aussi férocement attaché, sauf au christianisme, que moi à cette ville. Aucun de vous n'est aussi désireux que moi de secourir ou d'aider Tibériade. Mais nous et le roi ne devons pas nous éloigner de l'eau, de la nourriture et des choses indispensables pour mener un si grand nombre d'hommes à la mort à cause du désert, de la faim, de la soif et d'une chaleur accablante. Vous êtes bien conscients que puisque la chaleur brûle et que le nombre d'hommes est grand, ils ne peuvent survivre une demi-journée sans de l'eau en abondance. En outre, ils ne pourraient atteindre l'ennemi sans subir une pénurie d'eau qui se traduirait par la perte d'hommes et de bêtes. Restez par conséquent à mi-chemin, près des denrées et de l'eau car la fierté des Sarrasins est telle que, lorsqu'ils prendront la cité, ils ne nous mettront pas de côté et fileront droit vers nous à travers ce vaste désert pour nous livrer bataille. Alors, nos hommes, frais et ravitaillés en pain et en eau, lèveront le camp avec enthousiasme pour le combat. Nous serons frais ainsi que nos chevaux et nous serons aidés et protégés par la croix du Seigneur. Nous nous battrons ainsi avec vigueur contre des incroyants affaiblis par la soif et ne disposant d'aucun endroit où se rafraîchir. Vous voyez donc que si, en vérité, la grâce de Jésus-Christ nous accompagne, les ennemis de la croix du Christ seront capturés ou tués par l'épée, la lance ou la soif avant de pouvoir rejoindre la mer ou le fleuve. »[301]

Lorsque l'assemblée se sépare à minuit, les participants ont décidé de rester à Séphorie. Mais l'accord précédemment passé par de Tripoli avec Saladin a suscité amertume et méfiance chez certains et ses motivations paraissent désormais suspectes. Plus tard dans la nuit, le maître templier Gérard de Ridefort se rend dans la tente du roi Guy de Lusignan pour lui dire que de Tripoli est un traître et qu'abandonner Tibériade, pourtant si proche, entacherait son honneur, mais aussi celui des Templiers, s'ils ne vengent pas la mort de tant de leurs frères à la Fontaine du cresson. Le roi décide alors de revenir sur la décision de l'assemblée et annonce que l'armée prendra la route à l'aube.

En ce matin du 3 juillet, l'armée chrétienne laisse derrière elle les jardins de Séphorie et marche à travers les collines arides en direction du soleil levant. La journée est très chaude et l'air irrespirable. Les hommes et les chevaux souffrent terriblement car cet itinéraire ne comporte aucun point d'eau. Guy de Lusignan est au centre de la colonne et les Templiers ferment la marche. Dans la mesure où c'est Raymond de Tripoli qui tient le fief de Galilée, il lui revient d'ouvrir la voie. Certains ont vu dans l'itinéraire une marque de traîtrise, car c'est lui qui l'a choisi. C'est possible, car Saladin découvre rapidement la ligne d'avancée des Francs, averti, aux dires de certains, par plusieurs chevaliers laïques. Il envoie alors des hommes harceler et user l'avant et l'arrière-garde à coups de volées de flèches, pendant qu'il fait parcourir à son armée les 8 kilomètres qui séparent Tibériade de Hattin, village bien approvisionné en eau et situé en plein milieu des prés, au

301 Anonyme, *De Expugnatione Terrae Sanctae per Saladinum*, p. 155-156.

carrefour des routes descendant des collines vers le lac. Dans l'après-midi, l'armée chrétienne a atteint le plateau au-dessus de Hattin et Raymond de Tripoli dit qu'ils devraient camper là, car il y a selon lui de l'eau, mais la source s'avère asséchée. Selon une version des faits, les Templiers ont dit qu'ils ne pouvaient aller plus loin et que le roi devait prendre la décision de dresser le camp. Raymond s'écrie alors : « Hélas, Seigneur Dieu, la bataille est terminée ! Nous avons été trahis et la mort est notre destin. Le royaume est fini ! »[302] Entre les Francs et le village d'où l'on descend vers le lac se trouve une colline dotée de deux sommets et baptisée les Cornes de Hattin.

C'est sur ce plateau rocailleux sans eau que l'armée chrétienne passe la nuit, son supplice rendu plus grand encore par la fumée et les flammes faisant rage, les musulmans ayant mis le feu aux broussailles à flanc de coteau. Profitant de l'obscurité, les forces de Saladin s'approchent en rampant. Les Francs qui s'éloignent pour aller chercher de l'eau se font tuer. À l'aube, l'armée chrétienne est cernée de toutes parts. Le 4 juillet 1187, peu après le lever du jour, Saladin porte son attaque. L'infanterie chrétienne charge avec l'énergie du désespoir pour enfoncer les lignes ennemies et atteindre l'eau, mais les hommes sont tués ou repoussés. C'est le récit d'une chronique. Mais une autre dit que les chrétiens se sont enfuis et ont refusé de combattre. Dans une autre version :

> « [Le roi] donna l'ordre au maître et aux chevaliers d'engager les hostilités. Certains soldats furent alignés en ordre de bataille et l'établissement de la tactique fut confié au comte de Tripoli et à d'autres chefs militaires. Se lançant à l'attaque comme des lions rugissants, les chevaliers du Temple tuèrent une partie de l'armée ennemie et poussèrent le restant à battre en retraite, mais nos autres troupes n'obéirent pas aux ordres du roi et n'arrivèrent pas en renfort. Les chevaliers du Temple se retrouvèrent ainsi cernés, puis furent massacrés. »[303]

---

302 *Ibid*, p. 157.

303 Consuls génois au pape Urbain III, fin septembre 1187, *in* Malcolm Barber et Keith Bate, *Letters from the East*, p. 82.

Tous les récits font part du combat terrible livré par des chevaliers qui parviennent à contenir les attaques de la cavalerie de Saladin, mais leur véritable ennemi est la soif et leurs effectifs diminuent au même rythme que leurs forces.

Les Templiers et les Hospitaliers se rassemblent autour du roi et de la Vraie Croix. C'est la confusion au cœur de la bataille. L'*Expugnatione* décrit des chrétiens « amassés et mélangés aux Turcs ». Cet écrit poursuit en racontant comment le roi, voyant que la cause est entendue, s'écrie que ceux qui le peuvent doivent s'échapper avant qu'il ne soit trop tard. Raymond de Tripoli et Balian d'Ibelin chargent avec leurs hommes, dans l'espoir d'enfoncer l'ennemi. « Dans cet espace confiné, la vitesse de leurs chevaux fait que ces derniers piétinent les chrétiens formant une sorte de pont et offrant aux cavaliers un chemin plan. De cette manière, ils parviennent à sortir de cet espace réduit en passant par-dessus leurs propres hommes, les Turcs et la croix. »[304] Alors qu'ils foncent sur la ligne de Saladin, celle-ci s'ouvre, les laisse passer, puis se referme. Ils sont les derniers à s'échapper. La bataille se termine très vite. La Vraie Croix tombe aux mains des musulmans. Le roi Guy de Lusignan et ceux qui l'entourent cèdent à l'épuisement et sont capturés.

La tente de Saladin est érigée sur le champ de bataille et accueille le roi et les barons ayant survécu pour être présentés à leur conquérant. Saladin fait asseoir le roi près de lui et lui tend une coupe remplie d'eau pour qu'il puisse étancher sa soif. C'est un signe, car donner à manger et à boire à un prisonnier signifie généralement qu'il aura la vie sauve. Mais, lorsque le roi passe l'eau à Renaud de Châtillon, Saladin lui dit : « C'est vous qui avez donné la coupe à cet homme, pas moi. » Il se tourne alors vers de Châtillon, lui rappelant ses brigandages et ses attaques sur le littoral de la mer Rouge contre les ports de Médine et La Mecque et l'accusant de blasphème. Lorsque Saladin propose à Renaud de Châtillon le choix entre la conversion à l'islam et la mort, ce dernier répond que c'est Saladin qui devrait se convertir au christianisme afin d'éviter l'enfer

304 Anonyme, *De Expugnatione Terrae Sanctae per Saladinum*, p. 159.

éternel qui attend les incroyants. Ce à quoi Saladin répond en lui tranchant la tête.

Le secrétaire de Saladin, Imad al-Din, inspecte le champ de bataille, qu'il décrit à l'aide de détails obscènes.

« Les morts furent dispersés par monts et vallées, gisant sur leurs flancs immobiles. Hittîn se déchargea de ces carcasses, et l'odeur de la victoire fut mêlée à leur puanteur. Je passais alors sur le champ de bataille et je vis les membres nus jetés çà et là, éparpillés sur le lieu du combat, déchirés et désarticulés ; je vis les têtes fendues, les cous coupés, les reins brisés, les vertèbres broyées, les pieds en morceaux, les nez mutilés, les extrémités arrachées, les membres démembrés, les parties hachées, les yeux crevés, les ventres éventrés, les cheveux teints de sang, les cœurs transpercés, les doigts tranchés, les thorax enfoncés, les côtes écrasées, les articulations disloquées, les poitrines brisées, les gorges ouvertes, les corps tronçonnés, les bras pulvérisés, les lèvres serrées, les fronts défoncés, les mèches rougies, les plastrons sanglants, les cuirasses perforées, les coudes démis, les os rompus, les vêtements arrachés, les visages éteints, les blessures apparentes, les épidermes arrachés, les fragments épars, les cheveux défaits, les dos écorchés, les corps détruits, les dents brisées, le sang répandu, le dernier souffle de vie disparu, les nuques tombantes, les jointures affaissées, les pupilles liquéfiées, les cous pendants, les foies émiettés, les cuisses taillées, les têtes fracassées, les poitrines dépecées, les esprits envolés, les fantômes [eux-mêmes] mis en pièces : comme des pierres parmi des pierres, exemple pour qui sait voir. »

Mais cette scène macabre est une purification aux yeux des musulmans.

« Ce champ de bataille devint un océan sanglant ; la poussière fut colorée en rouge ; des ruisseaux de sang coururent et le visage de la vraie foi s'éleva librement au-dessus de ces hideurs ténébreuses. Ô doux effluves de la victoire au-dessus de cette iniquité ! Ô marques ardentes du châtiment sur ces cadavres ! Ô doux réconfort des cœurs devant la laideur de ce chaos ! Ô la joie des prières, l'heureuse nouvelle d'un tel événement ! »

Mention spéciale : « Des Templiers blessés sanglotaient ; on marchait sur leurs têtes, l'heureux destin de leur corps était tranché. »[305]

Saladin réserve le dernier acte de purification aux Templiers et aux Hospitaliers ayant survécu à la bataille. Si Gérard de Ridefort, le maître des Templiers, figure parmi les prisonniers emmenés à Damas, les autres moines chevaliers connaissent un sort différent. Al-Hawari, auteur d'un traité militaire pour le compte de Saladin, écrit que les nobles sont « irresponsables, manquent d'égards, sont mesquins et avides », ce qui les rend manipulables en fonction des buts de Saladin. Mais les Templiers et les Hospitaliers sont dangereux, car « ils affichent une grande ferveur religieuse et prêtent attention aux choses de ce monde ». Deux jours après sa victoire, son secrétaire Imad al-Din, qui a assisté à l'événement, écrit :

« [Saladin] a cherché après les Templiers et Hospitaliers capturés et a dit : "Je dois purifier la terre de ces deux races impures." Il promet 50 dinars à quiconque fait prisonnier l'un d'eux. Immédiatement, l'armée en amène au moins une centaine. Il ordonne qu'ils soient décapités, les préférant morts que captifs. À ses côtés se trouve tout un groupe de savants et de soufis, ainsi qu'un certain nombre d'individus pieux et d'ascètes. Chacun implore qu'on le laisse en tuer un, sort son épée et retrousse ses manches. Saladin, le visage enjoué, est assis là sur son estrade. Les infidèles affichent un sombre désespoir. »

Les soldats de Saladin sont alignés d'un côté et les chevaliers attendent la mort chacun leur tour. La lame ne tranchait pas toujours net. Mais Imad al-Din loua le saint homme musulman « qui fit rire de lui-même » en massacrant une victime après l'autre.

---

305 Imad al-Din, *in* Francesco Gabrieli, *Chroniques arabes des croisades*, p. 163.

« Que de promesses tenues, que de mérites acquis, que de récompenses éternelles obtenues par le sang versé ! Que d'œuvres pies assurées par une tête coupée ! Que de lames teintes de sang après la victoire tant rêvée, que de lances brandies contre le lion capturé, que de blessures guéries par la blessure d'un Templier ! […] Il a terrassé l'infidélité pour revivifier l'islam ; il a détruit l'associationnisme pour construire le monothéisme ; il s'est engagé entier pour dégager la communauté des croyants et il a abattu les ennemis pour défendre les amis. »[306]

---

306 *Ibid*, p. 165.

La chute de Jérusalem au profit de Saladin

Les villes et les châteaux se sont vidés pour défendre la Terre sainte contre l'invasion musulmane. Après la bataille de Hattin, l'Outremer est quasiment sans défense contre Saladin. Jean de Terric, grand précepteur et chevalier le plus élevé dans la hiérarchie de l'ordre du Temple après Hattin, écrit à ses frères en Occident dans la seconde quinzaine de juillet ou début août 1187, pour leur raconter la bataille fatale.

« Ils nous attirèrent dans une région très rocailleuse où ils nous attaquèrent avec une telle vigueur qu'ils s'emparèrent de la Sainte Croix et de notre roi et se débarrassèrent de toute notre armée. Nous estimons que deux cent trente de nos frères furent décapités ce jour-là, les soixante autres ayant été tués le 1er mai [à la Fontaine du cresson]. Ce fut avec une extrême difficulté qu'avec le seigneur comte de Tripoli, le seigneur Reynald de Sidon et le seigneur Balian, nous réussîmes à nous enfuir de cet effroyable champ de bataille. »

Jean de Terric rapporte la poursuite des massacres partout en Outremer :

« Enivrés par le sang de nos chrétiens, toute la horde de païens se mit immédiatement en route pour la ville de Saint-Jean-d'Acre, qu'ils prirent par la force puis dévastèrent entièrement. Seules Jérusalem, Ascalon, Tyr et Beyrouth demeurèrent la possession de la chrétienté, mais nous ne serons pas capables de les tenir si vous et le Seigneur ne venez pas rapidement à notre secours, car presque tous les habitants de ces villes sont morts. Ils sont en train d'assiéger activement Tyr, se livrant à des attaques de jour comme de nuit. Ils sont si nombreux que l'on dirait un fourmillement recouvrant la terre entière de Tyr à Jérusalem et même jusqu'à Gaza. Efforcez-vous de venir en toute hâte nous aider ainsi que la chrétienté d'Orient, laquelle est aujourd'hui totalement perdue. Avec l'aide de Dieu et le soutien de votre éminente confrérie, nous parviendrons peut-être à sauver les villes qui restent. Adieu. »[307]

Saint-Jean-d'Acre capitule le 10 juillet, c'est ensuite le tour de Sidon le 29, puis de Beyrouth le 6 août. Jaffa refuse de céder. En juillet, la ville est prise d'assaut et toute sa population est tuée ou envoyée vers les marchés aux esclaves et harems d'Alep. Ascalon offre une brève résistance, mais capitule le 4 septembre. Quelques jours plus tard, Saladin amène Gérard de Ridefort devant les remparts de Gaza pour qu'il dise aux Templiers installés dans la ville de se rendre, ce qu'ils font immédiatement par obéissance envers leur maître. Dans le sud, seule Tyr résiste à la capture. Dans le nord, le sort de Tripoli, Tortose et Antioche sera réglé plus tard, ce qui est une énorme erreur

307 Jean de Terric, grand précepteur de l'ordre du Temple, à tous les précepteurs et frères de l'Ordre en Occident, entre le 10 juillet et le 6 août 1187, *in* Malcolm Barber et Keith Bate, *Letters from the East*, p. 78.

stratégique. En s'emparant des ports, Saladin aurait coupé l'Outremer de l'aide étrangère arrivant par la mer, laquelle prendra la forme de la troisième croisade. Mais, enfermé dans sa propagande djihadiste, Saladin se tourne vers Jérusalem.

Les réfugiés affluent dans Jérusalem, mais parmi eux figurent très peu de combattants et on compte, dit-on, un homme pour cinquante femmes et enfants. Dans une lettre adressée au pape Urbain III en septembre, le patriarche Héraclius indique que seules la ville sainte et Tyr tiennent bon face aux attaques. Partout ailleurs, les musulmans se sont emparés des villes, « tuant presque tous leurs habitants ». On s'attend désormais à ce que Saladin assiège Jérusalem, qui « manque totalement d'hommes pour se défendre »[308].

En compagnie d'Héraclius et de divers représentants des ordres militaires, la reine Sibylle fait ce qu'elle peut pour organiser la défense de la ville, mais Jérusalem manque d'un meneur, jusqu'à l'apparition de Balian d'Ibelin. Après la bataille de Hattin, sa femme et ses enfants ont trouvé refuge dans la ville et d'Ibelin est venu à Jérusalem pour les emmener à Tyr, sur la côte. Alors que Tyr est assiégée, d'Ibelin ne peut effectuer le voyage qu'avec la permission de Saladin, ce dernier la lui accordant s'il voyage sans armes et ne reste qu'une nuit à Jérusalem. Mais les habitants de Jérusalem lui demandent à cor et à cri de rester. Finalement, d'Ibelin accepte la mission de préparer Jérusalem à l'attaque de Saladin. Le plus urgent est de remonter le moral des habitants. Il ne reste que deux chevaliers dans la ville et d'Ibelin fait donc chevaliers tous les garçons nobles de plus de 16 ans, ainsi que 30 citoyens. Pour financer la défense, il s'empare du trésor royal et dépouille même le dôme de l'église du Saint-Sépulcre de son argent. Il envoie des groupes chercher des vivres dans les alentours avant l'arrivée des musulmans et fournit des armes à tous les hommes valides.

Après avoir autorisé ses hommes à se livrer à des pillages le long de la côte, Saladin emmène son armée vers Jérusalem. Le 20 septembre, il dresse son campement en dehors de la ville. Il se serait renseigné

308 Héraclius, patriarche de Jérusalem, au pape Urbain III, en septembre 1187, *op. cit.*, p. 81.

sur l'emplacement de la mosquée al-Aqsa et aurait demandé quel était l'itinéraire le plus court pour s'y rendre, disant qu'il s'agissait aussi du chemin le plus court pour atteindre le paradis. Mais cette histoire est irréaliste, car le Mont du Temple est situé sur le côté est de la ville et Saladin a disposé ses hommes et ses engins de siège carrément à l'opposé, en face des remparts ouest, défendus par un profond ravin et s'étendant entre les deux formidables tours de David et de Tancrède. Mais l'histoire en question entre dans le cadre de la propagande djihadiste, axée sur le Mont du Temple et le voyage nocturne, et créée par Saladin afin de justifier la revendication musulmane de Jérusalem. De même, les chroniqueurs musulmans présentent le siège de la ville de manière épique. Imad al-Din et Ibn Shaddad affirment de manière invraisemblable que la ville comprend plus de 60 000 combattants, tandis qu'Ibn al-Athir rapporte que les Francs disposent « exactement de 70 000 cavaliers et fantassins à Jérusalem ». Mais une autre remarque faite par Ibn al-Athir, à propos de ce que perçoivent les Turcs alors qu'ils s'approchent des remparts, est peut-être exacte : « En s'approchant, ils virent sur les murailles une foule impressionnante, et ils entendirent, à l'intérieur, les habitants orchestrer tant de bruit et de fracas qu'ils comprirent quelle quantité de gens devait y être rassemblée. »[309] C'est ce brouhaha qui les a sans doute poussés à déduire le nombre de personnes rassemblées de l'autre côté de la muraille. Mais il s'agit sans doute d'une tentative courageuse et concertée des habitants de Jérusalem pour intimider et défier l'adversaire.

Après plusieurs jours infructueux de tentatives d'effraction des remparts ouest, Saladin déplace ses forces vers le nord, où la topographie est plus élevée et la ville des plus vulnérables. Il met à l'œuvre ses soldats du génie, chargés de miner la section des remparts nord par laquelle Godefroy de Bouillon est entré dans Jérusalem quatre-vingt-huit ans auparavant. Le 29 septembre, une énorme brèche est ouverte dans le rempart défendu avec ténacité et ce n'est ensuite qu'une question de temps avant que les hordes de Saladin ne submergent les défenseurs. Avec le soutien du patriarche de Jérusalem, Balian d'Ibelin

309 Ibn al-Athir, *in* Francesco Gabrieli, *Chroniques arabes des croisades*, p. 167.

décide de négocier des conditions et, le 30 septembre, il se rend dans la tente de Saladin.

Saladin se montre intransigeant. Il répète ce que ses saints hommes lui ont dit : Jérusalem ne peut être nettoyée que par le sang chrétien. Il a donc fait le serment de prendre la ville par la force. Seule une capitulation sans conditions lui ferait retenir son épée. Mais d'Ibelin l'avertit que si les défenseurs n'obtiennent pas des conditions de reddition honorables, ils détruiront tout au sein de la ville. Ibn al-Athir rapporte les paroles de Balian d'Ibelin :

> « Sachez, ô sultan, que nous sommes extrêmement nombreux dans cette ville, Dieu seul sait combien exactement. Nous combattons actuellement sans conviction dans l'espoir de survivre, dans l'espoir que vous nous épargniez comme vous en avez épargné d'autres. Cela parce que nous avons la mort en horreur et que nous adorons la vie. Mais si nous constatons que la mort est inévitable, alors, Dieu nous en soit témoin, nous tuerons nos enfants et nos femmes, nous brûlerons nos biens, pour ne pas vous laisser un dinar ou un drachme, pas un seul homme ou femme à réduire en esclavage. Ensuite, nous démolirons le sanctuaire du Rocher, la Masjid al-Aqsa et les autres lieux sacrés, massacrerons les prisonniers musulmans que nous détenons – au nombre de 5 000 – et tuerons chaque cheval et animal que nous possédons. Puis, nous sortirons vous combattre, comme des hommes luttant pour leur vie, et chacun de nous ne succombera pas avant d'avoir abattu l'un des vôtres. Nous mourrons honorablement ou remporterons une noble victoire ! »

Quels qu'aient été les véritables mots employés par Balian d'Ibelin, sa menace touche au cœur la propagande djihadiste de Saladin. C'est particulièrement courageux de la part d'un homme qui, en restant à Jérusalem pour en prendre la défense, vient de manquer à sa parole envers Saladin. D'Ibelin dit maintenant en face au sultan que, s'il ne promet pas d'épargner la vie des habitants de Jérusalem, ces derniers réduiront en cendres les lieux saints musulmans, objet supposé de son *djihad*. Épargner des vies chrétiennes ne correspond pas à la détermination première de Saladin de purifier Jérusalem avec le sang chrétien.

Il se sent alors obligé de s'excuser auprès du calife de Bagdad, auquel il écrira par la suite que, s'il avait agi autrement, cela aurait coûté la vie à des musulmans pour remporter une victoire déjà acquise. En l'occurrence, Saladin cède à l'exigence de Balian d'Ibelin. Il consent à ce que les Francs quittent la ville s'ils versent 10 dinars pour un homme, 5 pour une femme et 1 pour un garçon de moins de 7 ans. Ceux qui ne parviendront pas à payer dans un délai de 40 jours seront pris comme esclaves. Quant aux chrétiens orientaux de Jérusalem, il décrète qu'ils pourront rester dans la ville s'ils payent la rançon et la *jizyah*, reprenant ainsi leur statut humiliant de *dhimmis*.

Le 2 octobre 1187, 27e jour du Rajab selon le calendrier islamique, les musulmans se rassemblent pour assister à la cérémonie de l'entrée de Saladin dans Jérusalem et participer aux festivités, devant une population chrétienne particulièrement triste. Le visage de Saladin « resplendissait d'allégresse [...] la terre qu'il foulait rayonnait de lumière », écrit son secrétaire Imad-al-Din. « Les cœurs se serraient du bonheur de la victoire, les langues s'humiliaient pour invoquer Dieu. »[310] Le chroniqueur et juriste Ibn Shaddad s'est réjoui de ce hasard heureux du calendrier : « Le hasard voulut que la conquête de Jérusalem se produisît le jour même où le prophète était, dans la nuit, monté au ciel. »[311] Mais il ne faut y voir aucun signe, car Saladin a simplement attendu cette date pour entrer dans Jérusalem. L'histoire du voyage nocturne a depuis circulé pour justifier le contrôle musulman de la ville sainte.

Ironie de l'histoire, ce sont les Fatimides, véritables hérétiques aux yeux de Nur al-Din et de Saladin contre qui ils ont livré le *djihad*, qui reconstruisent la mosquée à l'extrémité sud du Mont du Temple et qui ajoutent la mosaïque sur laquelle est inscrit le verset 17:1 du Coran à propos du voyage nocturne, que les musulmans ont interprété comme l'expédition de Mahomet à Jérusalem et son ascension au paradis pour en avoir un aperçu : « Gloire et pureté à celui qui, de

310 Imad al-Din, *in* Francesco Gabrieli, *op. cit.*, p. 186.
311 *Ibid.*

nuit, fit voyager son serviteur [Mahomet], de la mosquée Al-Haram à la mosquée Al-Aqsa dont nous avons béni l'alentour, afin de lui faire voir certaines de nos merveilles. » C'est à partir de là que la mosquée prend le nom de « mosquée éloignée », al-Aqsa. Un siècle plus tard, le poète Ibn al-Qaysarani se servira de l'image de la mosquée al-Aqsa pour promouvoir le *djihad* de Nur al-Din :

> « Que le sang versé purifie la ville de Jérusalem
>
> La décision de Nur al-Din est plus forte que jamais et le fer de sa lance est tourné vers al-Aqsa. »[312]

Comme l'a écrit l'historienne Carole Hillenbrand : « Jérusalem est devenue l'objet d'une campagne idéologique savamment orchestrée qui joua un rôle dans sa reconquête par les croisés. Le désir ardent de contrôler Jérusalem fut pleinement exploité par les propagandistes musulmans. Ils insistèrent ainsi sur la douleur et l'humiliation de voir cette ville devenir chrétienne et ses mosquées et lieux saints musulmans transformés en églises ou édifices laïques. »[313] Cette appropriation musulmane de Jérusalem par le biais de l'histoire du voyage nocturne fut « totalement exploitée par l'entourage de Saladin et les classes religieuses qui lui apportaient leur soutien inconditionnel »[314]. La capture de la ville par Saladin en 1187 et les rituels de purification du sultan sont destinés à sceller le caractère sacré de Jérusalem pour les adeptes de l'islam.

En entrant dans la ville, Saladin observe que « les infidèles ont transformé Jérusalem en un jardin du paradis, ornant de marbre les maisons des Templiers et des Hospitaliers »[315]. Il ne perd cependant pas de temps et ordonne que l'on débarrasse la ville de toute trace de

312 Ibn al-Qaysarani, *in* Carole Hillenbrand, *The Crusades*, p. 151.

313 Carole Hillenbrand, *ibid*, p. 150.

314 Carole Hillenbrand, *ibid*, p. 188.

315 Malcolm Cameron Lyons et D. E. P. Jackson, *Saladin*, p. 276.

« de l'ordure des Francs immondes »[316]. Les structures chrétiennes du Mont du Temple, dont le monastère des chanoines de l'ordre de saint Augustin, sont démantelées. La croix érigée au sommet du Templum Domini – à savoir le dôme du Rocher – est jetée au sol devant l'armée de Saladin et en présence de la population franque. Quand elle tombe, les chrétiens poussent un grand cri d'anxiété, tandis que les musulmans hurlent « Allah est grand ! » et la traînent dans les rues de la ville pendant deux jours en la frappant à l'aide de massues. Toujours sur le Mont du Temple, que les musulmans appellent Haram al-Sharif, « noble sanctuaire », le quartier général des Templiers, situé dans le Templum Solomonis, est débarrassé de la pollution chrétienne pour le rendre apte à recevoir les prières des musulmans. Imad al-Din décrit cette pollution d'une manière des plus grotesques : « La mosquée al-Aqsa, surtout son mihrab, était pleine de porcs et de langage obscène, remplie d'excréments déposés à l'intérieur de l'édifice, habitée par ceux ayant professé l'incrédulité, ayant erré et s'étant égarés, s'étant comportés injustement et ayant commis des péchés et débordant d'impuretés. »[317] La description d'Imad al-Din n'a rien à voir avec l'état réel du Templum Solomonis et illustre l'horreur djihadiste en cas d'offense envers ce que les musulmans considèrent comme leur espace sacré. Finalement, la mosquée al-Aqsa et le dôme du Rocher sont arrosés d'eau de rose et d'encens en vue des prières du vendredi.

Le 9 octobre, Saladin se joint à la grande congrégation qui se réunit pour les prières du vendredi à la mosquée al-Aqsa, où le qadi d'Alep, Ibn Zaki, prononce son sermon. Ce dernier compare la victoire de Saladin à la conquête de la ville par Omar et à d'autres triomphes musulmans remontant aux batailles de Mahomet à Badr contre les Mecquois, et à Khaybar, laquelle entraîna l'expulsion des juifs de la péninsule Arabique. Il poursuit en s'adressant aux musulmans :

« [Jérusalem] est la résidence de votre père Abraham, l'endroit où votre prophète est monté au ciel, la qibla vers laquelle vous vous êtes

316 Francesco Gabrieli, *op. cit.*, p. 189.

317 Imad al-Din, *in* Carole Hillenbrand, *op. cit.*, p. 301.

tournés pour prier au commencement de l'islam, le séjour des prophètes, l'endroit visité par les saints, le cimetière des apôtres [...] là où l'humanité sera rassemblée pour le jugement, la terre sur laquelle aura lieu la résurrection. »[318]

Ibn Zaki, soigneusement sélectionné par Saladin pour ce sermon, ne tarit pas d'éloges sur la « purification de la sainte demeure [Bayt al-Maqdis, c'est-à-dire Jérusalem] du prosélytisme obscène et de ses pollutions » et il en appelle aux croyants pour « purifier le restant de la terre de cette crasse qui a engendré la colère de Dieu et de son apôtre »[319].

Le temps qu'Ibn Zaki ait prononcé son sermon sur le Mont du Temple, les musulmans sont déjà partout dans Jérusalem pour démolir les églises, aussi bien à l'intérieur qu'à l'extérieur de son enceinte, ou les dépouiller de leurs décorations (les éléments en bois et en fer, les portes et le sol en marbre) et les transformer en mosquées et madrasas. Mais l'église du Saint-Sépulcre est épargnée. Certains émirs souhaitaient la voir détruite pour mettre fin aux pèlerinages chrétiens, craignant que « des rois portant la croix, des groupes en provenance de l'autre côté de la mer, des foules de toutes sortes d'infidèles » arrivent à Jérusalem dans le but de « libérer le tombeau et restaurer le Kumamah », répétant la vieille moquerie selon laquelle l'église du Saint-Sépulcre est l'église du Kumamah – soit le « tas de fumier »[320]. Mais d'autres affirment que les chrétiens viennent vénérer « l'endroit de la croix et de la tombe et non les édifices que l'on voit. Même si la terre [sur laquelle il se trouve] était dispersée dans le ciel, ils ne cesseraient de venir »[321].

En fait, comme le comprend parfaitement Saladin, l'économie de Jérusalem repose sur le commerce des pèlerinages. Il décide donc de conserver l'église du Saint-Sépulcre et l'hôpital de Saint-Jean pour les recettes qu'ils contribuent à générer. Dix Hospitaliers sont donc autorisés à poursuivre leur mission de soin aux malades à l'hôpital.

---

318 Ibn Zaki, *op. cit.*, p. 189-190.

319 *Ibid*, p. 301.

320 Al-Qadi al-Fadil, *op. cit.*, p. 317.

321 Imad al-Din, *in* Malcolm Cameron Lyons et D. E. P. Jackson, *Saladin*, p. 276.

Si le clergé latin est expulsé de la ville, un certain nombre de prêtres orthodoxes sont autorisés à rester à l'église du Saint-Sépulcre. Mais ce n'est pas pour autant que Saladin cesse de démanteler l'édicule recouvrant le tombeau du Christ. Les musulmans « déposèrent la structure en marbre renfermant le sépulcre de notre seigneur, puis démontèrent les colonnes sculptées pour les envoyer à Mahomet à La Mecque en signe de victoire. »[322] Il fait également enlever la croix figurant sur le dôme de l'église, briser les cloches de la tour et bloquer plusieurs entrées, tandis que les musulmans ferment à clé l'édicule. L'entrée de l'église est interdite aux pèlerins jusqu'en 1192, année où quatre ecclésiastiques latins, deux prêtres et deux diacres, sont autorisés à revenir, tandis que les pèlerins doivent s'acquitter d'un droit d'entrée de 10 besants, le besant et le dinar valant la même chose. Il s'agit là d'une petite fortune destinée à prendre un maximum d'argent aux fidèles chrétiens[323].

Le 10 novembre, les Francs sont tous partis de Jérusalem. Les portes de la ville se referment et personne ne peut partir sans obtenir d'un employé administratif le reçu attestant du paiement de la rançon, à montrer ensuite aux gardes. Saladin autorise la reine Sybille à partir sans verser de rançon et le patriarche Héraclius à sortir les trésors de l'église du Saint-Sépulcre. Ceux qui tentent de réunir le montant de la rançon en vendant leurs biens s'aperçoivent que, sur le marché, ce qui valait auparavant 10 dinars n'en rapporte maintenant plus qu'un seul.

---

322 "The Rothelin Continuation of William of Tyre", *in* J. Shirley, *Crusader Syria in the Thirteenth Century: The Rothelin Continuation of the History of William of Tyre with part of the Eracles or Acre text*, Ashgate, Aldershot, 1999, p. 64.

323 Le besant franc avait la même valeur que le dinar en or syrien. Certaines sources fournissent le montant de la rançon exigée par Saladin en dinars, d'autres en besants, mais la somme est équivalente. Adrian Boas donne une idée du pouvoir d'achat de l'époque dans son ouvrage *Domestic Settings*. Aux XIIe et XIIIe siècles, une petite maison valait 40 besants au Caire et 80 besants à Jérusalem, mais seulement 25 besants à Saint-Jean-d'Acre. Une petite maison dans le quartier vénitien de Saint-Jean-d'Acre se louait 7 besants à l'année. Par conséquent, la somme exigée par Saladin aux pèlerins souhaitant visiter l'église du Saint-Sépulcre représentait entre un huitième et la moitié de la valeur d'une maison.

Imad al-Din estime qu'il y avait plus de 100 000 hommes, femmes et enfants dans la ville. Il raconte que des gens versaient des pots-de-vin aux gardiens pour partir, certains escaladaient les remparts, tandis que d'autres sortaient clandestinement, dissimulés dans des paniers chargés sur des bêtes de somme, ou s'échappaient déguisés en soldats musulmans. Malgré l'aide aux pauvres de 30 000 dinars versée par Balian d'Ibelin, Imad al-Din souligne que 15 000 personnes ne pouvaient payer et ont été vendus comme esclaves.

« Sept mille hommes environ, écrit Imad al-Din, durent se soumettre à une humiliation à laquelle ils n'étaient pas accoutumés. La captivité les divisa et les répartit un peu partout, leurs acheteurs se dispersant par les vallées et les collines ; on compta les femmes et les enfants qui étaient huit mille ; ils furent répartis parmi nous et le visage de l'État [musulman] sourit devant leurs larmes. Que de femmes bien gardées furent profanées, de dominatrices dominées, de nubiles mariées, de nobles soumises ! Combien d'avares durent se donner, de recluses s'exhiber ! Les femmes sérieuses servirent aux réjouissances, celles qui avaient été préservées furent livrées au public ; celles qui étaient libres eurent du travail, celles qui étaient précieuses furent usées à l'excès ; celles qui étaient gaies furent mises à l'épreuve, les vierges violées, les orgueilleuses déflorées, les lèvres rouges des belles furent sucées, les filles brunes furent jetées à terre, les indomptables domptées et celles qui avaient été heureuses hurlèrent. Que de nobles les prirent pour concubines, que de hardis guerriers se firent hardis sur elles, que de célibataires se satisfirent, que d'affamés se rassasièrent, que de tourmentés calmèrent leurs ardeurs ! Que de belles furent la propriété exclusive d'un maître, que de femmes de haut rang furent vendues à vil prix, que de proches furent séparés, d'orgueilleux abaissés, de farouches subjugués, et ceux qui étaient habitués au trône furent traînés dans la poussière. »[324]

Deux grandes colonnes de réfugiés chrétiens sont conduites hors de Jérusalem, l'une composée de futurs esclaves et l'autre étant libre. Les

324 Imad al-Din, *in* Francesco Gabrieli, *op. cit.*, p. 188-189.

réfugiés dont la rançon a été payée sont ensuite répartis dans trois groupes. Balian d'Ibelin et le patriarche Héraclius prennent en charge un groupe, le deuxième est confié aux Hospitaliers et le troisième aux Templiers. Après un dernier regard vers Jérusalem et le sommet du Mont du Temple, les réfugiés sont conduits vers la côte, d'où ils partent vers Antioche, Tyr et Tripoli.

Saladin n'attend pas l'expiration du délai de versement de la rançon. Le 30 octobre, il quitte la ville pour la côte. Il campe en périphérie de Saint-Jean-d'Acre le 4 novembre avant de filer au nord pour attaquer Tyr, « la seule flèche restant dans le carquois des infidèles »[325].

325 Imad al-Din, *in* Malcolm Cameron Lyons et D. E. P. Jackson, *Saladin*, p. 277.

Partie 6

Le royaume de Saint-Jean-d'Acre

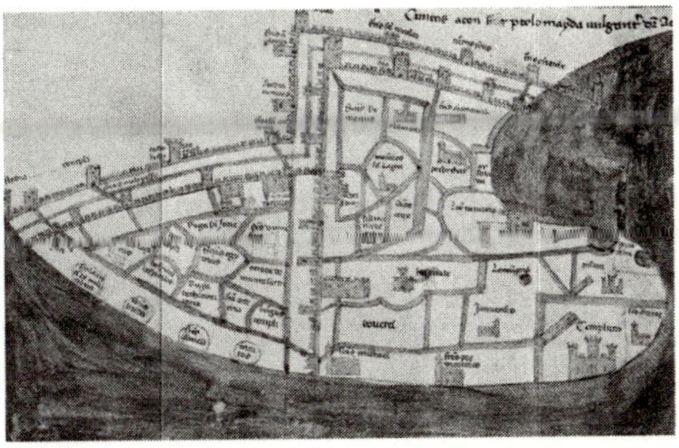

Au début des années 1190, Richard Cœur de Lion, roi d'Angleterre et chef de la troisième croisade, accompagné de ses alliés les Templiers, livre une campagne remarquablement rapide et d'une grande efficacité contre Saladin. Grâce à une série d'opérations redoutables, il récupère une grande partie de l'Outremer. Le nombre et le nom des États croisés demeurent inchangés, mais leur superficie a diminué. On compte le royaume de Jérusalem, dont la capitale est cependant Saint-Jean-d'Acre et où les Templiers ont installé leur nouveau quartier général. Au nord se trouve le comté de Tripoli. Mais les musulmans ont gardé pendant quelque temps le contrôle de la côte syrienne autour de Lattaquié. La principauté d'Antioche, plus au nord, n'est donc plus limitrophe des autres États croisés. Néanmoins,

la troisième croisade, au cours de laquelle Richard Cœur de Lion s'appuie beaucoup sur les Templiers, a sauvé la Terre sainte et grandement contribué à remettre en selle les Francs. Richard Cœur de Lion est appuyé par les ordres militaires, dont les grands châteaux sont autant d'îles symboles du pouvoir franc dans un océan musulman. L'Outremer s'appuie plus que jamais sur ces ordres militaires. Dans toute leur histoire, les Templiers ne seront jamais aussi puissants que lors du siècle à venir.

Saladin meurt peu de temps après la troisième croisade et son empire dynastique est dissous, de sorte que vingt-cinq ans plus tard, Frédéric II, le Saint Empereur romain, parvient à monter une expédition contre l'Égypte qui force l'héritier de Saladin à céder le contrôle de Jérusalem. Mais la reconquête de Jérusalem est brève et somme toute symbolique. En Outremer, tout se passe à Saint-Jean-d'Acre, nouvelle capitale du royaume de Jérusalem et port commerçant et cosmopolite en plein essor, qui soutient la comparaison avec Constantinople.

Quand les vestiges de la dynastie de Saladin, les Ayyubides, sont renversés au Caire par les Turcs mamelouks en 1260, l'Outremer a un pressentiment. Soldats esclaves d'élite prenant très vite le contrôle de toute l'Asie de l'Ouest, les Mamelouks peuvent compter sur des ressources illimitées et des effectifs conséquents tirés de la migration continue des tribus turques vers l'ouest pour infliger à l'Outremer des attaques incessantes. L'excellence guerrière des Templiers ou des autres en Outremer ne suffit pas pour résister à ces assauts.

La reconquête

Le contrôle de la côte a toujours été essentiel à la sécurité, à l'approvisionnement et au développement de l'Outremer. Mais, en 1099, dans son empressement à s'emparer de Jérusalem, la première croisade défile devant Saint-Jean-d'Acre sans tenter d'occuper la ville. C'est Baudouin Ier qui est chargé de conquérir la côte, les ports de Césarée, Jaffa et Arsouf, puis, en 1104, Saint-Jean-d'Acre, avec l'aide d'une flotte génoise. Les autres ports importants tels que Tyr et Ascalon étant encore aux mains des Fatimides, Saint-Jean-d'Acre devient le port numéro un du royaume de Jérusalem. Il attire des marchands en provenance de grandes villes de commerce d'Italie et de Provence. Des Génois, des Pisans, des Vénitiens et des Amalfitains s'y installent, chaque communauté ayant son quartier, sa piazza, son église, son tribunal et ses entrepôts, ainsi que ses moulins, sa boulangerie et ses bouchers. En outre, chaque communauté bénéficie d'une très grande autonomie, administrée par ses propres représentants. Les intérêts et rivalités de ces colonies commerciales domineront Saint-Jean-d'Acre lors des siècles à venir.

Les Templiers et les Hospitaliers sont basés dans la ville. Port le plus proche de Jérusalem, Saint-Jean-d'Acre devient le plus prisé des pèlerins pour débarquer. Les Hospitaliers leur offrent l'hospitalité et les Templiers les escortent sur les routes. Theoderich, pèlerin germain et auteur d'un guide de la Terre sainte, décrit l'affluence massive de pèlerins dans Saint-Jean-d'Acre à son passage dans la ville en 1172 :

> « Les Templiers ont bâti une superbe et grande maison au bord de la mer et les Hospitaliers y ont également construit une demeure majestueuse. Où qu'accostent les navires remplis de pèlerins, ils sont obligés de se rendre à ce port à leur retour de Jérusalem. L'année où nous étions là – le mercredi de la semaine sainte – nous avons compté quatre-vingts navires dans le port, en dehors du navire appelé « bus », à bord duquel nous avons fait l'aller et le retour. »[326]

En raison de l'affluence de pèlerins et des échanges commerciaux vitaux à Saint-Jean-d'Acre, sans parler de l'importance militaire de la ville, celle-ci est administrée directement par le royaume de Jérusalem par le biais d'un gouverneur. En dépit de l'autonomie des colonies commerciales, celui-ci dirige la police et la justice et perçoit les taxes portuaires représentant la majeure partie des revenus du royaume. Les rois passent eux-mêmes du temps à Saint-Jean-d'Acre et apprécient la douceur méditerranéenne, et nombre des barons d'Outremer y ont une propriété. Avec l'évêque latin de la ville, ils sont chargés d'enrôler et de former des chevaliers pour la défense du royaume et de fournir des corps de troupes dans les cas d'extrême urgence. En 1187, année décisive, c'est la deuxième ville derrière Jérusalem à fournir le plus grand nombre d'hommes au royaume.

Saint-Jean-d'Acre n'en est pas moins importante pour le commerce musulman. La ville possède deux mosquées, une en son sein et l'autre en périphérie. Ibn Jubayr, qui se rend à Saint-Jean-d'Acre en 1185,

326 *Description of the Holy Places*, de Theoderich, trad. Aubrey Stewart, Palestine Pilgrims' Text Society, Londres, 1896, p. 30-32.

est impressionné, même si ça ne l'empêche pas de fustiger comme d'habitude la malédiction franque.

« Le matin, […] nous arrivâmes à la ville de Saint-Jean-d'Acre (que Dieu la détruise !). […] C'est la base des villes franques en Syrie et "À lui appartiennent les vaisseaux élevés sur la mer comme des montagnes" [Coran 55:24]. Le port de tous les navires, aussi grand que Constantinople, l'endroit où se rassemblent bateaux et caravanes, lieu où se rencontrent les marchands musulmans et chrétiens de toutes parts, ses routes et ses rues sont bondées d'une foule ayant peu de place pour marcher. »[327]

Après la défaite de l'armée franque à Hattin, en juillet 1187, Saint-Jean-d'Acre capitule sans combattre face à Saladin. De tous les ports maritimes du royaume de Jérusalem, seul celui de Tyr demeure sous contrôle franc. Dans son empressement à s'emparer de Jérusalem, Saladin l'a négligé, ce qui constitue une grave erreur stratégique. Jean de Terric, ancien grand précepteur de l'ordre du Temple à Jérusalem, fait un compte rendu de la situation au roi Henri II d'Angleterre en janvier 1188, disant que Saladin est revenu à Tyr, dont il fait actuellement le siège « armé de treize *petrarii* lançant des pierres en continu, de jour comme de nuit », du 11 novembre 1187 au 1er janvier 1188. Conrad, seigneur de Tyr, dirige la défense en positionnant ses chevaliers et fantassins sur les remparts de la ville. Puis :

« Avec l'aide de la maison de l'Hôpital et des frères du Temple, il lança une attaque victorieuse contre les galères de Saladin à l'aide de dix-sept galères armées et de dix bateaux plus petits, capturant dix galères ennemies. Il fit prisonnier l'amiral en chef d'Alexandrie et huit autres amiraux. De nombreux Sarrasins périrent. Les galères restant à Saladin échappèrent aux chrétiens pour rejoindre son armée. Saladin les mit sur la terre ferme et les réduisit en cendres. Il fut tellement

327 Ibn Jubayr, *The Travels of Ibn Jubayr*, p. 302-303.

accablé de douleur qu'il coupa les oreilles et la queue de son cheval et le chevaucha pour montrer cela à son armée. »[328]

La campagne côtière grève les ressources de Saladin. Ses armées ont déjà pillé les territoires francs et dévoré toutes leurs céréales. Il est contraint de construire des bateaux, de réparer des fortifications et d'installer des garnisons. La côte n'est pas une source de revenu mais un poste de dépenses. Et, le pire, c'est que la défaite guette.

En 1188, Saladin se tourne vers le nord de la Syrie où il prend d'assaut les châteaux les uns après les autres et s'empare de la ville de Lattaquié. Mais, là aussi, il est stoppé par les forteresses massives des ordres militaires. Il se dérobe face aux châteaux clés des Hospitaliers de Margat et Krak des chevaliers, et à la ville fortifiée des Templiers de Tortose et leur château de Safita, appelé Chastel Blanc, bien qu'il en détruise l'église par vengeance, « l'une des plus grandes dans son style »[329].

Dès qu'ils retrouvent le moral, les Francs font de la reconquête de Saint-Jean-d'Acre leur objectif. Fin août 1189, le roi Guy de Lusignan part de Tyr pour assiéger la ville. Son armée est modeste et dépassée en nombre par la garnison musulmane présente dans l'enceinte de la ville. Mais de Lusignan profite de l'arrivée récente de la flotte pisane, qui bloque le port de Saint-Jean-d'Acre. Saladin rassemble ses troupes dans la plaine de Séphorie, en Galilée, et se met en marche pour relever sa garnison sur la côte. Se déployant en éventail autour de la ville, il encercle les forces franques, harcelant les assiégeants, mais les Francs demeurent en communication avec la flotte pisane et n'abandonnent pas leur position. L'historien Stanley Lane-Poole dit que « si une guerre de dix ans a fait connaître Troie, Saint-Jean-d'Acre mérite une gloire éternelle, ville pour laquelle se battait le monde entier »[330].

Des escarmouches se produisent en permanence entre les deux

---

328 Jean de Terric à Henri II d'Angleterre, janvier 1188, *in* Malcolm Barber et Keith Bate, *Letters from the East*, p. 84.

329 Al-Maqrizi, *in* Carole Hillenbrand, *Crusades, p. 380.*

330 Stanley Lane-Poole, *Saladin and the Fall of Jerusalem*, G. P. Putnam's Sons, Londres, 1898, p. 238.

armées, avec des moments de grande violence et de tous les dangers. Ibn al-Athir raconte que des Bédouins tombent sur le râble des traînards chrétiens et rapportent leurs têtes à Saladin pour obtenir une récompense, tandis que les femmes du camp franc tirent les prisonniers turcs par les cheveux, les maltraitent, puis leur coupent la tête avec des couteaux. Puis, le 4 octobre, à l'aube, les Francs entrent en action. Sur la droite, les Templiers écrasent un contingent kurde à Diyarbakir, les forçant à se disperser dans le désordre. Ensuite, les Kurdes traversent le Jourdain sous le lac de Tibériade, et prennent la direction de Damas. Le maître templier Gérard de Ridefort, capturé par Saladin, puis relâché en 1187, périt lors de l'attaque et est salué une dernière fois par un chevalier anglais anonyme dans son journal perdu, l'*Itinerarium Regis Ricardi*. Il dit que le maître est devenu un martyr, « ce qu'il a mérité dans de nombreuses guerres »[331], l'exonérant ainsi du désastre de la Fontaine du cresson et des Cornes de Hattin.

Saladin rejoint son centre et empêche une débâcle généralisée. Certes, la bataille ne s'avère pas décisive, mais elle n'en est pas moins sanglante. Côté musulman, les pertes sont plus dues à la fuite qu'au combat. Les Francs estiment que 1 500 cavaliers de Saladin ont été tués, tout en occultant leurs propres pertes, mais Ibn Shaddad, ami de Saladin ayant vu les corps transportés pour être jetés dans la rivière, les fixent à plus de 4 000. Les Francs s'accrochent malgré tout et persistent à faire le blocus de Saint-Jean-d'Acre pendant l'hiver et toute l'année suivante, poussant Saladin au désespoir, et celui-ci va jusqu'à appeler Bagdad et le Maroc à l'aide, mais en vain.

Au printemps 1191, les principales armées de la troisième croisade arrivent, tout d'abord le roi Philippe II de France, qui installe son quartier général à l'extérieur de Saint-Jean-d'Acre le 20 avril et prend la tête des chrétiens assiégés et assiégeants, sans grand résultat. Pendant ce temps-là, tout le monde attend avec impatience l'arrivée du roi Richard Ier d'Angleterre, Richard Cœur de Lion.

Sur la route de la Terre sainte, Richard Cœur de Lion est

---

331 *Itinerarium*, *in* Malcolm Barber, *The New Knighthood*, p. 113.

contrarié par une série de péripéties. Sa mère, Aliénor d'Aquitaine, s'est arrangée pour que son fils épouse Bérengère, fille du roi Sanche VI de Navarre, et l'a expédiée à Messine, en Sicile, où Richard devra l'épouser puis l'emmener en Terre sainte. Aliénor s'était elle-même jointe à la deuxième croisade comme jeune épouse de Louis VI, père de Philippe de France. Elle sème de nouveau le trouble, car Richard est déjà fiancé à la sœur de Philippe, Alice. Philippe, qui est lui aussi à Messine, exige de Richard une restitution financière pour avoir rompu les fiançailles, ce que Richard accepte. Contrairement à Richard, personnage flamboyant, Philippe est un petit homme grincheux et amer. Le 30 mars, Philippe appareille avec sa flotte de Sicile, direction Saint-Jean-d'Acre. Richard attend Bérengère, puis met les voiles le 10 avril. Il essuie la tempête, et sa flotte est dispersée par les vents. L'un de ses navires sombre, tandis que trois autres, dont celui sur lequel se trouve Bérengère, sont poussés vers Chypre. Le navire de Bérengère parvient à mouiller à Limassol, mais les deux autres s'échouent sur la côte sud de l'île. Le souverain de Chypre, Isaac Doukas Comnène, s'est rebellé contre Byzance et autoproclamé empereur. Impopulaire sur l'île, l'apparition des Francs l'inquiète et il emprisonne les rescapés des navires échoués, confisque leurs biens et essaie d'attirer Bérangère à terre par la ruse, très probablement avec l'intention d'obtenir une rançon contre sa libération. Une semaine plus tard, le 6 mai, Richard approche de la flotte principale et est scandalisé par le comportement d'Isaac Doukas Comnène. Il écrit en Angleterre, à son chancelier, pour raconter la suite.

« Nous mouillâmes à Chypre dans l'espoir que nos hommes naufragés y aient trouvé refuge, mais le tyran usurpateur du titre d'empereur, qui ne respectait ni Dieu ni les hommes, vint vers nous accompagné d'un grand contingent armé afin de nous empêcher d'entrer dans le port. Combien de nos hommes s'étant échoués vola-t-il avant de les jeter en prison et de les laisser mourir de faim ? Cet affront considérable suscita un désir de vengeance légitime et, avec l'aide de Dieu, nous remportâmes une victoire éclair sur ledit ennemi au cours de

> la bataille qui s'ensuivit. Nous mîmes aux fers le tyran vaincu et sa seule fille, puis conquîmes toutes les forteresses de l'île. Après cela, nous entrâmes dans le port de Saint-Jean-d'Acre le cœur enjoué. »[332]

La capture de Chypre par Richard Cœur de Lion ouvre des perspectives aux Templiers. Robert de Sablé devient maître de l'ordre du Temple en 1191, presque à coup sûr grâce à l'influence du souverain anglais, dont il a été le vassal. C'est probablement ce lien qui pousse le roi Richard, en manque de moyens pour conserver l'île, à la vendre aux Templiers. L'avenir des Templiers aurait sans doute été différent s'ils avaient consacré plus de ressources à cette île, mais ils ne placent que 20 chevaliers sur Chypre et 100 hommes en armes. Cela s'avère insuffisant pour la sécuriser et ils redonnent donc l'île à Richard Cœur de Lion. S'ils avaient possédé leur propre territoire, les Templiers auraient devancé l'avènement des chevaliers hospitaliers, qui fondent leur propre État indépendant sur l'île de Rhodes en 1309. Le sort des Templiers reste donc lié à la Terre sainte et, quand celle-ci est tombée, la chute de l'ordre du Temple n'a ensuite pas tardé.

Concernant l'arrivée, le 8 juin, de Richard Cœur de Lion à Saint-Jean-d'Acre, « le cœur enjoué », il entre en fanfare en envoyant par le fond un navire de ravitaillement musulman. Le manque de renforts est un autre coup dur pour les défenseurs de la ville. Un mois plus tard, les Anglais et les Pisans lancent une attaque terrible et, s'ils ne parviennent pas à créer une brèche, ils terrifient suffisamment une garnison épuisée et affamée pour que ses chefs demandent à négocier les conditions de leur reddition. En échange de leur vie, ils promettent à Richard Cœur de Lion la restitution par Saladin de la Vraie Croix, le paiement de 200 000 dinars et la libération de tous les otages chrétiens, soit plus de 1 000 hommes. Richard accepte, les portes de la ville s'ouvrent et les Anglais et les Pisans entrent. Saladin n'apprend que plus tard cette négociation et se voit contraint d'honorer un

332 Richard Ier d'Angleterre à William Longchamp, évêque d'Ely et chancelier, depuis Saint-Jean-d'Acre, le 6 août 1191, *in* Malcolm Barber et Keith Bate, *Letters from the East*, p. 90.

engagement qu'il n'aurait peut-être jamais pris. Comme on pouvait s'y attendre, Richard Ier d'Angleterre souhaite parler à Saladin en personne, en tête à tête, mais Saladin refuse et les discussions ont lieu avec le concours d'intermédiaires. Saladin est évasif, son but, selon l'auteur de l'*Itinerarium Regis Ricardi*, étant de gagner du temps : « En attendant, il envoyait en permanence au roi Richard cadeaux et messagers afin de gagner du temps. Il ne tenait aucune de ses promesses mais tentait de garder le roi dans l'incertitude par l'envoi de messages ambigus et rusés. »[333] Richard Cœur de Lion a hâte de progresser le long de la côte pour libérer les ports et, quand Saladin refuse l'accord, le roi entre en fureur. Il souhaite montrer qu'il peut lui aussi tuer de sang-froid comme l'a fait Saladin à Hattin et envers les Francs dans les villes d'Outremer dont ce dernier s'est emparé. Pour venger les milliers de Francs tués lors d'assauts interminables contre Saint-Jean-d'Acre, Richard Cœur de Lion ordonne que l'on sorte en dehors de la ville 2 700 hommes de la garnison pour qu'ils soient exécutés à la vue de Saladin et de son armée.

La croisade a pour objectif de reconquérir Jérusalem, mais Saladin contrôle l'intérieur des terres. Richard Cœur de Lion s'attache donc dans un premier temps à mettre la main sur le littoral et à créer des canaux d'approvisionnement sécurisés avant de pousser à l'intérieur des terres. Alors qu'il se dirige vers le sud, le roi Richard est poursuivi par Saladin, qui espère saisir la moindre occasion pour le rejeter à la mer. Richard Cœur de Lion décrit ces événements : « Après la capture de Saint-Jean-d'Acre et le départ du roi de France, qui a donc lâchement trahi ses vœux de pèlerinage et ses promesses contre la volonté de Dieu – à sa grande honte éternelle et celle de son royaume –, nous partîmes pour Jaffa, mais, en approchant d'Arsouf, nous fûmes sauvagement attaqués par Saladin et ses Sarrasins. »[334] Alors que Richard Ier part vers le sud sur le littoral depuis Saint-Jean-d'Acre le

333 *Itinerary of Richard I*, *in* Parentheses Publications, York University, Ontario, 2001, p. 163.

334 Diffusion générale de Richard Ier, depuis Jaffa, 1er octobre 1191, *in* Malcolm Barber et Keith Bate, *Letters from the East*, p. 91.

22 août, son armée est alors vulnérable sur ses flancs aux attaques de la cavalerie turque de Saladin. Ibn Shaddad décrit l'une des attaques de harcèlement les plus féroces, près de Césarée, faisant remarquer que les archers musulmans étaient plutôt impuissants face aux armures des Francs. « Leur infanterie disposée devant leurs cavaliers avait la solidité d'un rempart. Chaque soldat à pied portait un gambison épais et un haubert, si dense et robuste, que nos flèches n'avaient aucun effet, tandis que leurs arbalètes blessaient à la fois nos chevaux et leurs cavaliers. J'ai vu des soldats continuer de marcher avec jusqu'à dix flèches plantées dans le corps. »[335] Et c'est grâce aux Templiers et aux Hospitaliers que les Turcs sont battus et que la colonne chrétienne reste soudée. Cela ressemble beaucoup à ce que les Templiers ont accompli pour Louis VII lors de sa traversée de l'Asie Mineure pendant la deuxième croisade. Les Templiers ont une valeur inestimable pour Richard Cœur de Lion, surtout lors de sa grande victoire sur Saladin à la bataille d'Arsouf, le 7 septembre 1191, au cours de laquelle il peut compter sur leur sérieux et leur discipline.

Arsouf est située juste au nord de Jaffa et c'est là que Saladin décide de cesser ses attaques de harcèlement et de se défendre. Par ses attaques à répétition, Saladin souhaitait enfoncer la colonne de Richard Cœur de Lion, afin d'en détruire plus facilement les sections éparses. Sur le champ de bataille proprement dit, Richard Ier place les Templiers en première ligne de son armée, tandis que les Hospitaliers ferment la marche. Richard Ier a pour objectif de résister pendant que les forces de Saladin s'épuisent à attaquer. Et c'est ainsi que cela se déroule. Dans un premier temps déferlent des vagues de fantassins noirs et bédouins légèrement armés, suivies de cavaliers turcs qui font virevolter leurs cimeterres et haches. Les chevaliers tiennent toujours bon, Richard Cœur de Lion attendant que les musulmans montrent les premiers signes de fléchissement. Les Templiers résistent à toutes les attaques. Les Hospitaliers sont les premiers à rompre les rangs. Excédés par les assauts successifs, ils foncent vers l'ennemi, ce qui pourrait faire des dégâts, mais Richard Ier maîtrise rapidement la situation et toute

---

335 Ibn Shaddad, *in* Stanley Lane-Poole, *Saladin and the Fall of Jerusalem*, p. 285.

l'armée leur emboîte le pas. Le secrétaire de Saladin, Imad al-Din, qui observe la bataille depuis une colline avoisinante, a le souffle coupé à la vue de la cavalerie de Richard Cœur de Lion fendant l'air, le roi, au centre de l'action, restaurant l'ordre et dirigeant la bataille. Les musulmans rompent les rangs et s'enfuient, mais 7 000 périssent. Les pertes franques s'élèvent à dix fois moins. Arsouf est une victoire moralement exceptionnelle pour les Francs et une véritable humiliation publique pour Saladin, petite revanche suite au massacre des Templiers après la bataille de Hattin. Saint-Jean-d'Acre avait appris à Saladin qu'il ne pouvait battre les Francs quand ils étaient retranchés. Arsouf lui apprend qu'il est dangereux d'attaquer des Francs en mouvement. Saladin n'osera jamais plus combattre le roi anglais au cœur de lion.

Saladin réagit immédiatement en filant vers le sud et Ascalon, qu'il démolit méthodiquement afin de dévaloriser sa capture. C'est le début de la politique de Saladin, reprise avec une plus grande férocité par les Mamelouks, visant à tout détruire sur la côte, sans aucun égard pour les autochtones, et à rendre inutile une possible invasion menée par l'Occident. Comme l'a écrit une archéologue de premier plan : « C'est sous le règne ayyubide que le mode d'implantation de la Palestine a connu les transformations les plus importantes et spectaculaires. Salah al-Din a mis en place une stratégie jusqu'alors inconnue, perpétuée par ses successeurs : détruire le littoral et dévaster nombre de ses villes. »[336] Les effets de cette destruction en règle et le dépeuplement associé se feront sentir dans les temps modernes.

« Avec la grâce de Dieu, nous espérons reconquérir la ville sainte de Jérusalem et le sépulcre du Seigneur moins de vingt jours après Noël, puis nous rentrerons chez nous. »[337] Richard Ier écrit donc depuis Jaffa le 1er octobre, soit trois semaines après sa victoire à Arsouf. Sa progression vers Jérusalem est lente. Pour protéger son canal d'approvisionnement, il insiste pour que l'on répare les fortifications sur

336 Myriam Rosen-Ayalon, « Between Cairo and Damascus », *in* Thomas E. Levy, ed., *The Archaeology of Society in the Holy Land*, p. 515.

337 Diffusion générale de Richard Ier, depuis Jaffa, 1er octobre 1191, *in* Malcolm Barber et Keith Bate, *Letters from the East*, p. 91.

l'itinéraire. Puis, en janvier 1192, dans un rayon d'une vingtaine de kilomètres de la ville, le temps se met à changer et des grêlons et des pluies torrentielles s'abattent sur les troupes. Richard Cœur de Lion cesse sa progression et consulte les barons et les ordres militaires. Les maîtres templiers et hospitaliers lui disent que même s'il parvient à prendre la ville, dotée d'une garnison imposante, il ne pourra la défendre sans contrôler également l'arrière-pays, surtout une fois que son armée aura quitté l'Outremer. Richard Ier suit alors leur conseil et parvient à un accord avec Saladin. Les Francs démoliront les remparts d'Ascalon qu'ils ont érigés dernièrement, et Saladin reconnaîtra les positions chrétiennes sur le littoral. Chrétiens et musulmans pourront librement circuler sur le territoire des deux camps et les pèlerins chrétiens auront le droit de se rendre à Jérusalem et dans les autres lieux saints.

Accompagné d'une escorte de Templiers, Richard Ier quitte la Terre sainte en 1192. C'est la fin de la troisième croisade, véritable réussite. Suite à Hattin, la plupart des conquêtes de Saladin ont été récupérées. Les Francs ont repris le contrôle des villes côtières et signé la paix avec leur ennemi musulman. Ils ne sont pas parvenus à reconquérir Jérusalem, mais Richard Ier a fait renaître l'Outremer de ses cendres et lui a permis de vivre cent ans supplémentaires. La situation aurait pu être encore meilleure si Richard Ier était resté un peu plus longtemps. Il avait promis de demeurer en Outremer jusqu'à Pâques 1193. S'il avait tenu sa promesse, il aurait été présent à l'annonce, le 4 mars 1193, de la mort de Saladin. C'est à ce moment-là qu'un grand chef comme Richard Ier aurait pu restaurer l'influence considérable de l'Outremer, voire en faire plus. Mais, en tout cas, la paix est conclue en Outremer et son futur immédiat semble assuré.

Après la mort de Saladin, son empire s'effondre. Des factions rivales de sa dynastie, les Ayyubides, règnent au Caire et à Damas, mais le reste de l'Empire est perdu. Des escarmouches occasionnelles se produisent entre l'Outremer et les pouvoirs musulmans, mais, dans l'ensemble, les relations sont apaisées par des trêves successives.

Saint-Jean-d'Acre est désormais la capitale du royaume de Jérusalem et la principale ville d'Outremer. Le roi, le patriarche, les Hospitaliers et les Templiers installent tous leur quartier général à Saint-Jean-d'Acre. Divers seigneurs féodaux et les survivants des monastères, ayant perdu tout ce qu'ils possédaient dans et autour de Jérusalem, viennent également à Saint-Jean-d'Acre bâtir maisons et églises. Les marchands italiens et provençaux reprennent également leurs anciens quartiers. Dans toute la ville, on parle le français, l'italien, le syriaque, l'arabe et le grec. C'est une ville très cosmopolite où cohabitent chrétiens, musulmans et juifs.

Après le siège de Saint-Jean-d'Acre, Richard Cœur de Lion a reconstruit les défenses endommagées de la ville, mais les remparts subissent des dégâts importants suite à un séisme en 1202. Il faut donc les reconstruire. Saint-Jean-d'Acre est désormais au milieu d'une double muraille, à la manière des châteaux concentriques, la muraille intérieure étant plus haute que la muraille extérieure. Ces murailles sont situées du côté de l'intérieur des terres, au nord et à l'est. La mer ceint la ville, la protégeant côtés sud et ouest. Les Hospitaliers disposent de leur quartier général à mi-chemin le long des remparts nord, tandis que les Templiers bâtissent leur énorme enceinte fortifiée sur la mer, à l'angle sud-ouest de la ville. Mais ces doubles murailles n'entourent pas encore la banlieue nord de Montmusart, malgré la croissance de ce quartier avec un afflux de population. Grâce au séjour de Saint Louis en Outremer entre 1250 et 1254, la double muraille est étendue pour protéger Montmusart. Saint-Jean-d'Acre devient alors triangulaire, ressemblant à un bouclier, avec deux côtés défendus par la mer et une extension de la double muraille protégeant le troisième donnant sur les terres.

Pendant tout le XIIIe siècle, chaque pèlerinage ou croisade converge vers Saint-Jean-d'Acre, qui constitue également un carrefour commercial entre l'Orient et l'Occident. La ville prospère et s'agrandit. En 1214, les chanoines de la cathédrale Sainte-Croix élisent comme évêque Jacques de Vitry, le plus éloquent des prêcheurs de la croisade en Europe. En 1219, saint François d'Assise débute sa mission en Orient à Saint-Jean-d'Acre en envoyant des moines y prêcher. Très vite, les Franciscains et les Pauvres Dames s'installent dans la ville. Les

Dominicains suivent vers 1228. Vers la fin du XIIIe siècle, les pèlerins peuvent visiter pas moins de 40 églises. Mais Saint-Jean-d'Acre est essentiellement une ville laïque et commerçante, dépeinte dans les écrits des Dominicains et de Jacques de Vitry comme le repaire du vice et de la dépravation morale. À se demander si l'on se battait et l'on priait dans cette ville, un croisé reconnaissant volontiers que Saint-Jean-d'Acre « était charmante, avec du bon vin et des filles, dont certaines étaient très belles »[338].

Ce que l'on a appelé la quatrième croisade, qui n'en est absolument pas une, est lancée contre le pouvoir ayyubide d'Égypte dans le but de reconquérir Jérusalem. Mais la faillite totale de l'organisation et les dettes envers les Vénitiens, qui ont construit et armé les navires, ont permis aux Italiens de détourner la croisade vers Constantinople, mise à sac en 1204. Les chrétiens latins reprennent le pouvoir aux empereurs chrétiens orthodoxes jusqu'à ce que les Byzantins reconquièrent la ville en 1261. Le fiasco de l'organisation est dû à l'hypothèse optimiste que plus de 33 000 hommes prendraient part à la croisade, rendant ainsi indispensable l'emploi d'une flotte de 500 grands navires, la plus grande jamais mise sur pied en Europe depuis l'Antiquité. Un contrat est signé entre les responsables des croisés et Venise. La ville italienne met toutes ses ressources dans cette mission, suspendant donc carrément son activité marchande pour mettre à disposition ses navires pour la traversée jusqu'en Égypte. Elle construit d'autres bateaux pour atteindre le nombre requis et fournit de très importants stocks de vivres. En l'occurrence, environ 11 000 hommes seulement se présentent à Venise, n'apportant qu'un tiers de la somme due. La perte potentielle pour Venise est énorme, risquant de ruiner la ville. Le doge Dandolo propose une solution. La ville de Zara, de l'autre côté de l'Adriatique, sur la côte dalmate, s'est rebellée contre le règne vénitien. Si les croisés parvenaient à la reprendre, les Vénitiens suspendraient alors leurs exigences de remboursement le temps d'amasser des butins en Égypte. Les croisés sont sceptiques. Ils se sont portés

338 Thomas Asbridge, *The Crusades*, p. 460.

volontaires pour combattre l'infidèle et Zara est une ville chrétienne. Mais ils finissent par accepter. Quand la nouvelle de l'opération se répand, tous les membres de l'expédition sont excommuniés par le pape. Il n'est désormais plus question de croisade.

L'histoire prend un autre tour inattendu à Zara. Un autre conflit dynastique a éclaté à Constantinople et l'un des rivaux, Alexis IV Ange, se met en contact avec l'expédition en disant que, s'ils le placent sur le trône impérial, il soumettra l'Église grecque à l'autorité de Rome, rejoindra la croisade avec une armée de 10 000 hommes, postera 500 chevaliers qui resteront en permanence en Terre sainte et versera 200 000 marcs d'argent. Cette offre est la réponse aux prières des croisés et ces derniers l'acceptent avec empressement. Mais, une fois sur le trône, Alexis IV Ange ne tient pas ses promesses. Les Vénitiens sont en faillite et ont en mémoire le terrible massacre des Latins par les Byzantins en 1182 et ils ravagent la ville en montant les Francs contre les Grecs.

C'est l'événement qui a forgé l'opinion de Steven Runciman, l'historien des croisades du XXe siècle le plus connu des Anglo-Saxons. Runciman était passionné par la Grèce et Byzance et, avec tous les préjugés d'un amoureux, 1204 reste pour lui un crime impardonnable, sentiment qui transparaît tout au long de son ouvrage *Histoire des Croisades*. Il insiste à plusieurs reprises, malgré toutes les horreurs qui se sont produites à l'époque où il a vécu, pour dire que la quatrième croisade est le plus grand crime contre l'humanité jamais commis[339]. Le pillage de 1204 a visé un immense réservoir de civilisation classique et médiévale, dit-il, frappant le puissant pouvoir chrétien d'Orient qui aurait malgré tout pu assurer la survie de l'Outremer, même si, comme l'a fait remarquer le professeur Anthony Bryer, spécialiste de l'époque byzantine, « certains peuvent affirmer que les Grecs ont voulu 1204 et l'ont obtenu en partie »[340]. L'argument de Runciman est douteux, vu l'état chancelant et la corruption régnant au sein de

339 Steven Runciman, *Histoire des Croisades*.

340 Anthony Bryer, « Sir Steven Runciman: The Spider, the Owl and the Historian », *History Today*, vol. 51, n° 5, mai 2001. Bryer est professeur au Centre for Byzantine, Ottoman and Modern Greek Studies de l'université de Birmingham.

l'Empire depuis Manzikert, en 1071, et plus particulièrement depuis sa défaite à Myriokephalon, en 1176. Pour un historien des croisades, Runciman était résolument hostile à l'entreprise dans sa globalité, disant : « Pour moi, croisade est un gros mot. »[341] Et il conclut son *Histoire des croisades* par sa célèbre condamnation : « La guerre sainte elle-même ne fut rien de plus qu'un long mouvement d'intolérance au nom de Dieu, et c'est là le vrai péché contre l'Esprit saint », remarque ne tenant pas compte des agressions auxquelles répondaient les croisades et qui, comme le fait observer ironiquement Anthony Bryer, « se sont avérées les bienvenues dans les territoires islamiques »[342].

La papauté lance en 1217 la cinquième croisade, la stratégie adoptée consistant une nouvelle fois à préserver l'Outremer en attaquant l'Égypte. Dès le départ, les Templiers sont partie prenante de cette croisade. Le trésorier de Paris des Templiers supervise les dons destinés à financer l'expédition. Les forces dirigées par André II de Hongrie et Léopold, duc d'Autriche, sont rejointes par des hommes de Jean de Brienne, roi de Jérusalem, dont font partie des Templiers, des Hospitaliers et des chevaliers teutoniques. Ces derniers appartiennent à un nouvel ordre militaire fondé, selon les mêmes principes que l'ordre du Temple, par des Germains ayant participé à la troisième croisade.

Sans meneur d'envergure à la tête de cette force mixte, la cinquième croisade est placée sous l'autorité du légat pontifical Pélage d'Albano, qui n'a aucune expérience militaire. Cependant, au début de l'année 1219, les croisés s'emparent du port de Damiette, sur le delta du Nil, en grande partie grâce aux Templiers, qui combattent non seulement admirablement à cheval, mais se montrent également des plus novateurs. Ils adaptent ainsi leurs matériel et tactiques prévus pour l'aridité d'Outremer à l'environnement aquatique du delta, où ils commandent des navires et construisent des pontons flottants afin de remporter la victoire.

341 Steven Runciman, « Greece and the Later Crusades ».
342 Anthony Bryer, « Sir Steven Runciman: The Spider, the Owl and the Historian », *History Today*, vol. 51, ,n° 5, mai 2001.

La perte de Damiette perturbe tellement le sultan d'Égypte al-Kamil, neveu de Saladin, qu'il propose de l'échanger contre Jérusalem. Mais, avec un raisonnement similaire à celui de Richard Cœur de Lion, le maître de l'ordre du Temple rétorque qu'il est impossible de tenir Jérusalem sans les terres au-delà du Jourdain. Les croisés rejettent donc son offre et poursuivent leur campagne en Égypte. Pour l'heure, ils attendent l'arrivée à Damiette d'une autre armée emmenée par le Saint Empereur romain Frédéric II. Bien qu'il se soit abstenu de paraître, le légat pontifical Pélage d'Albano insiste avec une certaine impatience pour que les croisés remontent le Nil vers Le Caire. Unie sous le commandement d'un chef expérimenté, la cinquième croisade aurait pu être un succès. Mais, à Mansourah, al-Kamil coupe l'arrière-garde des croisés, ouvre les vannes des canaux d'irrigation et force ainsi l'armée ennemie à se rendre en l'inondant. En 1221, Pélage d'Albano consent à abandonner Damiette, non pas en échange de Jérusalem, mais pour épargner la vie des croisés, lesquels évacuent immédiatement l'Égypte et font route vers Saint-Jean-d'Acre.

Frédéric II finit par arriver en Orient, mais seulement huit ans plus tard, époque où il est ouvertement à couteaux tirés avec l'Église. Couronné Saint Empereur romain à Francfort en 1212, Frédéric II est également roi de Germanie et de Sicile. Il préfère diriger les affaires depuis Palerme, où il a accédé à la cour sicilienne sous les influences normandes, byzantines, juives et arabes. Il a appris l'allemand, l'italien, le français, le latin, le grec et l'arabe et a étudié les mathématiques, la philosophie, l'histoire naturelle, la médecine et l'architecture. C'est également un poète particulièrement doué. Tout ceci lui a permis de développer une palette de talents très large, une culture exceptionnelle et un caractère plutôt singulier qui lui ont valu le titre de *Stupor Mundi*, Stupeur du monde. Mais cela a également fait naître la suspicion. Ainsi, une rumeur court selon laquelle Frédéric II ne croit pas en Dieu. On dit qu'il se moque de l'Immaculée Conception de Jésus et qu'il décrit Mahomet, Jésus et Moïse comme des imposteurs et des escrocs.

Il s'agit peut-être d'une propagande noire orchestrée par la papauté de Rome, laquelle craint d'être encerclée et est également troublée par la revendication de l'autorité suprême de la part de Frédéric II.

Ce dernier se vante de faire revivre l'Empire romain, et la papauté réplique en disant que l'Église a une plus grande autorité envers Dieu. Il s'agit là du vieux conflit entre l'Église et les pouvoirs laïques qui a déchiré l'Europe du XIe siècle à l'époque de la querelle de l'investiture.

Frédéric II a été couronné Saint Empereur romain et a fait le serment de prendre la croix à l'âge de 21 ans. Mais, il s'est montré incapable de se rendre en Égypte pendant la cinquième croisade et a reporté à maintes reprises son départ pour l'Orient. Toutefois, en 1225, alors que Jean de Brienne, le roi âgé de Jérusalem, vient en Occident afin de trouver un mari pour sa fille de 14 ans, Yolande, qu'il a faite reine de Saint-Jean-d'Acre, Frédéric II saisit sa chance. Il l'épouse à Brindisi et ne tient pas sa promesse de conserver Jean de Brienne comme régent. Il affirme qu'en tant que mari de Yolande, il a le droit de devenir roi, titre qui ferait de lui, s'imagine-t-il, le souverain suprême du monde chrétien.

En 1228, à l'âge de 36 ans, Frédéric II part finalement pour la Terre sainte, mais tombe malade en cours de route et se repose quelque temps en Italie avant de poursuivre son voyage. Le pape Grégoire IX, qui se méfie des intentions impériales de Frédéric II en Italie, l'excommunie immédiatement, sous prétexte qu'il s'agit d'une illustration supplémentaire de l'incapacité de l'empereur à respecter son serment de partir en croisade. Quand Frédéric II finit par arriver à Saint-Jean-d'Acre en septembre, le pape fait une nouvelle fois respecter son autorité, l'excommunie de nouveau, cette fois-ci pour avoir tenté de partir en croisade sans avoir obtenu l'absolution pontificale pour sa précédente excommunication. Frédéric II n'est pas du tout impressionné, contrairement aux barons et au clergé d'Outremer, ainsi qu'aux Templiers et Hospitaliers, qui doivent allégeance au pape. Seuls les chevaliers teutoniques bravent le courroux du pape et soutiennent leur compatriote.

Cependant, avant même de quitter la Sicile, Frédéric II a entamé avec al-Kamil des négociations secrètes sur les objectifs de cette sixième croisade. Il souhaite s'emparer de Jérusalem, ne serait-ce que parce que cela lui permettrait de se poser en meneur suprême en Occident. Al-Kamil est prêt à rendre service si Frédéric II l'aide à prendre Damas.

Le temps que Frédéric II arrive en Outremer, al-Kamil a changé d'avis. Déterminé à conquérir Jérusalem, Frédéric II feint de se tourner vers l'Égypte en déplaçant en novembre son armée de Saint-Jean-d'Acre vers Jaffa. Les Templiers et les Hospitaliers suivent un jour plus tard, ne souhaitant pas que l'on croie qu'ils font partie d'une croisade dirigée par un excommunié. Mais, lorsque Frédéric II place l'expédition sous l'autorité symbolique de ses généraux, les ordres abandonnent leurs scrupules et se joignent à la force principale. Cette marque d'unité ne dure cependant pas longtemps.

La progression de Frédéric II suffit à inquiéter al-Kamil et ce dernier abandonne le siège de Damas pour passer rapidement un accord avec lui : une trêve de dix ans et l'abandon de Jérusalem, Bethléem, Hébron, Naplouse et Gaza aux chrétiens. Il s'agit d'un résultat soudain et sensationnel, satisfaisant pour Frédéric II, mais qui scandalise le patriarche et les ordres militaires. Les remparts de Jérusalem ont été démolis pendant la cinquième croisade. Si on la leur concède, c'est avec l'intention qu'ils ne puissent pas défendre la ville. Aujourd'hui court encore l'idée selon laquelle une partie de l'accord consistait à laisser la ville non fortifiée, le seul lien avec la côte devant être une étroite langue de terre. En outre, les ordres n'ont pas le droit d'améliorer leurs châteaux de Margat et Krak des chevaliers des Hospitaliers, de Tortose et de Chastel Blanc des Templiers. Vient ensuite la condition exaspérante (indispensable pour qu'al-Kamil sauve la face) selon laquelle le Mont du Temple doit demeurer sous contrôle musulman et les Templiers ont l'interdiction formelle de reprendre leur ancien quartier général au sein de la mosquée al-Aqsa.

Le 29 mars 1229, Frédéric II est couronné roi de Jérusalem en l'église du Saint-Sépulcre. Le patriarche a placé un interdit sur la ville, refusant toute cérémonie religieuse pendant que Frédéric II est présent dans Jérusalem. Par conséquent, sans prêtre pour le couronner et avec des Templiers et des Hospitaliers à distance, il ne lui reste plus qu'à coiffer lui-même la couronne de Jérusalem. S'autoproclamant vicaire de Dieu sur terre, titre généralement réservé au pape, Frédéric II prête serment en présence des chevaliers teutoniques, jurant de défendre le royaume, l'Église et son empire. Il effectue ensuite le tour de la ville et se rend sur le Mont du Temple. Il entre à l'intérieur du dôme du Rocher par une porte en bois en treillis, destinée, lui dit-on, à empêcher l'entrée des moineaux. Déchargeant ses sentiments à l'égard de ses ennemis de la papauté, à qui il a redonné la ville sainte, Frédéric II dit alors que Dieu leur a maintenant envoyé les porcs[343].

Frédéric II ne reste que deux jours à Jérusalem. Ce n'est pas un lieu très agréable. Les Francs avaient transformé Jérusalem en jardin du paradis, avait dit un jour Saladin, mais depuis, la ville tombe en ruines, est négligée. Comme le décrit al-Kamil avec dédain, cette ville autrefois belle ne se résume plus qu'à « des églises et des maisons en ruines »[344]. Selon Al-Qadi al-Fadil, le déclin avait déjà commencé du temps de Saladin et al-Fadil craignait que par l'impression laissée par la ville aux pèlerins chrétiens, leur indignation conduise à une nouvelle croisade[345].

En tout cas, Frédéric II est parvenu à ses fins et a hâte de rentrer en Europe pour s'attacher à y étoffer son pouvoir. Mais il craint aussi que les Templiers n'attentent à sa vie pendant son séjour dans la ville. Des chroniqueurs de Sicile, de Damas et d'Angleterre font part de cette histoire reflétant l'intensité de la rancune et de la suspicion entre l'empereur et le pape, inimitié dans laquelle les Templiers sont désormais impliqués. Lorsque Frédéric II rentre en Sicile, il saisit la propriété des ordres militaires, libère leurs esclaves musulmans sans verser de dédommagement et emprisonne les frères templiers. Le pape l'excommunie une nouvelle fois et Frédéric II continue de l'ignorer. Cela illustre ce qui peut se passer quand les Templiers se mettent en travers de la route d'un prince laïque.

343 Steven Runciman, *Histoire des Croisades*.

344 Al-Kamil, cité par le chroniqueur Ibn Wasil, *in* Francesco Gabrieli, *Chroniques arabes des croisades*, p. 297.

345 Malcolm Cameron Lyons et D. E. P. Jackson, *Saladin*, p. 361.

Les Mamelouks

En 1239, la trêve de dix ans entre Frédéric II et al-Kamil prend fin, mais l'Outremer n'est pas immédiatement menacée. Al-Kamil est mort depuis un an, l'Égypte est divisée par les factions, tandis que l'amertume s'est accrue entre les branches du Caire et de Damas de la famille ayyubide. Les Hospitaliers sont favorables à la poursuite de relations étroites avec l'Égypte, mais les Templiers y sont opposés. En violation de la trêve, les Égyptiens n'ont pas cédé Gaza, Hébron et Naplouse, et quand les émissaires des Templiers sont envoyés au Caire en 1243, ils sont retenus prisonniers pendant six mois. Les Templiers voient dans cette attitude du nouveau sultan égyptien al-Salih Ayyub une tactique pour gagner du temps afin de ravir Damas et de triompher d'autres souverains musulmans avant d'écraser l'Outremer.

La politique de l'ordre du Temple consiste à favoriser Damas, et elle porte ses fruits : grâce à des négociations judicieusement menées par les Templiers, Damas et Le Caire sont persuadées par la ruse d'obtenir le soutien du royaume chrétien en surenchérissant l'une sur l'autre, jusqu'à ce que les Francs obtiennent toutes les terres à l'ouest du

Jourdain, à l'exception d'Hébron et de Naplouse. Les Francs peuvent maintenant célébrer en toute liberté des offices chrétiens dans toutes les anciennes églises de Jérusalem, expulser les musulmans du Mont du Temple et retransformer en édifices chrétiens la mosquée al-Aqsa et le dôme du Rocher. Grâce à ce triomphe diplomatique, les Templiers sont pratiquement parvenus à défaire tout ce que Saladin avait tissé.

La politique de l'ordre du Temple contre l'Égypte continue de s'imposer. Lorsque la guerre éclate de nouveau entre Le Caire et Damas au printemps 1244, les Templiers persuadent les barons d'Outremer d'intervenir aux côtés du souverain de Damas, Ismail. L'alliance est scellée par la visite à Saint-Jean-d'Acre d'al-Mansour Ibrahim, prince musulman d'Homs, qui, au nom d'Ismail, offre aux Francs une partie de l'Égypte suite à la défaite d'al-Salih Ayyub.

En raison de la poursuite des querelles intestines au Caire, al-Salih ne peut compter sur l'armée régulière, mais il a pris des mesures pour remédier à cela en achetant des Mamelouks en très grand nombre. Ces esclaves militaires ont été à diverses époques nubiens, arméniens et iraniens, mais la préférence va aux Turcs pour leurs qualités de combattants.

> « Tout ce qui leur importe c'est l'attaque, la traque, la monte, les escarmouches avec les rivaux, le pillage et l'invasion des autres pays. Tous leurs efforts sont tournés vers ces activités et ils y mettent toute leur énergie. C'est ainsi qu'ils ont acquis tous ces talents, qui font office de métier, de commerce, constituent leur unique plaisir, sont source de gloire et représentent le sujet de toutes leurs conversations. Ils sont maintenant à la guerre ce que les Grecs sont à la philosophie. »[346]

Les Turcs sont également préférés pour leur beauté physique. Il n'est pas rare qu'ils partagent le lit de leur propriétaire.

346 Al-Jahiz, *Epistle Concerning the Qualities of the Turk*, IXe siècle, *in* Robert Irwin, *The Middle East in the Middle Ages: The Early Mamluk Sultanate 1250-1382*, Croom Helm, Londres, 1986, p. 6.

En l'occurrence, les Mamelouks sont salués comme un don de Dieu et les sauveurs de l'islam. « Par sa bienveillance, Dieu a sauvé la foi en la ranimant et en restaurant l'unité des musulmans dans l'univers égyptien, en préservant l'ordre et en défendant les remparts de l'Islam », écrit Ibn Khaldun, historien nord-africain du XIVe siècle.

> « Il a accompli cette mission en envoyant aux musulmans, depuis cette nation turque et ses nombreuses tribus exceptionnelles, des souverains pour les défendre et des aides tout à fait fidèles de la maison de la guerre à la maison de l'islam en vertu de la règle de l'esclavage, qui renferme une bénédiction divine. L'esclavage leur permet d'apprendre la gloire et la bénédiction et les expose à la providence divine. Guéris par l'esclavage, ils entrent dans la religion musulmane avec la résolution absolue des vrais croyants, mais avec des vertus nomades préservées d'une nature dépréciée, purs de tout plaisir sale, sans être souillés par le mode de vie civilisé, et armés d'une ardeur intacte de toute pollution luxueuse. Les marchands d'esclaves les amènent en Égypte en groupes, comme des gangas se rendant vers des lieux riches en points d'eau. Les acheteurs du gouvernement les alignent pour l'inspection et font une offre pour se les procurer. […] Les recrues se succèdent donc, génération après génération, et l'islam se réjouit des avantages qu'il en tire. Les branches du royaume fleurissent grâce à la fraîcheur de la jeunesse. »[347]

Al-Salih Ayyub, dont le grand-oncle était Saladin et lui-même kurde turquifié, s'appuie essentiellement sur des Turcs kiptchaks des steppes du sud de la Russie. Achetés, entraînés et convertis à l'islam, ils deviennent les membres de la puissante armée privée d'al-Salih. En outre, ce dernier a acheté l'aide de Turcs khorezmiens, mercenaires féroces alors implantés à Édesse et déplacés de Transoxiane et de régions d'Iran et d'Afghanistan en raison de l'expansion des Mongols. En juin, les cavaliers khorezmiens, à hauteur de 12 000 hommes, progressent rapidement au sud et entrent en Syrie. Mais, dissuadés par les formidables remparts de Damas, ils mettent le cap sur la

347 Ibn Khaldun, *in* Carl F. Petry, *The Cambridge History of Egypt*, p. 242.

Galilée, s'emparent de Tibériade et enfoncent les piètres défenses de Jérusalem le 11 juillet. Ils y massacrent tous ceux qui ne parviennent pas à se réfugier dans la citadelle. Six semaines plus tard, les défenseurs émergent après qu'on leur a promis de pouvoir se rendre sur la côte en toute sécurité. La garnison et l'intégralité de la population chrétienne, soit 6 000 hommes, femmes et enfants, quittent la ville mais sont terrassés par les épées khorezmiennes. Seules 300 personnes atteignent Jaffa. Pour faire bonne mesure, les Khorezmiens pillent l'église du Saint-Sépulcre, déterrent de leurs tombes les ossements des rois de Jérusalem, mettent le feu à l'endroit et brûlent toutes les autres églises de la ville. Ils mettent à sac les maisons et boutiques, puis abandonnent les décombres fumants de Jérusalem pour rejoindre l'armée mamelouke d'al-Salih à Gaza.

Avec l'armée d'al-Salih postée à Gaza, les forces franques, éparpillées dans tous les châteaux et villes d'Outremer, se réunissent à Saint-Jean-d'Acre. La dernière fois qu'une armée chrétienne si nombreuse a été rassemblée remonte à la bataille de Hattin. On compte plus de 300 chevaliers templiers, au moins 300 chevaliers hospitaliers, quelques chevaliers teutoniques, 600 chevaliers laïques, ainsi qu'un nombre proportionnel de sergents et de fantassins. Il faut ajouter des forces légèrement armées encore plus nombreuses de leur allié damascène sous le commandement d'al-Mansour Ibrahim et un contingent de la cavalerie bédouine.

Le 17 octobre 1244, cette armée christo-musulmane s'arrête devant la plus modeste armée égyptienne avec son corps d'élite de Mamelouks et les Khorezmiens, en dehors de Gaza, sur une plaine sablonneuse, en un lieu appelé La Forbie. Les Francs et leurs alliés attaquent, mais les Égyptiens tiennent bon sous le commandement du général mamelouk Baybars. Et, pendant que les Francs sont cloués sur place, les Khorezmiens frappent le flanc des troupes d'al-Mansour Ibrahim. Les forces damascènes font demi-tour et s'enfuient. Les Francs poursuivent courageusement le combat, mais, au bout de quelques heures, leur armée est intégralement réduite à néant. 5 000 Francs au moins meurent dans la bataille, dont entre 260 et 300 Templiers, tandis que plus de 800 chrétiens sont capturés et vendus comme esclaves en

Égypte, parmi lesquels le maître templier, que l'on ne reverra ensuite plus jamais. La catastrophe est comparable à celle de Hattin. Et quand Damas tombe aux mains d'al-Salih l'année suivante, c'est comme si le temps tirait à sa fin pour l'Outremer.

Mais la septième croisade vient au secours de l'Outremer. Elle est dirigée par le roi Louis IX, qui deviendra ensuite plus connu sous le nom de Saint Louis en raison de son combat incessant contre les ennemis de la vraie foi, à savoir les musulmans ou les Cathares ; c'est d'ailleurs pendant le règne de Louis IX que les Cathares seront finalement vaincus et mis sur le bûcher. À l'été 1249, il débarque avec son armée française sur le port de Damiette avec l'intention avouée de retourner le régime ayyubide du Caire. Al-Salih Ayyub souffre d'un cancer et, lorsqu'il s'éteint en novembre, sa femme Shagarat al-Durr dissimule son cadavre et préserve le moral ambiant en faisant semblant de transmettre les ordres du sultan à son armée d'esclaves mamelouks dirigée par Baybars.

En février 1250, les Francs avancent dans le delta vers Le Caire. Cependant, à cause de l'impétuosité de frère du roi, le comte d'Artois, ils essuient de lourdes pertes à Mansourah. Ce dernier a poussé les chevaliers croisés à prendre la ville d'assaut. Mais ils se laissent piéger dans les rues étroites. À cette occasion, les seuls Templiers perdent 280 chevaliers montés, cuisant échec juste après La Forbie. C'est alors l'impasse et les croisés sont affaiblis par le scorbut et la peste. En avril, ils battent en retraite, mais sont capturés par les Mamelouks, en compagnie du roi Louis IX en personne, qui est libéré après le versement d'une énorme rançon, à laquelle les Templiers, banquiers et membres de la croisade ayant un galion au large des côtes, ont refusé de contribuer.

Cette même année, Shagarat al-Durr s'autoproclame sultane publiquement, se basant sur le fait qu'elle a donné à al-Salih un fils, même si ce dernier est mort avant son père. Le calife abbasside refuse de la reconnaître et elle épouse donc Aybek, l'un de ses guerriers esclaves mamelouks. Elle règne par son intermédiaire, puis l'assassine en 1257 lorsqu'elle le soupçonne de courtiser une autre femme. Achetée comme esclave par al-Salih, puis devenue l'une de ses concubines, Shagarat al-Durr était devenue sa femme, puis elle est la première et dernière femme à régner sur l'Égypte depuis Cléopâtre. Son courage et son ingéniosité lui ont permis de sauver l'Égypte de la septième croisade, mais elle s'avère la dernière de la lignée ayyubide. Les partisans d'Aybek la tuent et jettent son corps dénudé par-dessus les remparts de la citadelle du Caire, qui sera ensuite dévoré par les chiens. Les Mamelouks s'autoproclament les maîtres de l'Égypte, avec leur premier sultan, Qutuz.

C'est le choc de l'invasion mongole du Moyen-Orient qui fait des Mamelouks le dernier rempart légitime de l'islam contre les infidèles d'Orient et d'Occident. En février 1258, les Mongols, emmenés par Hulagu, petit-fils de Gengis Khan, s'emparent de Bagdad, mettent à mort le calife abbasside, puis pillent et détruisent la ville. Ils prennent Alep en janvier 1260, puis c'est au tour de Damas de tomber en mars. Les Mongols semblent irrésistibles. Les Francs envoient de toute urgence des lettres en Occident pour implorer de l'aide. « Le monde va rapidement subir une terrible annihilation », écrit Thomas Bérard, le maître templier, dans un message transporté par un frère de l'Ordre à Londres[348]. Toutefois, ce sont les Mamelouks qui répondent à la menace. Cet été-là, lorsque les ambassadeurs mongols arrivent au Caire pour exiger la soumission de l'Égypte, ils tombent sur un adversaire plus féroce qu'eux. Qutuz les fait exécuter sur-le-champ. Et, en septembre, après avoir bénéficié d'un corridor pour traverser les terres chrétiennes, une armée mamelouke, avec à sa tête Qutuz, inflige une sévère défaite aux Mongols lors de la bataille d'Aïn Jalout, au sud-est de Nazareth.

Mais, chez les Mamelouks jaloux, la victoire n'est pas un gage de succès et, un mois plus tard, Qutuz est assassiné par un groupe de compatriotes, parmi lesquels figure Baybars, le général d'al-Salih à La Forbie, qui devient ensuite sultan. Rejetant le principe de la dynastie,

348 Thomas Bérard, *Flores Historiarum*, *in* Malcolm Barber, *The New Knighthood*, p. 157.

les souverains mamelouks accèderont par la suite au pouvoir plus souvent par le sang qu'ils versent que par celui qui coule dans leurs veines, pratique acceptée avec fatalisme par les responsables religieux de la communauté musulmane. Comme le dit le panégyriste de Baybars, Ibn Abd al-Zahir : « La chance l'a fait roi. »[349] C'est le destin qui le fera régner.

Avec la Syrie et l'Égypte sous le joug d'un Baybars impitoyable, violent et énergique, l'Outremer se retrouve encerclé et les Francs confrontés à l'une des plus formidables machines de guerre au monde. En outre, Baybars et ses successeurs possèdent d'immenses ressources. « Les sultans mamelouks étaient capables de recruter en faisant venir des esclaves turcs du Caucase et d'Asie centrale par les routes commerciales traversant l'Anatolie. L'État mamelouk était en mesure de mobiliser bien plus de troupes que les Francs. »[350] De plus, quand il faut opérer la destruction systématique des châteaux, implantations et ports francs, les Mamelouks rassemblent des dizaines de milliers de troupes auxiliaires turques, kurdes et mongoles pour s'en charger.

D'une manière tout aussi systématique qu'ils le font avec la chrétienté d'Orient, les Mamelouks dévastent l'islam hétérodoxe. Baybars oblige les alawites, ces adeptes mystiques d'Ali, gendre du prophète Mahomet, à bâtir des mosquées dans leurs villages, mais il ne peut les forcer à prier dedans. Ils utilisent plutôt les bâtiments comme étables pour leur bétail et leurs bêtes de somme. Mais la persécution est incessante : « Dans le cadre de leur tactique de la "terre brûlée", les sultans mamelouks ravagent méthodiquement le Liban. »[351] Quant aux chrétiens, en 1263, Baybars affiche son fanatisme en ordonnant personnellement que l'église de l'Annonciation de Nazareth soit rasée. Baybars comprend très bien l'importance de cette église, dont les origines remontent peut-être à Constantin et qui se trouve à l'emplacement d'une grotte symbolisant pour les fidèles l'origine de la religion chrétienne et où les chrétiens viennent en pèlerinage depuis au moins

349 Ibn Abd al-Zahir, *in* Robert Irwin, *The Middle East in the Middle Ages*, p. 42.

350 Carole Hillenbrand, *The Crusades*, p. 446.

351 Philip Hitti, *History of Syria*, p. 622.

le IVe siècle. Son opération de destruction est telle que le plan d'origine n'a été révélé que grâce à des fouilles archéologiques. Les Mamelouks interdisent alors aux chrétiens toute reconstruction sur ce site.

Lors d'une série de campagnes dévastatrices, Baybars s'empare de Césarée et d'Haïfa en 1265, du château templier de Saphet en 1266, de Jaffa et du château templier de Beaufort en 1268. Puis il frappe à Antioche, au nord, qu'il prend cette même année, infligeant à ses habitants des violences meurtrières qui ont choqué même les chroniqueurs musulmans. Le château de Baghras, le premier que les Templiers se sont offert, dans les monts Amanus, se retrouve alors complètement isolé. Ils n'ont d'autre choix que de le quitter. Chastel Blanc des Templiers est abandonné en 1271, en même temps que le grand château des Hospitaliers, le Krak des chevaliers. Baybars marche ensuite sur Montfort, entre Saint-Jean-d'Acre et le lac de Tibériade, cédé à son tour aux musulmans par sa garnison de chevaliers teutoniques.

La chute des châteaux croisés au profit des Mamelouks mérite quelques explications. Comment ces structures magnifiques, dont la construction a coûté si cher et a demandé tant d'efforts, faisant appel aux toutes dernières conceptions militaires de l'époque et défendues par des hommes d'un courage à toute épreuve, ont-elles si rapidement capitulé ou été saisies ? Les réponses sont multiples car il s'agit d'une combinaison de facteurs.

Le château templier de Beaufort, qui surplombe l'extrémité sud de la vallée de la Bekaa, au Liban, tombe en 1268 aux mains de Baybars, aidé par des ingénieurs militaires de tout premier plan. Ces derniers assemblent 26 engins de siège, à savoir des béliers, des tours de siège, ainsi que des catapultes. Les cadres en bois et les pièces métalliques achetés à des marchands vénitiens arrivent par bateau dans les ports égyptiens. Dans ce cas précis, les Templiers ont été dépassés par la technologie. Mais, deux ans auparavant, Baybars s'est emparé du château templier de Saphet (Safed) à cause d'une trahison.

Saphet est le château du nord de la Galilée dont la reconstruction a coûté une fortune aux Templiers moins de trente ans plus tôt. Le jeu en vaut la chandelle car l'édifice leur permet de se protéger contre les attaques des Bédouins et des Turcs qui franchissaient auparavant le Jourdain en toute impunité. Les commerçants peuvent acheminer en toute sécurité leurs bêtes de somme et chariots entre Saint-Jean-d'Acre et la Galilée, les fermiers cultiver leurs terres sans danger et les pèlerins librement se rendre sur les sites associés à Jésus. Les sources musulmanes reconnaissent son efficacité en décrivant Saphet comme « une obstruction dans la gorge de la Syrie et un blocage dans la poitrine de l'islam »[352], jusqu'à ce que Baybars provoque sa chute en 1266. Il y parvient non pas en lançant une attaque (stratégie qu'il a adoptée en vain à trois reprises cette année-là), mais en semant la zizanie entre la petite garnison de Templiers et le groupe, beaucoup plus étoffé, de serviteurs et soldats syriens chrétiens en poste à l'intérieur. Il promet la liberté de passage à ces derniers, dont un si grand nombre souhaite s'enfuir que la défense du château est mise à l'épreuve. Les Templiers acceptent de négocier et un sauf-conduit est mis en place pour les chevaliers templiers et les locaux. Mais, lorsque les portes s'ouvrent, Baybars capture tous les enfants et les femmes pour les vendre comme esclaves et décapite tous les chevaliers et autres hommes.

La volonté de la garnison de Templiers de Saphet de négocier illustre un autre facteur. Ce sentiment d'être isolés et pris en étau semble avoir joué un rôle crucial dans la chute, orchestrée par Baybars, de Chastel Blanc (Safita) et du Krak des chevaliers des Hospitaliers, à deux mois d'intervalle, en 1271. Ces deux châteaux se trouvent dans le djebel Ansarieh, chaîne de montagnes située entre la mer et l'intérieur des terres. Mais ces deux édifices se sont retrouvés de plus en plus isolés face à la progression musulmane. Le maître templier de Tortose juge peut-être également préférable de concentrer ses forces sur la côte. Toujours est-il qu'il ordonne l'évacuation de Chastel Blanc.

De même, le Krak des chevaliers n'est pas pris, mais abandonné. Les Hospitaliers ne trouvent plus suffisamment d'hommes pour peupler les rangs de la garnison. En raison de maigres renforts en chevaliers hospitaliers, l'attente se mue en un terrible enfermement. Après un mois de siège, Baybars envoie un faux message, prétendument rédigé

352 Ibn al-Furat, *in* Malcolm Barber, *The New Knighthood*, p. 167.

par leur maître de Tripoli, les pressant de se rendre. Leurs défenses et provisions pourraient leur permettre de tenir pendant des années, mais ils ont peut-être l'impression que le Krak part à la dérive face à une marée musulmane irrésistible. Usés, abattus et découragés, les Hospitaliers acceptent le 8 avril 1271 l'offre de sauf-conduit jusqu'à la mer proposée par Baybars.

Avec toutes ces grandes forteresses prises dans l'arrière-pays, les Francs se retrouvent cloués au niveau de leurs défenses côtières restantes, dont les sites vitaux de Saint-Jean-d'Acre et de Tripoli, villes toutes deux fortifiées, et la forteresse de Tortose, qui a résisté à Saladin, ainsi que Château-Pèlerin, au sud d'Haïfa. Pendant ce temps, les Francs obtiennent un peu de répit lorsque le prince Édouard, futur Édouard Ier d'Angleterre, conduit une nouvelle croisade vers l'Orient et persuade Baybars, en 1272, de conclure une trêve de dix ans.

Saint-Jean-d'Acre, capitale du royaume de Jérusalem et quartier général des ordres militaires, est la ville la mieux défendue d'Outremer. Selon le Templier de Tyr, qui la connaît bien :

« Le Temple était le lieu le plus fort de la ville, en grande partie situé sur le rivage, comme un château. À l'entrée se trouvait une tour haute et robuste, dont le mur faisait vingt-huit pieds de haut. De chaque côté de la tour se trouvait une tour plus petite sur laquelle se trouvait un lion passant doré, aussi grand qu'un bœuf [...] De l'autre côté, près de la rue de Pise, il y avait une autre tour et, près de celle-ci, sur la rue Sainte-Anne, se trouvait un grand et noble palais, celui du maître. [...] Il y avait une autre tour ancienne sur le rivage, que Saladin avait construite cent ans auparavant, dans laquelle le Temple conservait son trésor. Elle était si proche de la mer que les vagues déferlaient contre elle. Dans le voisinage du Temple figuraient d'autres belles et nobles maisons, que je ne décrirai pas ici. »

En 1273, les Templiers élisent un nouveau maître, Guillaume de Beaujeu, homme de grande expérience en matière de combat en Orient et d'administration de l'Ordre. L'une de ses premières missions est d'assister au concile de Lyon, convoqué par le pape en 1274 dans le principal but de lancer une nouvelle croisade. De Beaujeu s'élève à l'occasion contre la proposition d'envoyer 500 chevaliers et 2 000 fantassins en Terre sainte comme avant-garde d'une levée de masse comparable à celle de la première croisade. Il avance que des hordes d'enthousiastes indisciplinés ne répondront pas aux besoins de l'Outremer. Il faut plutôt une garnison permanente à renforcer de temps en temps par de petits contingents de soldats professionnels. Il plaide également en faveur d'un blocus économique de l'Égypte, pays d'influence des Mamelouks.

Un tel blocus s'avère cependant impossible à mettre en place tant que l'Outremer reste tributaire des navires des républiques maritimes italiennes. Les bateaux en question appartiennent à ces marines marchandes qui dégagent des bénéfices considérables dans leurs transactions avec l'Égypte. Les Vénitiens, par exemple, fournissent le métal et le bois dont Baybars a besoin pour ses armes et engins de siège. Les Génois l'approvisionnent même en esclaves mamelouks. Les chrétiens ont pour leur part plutôt besoin de prendre un ascendant naval dans l'est de la Méditerranée. Le conseil de Guillaume de Beaujeu est accepté et le concile ordonne aux Templiers et aux Hospitaliers de bâtir leur propre flotte de navires de guerre.

Guillaume de Beaujeu est arrivé à ses fins entre autres parce qu'il a reconnu la contribution déjà consentie par la monarchie française à la survie de l'Outremer. Le propre oncle de Guillaume de Beaujeu s'est battu avec Louis IX en Égypte et il est parent avec les Capétiens, la famille royale française, par l'intermédiaire de sa grand-mère paternelle. Les rois de France financent déjà une force permanente de chevaliers et d'arbalétriers à Saint-Jean-d'Acre, et l'ambitieux Charles d'Anjou, qui est roi de Sicile et frère cadet de Louis IX, participe à l'extension du pouvoir français dans toute la Méditerranée. Mais les plans de Guillaume de Beaujeu sont compromis en 1282 par un soulèvement populaire, connu sous le nom de Vêpres siciliennes, qui contraint Charles d'Anjou à quitter la Sicile pour Naples.

Le pape Martin IV, lui aussi français, lance alors une croisade contre les rebelles siciliens et leurs partisans, la Maison d'Aragon, en Espagne. Pire, il ordonne que les fonds détenus à la Maison du

Temple de Paris et destinés à l'Outremer soient alloués à la maison d'Anjou pour financer la guerre destinée à reprendre le contrôle de la Sicile. Dans toute l'Europe, les chrétiens, et particulièrement les Templiers, sont scandalisés. Quelques années plus tard, après la chute de Tripoli, un Templier dit au successeur de Martin IV, le pape Nicolas IV : « Vous auriez pu secourir la Terre sainte grâce au pouvoir des rois et à la force des autres fidèles, mais vous avez préféré attaquer un roi chrétien et les Siciliens chrétiens, armant les rois contre un autre roi pour reprendre l'île de Sicile »[353] – autre exemple de la tendance grandissante à placer les intérêts laïques au-dessus des idéaux religieux.

Les ambitions de Charles d'Anjou de bâtir un empire méditerranéen et d'associer son royaume de Sicile au royaume de Jérusalem ont quelque peu contenu celles de Baybars. Mais, en 1277, Baybars est mort et, après une brève lutte pour le pouvoir, le plus compétent des Mamelouks est élevé au rang de sultan. Il s'agit de Qala'un, brillant commandant de Baybars. Les Vêpres siciliennes, suivies de la mort de Charles d'Anjou en 1285, lèvent chez les Mamelouks les dernières hésitations à poursuivre la destruction des États chrétiens d'Orient.

En l'espace de six ans, les quelques possessions croisées le long de la côte tomberont et prendront fin deux cents ans de lutte pour défendre le christianisme en Orient.

Les chrétiens du Moyen Âge croient que le jugement de Dieu s'exprime à travers l'histoire et qu'il manifeste souvent sa volonté en décidant de l'issue d'une bataille. Comme l'a écrit saint Bernard de Clairvaux dans son panégyrique *Éloge de la nouvelle chevalerie*, un Templier est un chevalier du Christ et « le ministre de Dieu pour exécuter ses vengeances, en punissant ceux qui font de mauvaises actions et en récompensant ceux qui en font de bonnes ». Une défaite lors d'une bataille peut signifier que les chrétiens paient le prix d'un péché. La confession, la prière et la pénitence lavent leur âme et les mènent à la victoire finale. Mais que doivent faire maintenant les chrétiens

353 Jonathan Riley-Smith, *The Crusades: A History*, 2e éd., Continuum, Londres, 2005, p. 206.

après ces défaites à répétition en Terre sainte ? Après que Baybars a capturé Césarée et Haïfa en 1265, un troubadour provençal du nom de Bonomel, peut-être un Templier, chante que, dans cette situation : « Oui, bien est fou qui cherche querelle aux Turcs puisque Jésus-Christ lui-même ne leur refuse rien [...] Chaque jour ils l'emportent sur nous car Dieu, qui jadis veillait, maintenant dort, et Mahomet peut mettre en œuvre toute sa force car il sait faire agir pour lui son sultan. »[354] Un autre poète provençal écrit que, parce que Dieu et Notre Dame souhaitent que les troupes chrétiennes soient tuées, il va devenir musulman. À mesure que s'enchaînent les défaites, il devient impossible d'attribuer les victoires musulmanes aux péchés de la plupart des chrétiens. Les ordres militaires, et surtout les Templiers, attirent de plus en plus les soupçons et le ressentiment d'un monde chrétien qui a perdu ses illusions.

354 Tiré du blog *Non Nobis Domine Non Nobis Sed Nomini Tuo Da Gloriam.* (NdT)

La chute de Saint-Jean-d'Acre

À Saint-Jean-d'Acre, de nouvelles colonies commerciales italiennes en provenance de Florence, Lucca et Ancône, des banquiers de Sienne, des marchands de Montpellier et Barcelone et des marchands anglais rejoignent les vieilles communautés marchandes de Gênes, Pise, Venise, Amalfi et Marseille. À leur tour, des marchands de Saint-Jean-d'Acre se retrouvent en Égypte, en Asie Mineure, à Constantinople, à Kiev et en France, dans les grandes foires de Champagne. Jusqu'à présent, les intérêts commerciaux de la ville l'emportent tellement sur l'aspect religieux que ses pièces sont frappées en arabe à l'intention des pays arabophones voisins.

Selon Ludolph de Sudheim, qui s'est rendu à Saint-Jean-d'Acre bien après sa chute mais disposait de témoignages de gens se souvenant de l'atmosphère qui y régnait :

« Les places publiques et les rues de la ville étaient extrêmement bien conçues, avec les murs des maisons tous de la même hauteur et sans exception en pierre de taille, merveilleusement ornés de fenêtres en verre et de peintures. En outre, tous les palais et maisons de la ville n'étaient pas simplement conçus pour répondre aux besoins ordinaires mais affichaient le souci de prendre en compte le confort et le plaisir de l'œil, avec, à l'intérieur et à l'extérieur, vitres, peintures, suspensions et autres ornements imaginables par l'homme. Les lieux publics de la ville étaient recouverts de feuilles de soie ou d'autres splendides éléments pour faire de l'ombre. [...] Les plus riches marchands, mais également les gens les plus divers habitaient ici. [...] On y trouvait toutes les choses les plus rares et étranges qui existent dans le monde. »

En écoutant tous ces souvenirs, Ludolph de Sudheim était submergé par le sentiment d'un monde perdu depuis longtemps dans lequel « tous les habitants de la ville se prenaient pour des Romains de l'Antiquité et se comportaient comme de nobles seigneurs, qu'ils étaient d'ailleurs »[355].

La trêve de dix ans signée en 1272 entre Baybars et les Francs a permis aux Mamelouks de se concentrer sur la recrudescence de menaces mongoles, derrière lesquelles se trouve en l'espèce le successeur de Baybars, Qala'un, arrivé au pouvoir en 1279. Il passe de nouveaux accords avec les Francs : une trêve de dix ans avec les Templiers à Tortose et une autre, également de dix ans, en 1283, avec Saint-Jean-d'Acre. Mais Qala'un reprend l'agression mamelouke contre des régions d'Outremer ne figurant pas dans les accords, à commencer par la communauté chrétienne maronite des hauts-plateaux libanais, ravagée par une armée musulmane en 1283. Assez vite, il trouve des excuses pour rompre la trêve avec les Templiers et Saint-Jean-d'Acre. Les villes et châteaux côtiers commencent à subir le même sort que les défenses de l'intérieur des terres. En 1285, Qala'un s'empare du château des Hospitaliers de Margat, perché sur une saillie du djebel

355 Ludolph de Sudheim, *Description of the Holy Land and of the Way Thither*, trad. Aubrey Stewart, Palestine Pilgrims' Text Society, Londres, 1895, XII, 54-61, repr. *in* James Brundage, *The Crusades*, p. 266-267.

Ansarieh surplombant la mer, les musulmans fêtant l'événement du haut de la citadelle avec un appel à la prière « avec des louanges de reconnaissance à Dieu, qui avait anéanti les adorateurs du Messie »[356]. En 1287, il n'a aucune difficulté à prendre la ville portuaire de Lattaquié après que ses remparts ont été endommagés par un séisme.

Mais, en 1286, au beau milieu de ces campagnes, les Francs célèbrent, avec une extraordinaire insouciance, la visite du roi Henri II de Chypre, venu prendre la tête du royaume de Jérusalem. Le Templier de Tyr relate les festivités de Saint-Jean-d'Acre :

> « [Le roi] tint une fête d'une durée de quinze jours à l'auberge de l'hôpital de Saint-Jean. Et ce fut la plus splendide fête jamais vue depuis cent ans […] Ils jouèrent les contes de la Table ronde et de la reine de Femenie, dans lesquels des chevaliers habillés en femmes se livrent à des joutes. Ensuite, ceux qui devaient être en moines revêtirent des habits de religieuses et joutèrent ensemble. »[357]

Mais, derrière les remparts de Saint-Jean-d'Acre, les perspectives sont sombres. En 1289, Qala'un écrase Tripoli : « Les troupes musulmanes entrèrent en force et la population recula vers le port, d'où certains s'enfuirent par bateau », se souvient l'historien Abu al-Fida qui assista aux événements. « La plupart des hommes furent tués et les enfants capturés. » Une fois le massacre et les pillages terminés, Qala'un rase littéralement la ville. Mais il reste une petite île en face du port, sur laquelle se trouve l'église Saint-Thomas. « Quand Tripoli fut prise, une grande quantité de Francs, avec les femmes, se réfugièrent sur cet îlot et dans l'église qui s'y dressait. Mais les troupes musulmanes se jetèrent dans la mer, passèrent à la nage avec leurs chevaux jusqu'à cet îlot ; elles y massacrèrent tous les hommes qui s'y étaient réfugiés et emportèrent les femmes, les enfants et le butin. Quand les nôtres eurent fini de le mettre à sac, je passai jusqu'à l'îlot avec une barque et je le trouvai plein

356 Ibn Abd al-Zahir, *in* Francesco Gabrieli, *Chroniques arabes des croisades*, p. 368.
357 Le Templier de Tyr, *in* Jonathan Riley-Smith, *The Atlas of the Crusades*, p. 102.

de cadavres en putréfaction, tant que la puanteur empêchait d'y séjourner. »[358]

Faisant le serment de ne pas laisser un seul chrétien en vie dans la ville, Qala'un part du Caire à destination de Saint-Jean-d'Acre en novembre 1290, mais il tombe malade et meurt en chemin. Son fils al-Ashraf Khalil s'engage alors à poursuivre la guerre contre les Francs et, au début du printemps 1291, ses armées de Syrie et d'Égypte convergent vers Saint-Jean-d'Acre, « abattant et saccageant tous les vignobles, vergers et jardins, qui sont vraiment ravissants dans la région ». Ils installent à la place plus d'une centaine d'engins de siège, dont diverses sortes de catapultes. Le 5 avril, le sultan al-Ashraf Khalil arrive en personne et le siège débute. Les Francs sont tout au plus en mesure de rassembler environ 1 000 chevaliers et 14 000 fantassins. La population de Saint-Jean-d'Acre compte de 30 000 à 40 000 personnes et tous les hommes valides prennent place sur les remparts. Bien que les Mamelouks ne puissent pas bloquer l'accès à la ville par la mer, ils ont le contrôle total des terres et leurs effectifs enflent à mesure qu'affluent recrues et volontaires, à tel point que le rapport de force est de dix contre un en leur faveur.

Mais les défenseurs sont bien préparés et, confiants dans la robustesse de leurs fortifications et approvisionnés par la mer, ils offrent une résistance des plus déterminées. Le 15 avril, Guillaume de Beaujeu, maître des Templiers, dirige une attaque nocturne contre une section des lignes musulmanes. L'effet de surprise leur permet de prendre l'avantage dans un premier temps, mais les chevaux des chrétiens s'emmêlent dans les cordages des tentes de l'ennemi et ils sont finalement repoussés. Grâce à une pluie de flèches et à un bombardement de pierres orchestré par les catapultes, les ingénieurs mamelouks parviennent à s'approcher des murs et à saper les défenses. Lors du second mois de siège, des brèches apparaissent et les combats sont permanents. Le 16 mai, la pression des Mamelouks sur la porte Saint-Antoine, là où les remparts de la ville rejoignent ceux de Montmusart, est si forte que les défenseurs tentent désespérément de

358 Abu al-Fida, *in* Francesco Gabrieli, *Chroniques arabes des croisades*, p. 372-373.

mettre à l'abri les femmes et les enfants sur les navires. Ludolph de Sudheim se souvient « qu'ils s'enfuirent par la mer, avec le souhait de naviguer jusqu'à Chypre. Au départ, le vent était nul, puis soudain, se leva une tempête si énorme qu'aucun autre bateau, grand ou petit, ne pouvait approcher le rivage. Nombre de ceux qui essayèrent de nager jusqu'aux bateaux se noyèrent »[359].

Le 15 mai, après six semaines d'un pilonnage permanent, la tour Henri II, point de défense crucial de la zone nord-est des remparts de la ville, est finalement prise par les Mamelouks. Guillaume de Beaujeu est mortellement blessé en essayant de repousser l'ennemi. Il est placé sur un bouclier et transporté vers la commanderie du Temple, pour être enterré devant le maître-autel, tandis que les combats épouvantables se poursuivent à l'extérieur. Les habitants de la ville se pressent alors sur les quais pour monter au hasard à bord d'un navire afin de fuir la ville condamnée. Des capitaines de la marine marchande se font ainsi des fortunes en extorquant de l'argent aux riches prêts à tout pour s'enfuir. On pense que c'est le cas de Roger de Flor, capitaine d'une galère de l'ordre du Temple, *Le Faucon*, qui se servira de son argent pour devenir plus tard corsaire. Mais on recense également des actes d'une grande noblesse.

« J'ai appris d'un seigneur des plus honorables et d'autres hommes attachés à la vérité, que plus de cinq cents dames et jeunes filles de la noblesse, filles de rois et de princes, descendirent jusqu'au rivage alors que la ville était sur le point de tomber. Elles avaient dans leurs corsages tous leurs bijoux et objets en or et ornés de pierres précieuses d'une valeur inestimable. Elles imploraient qu'un marin les emmène en lieu sûr ou dans une île, prêtes à l'épouser et à lui donner tous leurs bijoux. Un marin les accueillit toutes sur son bateau, les conduisit jusqu'à Chypre, avec tous leurs biens, en n'exigeant rien en échange, puis poursuivit son chemin. D'autres nobles dames et damoiselles, très nombreuses, périrent noyées ou furent tuées. »[360]

---

359 Ludolph de Sudheim, *Description of the Holy Land and of the Way Thither*, trad. Aubrey Stewart, Palestine Pilgrims' Text Society, Londres, 1895, XII, 54-61, repr. *in* James Brundage, *The Crusades*, p. 271.
360 *Ibid*, p. 271.

Le 18 mai, une attaque massive permet d'enfoncer d'abord la porte Saint Antoine, puis la Tour neuve, la porte des Pèlerins et enfin les autres portes le long du front est de la muraille intérieure. Les survivants des combats et la population non combattante sont désormais pris au piège dans divers édifices massifs de la ville. Lorsque les Mamelouks déferlent dans les rues, ils tuent tous ceux qu'ils croisent, dont des femmes et des enfants. « Tant d'hommes ont succombé de part et d'autre qu'ils marchent dessus comme s'ils formaient un pont. »[361] Ceux qui se cachent à l'intérieur des habitations sont faits prisonniers et vendus sur le marché des esclaves de Damas, où les femmes et les filles abondent et ne valent donc qu'une seule drachme.

Ce soir-là, tout Saint-Jean-d'Acre est aux mains des Mamelouks, à l'exception de la forteresse des Templiers, située tout au bout de la ville, sur la mer. Fuyant dans les rues ou se précipitant dans le tunnel secret des Templiers qui court sous la ville depuis le quartier pisan, les derniers chevaliers et civils vont se réfugier dans l'enceinte de l'ordre du Temple. Une fois là, ils résistent sous les ordres du maréchal des Templiers, Pierre de Sevrey, toujours approvisionnés de Chypre par la mer.

Le 25 mai, de Sevrey accepte de se rendre à condition que les personnes abritées dans la forteresse puissent sortir en toute sécurité de Saint-Jean-d'Acre. Mais, lorsque les musulmans entrent dans la forteresse, ils commencent à molester femmes et garçons, poussant les Templiers à reprendre les armes. Cette nuit-là, le commandeur des Templiers, Thibaud Gaudin, sort de la forteresse avec le trésor de l'Ordre et remonte la côte en bateau jusqu'au château de la Mer, situé derrière la côte, à Sidon.

La forteresse des Templiers de Saint-Jean-d'Acre tombe trois jours plus tard et, sur l'ordre du sultan al-Ashraf Khalil, tous les survivants sont emmenés à l'extérieur des remparts pour y être décapités. La ville est ensuite dévastée jusqu'à ce que plus rien ne tienne debout.

Quarante ans plus tard, Ludolph de Sudheim se rend sur les lieux et ne tombe que sur quelques paysans vivant seuls au sein de ce qui était la splendide capitale de l'Outremer.

---

361 *Ibid.*

« Quand la glorieuse cité de Saint-Jean-d'Acre tomba, tous les Orientaux chantèrent sa chute en signe de lamentation, tout comme ils ont coutume de chanter devant la tombe de leurs morts, pleurant la beauté, la grandeur et la gloire de Saint-Jean-d'Acre. Depuis, toutes les femmes chrétiennes, bien nées comme ordinaires, qui demeurent le long de la côte est [de la Méditerranée] revêtent les habits noirs de deuil par respect pour la grandeur perdue de Saint-Jean-d'Acre, aujourd'hui encore. »[362]

De Sidon, Thibaud Gaudin se dirige en bateau vers Chypre avec le trésor des Templiers. Son intention est de ramener des renforts à Saint-Jean-d'Acre, mais il n'y reviendra jamais. Un message des Templiers arrive de Chypre, priant les frères de Sidon d'abandonner leur château. Ils prennent la mer dans la nuit du 14 juillet. Chypre a longtemps été un royaume franc. Un siècle plus tôt, Richard Cœur de Lion l'a pris aux Byzantins et, après que les Templiers l'ont détenu pendant une brève période, Richard Cœur de Lion l'a revendu à Guy de Lusignan, ancien roi de Jérusalem, dont la dynastie devait régner sur Chypre pendant près de trois cents ans. Pendant ce temps-là, les Templiers et les Hospitaliers ont construit des châteaux sur Chypre. L'île devient alors un refuge pour les deux ordres militaires, car les Francs sont chassés des côtes d'Outremer.

En Terre sainte, après la chute de Saint-Jean-d'Acre et de Sidon, seules Tortose et la forteresse de Château-Pèlerin demeurent dans le giron chrétien. Il s'agit de deux bastions des Templiers, mais, lorsque les Mamelouks se rassemblent pour donner le coup de grâce, les chevaliers partent discrètement pour Chypre depuis Tortose le 3 août 1291, puis onze jours plus tard depuis Château-Pèlerin. « Cette fois-ci, écrit le Templier de Tyr, tout était perdu, les chrétiens ne détenaient plus une parcelle de terre en Syrie. »[363] Lorsque les Templiers se retournent

362 *Ibid*, p. 272.
363 Templier de Tyr, *in* Malcolm Barber, *The New Knighthood*, p. 178.

sur ce continent qui s'éloigne, la dévastation a déjà débuté. Pendant les mois suivant la chute de Tortose en 1291, les troupes mameloukes ravagent la plaine côtière. Comme d'habitude, les musulmans y voient un acte de sanctification, Abu al-Fida écrivant : « Ainsi, toute la Syrie et les régions côtières furent purifiées des Francs. »[364] Les vergers sont abattus et les systèmes d'irrigation détruits, tandis que les chrétiens autochtones s'enfuient dans le djebel Ansarieh. Les seuls châteaux encore debout sont ceux très éloignés de la mer, et Margat, perché en haut de la montagne. Au mépris de la vie et du bien-être de la population locale, tout ce qui peut avoir de la valeur aux yeux des Francs est détruit où cas où ils tenteraient un nouveau débarquement.

Même quatre siècles après que les Francs ont été chassés de cette côte, la dévastation opérée par les Mamelouks est encore visible. En 1697, le voyageur anglais Henry Maundrell évoque « plusieurs vestiges de châteaux et de maisons qui témoignent qu'aussi négligé que puisse être ce pays-là aujourd'hui, il a été autrefois entre les mains d'un peuple qui en connaissait la valeur et avait pris soin de le fortifier »[365].

364 Abu al-Fida, *in* Carole Hillenbrand, *The Crusades*, p. 298.

365 Henry Maundrell, *Voyage d'Alep à Jérusalem, à Pâques en l'année 1697*, Pierre Ribou, 1706.

Partie 7

Héritage

Puissamment protégée par ses remparts et approvisionnée par la mer, Saint-Jean-d'Acre semblait invincible. La nouvelle de sa chute produit un choc terrible dans les esprits. La perte de cette ville marque également la fin d'une nation ayant survécu pendant près de deux cents ans. On ne perçoit pas très bien les effectifs pléthoriques et les ressources inépuisables des agresseurs turcs. On considère plutôt que la responsabilité est interne. Grief et colère accompagnent ce sentiment d'échec. On reproche aux habitants d'Outremer d'avoir péché, aux responsables de la chrétienté européenne leur incapacité à fournir une aide d'envergure et opportune. On en veut également aux États marchands italiens qui ont commercé avec les Mamelouks d'Égypte, tout comme aux ordres militaires, tels que les Templiers et les Hospitaliers. Personne n'est épargné.

Mais ce sont les Templiers qui sont les plus touchés par cette perte. La défense de la Terre sainte et la protection des pèlerins étaient leur raison d'être. Pour les Hospitaliers, la priorité était la philosophie de l'entreprise caritative. Ils n'ont jamais abandonné leurs fonctions originales consistant à prendre soin des malades. Par contre, les Templiers sont un ordre de chevalerie, avec pour rôle de patrouiller sur les itinéraires de pèlerinage, de combattre les infidèles et de préserver l'Orient chrétien, et, à ce titre, de prendre part aux croisades et de gérer les finances des papes et des rois. Chassés de la Terre sainte, les Templiers se retrouvent désormais dans une impasse.

Des âmes en peine

Pour bon nombre, la chute de Saint-Jean-d'Acre ne semble pas constituer une fin irrémédiable, mais plutôt un intermède, et on espère une reconquête. Le rêve de récupérer la Terre sainte n'a pas complètement disparu, sûrement pas dans l'esprit de Jacques de Molay, qui devient le nouveau maître de l'ordre du Temple en 1292. Il a passé plus de trente ans dans l'Ordre, dont la majeure partie en Outremer et, à ses yeux, l'Ordre doit prendre la tête d'une nouvelle croisade. Les Templiers ont installé leur nouveau quartier général à Chypre et détiennent toujours la minuscule île de Rouad (Arwad), située à moins de 4 kilomètres de la côte syrienne, en face de Tortose, et depuis laquelle Jacques de Molay envisage de lancer la contre-attaque contre les Mamelouks.

En attendant, le continent oriental est l'objet de nombreuses insurrections locales contre le règne mamelouk, brutal et répressif. Déjà en 1291, pendant que le sultan al-Ashraf Khalil est occupé à combattre les croisés à Saint-Jean-d'Acre et en d'autres endroits de la côte, les musulmans chiites vivant dans le nord de la vallée de la Bekaa et dans les montagnes au nord-est de Beyrouth se sont alliés aux Druzes à l'occasion d'un soulèvement contre les Mamelouks sunnites. À son retour de Saint-Jean-d'Acre, al-Ashraf Khalil ordonne au calife sunnite, devenu la marionnette des Mamelouks au Caire après la chute de Bagdad, de lancer un *djihad* contre des musulmans dissidents, qui sont plus nombreux que les sunnites en Palestine et en Syrie, dans le but de briser leur résistance à la domination mamelouke. Ce soulèvement est totalement réprimé en 1308.

En 1293, al-Ashraf Khalil monte une flotte dans l'intention d'envahir Chypre, mais il est assassiné en décembre de cette année-là par un autre Mamelouk. Cela provoque une lutte pour le pouvoir qui, après une série d'assassinats, de crucifixions et de mains tranchées, voit al-Nasr Mohammed devenir sultan. Il se fait bâtir une splendide mosquée-madrasa-mausolée au Caire, dont l'entrée est le portail gothique de l'église Saint-André de Saint-Jean-d'Acre, symbole de la victoire de l'islam sur le christianisme. Toujours pendant le règne d'al-Nasr, l'accent est mis sur Jérusalem. Sur la base de l'histoire du voyage nocturne initiée par les Umayyades, poursuivie par les Fatimides et mise en œuvre par le *djihad* de Saladin, le caractère sacré de Jérusalem est exalté. On encourage les musulmans à venir en pèlerinage et on leur rapporte la parole du prophète Mahomet : une prière à la mosquée al-Aqsa a mille fois plus de valeur qu'une prière effectuée n'importe où ailleurs, à l'exception de La Mecque et de Médine.

Sous des règles imposées par al-Nasr en 1301, chrétiens et juifs de Palestine, de Syrie, du Liban et d'Égypte sont une nouvelle fois opprimés, via d'anciennes lois qui les réduisent au statut de *dhimmis*. Entre autres choses, ils n'ont pas le droit de monter des chevaux ou des mules et sont obligés de porter des vêtements distinctifs. Al-Nasr abolit également une fête copte et fait fermer de nombreuses églises coptes d'Égypte. En 1321, toujours sous le long règne d'al-Nasr, des musulmans fanatiques pillent et détruisent les principales églises d'Égypte, les chrétiens sont systématiquement massacrés et les Coptes sont chassés des postes officiels et subissent toutes sortes d'outrages. Chacun de ces événements est suivi de conversions à l'islam. Les Coptes continuent malgré tout d'être plus nombreux que les musulmans dans une grande partie de l'Égypte, jusqu'à ce que se produise une nouvelle grande vague de persécutions en 1354.

En Syrie et au Liban, la situation n'est guère plus facile pour les maronites. Ils ont été condamnés pour hérésie par l'Église au VIIe siècle car ils ne croyaient pas en la nature unique du Christ (monophysisme) mais en la volonté unique du Christ (monothélisme). Cependant, en 1182, les croisés ont contribué à leur rapprochement avec l'Église catholique de Rome. On dit que plus de 50 000 maronites sont morts en combattant aux côtés des croisés aux XIIe et XIIIe siècles afin de défendre l'Outremer contre les musulmans. Lorsque les croisés partent pour Chypre, certains maronites les accompagnent, mais ceux qui restent ne rompent pas leurs liens avec Rome malgré la persécution opérée à leur encontre par le *djihad* des Mamelouks. Ils s'enfuient dans les montagnes du nord du Liban, qui restent un fief chrétien.

Impatient de prendre l'initiative de la reconquête de la Terre sainte, Jacques de Molay se rend de Chypre en Occident en 1294 pour « vendre » le rôle d'avant-garde des Templiers lors d'une nouvelle croisade. Il reçoit les encouragements du pape Boniface VIII à Rome et du roi Édouard Ier à Londres. Il bénéficie également d'une assistance matérielle, car le pape et le roi facilitent la levée de fonds des Templiers en Europe afin de reconstruire leurs forces après les terribles pertes récentes enregistrées à Saint-Jean-d'Acre et ailleurs en Outremer. Des denrées alimentaires et de l'argent sont acheminés depuis les ports européens vers Chypre. On procède également à l'achat de galères à Venise, car une partie de la flotte de guerre des Templiers devra lancer des attaques contre les côtes syriennes et égyptiennes.

Les Mongols représentent le meilleur espoir de croisade. Depuis leur défaite face aux Mamelouks, en 1260, ils se sont montrés intéressés par une alliance avec les chrétiens d'Occident et l'Empire byzantin. Marie Paléologue, fille de l'empereur byzantin Michel VIII Paléologue, qui a repris Constantinople aux Latins, est dépêchée en Orient dans les années 1260 pour épouser le fils du kan mongol et faire du prosélytisme pour le christianisme. La conversion de deux émissaires mongols au concile de Lyon de 1274 fait naître l'espoir que les Mongols pourraient se convertir en masse au christianisme. À deux reprises, en 1281 et 1299, ceux-ci progressent dans le nord de la Syrie. Lorsqu'en 1300 on apprend d'Occident qu'une nouvelle croisade s'annonce, les Mongols proposent aux chrétiens la Terre sainte si ces derniers les aident à vaincre les Mamelouks.

En 1300, l'Europe se projette avec enthousiasme vers cette nouvelle expédition en Orient. L'atmosphère rappelle l'époque où le pape Urbain II avait prêché la première croisade. S'agissant du 1 300e anniversaire de la naissance du Christ, le pape déclare 1300 année de jubilé et promet à tous ceux qui se rendent à la basilique Saint-Pierre de Rome la rémission de leurs péchés. 200 000 pèlerins répondent à l'appel et sont accueillis par un pape Boniface VIII triomphant, assis sur le trône de Constantin le Grand et tenant les symboles du pouvoir temporel, à savoir l'épée, le sceptre et la couronne. Il hurle à la foule : « Je suis César ! » Dans la lutte bien connue entre l'Église et les revendications laïques des rois, il ne fait aucun doute que le pape proclame la supériorité universelle de l'Église sur les monarques occidentaux et fête la victoire à venir sur les infidèles orientaux.

À l'été 1300, les Templiers, en compagnie des Hospitaliers et du roi de Chypre, lancent une série d'attaques de reconnaissance sur Alexandrie, Rosetta, Saint-Jean-d'Acre, Tortose et Maraclée. Il s'agit des préliminaires d'une opération conjointe avec les Mongols, suivis en novembre du débarquement sur l'île de Rouad, en face de Tortose, d'une force de 600 chevaliers constituée de Templiers, d'Hospitaliers et d'hommes du roi Guy de Lusignan, en provenance de Chypre. Cette île de Rouad sert de base de départ pour d'autres attaques contre Tortose, dans l'attente de l'arrivée des Mongols.

Mais les Mongols n'arrivent pas. Un an plus tard, Jacques de Molay expose la situation depuis Chypre au roi Jacques II d'Aragon.

> « Le roi d'Arménie envoya ses ambassadeurs dire au roi de Chypre que le seigneur roi d'Arménie avait appris que Ghazan [le khan mongol] était sur le point d'entrer sur les terres du sultan avec une horde de Tatars. Sachant cela, nous sommes maintenant en route pour l'île de Tortose, où notre monastère a gardé des chevaux et des armes tout

au long de cette année. En pillant, en détruisant leur *casalia* et en capturant leurs hommes, nos frères ont infligé des dégâts considérables aux Sarrasins. Nous resterons là jusqu'à l'arrivée des Tatars. »[366]

Cette fois-ci, vers la fin de l'année 1301, les Templiers décident de renforcer les défenses de l'île et d'y installer une force conséquente. Dans l'optique d'un assaut massif en Syrie, ils y rassemblent 120 chevaliers, 500 archers et 400 aides, soit presque la moitié du contingent de chevaliers templiers et auxiliaires affecté à la défense de tout le royaume de Jérusalem au XIIe siècle. Cependant, les Mongols n'arrivent pas, mais, en avril 1302, le khan mongol écrit au pape Boniface VIII qu'ils vont bientôt venir. « Nous poursuivons nos préparatifs. [...] Vous devriez vous aussi préparer vos troupes. [...] Si les cieux entendent nos prières, tous nos efforts seront orientés vers cette grande entreprise [...] Vous aussi, vous devez prier les cieux et préparer vos troupes. »[367]

Plus tard cette année-là, alors qu'ils attendent les Mongols, les Templiers se retrouvent isolés sur leur minuscule île, qui doit faire face à une flotte de 16 navires mamelouks. Un siège prolongé et des attaques répétées finissent par venir à bout de Templiers affamés qui capitulent à condition de bénéficier d'un sauf-conduit. Mais les Mamelouks ne respectent pas leur promesse et les Templiers sont massacrés ou vendus comme esclaves.

Malgré ce revers en Orient, le pape Boniface VIII ne déroge pas à sa volonté de maintenir la suprématie pontificale en Occident, la renforçant même, en 1303, par l'émission d'une bulle, *Unam Sanctam*. Celle-ci affirme qu'il n'existe qu'une seule Église catholique sainte (*unam sanctam*) et que, pour obtenir le salut, il est nécessaire de se soumettre au pape sur les plans aussi bien spirituel que matériel. Cette bulle est une réponse à diverses offenses commises contre l'autorité de

---

366 Jacques de Molay au roi Jacques II d'Aragon, depuis Limassol, le 8 novembre 1301, *in* Malcolm Barber et Keith Bate, *Letters from the East*, p. 168.

367 Ghazan, Ilkhan mongol de Perse, au pape Boniface VIII, avril 1302, *in* Malcolm Barber et Keith Bate, *Letters from the East*, p. 168.

l'Église par le roi de France Philippe IV, dit Philippe le Bel, toujours en quête d'argent pour financer l'expansion de son royaume et faire la guerre à la Flandre et à l'Angleterre et qui, pour ce faire, taxe le clergé. Pour Philippe le Bel, cela revient à lever des fonds pour une croisade, car il gouverne avec une mission divine en tête. En 1297, il a obtenu la sainteté pour son grand-père, le roi Louis IX, et il est convaincu que la France est le royaume de Dieu et sa dynastie, les Capétiens, l'instrument choisi. En réalité, le conflit oppose l'Église universaliste au nouveau phénomène nationaliste revendiqué par le roi de France, les deux camps affirmant que Dieu est de leur côté. Le pape a beau être le vicaire de Dieu, Philippe le Bel est, aux dires de ses admirateurs, « plus qu'un homme, le plus chrétien des rois de France »[368].

Voyant que Philippe le Bel ne montre aucun signe de repentance et ne se plie pas à sa volonté, le pape Boniface VIII prépare une bulle d'excommunication contre lui et son ministre Guillaume de Nogaret. Mais, avant qu'elle ait pu être publiée, une troupe de soldats français emmenée par Guillaume de Nogaret en personne fait irruption dans le palais d'été du pape à Agnani, sur les hauteurs, dans la partie sud-est de Rome, afin de ramener Boniface VIII en France comme prisonnier et de le faire comparaître pour hérésie, sodomie et meurtre de son prédécesseur. Boniface VIII, qui n'est gardé que par une poignée de Templiers et d'Hospitaliers, met au défi ses geôliers de le tuer, leur disant : « Voici mon cou, voici ma tête. » Mais Boniface VIII est né à Agnani et les citoyens de la ville se rallient à lui. Ses ravisseurs ont à peine le temps de le gifler et de le passer à tabac que la foule vole à son secours et chasse les Français. Cependant, c'est un homme brisé et, avec sa mort à Rome, un mois plus tard, s'envolent les velléités de pouvoir universel sur les affaires spirituelles et matérielles de la part de l'Église catholique. Une ère nouvelle est née, celle d'États-nations européens dirigés par des responsables laïques animés d'intentions laïques, quelles que soient leurs convictions religieuses.

Quarante ans plus tôt, dans un conflit entre la papauté et les

368 Tomaz Mastnak, *Crusading Peace: Christendom, the Muslim World, and the Western Political Order*, University of California Press, Berkeley, 2002, p. 244.

Templiers, le pape écrivait au maître pour lui rappeler qu'« après Dieu, l'édifice vous procure une aide dont vous êtes entièrement dépendant » et que si l'Église retirait la protection qu'elle garantit à l'Ordre, « vous ne pourriez en aucune façon survivre aux attaques de ces prélats et à la force de ces princes »[369]. C'est maintenant le cas.

Après la mort de Boniface VIII, le collège des cardinaux élit un nouveau pape, qui meurt cependant dans l'année. Après de longues délibérations et en raison de la pression établie par Philippe le Bel, le collège désigne un Français, qui accède au trône pontifical en 1305 et prend le nom de Clément V. Il ne mettra jamais les pieds à Rome, ni même en Italie, pendant toute la durée de sa papauté. Il passe par Lyon et Poitiers jusqu'à ce qu'il s'installe en mars 1309 en Avignon, région techniquement située à l'époque en dehors de la juridiction des rois de France. Clément V noyaute ensuite le collège des cardinaux en y plaçant des Français. Sans surprise, les six papes suivants résideront en Avignon et seront tous français.

Clément V n'est pas pour autant le fantoche de Philippe le Bel. Le nouveau pape a compris que, pour assouvir ses ambitions pontificales, il ne s'agira pas, contrairement à Boniface VIII et son *Unam Sanctam*, d'essayer de soumettre le roi, mais plutôt de soigner les relations avec lui afin de s'assurer sa coopération. Le pape a pour ambition prioritaire de mettre sur pied une nouvelle croisade, mais il lui faut pour cela obtenir la collaboration et le commandement du roi de France. L'entreprise présente cependant des difficultés, notamment parce que, après la chute de Rouad, les Mongols se sont convertis en masse à l'islam, et non au christianisme comme espéré.

L'autre obstacle est le roi lui-même. Clément V parvient à le persuader de prendre la croix à la fin décembre 1305. Il fait en sorte que Philippe le Bel ne soit pas distrait par les conflits locaux en négociant une paix entre le roi français et le roi Édouard Ier d'Angleterre. Il verse

---

369 Pape Clément V au maître templier Thomas Bérard, 1265, *in* Malcolm Barber, *Le Procès des Templiers*, traduit par Sylvie Deshayes, Éditions Tallandier, Paris, 2007, p. 32-33.

également 10 % des revenus de l'Église en France dans les coffres du roi afin de financer la nouvelle croisade. Mais, dans l'esprit du roi de France, le succès de la croisade passe par la fusion des deux ordres militaires, les Templiers et les Hospitaliers. En outre, Philippe le Bel doit prendre les rênes du nouvel ordre, ce dernier devenant alors l'instrument de la France. Les propagandistes de Philippe le Bel insistent également pour que son commandement soit transmis à l'un de ses fils, qui doit également lui succéder comme roi de Jérusalem. Là encore, l'hypocrisie est largement de mise dans ces projets français. La reconquête de la Terre sainte n'est pas vraiment une priorité pour Philippe le Bel. Son ambition est plutôt de s'emparer de l'Empire byzantin chrétien et de prendre place sur l'ancien trône impérial de Constantinople.

En mai 1307, le pape Clément V reçoit les maîtres templiers et hospitaliers à sa cour de France, rencontre au cours de laquelle ces derniers exposent leurs points de vue sur le projet de croisade et l'unification des ordres. Il n'existe aucune trace des commentaires du maître des Hospitaliers Foulques de Villaret sur la fusion des ordres, mais il semble qu'il y ait été opposé car, dans l'organisation qu'il propose, les Hospitaliers et les Templiers doivent intervenir de manière indépendante. De Villaret est en faveur d'une première petite expédition en Orient, stratégie que les Hospitaliers mettent en place en juin de cette année-là en s'emparant de l'île de Rhodes, possession byzantine. Cette opération leur offre un État indépendant particulièrement bien fortifié. Selon Foulques de Villaret, il doit s'ensuivre une grande croisade, mais uniquement après avoir mis en place des avant-postes.

Cependant, après l'échec de Rouad subi par les Templiers, Jacques de Molay s'oppose à une expédition modeste et souhaite une croisade totale. Cela suppose de faire appel aux rois d'Espagne, de Sicile, de Germanie, d'Angleterre et de France pour lever une armée de 12 000 à 15 000 chevaliers et 5 000 fantassins. Cette force exceptionnelle doit être rassemblée en secret et transportée sur des navires vénitiens, génois et d'autres régions d'Italie, à destination de Chypre, d'où ils se lanceront à l'assaut des côtes de la Palestine. Le plan de Jacques de Molay repose sur une évaluation sérieuse et réaliste des problèmes militaires posés par une croisade destinée à reprendre la Terre sainte. Mais il sait que le peuple a un avis divergent, souhaitant la rhétorique de la croisade sans l'engagement. Son plan défie en outre les intentions hypocrites de Philippe le Bel. En fin de compte, le plan de Jacques de Molay est un vœu pieux, mais l'admettre, c'est réévaluer le rôle des Templiers à une époque troublée, ce qui n'est pas dans la nature du maître.

Concernant la fusion des deux ordres, Jacques de Molay est également réticent. Il admet qu'elle présente certains avantages, notamment celui d'un renforcement, mais il souligne également que la question a déjà été soulevée et rejetée. Il dit que la concurrence entre les Templiers et les Hospitaliers rend les deux ordres plus efficaces, car chacun se donne pour ambition de l'emporter sur l'autre. Ils se trouvent en outre complémentaires, mettant chacun un accent qui lui est propre sur la charité, le transport maritime des hommes et des provisions, la protection des pèlerins et croisés, ainsi que la guerre contre les infidèles. Le but premier des ordres militaires est de servir la croisade, écrit Jacques de Molay au pape et, dans la mesure où les Hospitaliers et les Templiers « sont mieux placés et plus utiles pour reconquérir puis conserver la Terre sainte que les autres »[370], ils doivent demeurer deux entités distinctes.

Malheureusement, les Templiers n'ont aucun espoir d'être de la croisade totale envisagée par Jacques de Molay. Les Hospitaliers ont montré une prise de conscience plus fine de la situation en choisissant l'option minimaliste, capable de garantir leur survie grâce à la création d'un État sur l'île de Rhodes. Les Templiers sont de nouveau dans une impasse et désormais de plus en plus souvent victimes d'attaques pour leur inaction apparente.

Rostand Bérenguier, poète marseillais de l'époque, écrit : « Les Templiers gaspillent l'argent destiné à la reconquête du Saint-Sépulcre pour faire bonne figure dans ce monde. Ils trompent les gens avec leur insigne inactivité et offensent Dieu. Dans la mesure où, avec les Hospitaliers, ils laissent depuis si longtemps aux faux Turcs la possession

370 Malcolm Barber et Keith Bate, *The Templars*, p. 238.

de Jérusalem et de Saint-Jean-d'Acre, d'où ils s'enfuient plus vite que le saint faucon, il est vraiment dommage, à mes yeux, que nous ne nous débarrassions pas d'eux nous-mêmes et pour de bon. »[371]

Après son entrevue avec le pape, Jacques de Molay se rend à Paris où, le 12 octobre 1307, son apparente intimité avec la famille royale est évidente aux yeux de tous puisqu'on le voit marcher dans une procession à l'occasion des funérailles de la sœur de Philippe le Bel, Catherine de Courtenay, tenant l'un des draps mortuaires. D'autres responsables des Templiers, habituellement basés à Chypre, sont également à Paris ce jour-là.

Cependant, le lendemain à l'aube, soit le vendredi 13 octobre, Jacques de Molay est arrêté par les hommes du roi sous les ordres de Guillaume de Nogaret.

Publié par Philippe le Bel, l'ordre d'arrestation des chefs des Templiers à Paris et dans tous les temples de France a été diffusé en secret le mois précédent. Daté du 14 septembre, il commence ainsi : « Une chose amère, une chose déplorable, une chose assurément horrible à penser, terrible à entendre, un crime détestable, un forfait exécrable, un acte abominable, une infamie affreuse, une chose tout à fait inhumaine, bien plus, étrangère à toute humanité… »[372]

---

371 Peter Partner, *The Murdered Magicians: The Templars and Their Myth*, Oxford University Press, Oxford, 1981, p. 36.

372 Tiré du site web www.templiers.net. (NdT)

Le procès

Des rumeurs couraient depuis longtemps sur d'étranges rituels pratiqués par les Templiers. Même Jacques de Molay, alors qu'il assiste à une réunion du chapitre général à Chypre en 1291, avant ou après la chute de Saint-Jean-d'Acre, mais avant de devenir maître, dit qu'« il voulait extirper de l'ordre toutes les choses qui lui déplaisaient, se doutant que, sinon, cela causerait finalement du tort à l'ordre »[373]. On raconte que les Templiers novices subissent des cérémonies d'initiation humiliantes les forçant à montrer leur assujettissement à leurs supérieurs, voir à leur embrasser le derrière pour certains. Lors du couronnement papal, à la fin de l'automne 1305, le roi Philippe le Bel répète ces rumeurs à Clément V, disant que ces pratiques ont cours dans les cercles religieux et laïques et lui demandant d'enquêter.

En mai 1307, lorsque Clément V reçoit les maîtres templiers et hospitaliers pour discuter de l'unification des deux ordres et de leurs

373 Alain Demurger, *Jacques de Molay : le crépuscule des Templiers*, Payot, Paris, 2002, p. 95.

plans de croisade, Jacques de Molay en personne évoque ces pratiques bizarres. Selon le pape, le maître lui a fait part de « beaucoup de choses étranges et inouïes ». Le maître craint que ces cérémonies d'initiation, ayant cours depuis au moins un siècle, n'échappent à tout contrôle. Le pape accepte alors de mener une enquête « non sans grande tristesse, anxiété et bouleversement de cœur »[374] pour éradiquer ces pratiques avant qu'un scandale n'éclate. Il a de l'expérience et est issu d'une famille de militaires. Il connaît donc le type de comportements de chambrée auxquels se livrent les soldats. Mais Philippe le Bel lui en a dit plus. Cela fait des années que ses espions sont infiltrés dans l'Ordre et il laisse maintenant penser au pape que, par leurs pratiques et croyances, les Templiers sapent les principes mêmes de la foi. Les comportements obscènes sont une chose, mais les Templiers sont un ordre religieux au même titre que les Bénédictins, les Dominicains et les Franciscains, rendant tous des comptes au pape. Clément V est donc face à l'éventualité d'une hérésie de la part des Templiers.

Le 24 août 1307, Clément V écrit à Philippe le Bel pour lui faire part de ces histoires, lui disant : « Nous pouvions à peine envisager de croire ce qui se disait alors. »[375] Mais il est inutile de se presser, car il ne se sent pas bien et doit se rendre en cure thermale en septembre. Une enquête pontificale officielle au sein de l'Ordre démarrera à la mi-octobre une fois qu'il sera rentré.

Profitant de l'aubaine, Philippe le Bel commence à échafauder les plans d'arrestation des Templiers et de destruction de l'ordre du Temple, sa date limite étant la mi-octobre, fixée par la cure du pape.

Les hommes de Philippe le Bel débarquent aux petites heures du vendredi 13 octobre 1307, prenant les Templiers par surprise. Environ 2 000 individus sont arrêtés simultanément dans toute la France, des chevaliers aux plus humbles serviteurs et travailleurs agricoles. Ils n'opposent aucune résistance. La plupart des Templiers ne sont pas armés et bon nombre ont la cinquantaine, voire plus, et, à l'exception

374 Malcolm Barber, *Le procès des Templiers*, p. 88.
375 *Ibid.*

de la Maison du Temple de Paris, leurs maisons ne sont pas fortifiées. Dans la mesure où l'on a cruellement besoin des soldats en Orient, les Templiers résidant en France ne constituent pas une force combattante, à l'instar des Franciscains et des Cisterciens. Les étroites relations entre la couronne française et les Templiers expliquent probablement la facilité avec laquelle les hommes du roi pénètrent dans les bâtiments de l'Ordre en ce vendredi, dès potron-minet. Le donjon, autrefois la forteresse des Templiers, devient immédiatement leur prison. C'est là que les Templiers arrêtés simultanément dans toute la France sont acheminés pour y être incarcérés, interrogés et torturés.

L'efficacité de l'opération est probablement due aux précédentes attaques lancées par le roi Philippe le Bel contre des banquiers italiens résidant en France en 1291 et contre des juifs en 1306. À chaque fois, leur arrestation était assortie d'une expulsion du pays et d'une saisie de leur propriété et argent. Apparemment, 24 Templiers parviennent à s'échapper, mais seulement un d'importance, Gérard de Villiers, maître de France. Plusieurs sont appréhendés par la suite bien qu'ayant changé de vêtements et s'étant rasé la barbe. D'autres se sont terrés dans la campagne, l'un d'eux est attrapé dans les rues de Paris où il vivait comme un mendiant, tandis qu'un autre fuit en Angleterre, où il sera capturé plus tard. Certains s'enfuient même dans des pays musulmans, ou y vivaient au moment des arrestations. En 1323, un Franciscain irlandais, frère Simon, venu au Caire lors d'un pèlerinage en Terre sainte, rencontre un homme prénommé Pierre, désormais marié, mais ancien Templier. Il recherche toujours des pèlerins, comme il l'a toujours fait, cette fois-ci en tant qu'un des trois *drogmans* envoyés pour être l'interprète des visiteurs franciscains et leur obtenir un laissez-passer pour l'église du Saint-Sépulcre. Selon Simon, tous trois étaient des fidèles secrets du Christ. « Ils sont tous très courtois, généreux et serviables envers les pauvres et les pèlerins. Ils sont très fortunés, possédant de l'or, de l'argent et des pierres précieuses en abondance, ainsi que des vêtements coûteux et d'autres richesses, et ils mènent grand-train. »[376]

---

376 *Itinerarium Symonis Semeonis ab Hybernia ad Terram Sanctam*, ed. M. Esposito,

Les Templiers sont accusés d'hérésie. À leur entrée dans l'Ordre, les initiés devaient renier le Christ, cracher, uriner ou piétiner la croix, embrasser leur récepteur sur la bouche, le nombril, le bas du dos et parfois le derrière ou le pénis. Ils étaient également obligés d'avoir des relations sexuelles avec d'autres membres de l'Ordre, au sein duquel la sodomie était institutionnalisée. Ils portaient une petite ceinture qui avait été consacrée en touchant une étrange idole ressemblant à un chat ou à une tête humaine avec une longue barbe qui s'appelait Baphomet (probablement du vieux français pour Mahomet). En outre, les Templiers organisaient leurs cérémonies d'admission et réunions du chapitre en secret et de nuit. Les frères ne croyaient pas dans les sacrements et les prêtres templiers ne pratiquaient pas la consécration de l'hostie. Bien que non ordonnés par l'Église, les membres de haut rang de l'Ordre, dont le maître, absolvaient les frères de leurs péchés. Et, contrairement aux Hospitaliers, Les Templiers ne faisaient bien entendu pas la charité et ne pratiquaient pas l'hospitalité.

Philippe le Bel a pu arrêter et inculper les Templiers grâce à une faille juridique remontant à l'époque des Cathares et de leurs procès, près de quatre-vingts ans plus tôt. La propagation de l'hérésie cathare prenait de telles proportions qu'en 1230, le pape Honoré III avait accordé des pouvoirs extraordinaires à l'inquisiteur de France, l'autorisant même à frapper les ordres exemptés, les Templiers, les Hospitaliers et les Cisterciens de saint Bernard, en cas de soupçons d'hérésie. Après l'éradication de l'hérésie cathare, ces pouvoirs extraordinaires sont tombés aux oubliettes au sein de la papauté, mais n'ont jamais été abrogés. Les Templiers, en temps normal intouchables, sont donc sous le coup de l'accusation d'hérésie, découverte effectuée par les avocats zélés de Philippe le Bel qui, en son nom, font des ravages.

L'hérésie est la seule inculpation pouvant tenir et le roi ne s'en prive pas. On ne perd pas de temps à organiser une campagne de propagande contre les Templiers : le ministre du roi Guillaume de Nogaret annonce l'hérésie devant une foule nombreuse à Paris et, sur

Scriptures Latini Hiberniae, Dublin Institute for Advanced Studies, Dublin, 1960, vol. 4, p. 96-98, *in* Malcolm Barber et Keith Bate, *The Templars*, p. 23.

ordre de l'inquisiteur, la nouvelle se propage dans les églises, reprise dans les sermons. Le simple chef d'accusation d'hérésie a pour effet immédiat de salir la réputation de l'ordre du Temple.

Les prisonniers sont interrogés et torturés par des agents du roi, sous la direction de Guillaume de Nogaret, qui, en 1303, a pris part à la tentative de renversement du pape Boniface VIII, complot qui lui a valu d'être excommunié. La famille de Guillaume de Nogaret a été persécutée car son grand-père était cathare. Mais, grâce à son intelligence et à son cynisme, il est parvenu à faire son chemin au sein de la cour de Philippe le Bel. Il est anobli en 1299 et devient le garde des Sceaux et le bras droit du roi. Ces faits sont peut-être à l'origine de son mépris pour la papauté et de son ambition sans limite de faire de la France la première puissance du monde.

Nombre des individus arrêtés sont des hommes ordinaires et non des chevaliers templiers endurcis par les batailles. Il s'agit de laboureurs, d'artisans et de serviteurs qui contribuaient au bon fonctionnement de l'Ordre. Ils succombent donc rapidement à la torture, voire à la menace de torture. En revanche, les chevaliers étaient bien préparés au pire en Outremer car, à l'époque, ils risquaient d'être capturés, jetés dans un cachot musulman, torturés ou exécutés s'ils n'abjuraient pas leur religion. Et pourtant, ils parlent presque tous rapidement. Il faut dire que les tortures s'avèrent parfois des plus sauvages : un grand nombre meurent au cours de la « procédure ecclésiastique », qui consiste non pas à briser les os ou à faire couler le sang, mais à être à l'isolement, au pain et à l'eau, à être écartelé jusqu'à ce que les articulations cèdent, à être suspendu à une poutre par une corde, les poings liés dans le dos, à avoir les plantes de pied enduites de graisse puis placées devant un feu. Un prêtre templier est si gravement brûlé que ses os se sont détachés de ses pieds. Un autre accusé dit qu'il aurait été prêt à « tuer Dieu »[377] pour mettre fin au supplice.

Mais la torture physique n'est pas le seul moyen d'obtenir des confessions. L'un des pires problèmes pour les Templiers est le

377 Peter Partner, *The Murdered Magicians*, p. 61.

renversement de leur univers spirituel et social. Ils ont passé toute leur vie dans le vase clos d'un groupe militaire d'élite auquel ils devaient une loyauté absolue et on leur rappelait constamment que le restant de la société leur apportait tout son soutien. Mais ils sont maintenant vilipendés, traités d'hérétiques et ne bénéficient plus d'aucun soutien. Tout leur univers s'est écroulé et ils sont désormais à nu, perplexes et perdus. Il n'est donc pas surprenant que, dans ces conditions, le maître Jacques de Molay et Hugues de Pairaud, dont le rang de visiteur fait de lui le personnage de l'Ordre le plus élevé dans la chrétienté occidentale après Jacques de Molay, font tous deux partie de ceux, extrêmement nombreux, à être rapidement passés aux aveux.

Le 19 octobre 1307 débutent à la Maison du Temple de Paris les audiences de l'Inquisition. Les 25 et 26 octobre, Jacques de Molay est appelé à témoigner. Sa confession est consignée et envoyée au pape comme preuve de l'hérésie dont s'est rendu coupable l'Ordre. Moins de deux semaines après leur arrestation, l'honneur des Templiers est sali à jamais et la nouvelle de leur culpabilité se répand dans toute la chrétienté.

La confession de Jacques de Molay, en date du 24 octobre, indique que sa cérémonie d'initiation, qui remonte à quarante-deux ans en arrière, s'est déroulée conformément aux coutumes et statuts de l'Ordre, mais après que le récepteur lui eut placé le manteau sur les épaules :

« [Celui-ci] fit apporter en sa présence une croix de bronze sur laquelle était l'image du Christ et lui dit et lui prescrivit de renier le Christ dont l'image était là. Et lui, quoique malgré lui, le fit ; et alors celui qui le recevait lui prescrivit de cracher sur elle, mais il cracha à terre. Interrogé sur le point de savoir combien de fois il le fit, il dit sous serment qu'il ne cracha qu'une fois ; et de cela, il se souvient bien. Interrogé sur le point de savoir si, quand il fit vœu de chasteté, on lui dit de s'unir charnellement avec ses frères, il dit sous serment que non et qu'il ne le fit jamais. Requis de déclarer sous serment si les autres frères dudit ordre sont reçus de cette manière, il dit qu'il croyait qu'on ne lui avait rien fait qu'on n'eût fait aux autres. [...] Interrogé sur le point de savoir s'il avait mêlé à sa déposition quelque fausseté ou tu la vérité par suite de violences, de la crainte des tortures ou bien de la prison ou pour quelque autre cause, il dit sous serment que non; qu'au contraire il avait dit la pure vérité pour le salut de son âme. »[378]

Bien que Jacques de Molay ait avoué peu de choses, sa confession revêt une plus grande force quand on la compare aux autres, effectuées à peu près au même moment. Le 21 octobre, Geoffroy de Charnay, précepteur de Normandie, se voit accuser des mêmes choses, dans le même ordre. « Après qu'on l'eut reçu et qu'on lui eut mis le manteau au cou, on lui apporta une croix sur laquelle était l'image de Jésus-Christ et le même frère qui le reçut lui dit de ne pas croire en celui dont l'image y était représentée, parce qu'il était un faux prophète et qu'il n'était pas Dieu. Et alors celui qui le reçut lui fit renier Jésus-Christ trois fois, de la bouche, non du cœur, à ce qu'il dit. »[379] Geoffroy de Charnay ne peut dire s'il a ensuite craché sur l'image, mais il se souvient avoir embrassé son récepteur sur le nombril et s'être entendu dire qu'il valait mieux avoir des relations sexuelles avec des frères qu'avec des femmes, chose qu'il a dit ne jamais avoir faite.

On retrouve la même formule – le manteau, la dénégation, le crachat – le 9 novembre, dans la confession d'Hugues de Pairaud, visiteur de France. « Il renia Jésus-Christ de la bouche et non du cœur, à ce qu'il dit. » Il a avoué avoir embrassé le récepteur, mais seulement sur la bouche. Mais, quand il a par la suite dirigé des cérémonies d'initiation :

« Il les conduisait dans des endroits secrets et se faisait baiser par eux sur la partie inférieure de l'épine dorsale, sur le nombril et sur la bouche, qu'ensuite il faisait apporter une croix en présence du premier venu et qu'il leur disait qu'il leur fallait, en vertu des statuts dudit ordre, renier trois fois le Crucifié et la croix et cracher sur la croix et sur l'image de Jésus-Christ, disant que, quoiqu'il le leur ordonnât, il ne le faisait pas du fond du cœur. »

---

378 Tiré du site web www.templiers.net. (NdT)
379 Tiré du site web www.templiers.net. (NdT)

Il a également autorisé les novices à satisfaire leurs besoins sexuels avec des frères, mais « il ne prescrivait pas ce qui précède du cœur, mais seulement de la bouche ». Interrogé sur la tête :

> « Il dit sous serment qu'il l'avait vue, tenue et palpée à Montpellier, dans un chapitre, et que lui-même et d'autres frères présents l'avaient adorée. Il dit cependant qu'il l'avait adorée de la bouche et par feinte, et non du cœur ; il ne sait cependant si d'autres frères l'adoraient du cœur. [...] Il dit que cette tête avait quatre pieds, deux devant, sous le visage, et deux derrière. »[380]

Ces confessions sont importantes, autant par les révélations que par les non-dits. Rédigées par Guillaume de Nogaret, elles sélectionnent et extrapolent des propos des accusés sortis de leur contexte et présentés comme des crimes contre la foi. Elles sont ensuite mises en forme de façon à donner l'impression qu'il s'agit d'un credo hérétique cohérent. Il est très probable que la torture n'ait pas été employée, ou très peu, pour obtenir les faits élémentaires, mais la violence tient à la façon de présenter lesdits faits.

Il est fort possible que Philippe le Bel et son gouvernement aient vraiment cru aux accusations d'hérésie prononcées contre les Templiers. Il s'agit d'une époque où les gens pensent que le diable essaie en permanence de répandre la corruption dans toute la société chrétienne. En attaquant les points faibles de la structure sociale, le diable souhaite provoquer l'effondrement de l'ensemble de la société. Les fidèles doivent donc se montrer vigilants, démasquer le mal et mettre très vite fin à la corruption avant que la société ne succombe vraiment. Philippe le Bel s'est arrogé le rôle du roi sacré régnant sur un pays saint et a déjà montré qu'il n'accepte pas que l'on remette en cause sa souveraineté absolue. Il n'a pas hésité à attaquer Boniface VIII et l'aurait poursuivi pour crimes d'hérésie. La protection papale et l'immunité laïque dont bénéficiaient les Templiers ont très bien pu passer

380 Tiré du site web www.templiers.net. (NdT)

pour une offense envers Philippe le Bel. Si l'ordre du Temple a des relents d'hérésie, le roi et ses partisans peuvent facilement considérer cela comme un danger à éradiquer sur-le-champ.

Mais la principale motivation immédiate de Philippe le Bel est le désir, et même la nécessité, de mettre la main sur les richesses des Templiers. Il a déjà spolié les banquiers italiens et les juifs, dévalorisé la monnaie, et ses exactions au détriment du clergé sont à l'origine de son premier conflit avec Boniface VIII. Ses guerres contre l'Angleterre et la Flandre lui ont coûté énormément d'argent et celles menées par son père ont généré une énorme dette dont il doit s'acquitter. Les Templiers représentent une cible tentante car, contrairement aux Hospitaliers, dont la richesse n'est que foncière, ils disposent de beaucoup de liquidités de par leurs activités bancaires, trésor dont le roi peut s'emparer facilement et rapidement. En les accusant d'hérésie, Philippe le Bel transforme les Templiers en opposants répréhensibles à la religion, à l'instar des juifs, contre lesquels la persécution se justifie parfaitement.

De nombreux observateurs étrangers, surtout ceux du nord de l'Italie, région où l'on comprend le mieux le pouvoir de l'argent dans cette Europe du XIVe siècle, sont convaincus que Philippe le Bel a avant tout attaqué l'ordre du Temple pour avoir la mainmise sur ses espèces et métaux précieux. Dante critique les actes du roi dans *Le Purgatoire*, deuxième livre de *La Divine Comédie*, écrit tout de suite après l'arrestation des Templiers. Il compare Philippe le Bel à Ponce Pilate :

« Ce Pilate nouveau, je le vois si cruel
qu'il n'en est pas content et pousse jusqu'au Temple,
sans jugement, la nef de sa cupidité. »

Le pape Clément V est abasourdi quand, le 14 octobre, un message apporté à sa cour de Poitiers lui apprend la nouvelle de l'arrestation des Templiers. Bien que la mesure ait été prise sous l'autorité symbolique de l'inquisiteur de France, il ne fait aucun doute que les arrestations constituent une attaque de la papauté et de l'Église catholique de la part de la monarchie laïque de France. Il ne s'agit pas seulement des Templiers, il en va aussi de la survie de la papauté. Le pape Clément V convoque donc immédiatement ses cardinaux à une réunion d'urgence de la Curie, qui débute le 16 octobre et dure trois jours.

Un autre pape à une autre époque aurait peut-être excommunié Philippe le Bel. Mais Clément V est doublement vulnérable après le coup de Philippe le Bel contre Boniface V en Italie et en tant que résident sur le sol français. Clément V publie donc une bulle, *Ad Preclarus Sapientie*, qui offre une porte de sortie à Philippe le Bel, car elle dit que le roi a agi de manière illégale et a terni la réputation de son grand-père Saint Louis, mais qu'il a la possibilité de se rattraper de son imprudence en remettant les Templiers et leurs biens à l'Église. Pour ce faire, en novembre, le pape envoie à Paris deux cardinaux pour arrêter les hommes et confisquer les biens de l'ordre du Temple. Mais le roi s'est absenté et ses conseillers leur refusent l'accès aux Templiers et encore moins de les remettre à l'Église, avançant qu'une intervention pontificale est superflue car il s'agit d'individus avouant être hérétiques.

Lorsque les cardinaux rentrent à Poitiers et annoncent que la monarchie française refuse catégoriquement d'obéir à un ordre exprès du pape, la Curie plonge dans la crise. Selon un récit, dix cardinaux menacent de démissionner si le pape se révèle être un fantoche du roi de France. Clément V se retrouve dans l'obligation de remplacer les cardinaux, au risque de créer un schisme au sein de l'Église, ou d'excommunier Philippe le Bel et de se retrouver victime d'un coup monté royal.

Cependant, le pape trouve une autre piste en faisant preuve d'une belle dextérité au vu des contraintes imposées par sa situation. Il fait son possible pour prendre en main les événements. Tout d'abord, il publie le 22 novembre 1307 une bulle, *Pastoralis Praeeminentiae*, demandant à tous les rois et princes de la chrétienté d'arrêter les Templiers sur leur sol et de confisquer leurs biens pour le compte de l'Église. Des procédures sont donc lancées contre les Templiers en Angleterre, en Germanie, au Portugal, en Espagne, en Italie et à

Chypre, mais au nom de l'Église. Le pape envoie ainsi un ultimatum implicite au roi Philippe le Bel, signifiant que ce qui est valable en Europe vaut aussi pour la France. Il loue le roi de France pour sa foi et son zèle religieux, mais signale sans ambiguïté que l'affaire contre les Templiers n'est pas du ressort du roi mais de celui de la papauté.

Concernant la crise née de la rebuffade dont se sont rendus coupables des représentants officiels du roi à l'encontre des deux cardinaux, le pape fait simplement comme si l'incident n'avait jamais existé. En décembre, il renvoie les deux cardinaux à Paris comme si de rien n'était. Mais ils emportent le pouvoir, accordé par le pape, d'excommunier Philippe le Bel sur-le-champ et de placer la France entière sous le coup d'un interdit si le roi persiste à refuser de livrer les Templiers. La démarche porte ses fruits car, le 24 décembre 1307, Philippe le Bel écrit au pape qu'il consent à les livrer.

Le 27 décembre 1307, les cardinaux rencontrent Jacques de Molay et d'autres responsables de l'ordre du Temple, qui reviennent sur tout ce qu'ils ont précédemment avoué. Selon une source, le maître dit qu'il a avoué sous la torture, insoutenable, montrant ses blessures. Mais il n'est pas certain que cette source soit digne de confiance. Néanmoins, cette rétractation est risquée car, selon les règles de l'Inquisition, les hérétiques relaps doivent être remis aux autorités laïques pour être brûlés. Le fait que le maître et les autres Templiers aient pris ce risque montre qu'ils étaient persuadés qu'une formidable injustice était sur le point d'être réparée.

Si l'Église a obtenu un bref accès aux personnages principaux de l'ordre du Temple, Philippe le Bel n'a encore pas transféré à l'Église le contrôle du moindre Templier. En février 1308, le pape Clément V suspend l'inquisiteur Guillaume de Paris et toute l'Inquisition de France. En guise de réponse, les représentants officiels du roi tentent de forcer le pape à rouvrir le procès en mobilisant l'opinion théologique et publique française. L'acteur principal de cette mesure est Guillaume de Nogaret. Il orchestre une campagne de diffamation et d'intimidation physique contre le pape. On menace Clément V de l'obligation de témoigner et également de s'en prendre à sa famille. Mais le pape tient bon contre le roi et, pour régler leurs différends, ils se rencontrent en mai et juin à Poitiers. Ils conviennent que le pape devra mettre en place deux types d'enquête, une commission pontificale pour examiner l'institution de l'ordre du Temple et une série de conciles provinciaux supervisés par l'évêque du diocèse concerné, afin de mener des investigations sur la culpabilité ou l'innocence individuelle des Templiers. Pour sa part, Philippe le Bel consent à livrer à l'Église un certain nombre de Templiers afin qu'ils puissent être interrogés par le pape.

Philippe le Bel choisit 72 Templiers parmi ceux qui sont prisonniers à Paris et les envoie à Poitiers, dans des chariots, enchaînés les uns aux autres et sous escorte militaire. La plupart sont des renégats ou, au mieux, des sergents sélectionnés pour faire mauvaise impression au pape. Il envoie également le maître et quatre autres officiers supérieurs de l'ordre du Temple. Cependant, lorsque le convoi arrive au château royal de Chinon, les 72 poursuivent leur route jusqu'à Poitiers, mais les chefs sont retenus, le roi donnant comme prétexte qu'ils sont trop malades pour continuer le voyage. C'est d'évidence un mensonge, car Chinon n'est pas très éloigné de Poitiers. Le roi craint probablement qu'en interrogeant les responsables des Templiers le pape découvre qu'ils ne sont pas coupables d'hérésie et leur accorde l'absolution.

Le pape ignore les manigances de Philippe le Bel vis-à-vis des responsables de l'ordre du Temple détenus à Chinon. Au lieu de se lancer dans une confrontation destructrice avec le roi, Clément V continue de sonder les Templiers qu'on lui a envoyés. Du 28 juin au 1er juillet 1308, les 72 Templiers sont entendus à Poitiers par une commission spéciale de cardinaux et par le pape en personne. Le 2 juillet, Clément V accorde l'absolution à ceux qui se sont confessés et qui ont demandé pardon à l'Église. S'ils avaient été jugés coupables, le pape ne leur aurait jamais pardonné. Mais, d'un autre côté, s'ils avaient été déclarés innocents, il les aurait acquittés sans exiger de faire preuve de repentir.

Clément V statue que les Templiers ne sont pas des hérétiques. Ils assistent à la messe, reçoivent la sainte communion, se confessent et accomplissent leurs obligations liturgiques. Mais ils avouent également au pape que, lors de la cérémonie d'admission, ils renient le Christ et crachent sur la croix, tout en affirmant avec insistance qu'ils le font sans le penser et qu'ils se confessent à un prêtre dès que possible pour demander à être absous. Le pape trouve ces rituels d'intronisation trop confus pour être pris au sérieux. À un moment, le novice crache sur la croix, mais l'embrasse ensuite en signe d'adoration, puis il renie la divinité du Christ en disant « Je renie Dieu ». Ce n'est pas un vrai reniement. Si les Templiers sont des hérétiques, ce sont les adeptes les plus incohérents et les moins convaincants de l'histoire des hérésies. L'ordre du Temple se laisse aller à des pratiques spéciales et a besoin d'être réformé, mais c'est tout, pense le pape.

Aux yeux de Clément V, ces étranges pratiques des Templiers ne sont qu'un rituel d'admission, une coutume répandue, avec quelques variantes, dans chaque groupe militaire d'élite depuis les débuts de l'Antiquité. C'est un rite de passage secret faisant suite à la cérémonie officielle, une épreuve obligatoire à laquelle doivent se soumettre tous les nouveaux frères templiers, une tradition bizarre (*modus ordinis nostri*) destinée à montrer à l'initié la violence que les Templiers sont susceptibles de subir de la part de leurs ravisseurs musulmans et préciser qu'ils seront contraints de renier le Christ et de cracher sur la croix. Ce rite très réaliste a pour but de renforcer l'âme des recrues. Vient ensuite un autre test consistant à embrasser le bas du dos, le nombril et enfin la bouche du maître qui les reçoit, l'objectif étant de leur enseigner qu'ils doivent une obéissance absolue à leurs supérieurs en toutes circonstances. Cela semble avoir été la véritable forme originale de ce rituel, mais les maîtres locaux ont procédé à des modifications et, avec le temps, ce rituel secret est devenu vulgaire et parfois même violent. Il pouvait même paraître ridicule. Parfois, les membres de l'assistance « éclataient de rire au visage du novice terrorisé et lui révélaient qu'il s'agissait d'une farce »[381].

La vénération d'une tête, mentionnée dans la confession d'Hugues de Pairaud mais également révélée par d'autres, que l'Inquisition appelait Baphomet, demeure un mystère. Il n'est pas avéré que Clément V

381 Barbara Frale, *Les Templiers*, traduit par Geneviève Bouffartigue, Belin, Paris, 2008, p. 160.

ait connu sa signification. De récents travaux réalisés par les experts de l'Église byzantine de l'Institut pontifical oriental de Rome ont révélé un rite templier de la passion du Christ se déroulant le Jeudi saint en commémoration de la Cène. Lors de ce rite, les frères communiaient, uniquement en buvant du vin – le sang du Christ, breuvage de la vie éternelle. Cette tête, image inhabituelle du Christ, jouait un rôle dans ce culte mystérieux du sang sacré, inconnu de l'Église catholique romaine, et semble être propre aux Templiers. Ces derniers l'ont peut-être adopté en l'honneur d'une très vieille cérémonie chrétienne découverte à Jérusalem.

Après avoir rencontré les 72 Templiers à Poitiers, Clément V décide que les Templiers ne sont pas des hérétiques, mais qu'ils ne sont pas non plus innocents, car ils ont renié la divinité du Christ, même s'ils faisaient semblant. L'apostasie peut être pardonnée, mais les pécheurs doivent se repentir et se soumettre à une sévère pénitence. Toutefois, il ne peut procéder de la même façon avec les responsables sans les entendre. Bien qu'il ait rédigé une convocation officielle pour la comparution de Jacques de Molay et des autres Templiers de premier plan, le roi oppose son veto en répétant à l'envi qu'ils sont malades.

À l'été 1308, le pape absout Jacques de Molay et les autres chefs templiers détenus à Chinon. Apparemment, il n'existait aucun compte rendu de cette audience et, jusque récemment, on se demandait si cet événement avait bien eu lieu. Mais, en 2001, on a trouvé dans les archives du Vatican le parchemin de Chinon, ensuite publié en 2007[382]. Il montre sans équivoque que, malgré la détention du chef des Templiers par le roi, une audience a été organisée au sein du château royal de Chinon.

Cette opération démarre le 14 août 1308 avec le départ de trois

382 Le parchemin de Chinon a été mal référencé et rangé dans le labyrinthe de dossiers des archives secrètes, jusqu'à ce que Barbara Frale, chercheuse italienne de l'École de paléontologie du Vatican, mette la main dessus et prenne conscience de son importance. Elle déchiffra son écriture inextricable et codée, puis publia ses conclusions dans le *Journal of Medieval History*, en 2004. En 2007, le Vatican publia un fac-similé du parchemin.

cardinaux de la cour de Poitiers pour une destination inconnue. Il s'agit d'Étienne de Suisy, de Landolfo Brancacci et de Bérenger Frédol. Ce dernier, neveu du pape, est l'un des meilleurs canonistes de son époque. Ils forment ainsi une commission apostolique secrète chargée d'enquêter sous l'autorité de Clément V. Deux ou trois jours plus tard, les cardinaux arrivent à Chinon où, en dehors du geôlier royal, sont présents deux importants représentants royaux, seulement identifiés par leurs initiales dans les archives françaises. Mais on pense qu'il s'agit de Guillaume de Nogaret et d'un juriste agissant en son nom, Guillaume de Plaisians.

On ignore si des négociations secrètes se sont tenues entre les deux parties à Chinon. Il semble s'être passé ensuite des choses au nez et à la barbe des représentants du roi, sans qu'ils le soupçonnent. Selon le parchemin de Chinon, aucun représentant officiel royal n'assiste aux audiences tenues à Chinon du 17 au 20 août. Celles-ci se déroulent rapidement et dans le secret absolu afin d'éviter l'intervention des représentants officiels du roi. En dehors des trois cardinaux et des Templiers interrogés figurent une poignée de témoins, ecclésiastiques et gens ordinaires, aucun d'eux n'étant proche du roi Philippe le Bel. C'est en fait le procès pontifical des Templiers, entièrement du ressort de l'Église.

Pendant les trois premiers jours du procès, les trois cardinaux interrogent Raimbaud de Caron, maître de Chypre, Geoffroy de Charnay, maître de Normandie, Geoffroy de Gonneville, maître du Poitou et d'Aquitaine, et Hugues de Pairaud, visiteur de France. Le dernier jour, à savoir le 20 août, ils entendent le témoignage du maître de l'ordre du Temple, Jacques de Molay. Les détails varient en fonction des témoignages, mais son audition consiste en une reformulation des pratiques précédemment mentionnées par les 72 Templiers à Poitiers.

Jacques de Molay répète essentiellement sa confession d'octobre 1307, disant notamment qu'il n'a pas été torturé, bien que cette version contredise sur ce point sa déclaration de décembre de la même année. Il est possible qu'on lui ait conseillé, ainsi qu'aux autres responsables, d'opter pour une confession spontanée, non livrée sous la contrainte, solution la plus indiquée pour qu'ils se sortent de ce mauvais pas. En tout cas, c'est peut-être le signe que les faits confessés étaient vrais.

Voici une traduction approximative du latin de la confession de Jacques de Molay à Chinon :

« Concernant son initiation dans l'Ordre, il a dit qu'après lui avoir donné le manteau, le récepteur lui montra la croix et lui dit qu'il devait dénoncer le Dieu qu'elle représentait et cracher dessus. Il s'est exécuté, même s'il n'a pas craché directement dessus mais près d'elle, selon ses dires. Il dit aussi que cette dénonciation a été effectuée en parole seulement et non pas dans l'esprit. Diligemment interrogé sur le péché de sodomie, l'idole vénérée et la pratique de baisers illicites, il a déclaré ne rien en savoir. Interrogé pour savoir s'il avait confessé ces choses à cause d'une demande, d'une récompense, de la gratitude, d'une faveur, de la peur, de la haine ou de la persuasion d'un tiers, ou par crainte d'être torturé, il répondit par la négative. Lorsqu'on lui demanda s'il avait été soumis à la question ou à la torture suite à son arrestation, il répondit par la négative. »[383]

Lorsque les cardinaux lui font leur rapport, le pape Clément V accepte l'explication de Jacques de Molay et des autres responsables de l'ordre du Temple selon laquelle les accusations de sodomie et de blasphème sont imputables à une incompréhension des rituels internes de la chevalerie, ces derniers ayant pour origine la lutte contre les musulmans en Outremer. Le reniement du Christ, les crachats sur la croix et les baisers sur le derrière d'autres hommes sont destinés à reproduire le genre d'humiliation et de torture qu'un chevalier est susceptible de vivre s'il est capturé par l'ennemi. On leur demande d'insulter leur religion « en parole seulement et non pas dans l'esprit ».

Les confessions utilisées par Guillaume de Nogaret pour condamner les Templiers sont désormais mises en contexte et acceptées par le pape, qui, notant que les Templiers ont imploré son pardon, leur accorde l'absolution. « Nous décrétons par le présent acte qu'ils sont absous par l'Église et peuvent de nouveau recevoir les sacrements

---

383 Traduction approximative du latin du parchemin de Chinon.

chrétiens. » Concernant Jacques de Molay, le pape consigne après la séance ce qu'il a dit :

> « Nous avons décidé d'accorder la miséricorde de l'absolution pour ces actes au frère Jacques de Molay, maître dudit ordre ; dans la forme et la manière décrite plus haut, il a dénoncé en notre présence l'hérésie susmentionnée et toute autre hérésie, et a juré en personne sur les Saints Évangiles du Seigneur, et a humblement demandé la miséricorde de l'absolution. Il est donc réintégré dans l'unité de l'Église et de nouveau admis à la communion des fidèles et aux sacrements de l'Église. »[384]

À ce stade, Clément V tente toujours de sauver l'ordre du Temple, avec pour objectif de le réformer, puis probablement de l'associer aux Hospitaliers. Mais il n'a pas rendu publique son absolution, car le scandale des Templiers déchaîne les passions. Il tient à éviter toute confrontation avec Philippe le Bel et un schisme au sein de l'Église.

384 Traduction approximative du latin du parchemin de Chinon.

La destruction des Templiers

En mars 1309, la cour papale s'installe en Avignon, ville qui ne fait pas partie à l'époque du royaume de France et présente aussi l'avantage de permettre au pape, le cas échéant, de fuir rapidement en passant la frontière italienne. En novembre 1309, la commission pontificale débute ses séances au sein de l'ordre du Temple. Il s'agit de l'enquête que Clément V a convenu de mettre en place suite à son entrevue avec Philippe le Bel à Poitiers l'année précédente. Son souci concerne l'état de l'Ordre et non ses membres. Jacques de Molay est invité à s'exprimer. Se décrivant comme « un pauvre chevalier ne parlant pas le latin », il se défend de façon hésitante. Il dit que les Templiers avaient les plus belles églises à l'exception des cathédrales, et que les Templiers étaient ceux qui faisaient le plus la charité. Il dit avec fierté « ne pas connaître d'autres ordres ou personnes plus disposés à engager leur vie pour défendre la religion chrétienne face à ses ennemis, à avoir versé autant de sang et à être autant craints par les ennemis de la religion catholique ». Mais la défense de Jacques de Molay est battue en brèche par un membre de la commission, qui fait remarquer « que ce qu'il a dit ne contribue en rien à sauver les âmes ». Alors que le maître joue la carte de cette défense, le ministre du roi Guillaume de Nogaret entre à grands pas et dit à Jacques de Molay que, dans les chroniques de Saint-Denis, il est écrit que Saladin, « en apprenant la lourde défaite des Templiers, a publiquement déclaré que lesdits Templiers ont été défaits parce qu'ils cultivent le vice de la sodomie et ont violé leur religion et leurs statuts »[385]. Les chroniques ne disent rien de tel et c'est donc une campagne de diffamation contre les Templiers montée de toutes pièces par Guillaume de Nogaret.

Jacques de Molay n'est pas le seul à défendre l'Ordre. Début mai 1310, près de 600 Templiers défendent leur Ordre et reviennent sur les précédentes confessions. Contrairement aux Cathares, qui étaient d'authentiques hérétiques et dont les croyances leur ont valu la mort, aucun Templier n'est disposé à s'inscrire en martyr pour les hérésies que les membres de l'Ordre sont censés défendre férocement depuis si longtemps, tout simplement parce qu'il n'existe aucune hérésie, mais seulement une interprétation nocive de leurs pratiques formulée par un roi malveillant.

Profondément inquiet de cette confiance grandissante chez les Templiers, Philippe le Bel prend des mesures draconiennes et fait rouvrir l'enquête épiscopale par l'archevêque de Sens, désigné par ses soins, sur certains Templiers. Obéissant à son roi, l'archevêque trouve 54 Templiers hérétiques coupables de relaps et les remet aux autorités laïques. Le 12 mai 1310, dans un champ en périphérie de Paris, les 54 Templiers périssent sur le bûcher. Mais, même après ces exécutions, tous les Templiers qui restent ne sont pas pour autant intimidés ni totalement démoralisés, bien que cette intimidation ait porté ses fruits car ils sont nombreux à se taire ou à renouveler leur confession.

Depuis 1308, le pape Clément V a l'intention d'organiser un concile

385 Seconde déposition de Jacques de Molay, 28 novembre 1309, *in* Malcolm Barber et Keith Bate, *The Templars*, p. 293-294.

œcuménique à Vienne, en Rhône-Alpes, portant sur trois grands thèmes : l'ordre du Temple, la Terre sainte et la réforme de l'Église. Programmé à l'origine en octobre 1310, ce concile a été repoussé d'un an, car la lutte entre le pape et le roi de France à propos des Templiers s'éternise. À l'été 1311, Clément V rassemble des informations sur les Templiers, grâce à des investigations menées dans toute la France et à l'étranger, données qu'il peut présenter au concile. Il découvre que les confessions de poids des Templiers n'ont été obtenues qu'en France et dans les régions sous occupation ou influence française, à savoir des endroits où les autorités françaises et leurs collaborateurs se livraient à d'horribles tortures ou déformaient sciemment les témoignages pour transformer les irrégularités tolérées en véritable hérésie. Clément V a hâte d'en finir avec la question de l'ordre du Temple avant que les controverses associées ne sèment encore plus le trouble au sein de l'Église.

Clément V possède des conseillers chevronnés affirmant qu'il n'y a pas de temps à perdre en discussions ou argumentaires de défense et qu'il doit se servir de ses pouvoirs exécutifs pour abolir sur-le-champ l'ordre du Temple. On dit que les Templiers ont « déjà rendu suspect le nom chrétien parmi les incroyants et les infidèles, et ébranlé quelques-uns des fidèles dans la fermeté de leur foi ». Il ajoute que l'éradication de l'ordre du Temple doit intervenir sans plus tarder car, « en cas de retard, l'étincelle capricieuse de cette erreur [pourra] se muer en flammes qui brûleront le monde entier »[386]. Mais, vers la fin octobre, il se produit un événement dramatique qui contribue grandement à contrer les arguments de ceux qui s'inscrivent en faveur d'une abolition rapide de l'ordre du Temple : sept Templiers se présentent au concile pour défendre l'Ordre. Le pape réagit promptement en les faisant enfermer.

Mais ce n'est pas un sujet sur lequel l'immense majorité du clergé assistant au concile est prête à fermer les yeux. De retour chez lui, Henry Ffykeis, Anglais assistant au concile, écrit à l'évêque de Norwich, le 27 décembre 1311 :

---

386 Malcolm Barber, *Le Procès des Templiers*, p. 363-364.

« Une grande dispute a lieu à propos de l'affaire des Templiers pour savoir si on doit légalement les autoriser à présenter une défense. La majeure partie des prélats, ou plutôt tous à l'exception de cinq ou six appartenant au conseil du roi de France, s'en tiennent à leur conviction. Le pape est à cause de cela très irrité contre les prélats. Le roi de France l'est plus encore et, furieux, il arrive avec une grande escorte. »

Philippe le Bel ne tarde pas à appliquer son habituelle technique d'intimidation en apparaissant en divers endroits en amont de Vienne, donnant au pape le sentiment particulièrement éprouvant qu'il va lui tomber dessus. Le 2 mars 1312, le roi lui envoie un ultimatum à peine voilé, rappelant les crimes et hérésies des Templiers : « C'est pourquoi, brûlant de zèle pour la foi orthodoxe et afin qu'une si grande injure faite au Christ ne demeure pas impunie, nous supplions affectueusement, dévotement et humblement Votre Sainteté de bien vouloir supprimer ledit ordre. » Au cas où Clément V n'aurait pas compris le message, le roi, ses frères, ses fils et une force armée considérable arrivent à Vienne le 20 mars.

Le 3 avril, après avoir réduit les membres du concile au silence en les menaçant d'excommunication, et avec le roi de France à ses côtés, le pape rend sa décision publique, déjà consignée par écrit douze jours auparavant sous la forme d'une bulle, *Vox in Excelso*, datée du 22 mars 1312. Bien qu'il ne soit pas condamné, l'ordre du Temple est interdit car il est trop diffamé pour poursuivre ses activités.

« Considérant donc l'infamie, les soupçons et les insinuations bruyantes et autres choses précitées qui se sont élevées contre l'ordre et [...] considérant en outre le grave scandale que ces choses ont fait naître contre l'ordre, qui ne semblait pas pouvoir s'apaiser tant que cet ordre subsistait, et également le danger pour la foi et les âmes ; que tant de choses horribles ont été commises par de très nombreux frères de cet ordre [...] qui sont tombés dans le péché d'une atroce apostasie contre le seigneur Jésus-Christ lui-même, dans le crime d'une détestable idolâtrie, dans l'exécrable outrage des sodomites [...]

> Non sans amertume et tristesse de cœur, non par voie de sentence judiciaire, mais par voie de provision ou d'ordonnance apostolique, nous abolissons le susdit ordre du Temple et sa constitution, son habit et son nom par décret irrévocable et valable à perpétuité, et nous le soumettons à une interdiction perpétuelle avec l'approbation du saint concile, interdisant formellement à quiconque de se permettre à l'avenir d'entrer dans ledit ordre, de recevoir ou de porter son habit, ou d'agir en tant que templier. »

Dans ces circonstances, c'est probablement ce que Clément V a de mieux à faire. Une autre bulle, *Ad Providam*, datée du 2 mai, attribue aux chevaliers hospitaliers les biens de l'ordre du Temple. Peu de temps après, Philippe le Bel soutire une énorme somme d'argent aux Hospitaliers en raison des frais occasionnés par le procès des Templiers.

L'Église s'est désormais débarrassée des Templiers. Conformément aux pratiques de l'Église, une fois le sort d'un accusé scellé, il est remis aux autorités laïques qui exécutent la sanction. Dans ce cas précis, presque tous les Templiers sont aux mains de la royauté depuis le début et le transfert des personnes ne s'impose donc pas. Le traitement réservé par les autorités royales aux frères templiers diffère d'un individu à l'autre. Ceux qui se sont confessés reçoivent une pénitence, qui consiste parfois à une lourde peine d'emprisonnement. D'autres, qui n'ont rien avoué ou sont des individus sans importance, sont envoyés dans des monastères pour le restant de leurs jours.

Les chefs templiers, dont le maître, doivent attendre le 18 mars 1314 pour que l'on statue sur leur cas. Ils espéraient peut-être que l'affaire soit réglée bien avant, à Chinon, lorsqu'ils ont reçu l'absolution du pape, et ils s'attendent certainement à ce qu'il en soit par conséquent de même maintenant. Mais les auditions de Chinon demeurent toujours secrètes et Hugues de Pairaud, Geoffroy de Gonneville, Geoffroy de Charnay et Jacques de Molay sont amenés à Paris devant une petite commission de cardinaux et d'ecclésiastiques français pour recevoir leur jugement. Dans cette commission figure l'archevêque de Sens, qui a volontiers fait brûler 54 Templiers en mai 1310 au nom du roi.

La sentence est rendue. Sur la base de leurs premières confessions, déformées par la couronne, les quatre hommes sont condamnés à une très sévère sanction perpétuelle, à savoir croupir affamés en prison jusqu'à ce qu'ils succombent à une mort lente. Hugues de Pairaud et Geoffroy de Gonneville acceptent leur sort en silence.

« Mais alors, écrit un chroniqueur de l'époque, que les cardinaux pensaient avoir mis un terme à cette affaire, voilà que tout à coup et inopinément deux d'entre eux, deux des accusés, le grand maître et le maître de Normandie, se défendirent opiniâtrement contre le cardinal qui avait prononcé le sermon et contre l'archevêque de Sens, revenant sur leur confession et sur tout ce qu'ils avaient avoué. »

Jacques de Molay a 70 ans. Lui et Geoffroy de Charnay, maître de Normandie, ont passé les sept dernières années dans les cachots du roi. Pendant six de ces années, ils ont espéré que l'absolution du pape prononcée en leur faveur leur permettrait d'être libérés de ce cauchemar et de vivre de nouveau à l'air libre parmi ceux aimés par l'Église et le Christ. Mais, en plein climat de trahison et de désespoir, ils refusent le calvaire de la prison à perpétuité. En clamant haut et fort leur innocence et affirmant que l'ordre du Temple était pur et saint, Jacques de Molay et Geoffroy de Charnay se dirigent vers Dieu.

Le roi ordonne immédiatement qu'ils soient condamnés comme relaps et, le soir même, aux vêpres, ils sont emmenés sur l'île des Javiaux, située sur la Seine, à l'est de Notre-Dame, pour être mis sur le bûcher. Le chroniqueur décrit leurs derniers instants. « Ils parurent soutenir les flammes avec tant de volonté et de résolution qu'ils soulevèrent chez tous ceux qui les virent grande admiration et surprise pour leur constance dans la mort et dans leur dénégation finale. » Les derniers des Templiers ont affronté la mort avec courage, dans la plus pure tradition de l'Ordre.

Index

Table des matières

Impression et façonnage réalisés en janvier 2014
par CPI Black Print

Pour le compte d'Ixelles Publishing SA
Imprimé en Espagne